CB022927

ESFERAS I

Peter Sloterdijk

ESFERAS
VOLUME I
MICROESFEROLOGIA

PETER SLOTERDIJK

BOLHAS

tradução
José Oscar de Almeida Marques

Estação Liberdade

Título original: *Sphären I: Blasen*

© Suhrkamp Verlag Frankfurt am Main, 1998. Todos os direitos reservados e controlados pela Suhrkamp Verlag, Berlim

© Editora Estação Liberdade, 2016, para esta tradução

Preparação	Tereza Maria Lourenço Pereira
Revisão	Huendel Viana
Composição e supervisão editorial	Letícia Howes
Edição de arte	Miguel Simon
Imagem de capa	Hieronymus Bosch, 1450-1516: "O jardim das delícias" (detalhe), *c.* 1504. Museu do Prado, Madri.
Coordenação de produção	Edilberto F. Verza
Editor	Angel Bojadsen

DADOS INTERNACIONAIS DE CATALOGAÇÃO NA PUBLICAÇÃO (CIP)
(CÂMARA BRASILEIRA DO LIVRO, SP, BRASIL)

Sloterdijk, Peter

Esferas I : bolhas / Peter Sloterdijk ; tradução José Oscar de Almeida Marques. -- São Paulo : Estação Liberdade, 2016.

Título original: Sphären I : Blasen
ISBN 978-85-7448-274-3

1. Antropologia filosófica 2. Civilização - Filosofia 3. Fenomenologia I. Título.

16-07443 CDD-12

Índices para catálogo sistemático:
1. Antropologia filosófica 128

Todos os direitos reservados à Editora Estação Liberdade. Nenhuma parte da obra pode ser reproduzida, adaptada, multiplicada ou divulgada de nenhuma forma (em particular por meios de reprografia ou processos digitais) sem autorização expressa da editora, e em virtude da legislação em vigor.

Esta publicação segue as normas do Acordo Ortográfico da Língua Portuguesa, Decreto nº 6.583, de 29 de setembro de 2008.

Editora Estação Liberdade Ltda.
Rua Dona Elisa, 116 | 01155-030 | São Paulo-SP
Tel.: (11) 3661 2881 | Fax: (11) 3825 4239
www.estacaoliberdade.com.br

Para Regina e o bichinho cor de mel

A dificuldade que tivemos de superar [...] foi a de nos afastar de toda evidência geométrica. Em outras palavras, tivemos de partir de uma espécie de intimidade da redondez.

Gaston Bachelard, *Poética do espaço*

Sumário

Nota preliminar — 13

Introdução: Os aliados ou A comunidade insuflada — 19

Reflexão preliminar: Pensar o espaço interior — 77

1 Operação cardíaca ou
Do excesso eucarístico — 93

2 Entre rostos
Sobre o surgimento da esfera íntima interfacial — 127

3 Homens no círculo mágico
Para uma história das ideias da fascinação pela proximidade — 189

Digressão 1: Transmissão de pensamentos — 240

4 A clausura materna
Para a fundamentação de uma ginecologia negativa — 247

Digressão 2: Nobjetos e não-relações
Para uma revisão da teoria psicanalítica das fases — 267

Digressão 3: O princípio do ovo
Interiorização e invólucro — 293

Digressão 4: "No *Dasein* há uma tendência essencial à proximidade"
A teoria heideggeriana do lugar existencial — 301

5 O ACOMPANHANTE ORIGINÁRIO
Réquiem para um órgão rejeitado — 311

DIGRESSÃO 5: A plantação negra
Nota sobre as árvores da vida e as máquinas de animação — 359

6 COMPARTILHADORES DO ESPAÇO ESPIRITUAL
Anjos — Gêmeos — Duplos — 375

DIGRESSÃO 6: O luto das esferas
Sobre a perda do nobjeto e a dificuldade de dizer o que falta — 416

DIGRESSÃO 7: Sobre a diferença entre um idiota e um anjo — 426

7 O ESTÁGIO DAS SEREIAS
Sobre a primeira aliança sonosférica — 433

DIGRESSÃO 8: Verdades de analfabetos
Nota sobre o fundamentalismo oral — 471

DIGRESSÃO 9: A partir de que ponto Lacan se engana — 480

8 MAIS PERTO DE MIM QUE EU MESMO
Propedêutica teológica para a teoria do interior comum — 485

DIGRESSÃO 10: *Matris in gremio*
Um capricho mariológico — 556

TRANSIÇÃO: Da imanência extática — 563

CRÉDITOS DAS ILUSTRAÇÕES — 569

Nota preliminar

De acordo com a tradição, Platão teria afixado à entrada de sua Academia a inscrição que recomendava manter-se longe dali aquele que não fosse geômetra. Palavras arrogantes? Uma declaração de guerra contra o entendimento vulgar? Sem dúvida, já que não é sem razão que, na Academia, uma nova forma de elitismo foi inventada. Por um momento surpreendente, escola e vanguarda se identificaram. Vanguardismo é a capacidade de forçar todos os membros de uma sociedade a se decidirem por uma proposta que não se originou dessa própria sociedade. Com esta manobra, Sócrates inaugurou seriamente a provocação filosófica, e, com a fundação de sua escola, Platão a aprofundou, dando uma força ainda maior à pressão para a escolha entre o saber e o não saber. Ao fechar a porta à plebe ageométrica para admitir apenas candidatos com conhecimentos prévios apropriados, ele desafiou os mortais, em seu conjunto, a se qualificarem, mediante prova das qualidades correspondentes, para o ingresso em sua comunidade de pesquisas. Deve-se notar: Que é um homem na época da Academia senão um mamífero esquecido que, em regra, já não sabe mais que, no fundo de sua alma, ele é um geômetra? Pois o que é um geômetra? — uma inteligência que veio do mundo dos mortos e traz consigo para a vida vagas lembranças da estadia em uma esfera perfeita. A filosofia exotericamente efetiva começa por dividir a sociedade nos que se recordam e nos que não se recordam — e, além disso, nos que se recordam de algo determinado e nos que se recordam de outra coisa. Esta continua sendo, até hoje, sua ocupação, ainda que os critérios para a divisão tenham se tornado um pouco mais complicados.

Como todo autor que tenha ido um pouco além de seus inícios mágicos, estou consciente da impossibilidade de fixar previamente, de uma dada perspectiva, o uso que a comunidade alfabetizada faz dos textos publicados. Apesar disso, parece-me útil observar que a exposição que segue será lida mais proveitosamente, em suas grandes linhas, como uma radicalização da divisa platônica. Eu não colocaria a frase de Platão apenas na entrada de uma Academia, mas no portal da própria vida, se não fosse impróprio querer adornar com sinais de advertência o já estreito acesso à luz do mundo... Ingressamos na vida sem um curso preparatório de geometria, e nenhuma filosofia pode nos submeter posteriormente a um exame de admissão. Isto, porém, não altera minimamente o exclusivo mandato da filosofia, pois a suposição de que o mundo nos é dado apenas mediante prenoções geométricas inatas não pode ser simplesmente descartada. Não se poderia ser da opinião de que a vida é uma constante interrogação feita *a posteriori* acerca dos conhecimentos sobre o espaço, da qual tudo decorre? E a cisão da sociedade entre os que sabem algo desse assunto e os que dele não sabem nada — não é ela hoje mais profunda do que nunca?

Que a vida é uma questão de forma, essa é a tese que associamos à venerável expressão "esfera", dos filósofos e geômetras. Ela sugere que viver, constituir esferas e pensar são diferentes expressões para uma mesma coisa. Nessa medida, a referência a uma geometria esférica vital só faz sentido se admitirmos que existe uma espécie de teoria que sabe mais sobre a vida do que a vida ela própria — e que, por toda parte onde existe a vida humana, seja ela nômade, seja sedentária, surgem bolas habitadas, itinerantes ou presas ao solo, que, por um certo aspecto, são mais redondas do que tudo que pode ser desenhado com círculos. Os livros seguintes estão dedicados à tentativa de sondar as possibilidades e os limites do vitalismo geométrico.

Uma concatenação algo extravagante de teoria e vida, admite-se. Mas a *hubris* deste começo se tornará talvez mais suportável, ou ao menos mais inteligível, se nos lembrarmos de que, sobre a Academia, alçava-se ainda, de forma oculta e humorística, uma segunda inscrição, proclamando que estava excluído desse lugar quem não estivesse pronto a se envolver em casos amorosos com outros visitantes do jardim dos teóricos. Já se percebe: também essa divisa deve ser transportada para a vida em seu todo. Quem não quer se envolver com a formação das esferas deve, naturalmente, manter-se distante dos dramas amorosos, e quem sai do caminho de Eros exclui-se a si mesmo dos esforços para elucidar as formas vitais. Com isso, a *hubris* muda de campo. A exclusividade da filosofia não expressa sua própria presunção, mas decorre da autossatisfação daqueles que estão certos de que as coisas funcionam mesmo sem o pensamento filosófico. Se a filosofia é exclusiva, ela apenas reflete a autoexclusão que a maioria se impõe em relação ao que é o melhor — mas, na medida em que exagera a cisão vigente na sociedade, ela torna consciente essa exclusão e a submete mais uma vez ao voto. Graças ao exagero filosófico, subsiste a oportunidade de rever as opções realizadas e de posicionar-se contra a exclusão. É por isso que a filosofia, quando trata do que lhe é próprio, é sempre uma recomendação de si mesma. Tanto melhor se outros adotam algum outro padrão de excelência — e com isso conseguem realizar algo convincente.

Como se vê, a presente investigação admite estar motivada por um problema platônico, mas não se insere no platonismo — se entendermos por isso a totalidade das más leituras que ao longo das épocas mantiveram viva a discussão sobre o fundador da Academia ateniense, incluindo-se o antiplatonismo de Kant até Heidegger e seus seguidores. Seguirei as referências platônicas apenas na medida em que desenvolvo a seguir, com mais obstinação do que é usual, a tese de que histórias de amor são histórias de formas, e que toda solidarização é a formação de uma esfera, isto é, a criação de um espaço interior.

Das sobras do primeiro amor, que se desvencilhou de sua origem para se preservar em outra parte sob novos começos, alimenta-se também o pensamento filosófico, do qual é preciso saber, sobretudo, que é um caso de transferência amorosa para o todo. Infelizmente, no discurso intelectual contemporâneo, as pessoas acostumaram-se à atitude de caracterizar a transferência amorosa como um mecanismo neurótico, responsável pelo fato de que genuínas paixões são, na maioria das vezes, sentidas em lugares errados. Nada prejudicou tanto o pensamento filosófico como essa lastimável redução motívica que, correta ou incorretamente, apoia-se no modelo psicanalítico. Ao contrário, é preciso afirmar, sobre isso, que a transferência é a origem formal de todos os processos criativos que animam o êxodo dos homens para o campo aberto. Transferimos não tanto afetos incorrigíveis para pessoas estranhas, quanto experiências espaciais precoces para novos lugares e movimentos primários para cenários distantes. Os limites de minha capacidade de transferência são os limites de meu mundo.

Se eu devesse também colocar minha marca no início desta trilogia, ela diria o seguinte: que se mantenha afastado quem não estiver disposto a louvar a transferência e condenar a solidão.

BOLHAS

ESFERAS I
MICROESFEROLOGIA

Bubbles, gravura a meia-tinta de G. H. Every, 1887, sobre tela a óleo de Sir John Everett Millais (1829-1896).

Introdução

Os aliados ou
A comunidade insuflada

Tendo recebido seu presente, a criança se debruça febrilmente sobre a sacada e acompanha com os olhos as bolhas de sabão que sopra para o céu através da pequena argola diante de sua boca. Primeiro, um enxame de bolhinhas jorra para o alto, na caótica alegria de cintilantes bolas de gude azuis lançadas ao léu. Depois, na próxima tentativa, um balão oval maior desprende-se tremulante da argola, cheio de uma vida receosa, e é levado pela brisa, planando em direção à rua logo abaixo. Segue-o a esperança da criança extasiada. É ela própria que desliza com sua bolha mágica no espaço exterior, como se, por alguns segundos, seu destino estivesse ligado ao daquela ansiosa criação. Quando, após um voo oscilante e prolongado, a bolha finalmente rebenta, o artífice da bolha de sabão deixa escapar, do alto da sacada, um som que é ao mesmo tempo um suspiro e uma exclamação de júbilo. Durante o tempo de vida da bolha, seu insuflador esteve fora de si, como se a subsistência daquela bola dependesse de permanecer envolvida por uma atenção que desliza junto com ela. Qualquer falha no acompanhamento, qualquer abatimento na esperança e apreensão que a seguem em seu percurso teriam condenado essa coisa reluzente a um naufrágio prematuro. Entretanto, mesmo que envolta pela entusiástica vigilância de seu autor ela tenha podido por um momento mágico deslizar pelo espaço, não poderia escapar, por fim, de dissolver-se em nada. No lugar em que a bola se desfez, a alma do insuflador, separada de seu corpo, permanece sozinha por um instante, como se, tendo partido em uma expedição conjunta, tivesse a meio caminho perdido seu parceiro. Mas a melancolia dispõe apenas de um segundo, pois a alegria do jogo logo retorna, com seu cruel e eficaz impulso para a frente. Que são as esperanças frustradas senão motivos para novas tentativas? O jogo se prolonga incansavelmente; de novo deslizam as bolas do alto, e de novo o insuflador acompanha, com atenta alegria, suas obras de arte em seu voo pelo tênue espaço. No momento culminante, quando o insuflador está apaixonado por suas bolas, como se fossem milagres autoconsumados, as bolhas de sabão que emanam e se afastam não correm nenhum risco de sucumbir prematuramente por falta de um acompanhamento extático. A atenção do pequeno mágico voa para longe em seu encalço e sustenta as finas paredes dos corpos insuflados com sua entusiástica assistência. Entre a bolha de sabão e seu insuflador vigora uma solidariedade que exclui o resto do mundo. E, conforme se afastam as criações cintilantes, o pequeno artífice continua a se soltar de seu corpo na sacada para estar completamente na presença dos objetos a que deu origem. No êxtase da atenção, a consciência infantil separa-se, por assim dizer, de sua fonte corporal. Se, em outras ocasiões, o ar expirado se perde sem deixar traços, o sopro encerrado na bola adquire uma sobrevida momentânea. Enquanto as bolhas se movimentam no espaço, seu autor está verdadeiramente fora de si — ao lado delas e no interior delas. Nas bolas, sua exalação se desprendeu dele, e é guardada e levada adiante pela brisa; ao mesmo tempo, a criança está arrebatada de si mesma, na medida em que se perde no voo esbaforido de sua atenção pelo espaço animado. Assim, a bolha de sabão torna-se, para seu autor, o meio para uma surpreendente expansão anímica. A bolha e seu insuflador existem conjuntamente em um campo tensionado pela simpatia atenta. A criança que segue suas bolhas de sabão no espaço aberto não é um sujeito cartesiano aferrado a seu *locus* pensante sem extensão, a observar uma coisa extensa em sua trajetória pelo espaço. Entusiasticamente solidário com suas bolas reluzentes, o jogador/experimentador precipita-se no espaço aberto e transforma a região entre o olho e o objeto em uma esfera animada. Toda olhos e atenção, a visão da criança abre-se ao espaço diante dela. Assim, sem perceber, a criança que brinca chega, em sua alegre diversão, a um *insight* que, com seus afazeres escolares, ela mais tarde desaprenderá: que o espírito, a seu modo, está ele próprio no espaço. Ou não se deveria antes dizer que aquilo que outrora se chamava espírito já designava, desde o início, comunidades espaciais aladas? Para quem já fez as primeiras concessões a tais pressentimentos, parece razoável prosseguir perguntando na mesma direção: se a criança insuflou seu alento nas bolhas de sabão e permanece fiel a elas com seu olhar extático — quem, então, colocou seu alento na criança que brinca? Quem se mantém fiel à criança em seu êxodo para fora de seu quarto de brinquedos? Em quais atenções e animações do espaço está a criança envolvida quando sua vida tem êxito nas trajetórias ascendentes? Quem acompanha a criança em seu caminho para as coisas e para o que há de essencial nelas: o mundo compartilhado? Há, em todos os casos, alguém cujo êxtase impele as crianças para frente no espaço de possibilidades — e o que sucede com quem não é o sopro de ninguém? Toda vida que emerge e se individualiza, estaria ela enquanto tal contida em um sopro solidário? É legítimo pensar que tudo o que existe e é tematizado estaria envolto pelo cuidado de alguém? De fato, é conhecida a necessidade (Schopenhauer denominou-a a necessidade metafísica) de que tudo que pertence ao mundo ou ao ente em seu todo esteja contido em um sopro, como em um sentido indelével. Pode essa necessidade ser satisfeita? Pode ser justificada? Quem primeiro concebeu a ideia de que o mundo não seria absolutamente nada mais que a bolha de sabão de um alento que tudo engloba? A qual ser exterior pertenceria, então, tudo o que é o caso?[1]

O pensamento da modernidade, que por tanto tempo se apresentou sob o ingênuo nome de "Luzes" e o ainda mais ingênuo termo programático "progresso", destaca-se por uma mobilidade essencial. Sempre que segue seu avanço típico, ele executa um movimento pelo qual o intelecto irrompe da caverna das ilusões humanas em direção ao exterior não humano. Não é à toa que a virada da cosmologia, identificada ao nome de Copérnico, situa-se no princípio da história recente dos conhecimentos e desilusões. Ela fez que os habitantes do Primeiro

---

1. A alusão é à sentença que abre o *Tractatus logico-philosophicus* de Ludwig Wittgenstein ("*Die Welt ist alles, was der Fall ist*"). Adoto aqui a tradução usual em língua portuguesa. [N.T.]

Mundo perdessem seu mito cosmológico e, em seguida, pôs em marcha uma era de progressivos descentramentos. Desde então acabaram, para os habitantes da Terra, todas as ilusões sobre sua posição privilegiada no regaço do Cosmos, por mais que tais ideias possam permanecer coladas a nós, como ilusões inatas. Com a tese heliocêntrica de Copérnico, principiou uma série de rupturas exploratórias voltadas para um exterior desprovido de seres humanos, em direção às galáxias inumanamente distantes e aos componentes mais fantasmagóricos da matéria. O novo sopro gélido vindo do exterior logo foi percebido, e mesmo alguns dos pioneiros das revolucionárias mudanças do conhecimento da posição da Terra em relação ao Universo não deixaram de exteriorizar seu desconforto quanto à pretendida infinitude; assim, o próprio Kepler protestou contra a doutrina do universo infinito de Giordano Bruno, dizendo que "precisamente nessa reflexão há um não-sei-quê de aterrorizador e oculto; de fato, vagamos perdidos nessa imensidão à qual se negam limites e ponto central, e, com isso, qualquer posição fixa".[2] A essas incursões nos extremos seguem-se, na esfera interior dos homens, irrupções do frio proveniente dos gélidos mundos técnico-cósmicos. Desde o início dos tempos modernos, a humanidade deve, a cada século, a cada década, a cada ano, a cada dia, aprender a aceitar e assimilar novas verdades sobre um exterior que não tem relação com os seres humanos. A partir do século XVII, difunde-se, inicialmente entre as camadas cultivadas da Europa e, em seguida, entre as massas informadas do Primeiro Mundo, a nova sensação psicocosmológica de que a evolução, essa deusa indiferente do devir, não tem em mira os homens. A cada olhar sobre a estrutura da Terra e os espaços extraterrestres, aumenta a evidência de que o homem está sobrepujado de todos os lados por monstruosas exterioridades que o insuflam com o frio das estrelas e uma complexidade sobre-humana. A velha natureza do *homo sapiens* não está à altura dessas provocações vindas do exterior. Por meio da pesquisa e da tomada de consciência, o homem tornou-se

---

2. *De stella nova in pede Serpentarii*, 1606; apud Alexandre Koyré, *Von der geschlossenen Welt zum unendlichen Universum*, Frankfurt s/ Meno, 1980, p. 65. [Ed. bras.: *Do mundo fechado ao universo infinito*, Rio de Janeiro, Forense Universitária, 2001.]

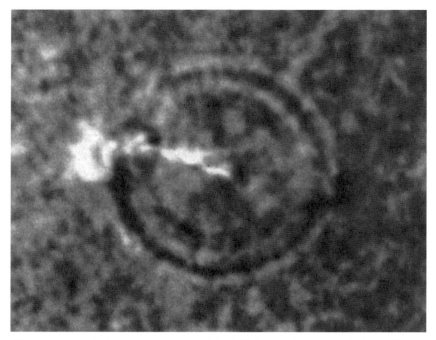

Círculo sem construtor I: tremor na superfície do Sol; as ondas que se alastram atingem uma dimensão correspondente a dez vezes o diâmetro da Terra. Foto tirada da sonda espacial Soho.

o idiota do cosmos; mandou a si próprio para o exílio e baniu-se da segurança imemorial que gozava nas bolhas de ilusão autoconstruídas rumo ao sem-sentido, ao desconectado, ao automático. Com auxílio de sua inteligência incansavelmente exploratória, o animal aberto arrancou por dentro o telhado de sua velha casa. Participar da modernidade significa pôr em risco sistemas imunológicos que se desenvolveram ao longo da evolução. Desde que o físico e cosmógrafo inglês Thomas Digges, nos anos 1570, provou que a bimilenar teoria das cascas ou camadas celestes era tanto fisicamente infundada quanto supérflua do ponto de vista da economia conceitual, os cidadãos da época moderna se encontraram forçosamente em uma nova situação, que lhes retirou, junto com a ilusão da posição central de seu torrão na totalidade do mundo, também a consoladora imagem de que a Terra achava-se envolta por abóbadas esféricas, como aconchegantes mantos celestiais. A partir daí, os homens modernos tiveram de aprender como é possível

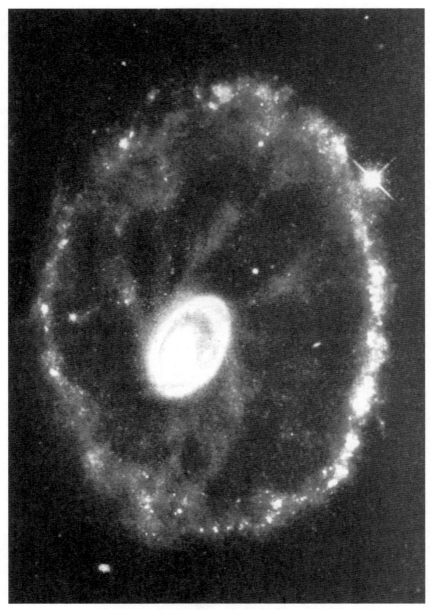
Círculo sem construtor II: Galáxia Roda de Carro, na Constelação do Escultor. Foto tirada através do telescópio espacial Hubble.

existir enquanto núcleo, mesmo desprovido de camadas envoltórias. A frase pia e alerta de Pascal — "o silêncio eterno dos espaços infinitos me amedronta" — expressa a consciência íntima da época.[3] Desde que os tempos, num sentido preciso, se tornaram novos, estar-no-mundo significa ter de se agarrar à superfície do planeta e contar com a força da gravidade, para além do regaço e das camadas protetoras. Não pode ser mero acaso que desde os anos 1490, os europeus, pressentindo o que estava em jogo, construam e observem, como possessos de um culto indefinido, modelos esféricos da Terra — globos —, como se quisessem pela visão desses fetiches consolar-se do fato de que, por todo o tempo, só poderiam existir *sobre* uma bola, e não mais *em* uma. Vamos mostrar que tudo que hoje se denomina globalização provém da brincadeira com essas bolas excêntricas. Friedrich Nietzsche, o magistral formulador daquelas verdades com as quais não se pode viver — mas que tampouco se pode pretender ignorar, para não ofender a probidade intelectual —, articulou conclusivamente o que o mundo em seu todo deve se tornar para os empreendedores modernos com base nessa percepção: "Uma porta abrindo-se para mil desertos, vazios e glaciais." Viver na época moderna significa pagar o preço da ausência de camadas protetoras. O homem agasalhado lida com sua psicose da época, respondendo ao resfriamento exterior com técnicas de aquecimento e políticas climáticas — ou com técnicas climáticas e políticas de aquecimento. Mas, depois que rebentaram as bolhas cintilantes de Deus, as camadas cósmicas, quem seria capaz de criar invólucros protéticos ao redor dos que foram desmascarados?

Contra a geada cósmica que penetra na esfera humana pelas janelas escancaradas das Luzes, a moderna humanidade interpõe um deliberado efeito estufa, empreendendo um esforço para compensar sua falta de invólucros espaciais por meio de um mundo artificial civilizado. É este o derradeiro horizonte do titanismo técnico euro-americano.

---

3. Sobre isto, Alexandre Koyré notou que a famosa frase não expressa o sentimento do próprio Pascal, mas está formulada, antes, como a compreensão da visão de mundo do *libertin*, do livre-espírito ateu que contempla um Todo sem firmamento e desprovido de sentido. Cf. Koyré, *Do mundo fechado ao universo infinito*, op. cit. (ver Nota 2).

A Modernidade aparece, nessa perspectiva, como a era em que um desespero de natureza agressiva produz um voto: que a construção de uma casa que abranja toda a espécie e uma política de aquecimento terão finalmente sucesso contra o céu aberto, frio e silencioso. Foram, sobretudo, as nações mais empreendedoras do Primeiro Mundo que traduziram sua recém-adquirida inquietude psicocosmológica em um construtivismo ofensivo. Elas se protegem contra os terrores dos espaços abissais que se estendem ao infinito pela edificação, simultaneamente utópica e pragmática, de uma estufa global, que lhes deveria fornecer uma habitação moderna em meio ao espaço aberto. É por isso que, finalmente, à medida que avança o processo de globalização, o olhar dos homens para o céu, tanto de dia como de noite, se torna cada vez mais indiferente e esparso. Mais do que isso: tornou-se quase um sinal de ingenuidade interessar-se ainda, com um *páthos* existencial, por questões de cosmologia.

Ao espírito do ambiente progressista convém, ao contrário, a certeza de nada mais ter de procurar no que se conhecia como o céu. Pois não é mais a cosmologia que diz hoje aos homens qual é sua situação, mas a teoria geral dos sistemas imunológicos. A peculiaridade da época moderna reside em que, após a virada para o mundo copernicano, o sistema imunológico constituído pelo céu de repente não servia mais para nada.[4] A Modernidade se caracteriza por produzir tecnicamente suas imunidades e separa cada vez mais suas estruturas de segurança das tradicionais criações literárias e cosmológicas. A civilização de alta tecnologia, o Estado de bem-estar social, o mercado global, a esfera midiática: todos esses grandes projetos visam, em uma época sem camadas de proteção, emular a imaginária segurança das esferas, tornada impossível. Redes e políticas de segurança devem, agora, ocupar o lugar das camadas celestiais; a telecomunicação deve fazer as vezes do abraço circundante. Envolto em uma pele midiática eletrônica, o corpo da humanidade deve criar para si uma nova composição imunitária. Dado que o velho *continens* que tudo abrangia e continha — a abóbada celestial — está irrevogavelmente perdido, aquilo que não

---

4. Cf. *Esferas II*, Digressão 5: "Sobre o sentido da palavra não dita: a esfera está morta".

mais está abrangido, não mais está contido, o antigo *contentum*, deve prover ele mesmo sua satisfação sobre continentes artificiais, sob céus e cúpulas artificiais.[5] Mas quem ajuda a edificar a estufa global da civilização chega a paradoxos termopolíticos: para que sua edificação seja levada a cabo — e essa fantasia espacial está na base do projeto de globalização —, é preciso que populações gigantescas, no centro como na periferia, sejam expulsas dos velhos casulos das ilusões regionais bem equilibradas e expostas aos gelos da liberdade. Mas o construtivismo total cobra inexoravelmente seu preço. Para abrir espaço à esfera artificial substituta, faz-se explodir, em todas as regiões do velho mundo, os restos de uma fé no mundo interior e na ficção de uma segurança, em nome de um radical iluminismo de mercado que promete uma vida melhor, mas que, num primeiro momento, só põe abaixo, de forma devastadora, as normas imunitárias do proletariado e das populações periféricas. De súbito, massas estupefatas se acham ao relento, sem que jamais se lhes tenha corretamente explicado o sentido de sua expulsão. Iludidas, com frio e abandonadas, elas se envolvem nos sucedâneos de antigas imagens do mundo, na medida em que estes parecem trazer em si ainda um sopro do calor da ilusão da antiga humanidade quanto ao abraço circundante.

> Quem nos deu a esponja para apagar todo o horizonte? Que fizemos, ao desatar a Terra de seu Sol? Para onde ela se move agora? Para longe de todos os sóis? Não estamos em queda livre? Para trás, para os lados, para a frente, para todas as direções? Existe ainda um acima e um abaixo? Não vagamos como através

---

5. Sobre os conceitos *continens/contentum* (abrangente/abrangido), cf. Giordano Bruno, *De l'infinito, universo et mondi* (Veneza, 1584). [Ed. port.: *Acerca do infinito, o universo e os mundos*, Lisboa, Fundação Calouste Gulbenkian, 1978.] Na perspectiva da história conceitual, o ponto marcante é que "continente", na acepção moderna, designa a aglutinação do solo terrestre, ao passo que o *continens* clássico significava a camada mais externa do céu. É curioso que se considere modernamente o solo como "abrangente", embora desde Colombo e Magalhães se saiba que, no contexto geográfico global, quem abrange são os oceanos, enquanto os chamados "continentes" são, ao contrário, abrangidos. Com justificada ironia, autores anglo-americanos se referem aos discursos da velha Europa como sintomas de um "pensamento continental".

de um nada infinito? Não sentimos sobre nós o sopro do espaço vazio? Não ficou ele mais frio?[6]

Nessas questões, abre-se o sorvedouro que os atuais discursos globalizantes, em sua histeria atarefada, preferem ignorar. Em tempos sem cobertura, sem orientação no espaço, subjugados por seu próprio progresso, os modernos devem se tornar, em massa, seres insensatos. Pode-se considerar a civilização técnica, sobretudo sua aceleração no século XX, como a tentativa de sufocar as questões levantadas pelos testemunhos cruciais de Nietzsche — esse Diógenes trágico — em um manto de conforto. Na medida em que o mundo moderno põe à disposição dos indivíduos meios de vida técnicos de perfeição até então desconhecida, ele quer lhes tirar da boca a inquietante indagação sobre o espaço em que vivem ou do qual continuamente despencam. Enquanto isso, foi justamente a modernidade existencialista que apreendeu por que, para os homens, é menos importante saber *quem* eles são do que *onde* estão. Enquanto a banalidade sitia a inteligência, os homens não se interessam pelo seu lugar, que parece estar dado, mas dirigem sua imaginação para os fogos-fátuos que pairam à sua frente como nomes, identidades e negócios. O que os filósofos recentes denominaram o esquecimento do Ser mostra-se, antes de tudo, como uma teimosa ignorância quanto ao lugar atemorizador da existência. O plano popular de esquecer-se de si mesmo e do Ser opera por meio de um zombeteiro descaso pela situação ontológica. Essa zombaria anima hoje todas as imagens de impetuosa atividade vital, perda do interesse cívico, erotismo anorgânico. Ela leva seus agentes a se prenderem a cálculos mesquinhos; e os gananciosos de ultimamente não mais se perguntam onde estão, desde que possam apenas ser alguém. Ao procurarmos aqui, ao contrário, recolocar a questão do *onde* em termos radicais, isso significa devolver ao pensamento contemporâneo seu sentido da localização absoluta e, com esta, o sentido do fundamento da diferença entre pequeno e grande.

---

6. Friedrich Nietzsche, *Die fröhliche Wissenschaft*, § 125 ("Der tolle Mensch"), Stuttgart, A. Kröner, 1921. [Ed. bras.: *A gaia ciência*, São Paulo, Companhia das Letras, 2001.]

Para a pergunta de inspiração gnóstica, "onde estamos quando estamos no mundo?", é possível dar uma resposta competente e contemporânea: estamos em um exterior que suporta mundos interiores. Ao manter sob os olhos a tese da prioridade do exterior, não precisamos mais proceder a investigações ingênuas sobre a posição dos seres humanos no Cosmos. É demasiado tarde para sonharmos com a volta a um lugar sob as camadas celestes, em cujo interior fossem permitidos sentimentos de ordenação doméstica. Para os que sabem das coisas, a segurança no interior do círculo mais vasto está perdida e, com ela, o próprio velho Cosmos, habitável e imunizador. Quem, ainda assim, quiser continuar a olhar para fora e para o alto, chegará a um vazio humano e a distâncias tão imensas para as quais não há limites pertinentes. Também nos níveis mais diminutos da matéria, revelam-se sutilezas perante as quais somos nós que nos tornamos os excluídos, os distantes. Por isso a indagação pelo nosso *onde* faz mais sentido do que nunca, pois se dirige ao lugar que os homens produzem para nele poder existir tal como são. Esse lugar leva, aqui, em memória de uma venerável tradição, o nome de *Esfera*. A esfera é a rotundidade fechada, dotada de um interior compartilhado, que os homens habitam enquanto têm sucesso em se tornar homens. Como habitar significa sempre constituir esferas, menores ou maiores, os homens são as criaturas que estabelecem mundos circulares e olham em direção ao exterior, ao horizonte. Viver em esferas significa produzir a dimensão na qual os homens podem estar contidos. Esferas são criações espaciais imunologicamente efetivas para seres extáticos sobre os quais opera o exterior.

> *Não são os vasos que de vós estão cheios que vos fazem firme e estável; porque, se eles se quebrarem, nem por isso vos derramareis, e mesmo quando vos derramais sobre nós não permaneceis caído no chão, antes nos levantais, e não vos dissipais, antes nos reunis a vós.*
> Santo Agostinho, *Confissões*, I, iii[7]

---

7. Todas as traduções de Agostinho foram feitas por mim com base no original latino. (Ed. bras.: *Confissões*, São Paulo, Nova Cultural, 1999.) [N.T.]

Dentre as antigas e preciosas expressões com que a metafísica, em sua época, edificava refinadas pontes entre o céu e a terra, conta-se uma que ainda serve de auxílio a muitos contemporâneos, e não apenas a artistas e seus imitadores, no apuro de revestir de um nome respeitável a fonte de suas ideias e súbitas apreensões: a inspiração. Mesmo que a palavra pareça antiquada e seu uso produza antes um sorriso do que reconhecimento, ela ainda não perdeu totalmente seu lustre simbólico e se presta, em alguma medida, para indicar a origem confusamente heterogênea e estrangeira das ideias e obras que não se deixam reduzir ao mero emprego de regras, assim como à repetição mecânica dos padrões conhecidos de inspeção e descoberta. Quem apela para a inspiração admite que ideias súbitas são acontecimentos não triviais, cuja ocorrência não está à mercê da força. Seu meio não as domina, seu receptor não as produz. Se é o gênio que realiza a sugestão ou o acaso que faz cair os dados naquela particular disposição, se é uma ruptura na costumeira junção dos conceitos, através da qual o até então impensado chega à concepção, ou se a novidade se engendra por um erro produtivo: quaisquer que sejam as instâncias consideradas como emissoras da ideia, o receptor sempre sabe que, para além de seus próprios esforços, recebeu, por assim dizer, visitantes de outras partes em seu pensamento. Inspiração — insuflação, sugestão, ideia caída verticalmente do alto, abertura escancarada do novo: o conceito designava anteriormente, quando podia ser usado sem ironia, a circunstância de que um poder informador de natureza mais elevada fazia de uma consciência humana sua embocadura ou caixa de ressonância. O céu, diriam os metafísicos, surge como informante da terra e lhe dá sinais; um estranho entra pela nossa porta e se faz respeitar. E embora hoje o estranho não porte mais um nome elevado e metafisicamente impositivo — não é Apolo, não é Javé, não é Gabriel, não é Krishna, não é Xangô —, o fenômeno da ideia que chega de repente não desapareceu totalmente dos horizontes esclarecidos.

Quem recebe essas ideias pode, mesmo em tempos pós-metafísicos ou alternativamente metafísicos, entender-se como hospedeiro e matriz de algo que lhe é alheio. Somente em relação a essas rajadas do estranho é que se pode ainda articular, em nossa época, um conceito sustentável do que se chamaria subjetividade. É verdade que os visitantes súbitos hoje ficaram anônimos. Mas mesmo que, como diz o proverbial gracejo, muitas vezes cause surpresa a que tipo de pessoas as ideias chegam, dessa própria chegada súbita, ninguém que conheça o processo precisa duvidar. Onde elas se manifestam, sua presença é levada em conta, sem uma preocupação mais precisa por sua origem. O que surge à imaginação só pode provir de algum lugar lá fora, de um ar livre que não é necessariamente um Além. Deseja-se que as ideias não mais tombem dos céus embaraçosos; elas deveriam brotar da terra de ninguém dos pensamentos precisos e sem dono. Por não terem emissor, fica-se à vontade para utilizá-las livremente. A ideia que nos entrega algo mantém-se à soleira da porta, como um visitante discreto. Ela não se constitui em nenhuma religião, na medida em que estas sempre vêm acompanhadas do reconhecimento de um fundador. Seu anonimato, que muitos com razão percebem como benéfico, cria um dos pressupostos para que hoje se possa finalmente perguntar, em termos gerais, pela essência disso que chamamos a mídia. Pois o que é, afinal, a teoria dos meios de comunicação, praticada segundo as regras próprias da arte, senão a elaboração conceitual complementar às visitas regulares, discretas e indiscretas? Mensagem, emissor, canais, linguagens — estes são os conceitos fundamentais, na maioria das vezes mal compreendidos, de uma ciência geral sobre as modalidades de visitação de algo, por algo, acerca de algo. Vamos mostrar que a teoria da mídia e a teoria das esferas convergem — e esta é uma tese para cuja prova três livros não podem ser excessivos. Nas esferas, inspirações compartilhadas tornam-se o fundamento da possibilidade de convivência de seres humanos em comunidades e nações. Nelas se estabelece, pela primeira vez, essa forte relação entre os homens e os motivos que os animam (e animações são visitas que se prolongam) e que preparam o solo da solidariedade.

A cena primitiva daquilo que, na tradição judaico-cristã, merece ser chamado inspiração é a criação do homem — um acontecimento que, no relato do Gênesis, aparece em duas versões: uma vez como ato final do trabalho dos seis dias, que não menciona, entretanto, a cena da insuflação, e outra vez como primeiro ato de toda a criação posterior, só que agora com expresso destaque para a criação através do sopro e com a característica distinção entre a modelagem da argila, numa primeira etapa, e o sopro, na segunda. Aqui o inspirador, o senhor da criação, apresenta-se ao leitor do Gênesis como uma figura muito bem demarcada no plano ontológico: ele é o primeiro artesão em plena posse de seus poderes. O inspirado, por sua vez, adentra a cena da existência como o primeiro homem, protótipo de um gênero a quem ideias podem ocorrer. O relato bíblico da primeira inspiração reproduz a visita original do espírito a um meio material receptivo.

> [4b]No tempo em que Iahweh Deus fez a terra e o céu, [5]não havia ainda nenhum arbusto dos campos sobre a terra e nenhuma erva dos campos tinha ainda crescido, porque Iahweh Deus não tinha feito chover sobre a terra e não havia homem para cultivar o solo. [6]Entretanto, um manancial subia da terra e regava toda a superfície do solo. [7]Então Iahweh Deus modelou o homem com a argila do solo, insuflou em suas narinas um hálito de vida e o homem se tornou um ser vivente. (Gênesis 2:4-7)[8]

Seria possível falar desse alento em uma linguagem ainda não deformada pela rotina teológica e a crédula submissão a seu sentido suposto e prescrito? Se essas linhas, dez mil vezes repetidas, interpretadas, traduzidas e usurpadas, forem seriamente tomadas como enunciando um processo de produção, elas mostram, em sua explícita concatenação, acima de tudo uma percepção da ordem dos procedimentos: o homem é um artefato que só poderia ser criado em duas etapas. Na primeira parte do trabalho, como lemos, o criador fez Adão, isto é, o ser de argila retirada do *adamá*, o solo, e o moldou como uma obra de arte específica, que deve sua existência, como todos os entes artificiais, à combinação de arte e matéria-prima. Trabalho manual e terra são igualmente necessários para produzir a figura humana na forma da primeira estátua. Em sua intervenção inicial, o criador não é, portanto, mais que um ceramista a quem apraz moldar, de um material apropriado, uma figura

---

8. Todas as citações bíblicas foram retiradas da seguinte tradução brasileira: *Bíblia de Jerusalém*, São Paulo, Paulus, 2012. [N.T.]

que se assemelhe a ele, o mestre produtor. Quem quiser imaginar os seres humanos como máquinas primitivas encontra aqui prefigurada a maneira pela qual se produzem estátuas, marionetes, *golems*, robôs, engenhos humanoides e coisas semelhantes segundo as regras da arte. O Deus da primeira fase da Criação personifica um representante da mais antiga cultura técnica, cujo centro de gravidade é a habilidade do ceramista. Os oleiros foram os primeiros a descobrir que a terra é mais do que apenas solo para cultivo. Enquanto primeiro artesão, ou demiurgo, o ceramista depara-se com a experiência de que o solo provedor de frutos também pode ser matéria-prima de novas produções, em particular, a produção de vasilhas de barro, às quais, nos fornos e nas oficinas, se confere *forma* ou precisão somadas à estabilidade. Se o Senhor do Gênesis, ao criar o homem, atua primeiro como oleiro, é porque é mais plausível que essa criação tenha sucesso se começar como fabricação de uma vasilha. Saber fazer formas humanoides segundo as técnicas cerâmicas marca, na época do Gênesis bíblico, o estado presente da arte. Não há nada de extraordinário, portanto, no fato de que o corpo de Adão tenha sido feito de barro: ele constitui, de início, apenas uma escultura oca que aguarda uma importante pós-utilização. É só com esta que o extraordinário entra em cena, pois, se o homem de barro em seu modelo original está dotado de uma cavidade, é apenas porque esta deverá servir, mais à frente, como cântaro da vida. Desde o início ele foi moldado como uma figura semimaciça, já que lhe está destinado um recheio de tipo particular. A metafísica principia como metacerâmica. Pois o que deve ser introduzido nesse vaso peculiar não é um mero conteúdo físico. Embora líquidos em quantidades limitadas possam ser recolhidos nesse vaso humanoide, sua cavidade é de uma natureza mais sublime, e não é apropriado revesti-la de fluidos sensíveis. O vaso adâmico foi criado com espaços ocos que só despertam para sua destinação em uma segunda fase completamente misteriosa da Criação: "[...] insuflou em suas narinas um hálito de vida e o homem se tornou um ser vivente".

Com esse ato de inspiração, a segunda fase da feitura do homem reclama seus direitos. Sem o complemento do corpo de barro pelo sopro, Adão permaneceria para sempre um curioso artefato de argila; não passaria de uma instalação arbitrária sobre a terra desguarnecida. Uma

Reconstituição de uma cabeça paleolítica por meio da adição de gesso colorido, dando ao crânio a forma das camadas de tecido existentes antes.

estátua como essa poderia talvez servir de acompanhamento funerário para seu fabricante, comparável às figuras de barro nas tumbas dinásticas chinesas. Do ponto de vista artesanal, esse Adão, ao menos em suas partes superiores, poderia ser comparado a seus presumíveis modelos técnicos, as cabeças moldadas da Palestina antiga, produzidas pela aplicação de um revestimento realista de argila ou gesso aos crânios dos mortos.[9] O relato do Gênesis, lido para além dos lugares-comuns

---

9. Cf. Terry Landau, *Von Angesicht zu Angesicht. Was Gesichter verraten und was sie vergeben* [*De face a face. O que os rostos revelam e o que escondem*], Reinbeck, Hamburgo, 1995, p. 237 s.

Figuras de argila em tamanho natural, do jazigo funerário do primeiro imperador da China, Quin (259-210 a.C.).

teológicos, permite refletir que à obra adâmica semiacabada junta-se, em uma segunda etapa do trabalho, a decisiva mais-valia pneumática. O que aqui se ensina *implicitamente* é que o homem tem a natureza de um vasilhame, que só por meio de um acréscimo específico desperta para sua vocação de ser "imagem e semelhança". Para a expressão "ser vivente", o texto hebraico traz a palavra *nefesch*, que significa igualmente "o que foi animado por um alento vivificante", e este alento, segundo explicam os hebraístas, é em boa medida sinônimo de *ruach*, ar em movimento, sopro, hálito vital, espírito, sentimento e paixão, pensamento. Do ponto de vista da ordenação dos procedimentos, enquanto processo realizado em duas fases, a antropopoiese se eleva, portanto, da criação da vasilha para a criação de um ser espiritual, com o que esse clímax estava de antemão tencionado; a insuflação não se junta apenas como acréscimo ornamental a um corpo massivo autônomo. Assim, ambas as fases do processo de criação têm, cada uma à sua maneira, um decidido caráter *técnico*, pois, se Adão deve ser entendido em qualquer uma das perspectivas, conforme pretende o relato do Gênesis, como criatura ou obra de um autor (os padres latinos dirão — como *factum* ou *ens creatum*), então a faculdade criadora divina deve abranger expressamente também a competência de produzir seres plenamente animados, ontologicamente completos, dotados de subjetividade, capazes de ação inteligente e, em razão disso tudo, *semelhantes a Deus*.

Com isso, o relato do Gênesis escancara com a máxima radicalidade o horizonte da questão técnica: doravante só se pode compreender o que é técnica medindo-se a distância entre o que Deus pôde *in illo tempore* e aquilo que o homem vai poder em sua época. Como se viu, a primeira parte da produção da figura humana não apresenta mistérios operacionais à vista da produção divina do homem, e, em condições adequadas, as pessoas têm tido sucesso em reproduzi-la. Que a produção da figura humana é algo que se pode dominar até a maestria é uma crença a que se prendem até hoje todas as oficinas de estudos da natureza nas academias tradicionais de belas-artes; o mestre artesão da primeira fase da Criação ainda não passaria de um estudante de arte que se destacou por seus dotes em uma aula de desenho de nus; seria apenas um usuário de uma arte que pode ser aprendida. Ao contrário, a segunda fase envolve um truque de pós-graduado no qual, até agora, só o Deus do Gênesis teve sucesso. Com esse adendo, escancarou-se o fosso entre técnica humana e técnica divina. Pois, na perspectiva demiúrgica — e o conto de Adão é, acima de tudo, um mito régio do artesanato —, é o próprio espírito interior do ser humano que deve ser considerado agora como obra de um produtor; e, do mesmo modo, despertar estátuas para a vida animada é algo sobre o qual, até pouco tempo, a mera capacidade produtiva humana não sabia simplesmente nada. O sopro era a quinta-essência de uma técnica divina que sabia como fechar, com uma manipulação pneumática, o abismo ontológico entre o ídolo de barro e o homem animado. Consequentemente, Deus é o título de um poder cuja arte chega até a criação de um vivente a ele semelhante. Enquanto criador de todas as coisas, o Deus do Gênesis é senhor tanto do dessemelhante como do semelhante. É fácil se convencer do alcance dessa tese observando as criaturas mais simples, bem como as mais elevadas, e, diante do fato de sua existência, considerar que todas, sem exceção, devem ser concebidas como produtos de uma potência criadora, continuamente atuante e única! Mas, se os cristais, as amebas, as árvores e as libélulas são semelhantes a Deus, essa é uma questão a que os teólogos, em sua maioria, respondem negativamente. A natureza, concebida teologicamente, é o nome da autorrealização de Deus no dessemelhante. Quanto à realização no semelhante, porém, afirma-se com autoridade, no texto mais eminente, que Adão assemelha-se a seu criador. Consequentemente, basta observar com a devida atenção a existência factual dessa figura de barro animada para chegar por si só à pergunta: quem foi capaz disso? Quem pôde *fazer* o homem? Segundo qual processo esse ser semelhante, subjetivo, espiritual, que olha e elabora o mundo como mundo, foi posto em funcionamento? Enquanto se trata do Adão cerâmico, sabemos o bastante, como vimos, para desvendar o mistério de sua existência, exatamente porque se conhecem práticas de trabalho em argila mediante as quais se pode chegar, confiavelmente, a produzir figuras humanoides. Mas, para a conversão posterior da estátua em ser humano vivente, é preciso pôr em jogo um Extra pneumático ou noogênico, para cuja imitação, ao que parece, faltam até agora todas as regras de procedimento. O sopro de vida foi um processo técnico e supratécnico que, durante todo o período do pensamento religioso-metafísico, foi preciso venerar como uma patente exclusiva de Deus. Não obstante, os narradores do Gênesis buscam apropriar-se em certa medida desse Extra, remetendo o espírito de Adão à ação hábil de um artífice manual ou de um trabalhador por inspiração.

Desde então, a teologia das culturas avançadas sempre coincide com a teoria da capacidade suprema e com a explicação do mundo, em seu todo, à luz de um princípio de fabricação. Deus é um êxtase do pensamento da competência, que abrange a produção do mundo e das subjetividades nele formadas. Com o pensamento teotécnico, introduz-se a obsessão europeia pela capacidade de realizar. Poderíamos ceder a uma suspeita: a própria história, enquanto processo da técnica, obedece à regra de que aquilo que, em Deus, era uma técnica secreta, deve tornar-se procedimento humano público. O que chamamos historicidade não seria, talvez, a necessidade dos tempos de replicar o truque de Deus no âmbito do poder humano? Isso conduziria à conclusão de que mesmo a insuflação do alento vital deve tornar-se, em algum momento, um poder explicitado, que se deixa conduzir do céu para a terra. Deveríamos, porém, nos arriscar a imaginar uma tecnologia que pusesse o ato pneumático da criação a seu próprio serviço? Será que a assim chamada animação deveria se tornar algo feito em série, com base em regras da arte e de procedimentos técnicos formuláveis em termos suficientemente precisos? Dever-se-ia revelar que uma ciência do sopro já está no horizonte das possibilidades e que as ciências humanas já se puseram a caminho da repetição do alento divino por meio do mecanismo mais elevado?[10]

Trouxemos, com estas questões, para uma luz tardia, um tema encoberto do relato judaico do Gênesis. O que está em debate é a cavidade eleita de Adão. O que nos dá matéria para pensar é sua qualidade de vaso, sua constituição ressonante, sua privilegiada aptidão para atuar como um *canal* para as insuflações de um inspirador. Numa

---

10. Na tradição da Cabala, o truque de Deus é interpretado menos à maneira pneumática que grafemática: como escrita cosmogônica. A técnica arcana significa, por conseguinte, reportar-se à escrita primordial. A lenda medieval do *golem* liga o tema da criação cerâmica do homem diretamente à animação pelo alfabeto divino (cf. Moshe Idel, *Le Golem*, Paris, 1992). Gotthard Günther desenvolveu uma reformulação teórico-reflexiva do problema da criação em seu ensaio "Schöpfung, Reflexion und Geschichte" ["Criação, reflexão e história"], no qual traça o horizonte de uma metafísica do mundo inacabado. A História é concebida como dimensão do inacabamento que convida a outras produções com base naquelas até então realizadas: "começou-se finalmente a perceber (muito tarde) que a História é o fenômeno que surge quando o homem modela sua própria subjetividade em contraponto com a metrialidade natural da realidade". Cf. Gotthard Günther, "Schöpfung, Reflexion und Geschichte", in: *Beiträge zur Grundlegung einer operationsfähigen Dialektik*, vol. 3, Hamburgo, 1980, p. 14-56; cit. da p. 19.

consideração convencional, ainda hoje se poderia reinstalar o preconceito, que assumiu força de história, de que um abismo intransponível — uma diferença ontológica — deve reinar entre criador e criatura. E como poderia ser de outro modo dado que a criatura, mesmo quando se trata do homem em relação ao criador de homens, encontra-se a uma distância de seu autor que a faz beirar o nada? Mesmo o primeiro homem criado aparece primordialmente, nesta perspectiva, como o objeto cerâmico que, nas mãos de um artífice soberano, foi arbitrariamente construído de um nada de barro, para mais tarde, pó retornado ao pó, tombar novamente em seu solo de argila.

Só numa segunda consideração discerne-se uma imagem um pouco menos autoritária da relação entre o sujeito criador e sua peça insuflada. Fica claro, agora, que entre o inspirador e o inspirado é impossível existir um desnível ontológico tão acentuado como entre um senhor animado e sua ferramenta inanimada. Lá onde se efetua o pacto pneumático entre o insuflador e o insuflado — onde, portanto, se introduz a aliança comunicativa ou comunal —, forma-se uma interioridade bipolar que nada pode ter em comum com a mera disposição autoritária de um sujeito sobre uma massa objetiva manipulável. Ainda que quem dê e quem receba o sopro se defrontem temporalmente como primeiro e segundo, tão logo se completa a instilação do hálito vital na forma humanoide, uma relação recíproca e sincronicamente tensa para um lado e para o outro introduz-se entre os dois polos da inspiração em andamento. Parece que a parte essencial do truque de Deus é, logo após o sopro, obter em troca um contrassopro. Poder-se-ia dizer, francamente, que o assim chamado autor não preexiste ao trabalho pneumático, mas engendra-se sincronicamente com esse próprio trabalho, num confronto interior com seu semelhante. De fato, talvez o discurso sobre um autor seja apenas uma circunlocução enganosa e convencional para o fenômeno da ressonância que se apresenta desde o início. Uma vez estabelecido, o canal de animação, preenchido pelos infinitos ecos duplos da interação entre Adão e seu senhor, só pode ser concebido como sistema de duas mãos. O senhor do vivente não seria ao mesmo tempo o Deus das respostas, tal como pareceu ser em suas primeiras invocações, se não lhe refluísse, da parte do animado, uma pronta confirmação de sua exalação. O sopro é, portanto, de antemão conspirativo, respirativo, inspirativo; se há respiração, respira-se a dois. Se os dois já figuram desde o princípio, seria inapropriado insistir em uma declaração sobre qual polo foi o primeiro no interior da dualidade. Naturalmente, o mito deve pretender dizer como tudo começou e o que veio primeiro — aqui como em toda parte. Mas, na medida em que busca fazê-lo seriamente, deve doravante falar também de um ir-e-vir originário, no qual não pode mais haver um genuíno primeiro polo. Este é o sentido do discurso bíblico da semelhança da imagem. Não se quer dizer que o criador teria sido um místico humanoide solitário que, em um dado momento, sucumbiu ao capricho de decalcar sua aparência — mas aparência para quem? — em corpos terrenos; isso seria tão absurdo quanto o pensamento de que Deus poderia ter desejado a companhia de figuras de barro formalmente semelhantes a ele, mas sem as mesmas aptidões. O que a produção da subjetividade e da animação mútua tem em vista não é a marionete oca. A semelhança de imagem é apenas uma expressão de fortes conotações ópticas, ligada ao jargão dos ateliês de arte, para designar uma relação de mutualidade pneumática. A faculdade íntima de comunicar-se em uma dualidade primária é a marca distintiva de Deus. Ela aponta menos para uma semelhança visualmente perceptível entre original e cópia que para a complementação original de Deus através de seu Adão, e de Adão através de seu Deus. A ciência do sopro só pode se pôr em marcha enquanto teoria dos pares.

Com a expressão que se acabou de empregar — complementação original —, enunciamos uma figura fundamental das reflexões que vão se seguir no campo esferomorfológico. Ela exprime que, no espaço espiritual (sob a suposição, ainda a confirmar, que "espírito" indica um tipo próprio de espacialidade), o dado mais simples já é uma grandeza de no mínimo dois lugares, ou bipolar. Pontos isolados são apenas possíveis no espaço homogeneizador da geometria e do movimento, ao passo que o verdadeiro espírito é desde sempre espírito no e diante do espírito; a verdadeira alma, desde sempre na e diante da alma. O nível elementar, primário, simples, surge em nosso caso já como ressonância entre instâncias polares: o originário manifesta-se desde o início como dualidade correlativa. O acréscimo do segundo ao primeiro não ocorre como ajuntamento exterior e subsequente, do modo como, na lógica tradicional, os atributos são introduzidos, por assim dizer, como retardatários e fornecedores de propriedades à substância. É verdade que, quando se pensa a substância, os atributos ocorrem mais tarde, como o negro vem ao cavalo e o vermelho, à rosa. Na íntima partilha da subjetividade por um par que habita um espaço espiritual aberto a ambos, segundo e primeiro sempre ingressam apenas em conjunto. Onde não ocorre o segundo, tampouco o primeiro está dado. Disso se segue que mencionar o criador sem enfatizar a antecedente coexistência de Adão já é incorrer em um erro de monarquismo originário, assim como os que pretendem falar de seres humanos sem falar de seus inspiradores e intensificadores — ou, o que dá no mesmo, dos meios de comunicação que o envolvem — já falsearam o tema pelo próprio modo de tratá-lo. Um cavalo platônico, uma rosa celestial — tais coisas, se for preciso, podem continuar a ser o que são mesmo sem o negro e o vermelho. Mas, quanto a Deus e Adão — se sua ligação de insuflação for tal como devemos supor com base na letra e no espírito do relato do Gênesis —, eles formam desde o início uma união diádica que só subsiste por sua bipolaridade desdobrada. O par primordial paira em uma dupla unidade atmosférica, em uma correlação mútua e uma dissolução de um em outro da qual nenhum dos parceiros pode separar-se sem anular a relação em seu todo.

Se na tradição teológica essa intensa relação tem necessariamente de aparecer como assimétrica, marcada por um poderoso realce da vertente divina, é principalmente porque Deus, além de seu engajamento com Adão, seu cossujeito, continua ao mesmo tempo incumbido da carga intransferível de suas atribuições cosmogônicas. Deus surge como estritamente adulto, o único em todo o universo — Adão e seus iguais, por outro lado, permanecem até o fim crianças em certa medida. É só em vista desse pano de fundo que Agostinho pôde dizer a seu Deus: "Mas vós, Senhor, sabeis tudo do espírito do homem, pois vós o fizestes."[11] A alegria de ser compreendido depende, para o padre da Igreja, da ideia de que só quem nos fez pode também nos entender

---

11. *Confissões* X, 5, 7, op. cit. (ver Nota 7 da Introd.).

e renovar. Isso provê o impulso básico de toda ciência do espírito e de seu restabelecimento, na medida em que irrompe o pensamento de que entender equivale a ter feito, e (o que é importante do ponto de vista religioso) ter sido feito equivale a poder ser entendido e reparado — uma ideia que sustenta até hoje todo o sacerdócio e a atividade psicoterapêutica. Esta exposição demiúrgica da marca de criatura trazida pelo ser humano tem sobretudo o objetivo de tramar o pacto entre Deus produtor e a alma produzida de forma tão compacta que não possa ser desmanchado. A alma racional lesada deveria pensar constantemente em seu autor original ou em seu substituto, o terapeuta, pois só esse pensamento a salva do isolamento ontológico e do extravio no que é incompreensível, não feito, acidental e exterior. Para Adão antes da Queda, e apenas para ele e seus semelhantes, vale a regra de Santa Teresa d'Ávila, de que a alma deve conceber todas as coisas como se no mundo só houvesse ela e Deus — um pensamento que também Leibniz citou com aprovação[12], ao passo que a Deus agrada manifestar-se não apenas em Adão e sua espécie, mas em todo o edifício da Criação. Nisto o Deus bíblico se assemelhava a um marido que adota a expectativa convencional de que sua esposa deveria estar inteiramente a seu dispor, enquanto ele próprio, além de se dedicar a ela, deve também estar à disposição de todo um mundo de afazeres. Mas se aproxima também de uma mãe que é boa o bastante para dar a seu filho o seguro sentimento de que ela estará inteiramente a seu lado sempre que for preciso, embora nos intervalos de seus compromissos com a vida do pequeno tenha de cuidar ainda de uma casa e de seu fogão. Essas assimetrias frustram de início a igualdade de capacidades na semelhança de imagens — mas isso não altera a incomparável peculiaridade do pacto pneumático. O insuflado é necessariamente um gêmeo ontológico do insuflador. Entre ambos domina uma íntima cumplicidade, como só pode existir entres seres que compartilham originalmente a placenta da subjetividade. Adão e seu senhor vivem da mesma placenta formadora do eu — o material de que se nutrem é o mesmo eu-sou-o-que-sou,

---

12. Cf. Dietrich Manke, *Leibnizens Synthese von Universalmathematik und Individualmetaphysik* [*A síntese de Leibniz da matemática universal e da metafísica individual*], Halle, 1925, p. 418.

que se ergue sobre ambos como um sutil aroma comum feito de interioridade e vontade sincronizada. A sarça no deserto não queima só para si mesma, mas, desde o início, para si *e* para Moisés, seu agente e plenipotenciário. Por isso este, ao vê-la arder, não deve reverenciá-la, mas antes conceber um encadeamento de mensagens: nós, este fogo e meu testemunho dele estamos em uma relação tão próxima como a mensagem e seu mais imediato receptor. A chama e o discurso são, desde a origem, cúmplices. O mistério revelado do mundo histórico é que a força de estar relacionado, exemplarmente experimentada pelos pares que se escolheram — e também, por que não, por sarças ardentes e profetas incendiários —, deixa-se estender a comunas, equipes, grupos de projeto, talvez mesmo a povos inteiros.

Usamos, para denominar essa força aglutinadora, uma enferrujada palavra do século XIX: a solidariedade. O que essa força tem em si capaz de ligar homens a seus semelhantes ou a um outro ser sobre-humano numa vibração comum é algo que nunca se investigou com suficiente seriedade na história do pensamento. A solidariedade foi até agora constantemente pressuposta ou exigida; tentou-se gerá-la, politizá-la, sabotá-la; dedicaram-lhe cantos e lamentaram sua fragilidade; jamais se remontou suficientemente para trás em busca de seu fundamento. No ponto em que estamos, já compreendemos ao menos que a solidariedade entre seres humanos, fora dos emparelhamentos primários e da horda primitiva, deve ser um fenômeno de transferência. Mas o que é isso que nela se transfere? O solo firme para o estar junto ainda aguarda uma explicação adequada.[13]

Vamos traduzir agora essas rapsódicas observações sobre um tema teológico da velha Europa e do Oriente Próximo na linguagem da investigação que temos à frente. Toda vez que o Deus judaico e o homem prototípico voltam um para o outro a face de contato de seu ser, eles

---

13. Cf. Peter Sloterdijk, *Der starke Grund, zusammen zu sein. Erinnerungen an die Erfindung des Volkes* [*O grande motivo de estarmos juntos. Anotações sobre a descoberta do povo*], Frankfurt, Suhrkamp, 1998. Nessa conferência, a redação do título restringiu-se à formação psicopolítica das populações dos modernos Estados nacionais. Aqui, no contexto esferológico, apresenta-se a forma de seu real feitio teórico.

compõem juntos uma *esfera* comum dotada de um espaço interior. O que aqui se denomina esfera seria, pois, numa concepção primeira e provisória, uma bola constituída de duas metades, polarizada e diferenciada desde o início, embora articulada internamente, subjetiva e viva — um espaço biunitário comum de vida e experiência. Assim, por meio da formação de esferas, aquilo que a tradição denomina espírito distende-se originalmente no espaço. Segundo sua forma fundamental, a esfera aparece como uma bolha gêmea, um espaço espiritual e vital de forma elipsoide com ao menos dois habitantes que, como dois polos, se defrontam e se ligam um ao outro. Viver em esferas significa, portanto, habitar o meio impalpável comum. A intenção destes três livros é proceder à prova de que o estar-em-esferas constitui a condição fundamental para os seres humanos, embora se trate de uma condição que desde o início está pressionada pelo mundo não interior e que deve constantemente se afirmar, se recompor e se intensificar contra as provocações que vêm de fora. Nesse sentido, esferas são sempre, além disso, construções morfoimunológicas. Só em estruturas imunes formadoras de espaço interior podem os homens levar adiante o processo de suas gerações e impulsionar suas individuações. Mais ainda: os homens jamais viveram de forma imediata diante da assim chamada natureza, e, acima de tudo, suas culturas jamais pisaram o solo disso que se chama os fatos brutos; eles já existem exclusivamente e desde sempre em um espaço insuflado, partilhado, aberto e recomposto. São criaturas viventes cujo propósito é ser criaturas pairantes, se por pairar se entende depender de afinidades compartilhadas e de pressuposições comuns. Por conseguinte, os homens são, fundamental e exclusivamente, as criaturas de seu interior e os produtos de seu trabalho sobre a forma da imanência que a eles inseparavelmente pertence. Eles medram apenas na estufa de sua atmosfera autógena.

O que no discurso dos filósofos recentes se denominou o estar-no-mundo significa, para a existência humana, em primeiro lugar e sobretudo, estar-em-esferas. Se os homens estão *aí*, então existem de início em espaços que se abriram para eles porque, ao habitá-los, lhes deram forma, conteúdo, extensão e duração relativa. Mas como as esferas constituem o produto original da coexistência humana — algo

Hieronymus Bosch, *O jardim das delícias*, c. 1504, casal dentro da bolha, detalhe.

que nenhuma teoria do trabalho jamais levou em conta —, esses lugares atmosférico-simbólicos dos homens dependem de sua contínua renovação; esferas são instalações climáticas em cuja construção e operação não se colocam, para os que realmente vivem em comum, a possibilidade de deixar de colaborar. A climatização simbólica do espaço comum é a produção original de cada sociedade. De fato, os homens fazem seu próprio clima, mas não o fazem se valendo de peças soltas, e sim sob condições previamente encontradas, dadas e transmitidas.[14]

As esferas são permanentemente afligidas por sua inevitável instabilidade; elas compartilham com a felicidade e o cristal os riscos inerentes a tudo que se quebra com facilidade. Não seriam construções da geometria vital se não pudessem implodir, e, menos ainda, se não fossem também capazes, sob a pressão do crescimento do grupo, de estender-se em estruturas mais complexas. Onde ocorre a implosão, o espaço comum enquanto tal é abolido. O que Heidegger denominou o ser-para-a-morte significa não tanto a longa caminhada dos indivíduos rumo a uma derradeira solidão antecipada com pânico, mas antes a circunstância de que todos eles irão, em algum momento, abandonar o espaço no qual estiveram aliados a outros indivíduos em uma relação real e forte. Por isso a morte, no fim das contas, diz mais respeito aos sobreviventes que aos que partiram.[15] Por isso a morte humana tem sempre duas faces: uma que deixa atrás de si um corpo rígido, e outra que mostra os restos de esferas — aqueles que são erguidos e revividos em um espaço superior, e aqueles que ficam pelo chão, como dejetos

---

14. Cf. *Esferas II*, Digressão 2: "Merdocracia: do paradoxo imunitário das culturas sedentárias".

15. Cf. Thomas Macho, *Todesmetaphern. Zur Logik der Grenzerfahrung* [*Metáforas da morte. Sobre a lógica da experiência limite*], Frankfurt, Suhrkamp 1987, p. 195--200 e 408-426. "Não temos *nenhuma* experiência da *morte*, embora tenhamos certamente experiência dos *mortos*. Na experiência dos *mortos*, a *morte* não se revela para nós; experimentamos apenas a *resistência* que os *mortos*, pela sua pura presença, nos opõem" (p. 195). Analogamente, Emmanuel Lévinas escreve: "Não é meu próprio não existir que é angustiante, mas o do ser amado... O que, com uma expressão algo falsificada, se denomina amor é antes de tudo o fato de que a morte do outro me afeta mais do que a minha própria." In: *Dieu, la mort et le temps*, Paris, Grasset, 1991, p. 121. [Ed. port.: *Deus, a morte e o tempo*, Lisboa, Ed. 70, 2012.]

materiais caídos para fora do antigo espaço de animação. O que se denomina o fim de um mundo significa estruturalmente a morte de uma esfera. O exemplo crítico disso, em pequena escala, é a separação dos amantes, a casa vazia, a foto rasgada; sua forma mais abrangente aparece como morte cultural: a cidade calcinada, a língua extinta. A experiência humana e histórica testemunha, entretanto, que as esferas podem ainda subsistir mesmo após a separação pela morte, e que o que foi perdido consegue permanecer presente nas memórias como monumento, fantasma, missão, saber. É só por isso que nem toda separação de amantes deve resultar em um fim de mundo, e nem toda transformação da linguagem, em um naufrágio da cultura.[16]

Que a bolha redonda internamente diferenciada da convivência íntima possa parecer de início tão inflexivelmente fechada e segura em si mesma, isto se explica pela tendência dos polos comunicantes de se alienarem completamente pela doação à outra metade. Isto se mostra também no mito judaico da criação: de fato, o Deus do Gênesis, pela entrega de seu sopro a Adão, pôs o que tinha de mais extremo na relação pneumática. Adão, por sua vez, e sua companheira permanecem em sua exclusiva parceria com Deus por tanto tempo quanto conseguem não admitir em si nada senão aquilo que lhes fora originalmente insuflado: a consciência da majestade reivindicadora de seu primeiro interlocutor. Eu sou vosso próximo e vosso inspirador, não tereis outros inspiradores além de mim — primeiro mandamento da comunhão diádica. Em seu íntimo, nada reina inicialmente senão o inspirado e ecoado duplo júbilo do pacto contra a exterioridade. Adão e seu Deus formam um círculo oscilante de magnanimidade que comemora e se eleva *in dulce iubilo* por seus próprios meios. Na medida em que Deus se comunica com Adão, recebe dele de volta o reflexo de sua natureza, em um acordo unânime. Talvez seja correto imaginar a música dos anjos e das sereias como o milagre sonoro próprio dessa biunivocidade imperturbada.

As esferas intactas trazem em si sua destruição, e o relato judaico do Paraíso também o ensina com dura consistência. Nada interrompe

---

16. Para uma teoria esferológica do luto, cf. *Esferas II*, Cap. 1: "Ascensão do distante-próximo. O espaço tanatológico, a paranoia, a paz imperial".

Masaccio, *A expulsão do Paraíso*, afresco, 1427, Capela Brancacci, Florença, detalhe.

a perfeição da primeira bolha pneumática, até que uma pane esférica conduz à catástrofe primordial. Adão, o seduzível, recebe uma segunda inspiração pelas vozes secundárias da serpente e da mulher, e com isso descobre o que os teólogos chamam sua liberdade, que nada mais é no começo que certa condescendência deliberada para com a aproximação sedutora de um terceiro. A seguir, o fenômeno da liberdade eleva-se à sua dimensão amedrontadora, quando põe em movimento formas radicalizadas da vontade própria, do querer-outra-coisa, querer todo tipo de coisa — todas elas conjugações da vontade má metafisicamente interpretada. Contudo, o primeiro impulso de uma liberdade própria já retira do homem sua faculdade de se auto-ordenar nessa biunidade, no interior do espaço de som puro e livre de vozes secundárias, formado por Deus e ele próprio. O que se chamou a expulsão do Paraíso é uma denominação mítica para a catástrofe esferológica primordial — no vocabulário da psicologia, ela é descrita, de forma aproximada, como o trauma do desmame. Só mediante um acontecimento desse tipo — a retirada do primeiro complementador — pode-se produzir o que mais tarde se chamará a psique, a aparência de uma alma que, à maneira de uma centelha privada ou como princípio vital pontual, habita um corpo individual e desejante. O processo mítico circunscreve a inevitável corrupção da biunidade original constituidora do espaço interior pela chegada de um terceiro, um quarto, um quinto, com o que se instala a *allotria*. No mundo biunitário, não havia nem o número, nem a resistência, pois a mera consciência de que existe um outro, um enumerável, um terceiro, já teria corrompido a homeostase inicial. A expulsão do Paraíso significa o fim da afortunada incapacidade de contar. Na díada, os dois membros reunidos possuem até mesmo a capacidade de negar em uníssono que sejam dois; em sua clausura insuflada, eles formam uma aliança contra os números e os espaços interpostos. *Secundum, tertium, quartum, quintum — non dantur*.[17] Somos o que somos, sem separações ou junturas: esse espaço de felicidade, essa vibração, essa câmara de eco animada. Vivemos, como os que se entrecruzam, na terra

---

17. O autor generaliza informalmente a locução *tertium non dantur* (terceiro não dado, ou terceiro excluído), que, na Lógica clássica, expressa o princípio da bipolaridade das proposições. [N.T.]

do Nós. Mas essa felicidade de olhos fechados, sem medida e sem números, não pode ser durável em tempo ou lugar algum: na época pós--paradisíaca (e o tempo não é sempre computado *after paradise lost?*), a sublime bolha biunitária está condenada a explodir.

As modalidades de explosão fornecem as condições das histórias culturais. Em meio à dualidade interna se intrometem objetos passageiros, novos temas, temas paralelos, variedades, novos intermediários. O espaço simbiótico inicialmente íntimo, atravessado por um único motivo, abre-se em uma neutralidade multifacetada, em que a liberdade só pode subsistir junto com a estranheza, a indiferença e a pluralidade. Ele passa a ser dilacerado por urgências não simbióticas, já que o novo sempre chega ao mundo como algo que perturba as antigas simbioses e, na forma de alarme e pressão, intervém no interior individual. O espaço tornado adulto se abre, agora, como a quinta-essência do trabalho, da competição, do divertimento, da coerção. Aquilo que Deus era reúne--se isoladamente na forma de um polo supramundano, que sobrevive como pode: um longínquo endereço fantasmagórico para uma busca desordenada de salvação. Aquilo que era o interior simbioticamente oco de Adão abre-se em maior ou menor medida a ocupantes sem espírito chamados de cuidados, diversões ou discursos, que preenchem o que, na íntima existência para o Uno, o parceiro inicial do sopro, querer-se-ia ter deixado vazio. O mundo adulto compreendeu que não tem nenhum direito à felicidade; eventualmente, apenas uma vocação para lembrar-se de sua outra condição. Mas essa vocação, quem poderia segui-la? O máximo que uma consciência cheia de preocupações e de violência pode se permitir em matéria de cuidados simbólicos são fantasias do restabelecimento da díada voltadas para o passado, que, apesar disso, também colocam exigências para o futuro. Esses sonhos compõem o estofo de que são feitas as religiões visionárias; mesmo o traçado mágico deixado por Platão na marcha do espírito europeu segue essas linhas oníricas. Em inumeráveis codificações, essas fantasias suscitam, às vezes publicamente, às vezes em segredo, fascinantes imagens da inspiração recíproca, que protege e é protegida pelo mundo circular perfeito. Animadas ou sorvidas por lembranças e regressões misteriosas, elas mantêm sob sua guarda imagens submersas de uma comunidade inspiracional proto-histórica, a da alma dupla no sexto dia da Criação.

Toda história é a história das relações de animação. Seu núcleo, como deixaram entrever algumas formulações antecipadoras, é o liame biunitário das comunidades de inspiração radical. Pode ser indiferente saber, por enquanto, se esse liame na imagem do mito da Criação deve ser considerado como a aliança de semelhantes entre Javé e Adão, ou segundo o conceito psicanalítico da díada precoce mãe-criança, ou ainda sob as figuras poético-existenciais dos amantes inseparáveis, dos gêmeos, do Grande Casal, dos dois prometidos. Todos os modelos se referem a ligações de tipo esférico, nas quais animações recíprocas se produzem por ressonância radical; em cada um deles, mostra-se que para constituir uma subjetividade real precisa-se de dois ou mais. Quando esses dois, no interior de um espaço partilhado, abrem-se um para o outro de forma exclusiva, forma-se em cada indivíduo, *per se*, um modo viável de estabelecer sua característica de sujeito; esta, num primeiro momento, consiste simplesmente em tomar parte nas ressonâncias esféricas.

Nos tempos antigos, foram quase exclusivamente as tradições religiosas, interpretadas sob particulares considerações, que testemunharam esse enigma da subjetividade como participação em um campo bipolar e pluripolar[18]; só com a nascente modernidade destacam-se dessas vagas estruturas complexos conceituais independentes que permitem passar às concepções seculares — em particular nos discursos psicológicos, terapêuticos e estéticos. Fenômenos de inspiração biunitária e comunitária não podiam articular-se, no mundo pré-moderno, senão em linguagens religiosas, dos tipos monovalente-animista e bivalente-metafísico. Por isso, nas reflexões seguintes destinadas ao estabelecimento de uma esferologia geral, será inevitável abrir também, em livres travessias, os campos religiosos das culturas europeias e extraeuropeias a um discurso explícito da intimidade. Com isso, esta antropologia para além do humano deixa-se reconhecer, se já não mais como serva, ao menos

---

18. Indicações sobre um argumento de que o campo desdobrado deve ter cinco polos encontram-se no Cap. 6: "Compartilhadores do espaço espiritual. Anjos — Gêmeos — Duplos", p. 375 s.

Piero della Francesca, *A Madonna de Brera*, 1472, detalhe.

como aluna da teologia. Ela não seria, sem dúvida, a primeira a crescer mais alto que seu mestre. A esferologia secular é a tentativa de liberar a pérola de sua concha teológica.

O drama de desenvolvimento esferológico — a irrupção na História — começa no instante em que indivíduos, como polos de um campo biunitário, ingressam no mundo adulto multipolar. Sem alternativa, ao explodir a primeira bolha, sofrem um tipo de choque psíquico de reassentamento, um desenraizamento existencial: eles se desprendem de sua condição infantil na medida em que deixam de viver inteiramente sob a sombra do Outro ao qual estavam unidos e começam a se tornar habitantes de uma esfera psicossocial ampliada. Aqui se completa, para eles, o nascimento do exterior: ao sair para o espaço aberto, os homens descobrem muitas coisas que, à primeira vista, parecem definitivamente incapazes de se tornar algo próprio, interno, coanimado. Há, entre o céu e a terra, como os homens aprendem com fascínio e dor, mais coisas mortas e exteriores de que qualquer criança do mundo pode sonhar apropriar-se. Ao abandonar os lares maternos, os aprendizes adolescentes são invadidos por grandezas assubjetivas, exteriores, excitantemente incontroláveis. Mas eles não seriam indivíduos humanos viáveis se não trouxessem consigo, para o novo ambiente estranho, o legado de lembranças do antigo campo simbiótico e de sua força coesiva. Essa força de transferir-se ao espaço inteiro é o que, por fim, vem a se consolidar com auxílio do trauma do intruso: a lei do inquietante terceiro, quarto, quinto..., pois ela integra o perturbador como um novo irmão, exatamente como se se tratasse de um elemento necessário do próprio sistema. "Leopardos irrompem no templo e sorvem os cântaros sacrificiais até esvaziá-los; isso se repete continuamente; pode-se por fim contar de antemão com o fato, e ele se torna parte da cerimônia" (Franz Kafka).[19]

A poética do espaço interior está sempre rompendo o espigão destrutivo do fortuito e do absurdo. Com a ascensão do exterior, do estrangeiro e do fortuito, daquilo que faz explodir as esferas, concorre desde o início um processo de poética do mundo que labora para que todo o exterior, por cruel e inconveniente que seja, todos os demônios do negativo e os monstros da estranheza, tudo isso se acomode em um interior estendido. Do contexto faz-se texto, tantas vezes e por tanto tempo quanto necessário até que o exterior se esgote pelo trabalho ou se reduza a formatos toleráveis. A ordem, nesse sentido, é sobretudo o efeito de uma transposição do interior para o exterior. O que conhecemos como as visões de mundo metafísicas da antiga Europa e da Ásia são, de fato, as mais tensas reinserções ascéticas do que é estranho, morto, exterior no círculo dos mundos interiores, animados de sentido e tramados pela escrita. Seus poetas foram, até

---

19. F. Kafka, "Considerações sobre o pecado, o sofrimento, a esperança e o verdadeiro caminho, n. 20", in: *Hochzeitsvorbereitungen auf dem Lande und andere Prosa aus dem Nachlass* [*Preparações de casamento no campo e outros textos em prosa do legado póstumo*], ed. Max Brod, Frankfurt, 1980, p. 31, 61.

ontem, os pensadores. Eles ensinaram aos cidadãos do Ser a simbiose com as estrelas e as pedras, interpretaram o exterior como um educador. A grande síntese hegeliana é o último monumento europeu dessa vontade de juntar toda negatividade e exterioridade no interior de uma abóbada redonda logicamente articulada. Mas a filosofia não teria conseguido edificar suas nobres construções sem o mandato da cultura que a sustentava, e as sínteses lógicas pressupõem situações políticas e militares que exigem ser cobertas por abóbadas simbólicas; sua missão exotérica é consolidar os habitantes em geral, os senhores nos palácios e em longínquas marcas fronteiriças, pelo saber metafísico. A primeira filosofia é a última transferência. Novalis dissipará o mistério ao interpretar o pensamento poético como um universal retorno à casa: "Para onde vamos, então? Sempre para casa." A casa paterna total não deve tampouco ter perdido o que tinha de mais estranho. Em todos os caminhos para a civilização elevada, a extensão das esferas e a crescente inclusividade ditam a lei do desenvolvimento da consciência.

O que chamamos tornar-se adulto são essas trabalhosas passagens das subjetividades em menor escala para formas do mundo mais ampliadas; a expressão muitas vezes também significa a adaptação da consciência tribal a condições imperiais e fundadas na escrita. Para a criança que fomos, o espaço de operações ampliado pode, ainda por um tempo, denominar-se a grande família; tão logo o horizonte da família é ultrapassado, as formas sociais mais desenvolvidas fazem valer suas pretensões de moldar e animar os indivíduos. No que respeita aos tempos pré-históricos, a forma social padrão aparece como horda, com a tendência à formação de comunidades clânicas e tribais. Nos tempos históricos, ela surge como povo, com a tendência ao estabelecimento de cidades, nações e impérios. Em ambos os regimes, tanto no pré-histórico como no histórico, a existência humana não tem nunca uma relação apenas adaptativa e integrativa com isso que se chama, em termos modernos e demasiado polidos, "o ambiente"; ao contrário: essa própria existência gera em torno de si o espaço através do qual e no qual transcorre. A cada forma social pertence uma específica habitação do mundo, uma redoma de sentido sob a qual os seres humanos primeiramente se reúnem, compreendem-se, defendem-se, multiplicam--se, irrompem das fronteiras. As hordas, as tribos e as nações e, mais ainda, os impérios são, em seus correspondentes formatos, entidades psicossociosféricas que se põem a si mesmas em ordem, climatizam--se e se contêm a si mesmas. Em cada instante de sua existência, essas entidades são forçadas a estender sobre si, com seus meios particulares, seu próprio céu semiótico, do qual afluem em direção a elas inspirações comuns formadoras de caráter.

Nenhum povo resiste ao seu próprio processo de geração e à competição com outros povos se não conseguir manter em funcionamento seu processo de autoinspiração. O que aqui se designa como inspiração autógena significa, em breves palavras, o contínuo de técnicas climáticas etnosféricas. Por meio de etnotécnicas que se estendem por gerações, dezenas, centenas de milhares, talvez milhões de indivíduos, afinam-se a espíritos comuns superiores e a ritmos, melodias, projetos, rituais e cheiros peculiares. Por força de tais jogos formais, que engendram uma sensibilidade comum e prática, os muitos homens reunidos encontram sem cessar, mesmo em circunstâncias adversas, as provas de que devem permanecer juntos; quando essas provas perdem sua força, os povos desencorajados se dissolvem no interior de culturas mais fortes ou se decompõem em bandos desordeiros e grupos remanescentes estéreis.[20] A tarefa de integrar um número tão absurdamente grande de pessoas nas vibrações e gestualidades comuns — na verdade, em sistemas de demência unificadores — soa, pela sua exagerada pretensão, como uma exigência que jamais poderá ser satisfeita. No entanto, era exatamente o domínio dessas dificuldades o que subjazia à lógica das formações de povos efetivamente levadas a cabo.

---

20. Cf. Armin Prinz, "Medizinanthropologische Überlegungen zum Bevölkerungsrückgang bei den Azande Zentralafrikas" ["Reflexões médico-antropológicas sobre a diminuição populacional entre os Azande da África Central"], in: *Curare, Zeitschrift für Ethnomedizin*, vol. 9, n. 3+4, 1986, p. 257 s. O autor desenvolve a tese segundo a qual o que ocorre entre os Azande, desde a tomada do país pelos europeus, é a *morte psicógena de um povo*. Por causas inexplicáveis de um ponto de vista exógeno, a população encolheu de aproximadamente dois milhões de pessoas em 1900 para um pouco mais de quinhentos mil, com tendência de queda ainda maior.

No mundo histórico, ao que parece, o mais inverossímil desenvolve a tendência a se impor como o mais real. Por mais implausível, por mais impossível que pareça, considerada do ponto de vista das hordas primitivas, a simples existência de uma entidade unificada do tipo de um povo — e, portanto, a síntese cultural de mil ou dez mil hordas — ainda assim, foram os povos que fizeram história, que absorveram as hordas e as puseram no nível de meras famílias ou linhagens. Só então é pensado, partindo do torvelinho das tribos e povos, que o conceito de Império nos parece uma coisa impossível; mas foram exatamente os impérios multiétnicos que, nos últimos quatro milênios, pautaram o curso das histórias candentes e tornaram realidade suas expectativas de ordem. Quem estuda o percurso dos dez milênios passados do ponto de vista da criação dos povos deve, pela evidência dos fatos, ser levado à conclusão de que, onde há povos, os céus divinos formadores de povos não podem estar longe. Os deuses próprios de cada povo representam, como universais etnotécnicos, aquilo que é comum por sobre os diversos segmentos — eles são o inacreditável que, com o máximo sucesso histórico, exigiu ser acreditado. Por quase toda parte, a força bruta desempenha um papel catalisador nos processos de etnopoiese; contudo, só os jogos de linguagem dos deuses se mostram como a garantia efetiva de um durável efeito etnosférico de animação. Eles, por assim dizer, asseguram *a priori* a síntese de um povo.

A maneira pela qual um inspirador mais elevado assume, para seu povo eleito, a incumbência etnopoiética mostra-se de forma particularmente marcante com o Javé judeu, o Deus-espírito que sopra no deserto. Ele não permanece apenas o Deus íntimo de Adão e Abraão, oferecendo-se nas culturas monoteístas como o que está eternamente "acima de ti"; mas é, sobretudo, o integrador transcendente que une as doze tribos no povo de Israel; ele é aquele que estabiliza seu povo, não apenas como depositário da lei, mas também como comunidade militar fundada no *stress*[21], e lhe possibilita sua autoafirmação nos *fronts*

---

21. Para uma teoria da síntese cultural por meio da cooperação sob *stress*, veja-se o importante estudo de Heiner Mühlmann, *Die Natur der Kulturen. Entwurf einer kulturgenetischen Theorie* [*A natureza das culturas. Esboço de uma teoria genético-cultural*], Viena/Nova York, Springer, 1996.

eternamente cambiantes dos inumeráveis inimigos; ele se engaja por seu povo da maneira mais notável, na medida em que o atrai para si na forma jurídica pneumática da Aliança. Friedrich Heer uma vez observou que a mera subsistência física do povo judeu no presente equivale a uma espécie de prova da existência de Deus derivada da história; de forma menos exaltada, seria possível dizer que a persistência histórica da judaicidade ao longo dos últimos três mil anos representa, no mínimo, a mais palpável das provas de existência de esferas, derivadas de sua sobrevida.[22]

Na perspectiva esferológica, os povos aparecem sobretudo como comunidades de culto, excitação, esforço e inspiração. Enquanto vasos autógenos, vivem e sobrevivem apenas sob sua própria redoma atmosférica e semiosférica. Por meio de seus deuses, suas histórias e suas artes, proveem eles próprios o sopro — e com isso o estímulo — que os torna possíveis. Eles são, nesse sentido, bem-sucedidas estruturas pneumotécnicas e autoestressantes. Sempre que perduram, os povos dão prova, *ipso facto*, de seu gênio etnotécnico. Ainda que, no interior dos povos, os indivíduos permaneçam cuidando de suas preocupações pessoais, frequentemente em um relativo embotamento, os mitos, os rituais e as autoexcitações globais conseguem criar, mesmo a partir do material mais recalcitrante, estruturas sociais de suficiente coesão étnica. Esses corpos coletivos endogenamente estressados são alianças esféricas que flutuam sobre a correnteza do tempo. É por isso que as mais bem-sucedidas comunidades formadoras de esferas, as culturas ou os povos de base religiosa, resistiram aos milênios com uma impressionante constância étnico-espiritual. Aqui, ao lado do judaísmo, deve-se nomear acima de tudo o bramanismo indo-ariano, que há milênios climatizou simbolicamente o mundo hinduísta. Também a continuidade

---

22. Cf. sobre isso Peter Daniel, *Zaun. Normen als Zaun um das jüdische Volk. Zum Phänomen der Zeitüberdauer des Judentums* [*Cerca. Normas como cerca em torno do povo judeu. Sobre o fenômeno da sobrevivência temporal do judaísmo*], Viena, Splitter, 1995. O autor acentua, em especial, o efeito etnicamente estabilizador da fronteira do ritual ante outras culturas, ao passo que nós falaríamos não tanto de cerca, mas do efeito-tenda. A existência interior na tenda etnosférica sustentada pela escrita preserva Israel em sua forma, como comunidade de inspiração, através do fluxo de gerações.

dos chineses confirma a regra de que a esferopolítica é o destino: não foi a China, até o limiar de nosso século, um monstruoso exercício artístico sobre o tema "existir em um espaço sem exterior e automurado"? Vamos, especialmente no segundo volume, procurar esclarecer de que maneira essa reclusão imperial refletia a apreensão espacial característica da era metafísica.

Falar das esferas não é, portanto, simplesmente desenvolver uma teoria da intimidade simbiótica e do surrealismo dual. É verdade que, por seu assunto, a teoria das esferas começa como psicologia da construção do espaço interior partindo de correspondências biunívocas, mas ela se estende necessariamente a uma *teoria geral dos vasos autógenos*. Esta provê a forma abstrata de todas as imunologias. Sob o signo das esferas coloca-se, por fim, também a questão geral acerca da *forma* das criações políticas de espaço no mundo.

Em nossa exposição, a psicologia das esferas deve então preceder a política das esferas; a filosofia da intimidade deve fundar, inaugurar, acompanhar, ornamentar a morfologia política. Esta sequência tem manifestamente uma razão expositiva, mas não apenas isso: tem também um fundamento na própria ordem das coisas. Cada vida percorre em seu começo uma fase em que uma suave demência a dois preenche o mundo. Cuidados extáticos enredam mãe e criança em uma redoma de amor, cujos ecos permanecem sendo, em todas as circunstâncias, condições para uma vida feliz. Logo, porém, os dois associados se relacionam a um terceiro, um quarto, um quinto; com a saída da vida individualizante para fora de seu invólucro original, aparecem polos suplementares e configurações espaciais mais extensas, que determinam, a cada passo, a amplitude das crescentes referências, dos cuidados e das participações, até se chegar ao nível adulto. Nas esferas amplificadas, estão em jogo forças que levam os indivíduos aos milhões para um estado de demência. Parece impossível viver nas grandes sociedades sem conceder algo ao delírio de sua própria tribo. A esferologia tem em vista, portanto, desde o início, os riscos dos processos de transposições das microesferas para as macroesferas. Mas o que ela exprime, sobretudo, é a saída do vivente dos regaços maternos, reais ou virtuais, para os cosmos densos das civilizações regionais altamente desenvolvidas e, para além delas, os mundos de espuma não redondos e não densos da moderna cultura global. Nossa apresentação segue nisso a ideia romanesca de descrever o mundo como um jogo de contas de vidro, mesmo se, por força das coisas, ela retire do tema sua gravidade. As esferas são formas enquanto forças do destino — começando pelo murmúrio fetal em suas águas escuras privadas, até a bola cósmico-imperial que se apresenta a nossos olhos com a exigência soberana de nos conter e esmagar.

Uma vez que as esferas, como formas efetivas do real, alçam-se à condição de tema de investigação, a perspectiva sobre a *forma* do mundo revela a chave de suas ordenações pragmática e simbólica. Consegue-se agora explicar por que, sempre que se pensa em termos de grandes rotundidades, a ideia de autossacrifício torna-se necessariamente poderosa. Isto porque as grandiosas esferas do mundo, sempre exibindo sua consoladora forma arredondada aos olhos dos mortais, reivindicaram desde tempos remotos que lhes seja subordinado tudo aquilo que não se adapte à curvatura lisa do todo; isso significa, em primeiro lugar, esse Eu voluntarioso, estorvante, privado, que sempre se insurgiu contra a perspectiva de deixar-se absorver integralmente na grande redondez do Mesmo. No círculo, os poderes do Império e da salvação reconhecem sua estética obrigatória. Por isso, nossa fenomenologia das esferas, segundo a natureza obstinada do tema, não pode ser senão uma derrubada do altar morfológico, sobre o qual, em tempos de Império, constantemente o não redondo é sacrificado ao redondo. A teoria das esferas, ao tratar das máximas dimensões, desemboca em uma crítica da razão curva.

O primeiro livro desta trilogia das esferas fala de unidades microesféricas, aqui denominadas *bolhas*. Elas compõem as formas íntimas do ser-em-forma arredondado, bem como as moléculas que formam a base das relações mais fortes. Nossa análise aborda a tarefa ainda não empreendida de contar, para as inteligências adultas, a epopeia das biunidades perdidas para sempre, mas não aniquiladas a ponto de não deixar traços. Mergulhamos em uma história desaparecida que relata o florescimento e o naufrágio da Atlântida interior; exploramos um continente insuflado no mar matriarcal que habitamos em tempos subjetivamente pré-históricos e abandonamos com o início das aparentes histórias pessoais. Nesse mundo à parte, evasivas dimensões lampejam à margem da lógica convencional. Com a consciência de que nosso inevitável desamparo conceitual é o único acompanhamento seguro, atravessamos paisagens da existência pré-objetiva e das passadas relações. Se "penetração" fosse a palavra correta, seria possível dizer que penetramos no reino dos fantasmas interiores. O que se mostra, porém, é que as próprias coisas só toleram invasões não invasivas; é necessário, neste domínio, com um pouco mais de complacência do que é costumeiro nas diligências metódicas e nas empreitadas intelectuais de objetivos precisos, que nos confiemos a uma corrente que nos arrasta para a frente sobre os fluidos linfáticos da autoexperiência pré-subjetivamente primitiva. Na travessia do sinuoso subterrâneo do mundo interior, desdobra-se, como um mapa sonoro, a imagem fantasmagórica de um universo fluido e aurático — inteiramente tecido de ressonâncias e de materiais em suspensão; nele resta a buscar a história primitiva do aparelho psíquico. Essa busca, por sua própria natureza, tem a característica de uma tarefa impossível, que não se pode cumprir nem abandonar.

Nesses passeios marginais pelos territórios originais da alma, da autopercepção e da existência recíproca, fica claro em que medida a história primitiva do íntimo processa-se também e sempre como uma história psíquica das catástrofes. Não se pode falar das esferas íntimas sem mencionar a maneira pela qual se dá sua explosão e sua reconstituição ampliada. Todas as bolsas/bolhas fetais, modelos orgânicos de vasos autógenos, existem apenas para serem rompidas; com a ressaca do nascimento, cada vida é lançada à costa dos mais duros fatos. Quem os alcançou pode esclarecer, baseado neles, o que leva as bolhas íntimas, demasiado íntimas, ao naufrágio e impele seus habitantes à metamorfose.

Com o segundo livro das *Esferas*, folheiam-se as páginas de um mundo histórico-político subsumido aos modelos morfológicos da esfera construída de maneira geometricamente exata e do globo. Adentramos, aqui, a dimensão parmediniana: um universo cuja fronteira é traçada pelo círculo e cujo centro é ocupado por uma jovialidade

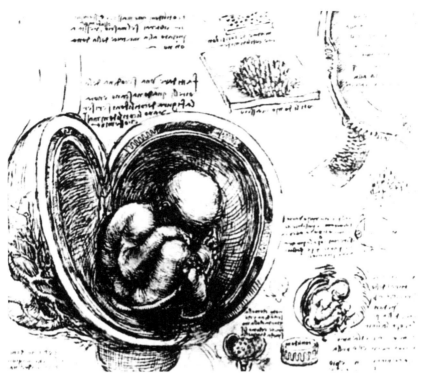
Leonardo da Vinci, desenho de útero, embrião e placenta, c. 1510, detalhe.

especificamente filosófica, precavida e transbordante. Na era nem tanto ultrapassada quanto esquecida da metafísica e dos impérios clássicos, Deus e o mundo pareciam ter celebrado o pacto de representar todo ente substancial como uma bola inclusiva. Tanto quanto nos é dado ver, a teologia e a ontologia são desde o início doutrinas da forma recipiente redonda; só a partir desta forma as figuras do reino e do cosmos tornam-se pensáveis de maneira indissociável. Não é por acaso que Nicolau de Cusa podia ainda dizer: "Toda a teologia está contida no círculo."[23] Por mais que os teólogos insistam em considerar que seu Deus é mais profundo que o Deus dos filósofos, mais profundo que o Deus dos teólogos é o Deus dos morfologistas.[24] Por meio de tais expedições

---

23. *"Et ita tota philosophia in circulo posita dicitur."* Cf. Nicolau de Cusa, *Die philosophisch-theologischen Schriften* [*Escritos filosófico-teológicos*], edição em latim e alemão, Viena, Herder, 1989, vol. 3, p. 102.
24. Nos capítulos 4 e 5 de *Esferas II* explica-se por que não poderia ser de outro modo.

a mundos hoje quase desaparecidos, nos quais a ideia de uma redondez necessária do todo era dominante, obtemos *insights* sobre a função e o modo de construção das ontologias políticas nos impérios pré-modernos. Não há nenhum reino tradicional que não tenha simultaneamente assegurado suas fronteiras por meios cosmológicos, e nenhum domínio que não tenha descoberto, para si, os instrumentos da imunologia política. Que é, de fato, a história do mundo senão também e permanentemente a história da guerra dos sistemas imunológicos? E os primeiros sistemas imunológicos — não foram eles, também e sempre, geometrias militantes?

Com a recordação das veneráveis doutrinas do Ser esférico, revelam-se as origens filosóficas de um processo que hoje está em todas as bocas com o nome de "globalização". É sua verdadeira história que urge ser contada — desde a geometrização do céu em Platão e Aristóteles até a circum-navegação da última esfera, a Terra, pelas naves, os capitais e os sinais de comunicação. Será mostrado como a globalização celestial da antiga física foi obrigada, com seu colapso na era moderna, a se transformar em globalização terrestre. Na base dessa demonstração está a resolução de devolver ao *globus*, como verdadeiro ícone do céu e da terra, a significação que lhe é atribuída apenas nominalmente nos discursos habituais sobre a globalização, sem nunca tomar a sério suas implicações conceituais. Caso se tivesse chegado a formar um conceito da globalização terrestre como o acontecimento fundamental dos tempos modernos, seria possível compreender por que, no mesmo momento, uma terceira globalização, desencadeada pela rápida difusão de imagens nas redes, conduziria a uma crise generalizada do espaço. Designa-se esta última crise pelo conceito — tão corrente quanto obscuro — de *virtualidade*. O espaço virtual das mídias cibernéticas é o exterior modernizado que não já pode ser representado, de nenhuma maneira, sob as formas do interior divino; ele se torna viável como uma exterioridade tecnológica — como um exterior, portanto, ao qual, de antemão, não corresponde nenhum interior. É verdade que a virtualidade cibernética foi antecedida pela virtualidade filosófica, fundada pela exposição platônica do mundo das Ideias; já a metafísica clássica havia precipitado

INTRODUÇÃO. OS ALIADOS OU A COMUNIDADE INSUFLADA

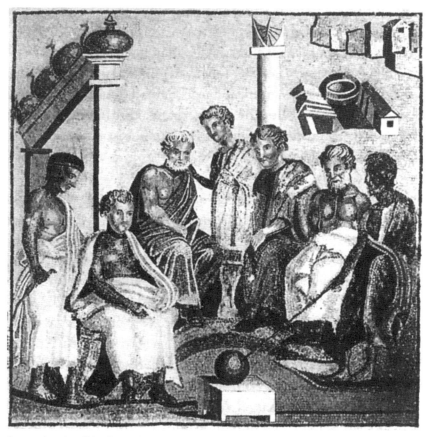

O mosaico dos filósofos da Vila Albani, Roma, século I a.C.

na crise o pensamento vulgar sobre o espaço, porque Platão fez nascer sobre o mundo dos sentidos esse Sol virtual, denominado o Bom, do qual tudo o que é "real" no mundo sensorial tridimensional recebe exclusivamente seu ser. A massa atual de publicações sobre o *virtual space* chega justamente a tempo de participar das comemorações dos 2.400 anos da descoberta do virtual.

O conceito da esfera — seja como espaço animado, seja como bola imaginada e virtual do ser — presta-se a recapitular as transições do conceito de espaço: do mais íntimo ao mais extenso, e do mais cerrado ao mais explodido. Que nas extroversões produtoras de espaço das esferas surge à luz uma vertente atemorizadora e monstruosa, isso

63

é algo que Rilke, ao qual a poética do espaço deve mais que a qualquer outro pensador contemporâneo, já havia deixado adivinhar em um verso decisivo: "E quão atônito não fica o que, vindo de um seio,/ tem de voar."[25]

A teoria das esferas é uma ferramenta morfológica que permite reproduzir o êxodo da criatura humana para fora da simbiose primitiva em direção às ações histórico-mundanas nos impérios e sistemas globais como uma história aproximadamente coerente da extroversão; ela reconstrói o fenômeno da alta cultura como o romance da transferência das esferas, desde o mínimo íntimo, a bolha dual, até o máximo imperial, apresentado como cosmos redondo monádico. Se a exclusividade da bolha é um motivo lírico, a inclusividade do globo é um épico.

Está na natureza do objeto que a fenomenologia das rotundidades imperiais deva culminar forçosamente em uma ginecologia crítica do Estado e da grande Igreja: atingimos, de fato, no curso da exposição, a evidência de que povos, impérios, Igrejas e, sobretudo, os modernos Estados nacionais são, em boa medida, tentativas espácio-políticas de reconstituir, por meios imaginário-institucionais, fantásticos ventres maternos para as massas infantilizadas. Mas dado que, na era da metafísica patriarcal, a maior de todas as figuras possíveis de recipiente tinha de ser representada como Deus, a esferologia leva diretamente a uma reconstrução morfológica da ontoteologia ocidental: Deus, ele próprio, tal como seria em si e para si, é conceitualizado nessa doutrina como uma esfera que abrange tudo, da qual se afirma, desde as doutrinas esotéricas correntes na alta Idade Média, que o centro está em toda parte e a circunferência em parte alguma.[26] Não foi o processo da modernidade, em sua estrutura profunda, idêntico às tentativas da intelectualidade europeia para se orientar neste instável superglobo?

---

25. Rainer Maria Rilke, *Elegias duinenses*, Oitava Elegia: "Oh, a felicidade da mosca que ainda saltita *por dentro*/ até mesmo quando em núpcias: pois o seio é tudo./ E vê a semissegurança do pássaro/ que, por sua origem, quase conhece uma e outra coisa,/ como se fosse a alma de um etrusco,/ saída de um morto que o espaço acolheu,/ embora com a figura jacente como tampa./ E quão atônito não fica o que, vindo de um seio,/ tem de voar. Como, temeroso/ de si mesmo, sulca o ar [...]." In: *Poemas*, trad. de José Paulo Paes, São Paulo, Companhia das Letras, 1993, p. 135.

26. Cf. *Esferas II*, Cap. 5: "*Deus sive sphera*. O Todo-Uno em explosão".

Que os homens são seres que podem tombar para fora da redondeza espacial divina, isso é algo que os infernólogos católicos têm ponderado desde o início da Idade Média; mas só Dante dispôs também o Inferno à maneira geométrica: em seu poema, mesmo aquele que, após o julgamento, foi excomungado da esfera divina continua retido nas imanências dos círculos infernais — falaremos destes, em vista dos anéis da *Commedia*, como as antiesferas; como se mostrará, sua descrição antecipa a moderna fenomenologia da depressão e da cisão psicanalítica entre espíritos analisáveis e não analisáveis.[27]

O modo pelo qual os impérios e as Igrejas clássicas conseguem se apresentar como esferas solares, cujos raios jorram de um centro monárquico para iluminar a periferia do ente, será desenvolvido nas investigações sobre a metafísica da telecomunicação nos grandes corpos sociais.[28] Mostra-se, aqui, não apenas por que as tentativas da metafísica clássica de delinear o ente em seu todo como uma monosfera concentricamente organizada tinham de fracassar devido a erros de construção imanentes, mas também a razão pela qual essa hiperesfera também exibia, por causa de seu caráter forçosamente abstrato, uma construção falha da perspectiva imunológica. O sentimento nostálgico por um mundo aristotélico que discerne seu objetivo na palavra *cosmos* e seu anseio na locução "alma do mundo" reencontra hoje uma particular atualidade. Explica-se, em não pequena medida, pelo fato de que não nos dedicamos à imunologia histórica e que, com base nas deficiências imunitárias evidentes das culturas do presente, chegamos à conclusão perigosamente falsa de que os sistemas de mundo anteriores achavam-se, desse ponto de vista, mais bem construídos. Mas a viabilidade dos clássicos sistemas totalísticos de outrora é um caso à parte. Basta lembrar a claustrofobia gnóstica sob os muros tirânicos do céu, bem como o desconforto do cristianismo primitivo ante qualquer envolvimento com o mundo, para avaliar em que medida o mundo do fim da Antiguidade já via razões para se revoltar contra o projeto imunologicamente

---

27. Cf. *Esferas II*, Cap. 6: "Antiesferas. Exploração no espaço infernal".

28. Cf. *Esferas II*, Cap. 7: "Como o verdadeiro centro das esferas age a distância através da pura mídia. Para uma metafísica da telecomunicação".

falho de sua cosmologia oficial. Mostraremos como a era cristã só pôde encontrar a fórmula de seu sucesso em um compromisso histórico dos sistemas imunitários, o sistema personalista-religioso e o sistema imperial-construtivista — e por que sua decadência devia necessariamente conduzir àquela tecnologização da imunidade que é a marca distintiva da modernidade.

Por fim, será preciso mostrar como do fracasso retardado do sonho europeu de monarquia universal brotaram as forças motrizes do processo de globalização terrestre, no curso do qual as culturas dispersas sobre a última esfera são reunidas em uma comunidade ecológica de *stress*.[29]

O terceiro livro trata da catástrofe moderna do mundo redondo. Ele descreve, em termos morfológicos, a chegada de uma era em que a forma do todo não pode mais ser representada por panorâmicas imperiais e pan-ópticos circulares. Na perspectiva morfológica, a modernidade aparece antes de tudo como uma revolução da forma. Não é sem razão que ela até hoje é deplorada pelos críticos conservadores como perda do centro e condenada como uma revolta contra o círculo de Deus. Para os católicos da velha Europa, a essência dos tempos modernos continua a expressar-se com uma única noção: atentado esférico. Muito menos nostálgica, mas igualmente extemporânea por vias não católicas, nossa arrancada esferológica põe à disposição os meios de caracterizar as catástrofes da forma do mundo da modernidade — ou seja, tanto a globalização terrestre como a virtual — no que concerne à construção de esferas não redondas.

Esta *contradictio in adiecto* espelha o dilema formal da situação presente do mundo, na qual, através dos mercados e mídias globais, trava-se uma furiosa guerra mundial das formas de vida e dos produtos de informação. Onde tudo se tornou centro, não há mais nenhum centro válido; onde tudo transmite, o suposto transmissor central se perde no burburinho das mensagens. Vemos como e por que a era do círculo unitário único, máximo, oniabrangente, e de seus reverentes exegetas,

---

29. Cf. *Esferas II*, Cap. 8: "A última bola. Para uma história filosófica da globalização terrestre".

Construção do Planetário de Iena, anos 1920.

está irrevogavelmente terminada. O modelo morfológico do mundo poliesférico que habitamos não é mais a bola, e sim a *espuma*. A atual conexão em rede do planeta inteiro — com todas as suas ramificações no domínio virtual — representa, assim, do ponto de vista estrutural, não tanto uma globalização, mas uma espumização. Nos mundos-espuma, as bolhas isoladas não são admitidas em uma única hiperbola integradora, como ocorre nas concepções metafísicas do mundo, mas se amontoam em pilhas irregulares. Com uma fenomenologia das espumas, tentamos, de maneira conceitual e imagética, avançar rumo a uma amorfologia política que explora até seu não fundamento as metamorfoses e os paradoxos do espaço solidário na época das mídias múltiplas e dos mercados mundiais voláteis. Só uma teoria do amorfo e do não redondo, na medida em que investiga o jogo atual de destruições e reconstruções de esferas, poderia prover a teoria mais perspicaz e mais geral da época presente. Espumas, pilhas, esponjas, nuvens e turbilhões servirão como as primeiras metáforas amorfológicas que nos ajudarão a perseguir as questões sobre formações de mundos interiores, criações de nexos de dependência e arquiteturas imunitárias na era do desencadeamento técnico da complexidade. O que todos os meios de comunicação hoje celebram confusamente como *a* globalização é, na perspectiva morfológica, a guerra universalizada das espumas.

Por intimação das próprias coisas, obtêm-se aqui também vistas sobre a patologia de esferas no processo (pós-)moderno. Falar sobre a patologia das esferas faz emergir um tríplice foco. O primeiro é da alçada da ciência política, na medida em que as espumas são, tendencialmente, estruturas ingovernáveis que pendem para a anarquia morfológica. O segundo é cognitivo, na medida em que sujeitos associados e indivíduos que vivem nas espumas não podem mais formar um mundo inteiro, já que a própria ideia de mundo inteiro, com sua acentuação tipicamente holística, pertence obviamente à era esgotada das monoesferas ou círculos metafísicos de inclusão total. O terceiro, por fim, é psicológico, na medida em que a tendência de indivíduos isolados em espumas é perder a força para formar espaços psíquicos e atrofiar-se em pontos isolados depressivos, que se dispõem em uma roda arbitrária (corretamente denominada, em termos sistêmicos, o ambiente); tais indivíduos sofrem dessa deficiência imunitária desencadeada pelo aniquilamento das solidariedades — sem falar, ainda, por enquanto, das novas imunizações através da participação nas criações de esferas regeneradas. Para as pessoas privadas, esferodeficientes, seu período de vida torna-se uma autoinflingida incomunicabilidade; seus egos sem dimensão, tíbios nos atos, pobres em participação, olham fixamente pela janela da mídia as imagens de paisagens animadas. Para as culturas de massas agudizadas, é típico que as imagens animadas tornem-se muito mais vivas que a maioria dos que as observam: repetição do animismo no pináculo da modernidade.

De fato, na era do não redondo, a alma deve preparar-se, mesmo nas condições mais favoráveis, para a ideia de que, para as bolhas isoladas — os indivíduos libertos que se autocompletam, que mobiliam

Torre Eiffel.

centralmente seus espaços próprios —, a espuma global híbrida permanecerá para sempre alguma coisa de impenetrável, embora a navegabilidade possa substituir parcialmente a transparência. É certo que, enquanto o mundo como um todo podia ser apreendido por uma visão de conjunto desde um ponto central de governo, ele parecia inteligível pela autotransparência com a qual a bola divina se iluminava para se dispor perfeitamente em cada ponto; a ideia da participação humana nos resultados dessa transparência deixava livres formas imperiais e monológicas da razão; o mundo radiava como um todo à luz dessa atenção vigilante reinando desde seu centro. O próprio Deus, afinal, nada mais era que o centro e, ao mesmo tempo, a circunferência da bola do Ser projetada e compreendida por ele; e todo pensamento que buscasse nele seu fundamento participava, por analogia, da eminência de sua visão central. Nos mundos de espuma, porém, nenhuma bolha pode dilatar-se até as dimensões de uma bola que ocupe um centro absoluto, englobe todas as coisas e projete-se para todas as direções; nenhuma luz central consegue penetrar toda a massa de espuma, em sua turva dinâmica. Por esse motivo, pertence à ética das bolhas descentradas, pequenas e medíocres no mundo de espuma, moverem-se em um mundo de amplidão nunca vista com uma visão de conjunto de uma modéstia inaudita; na espuma devem montar-se jogos racionais discretos e polivalentes que ensinam a conviver com uma reluzente diversidade de perspectivas e a renunciar à ilusão do ponto de vista único e dominante. A maior parte dos caminhos não leva a Roma — esta é a situação, europeu, reconheça-a. Pensar em meio à espuma é navegar sobre correntes instáveis — outros diriam que, sob a pressão das tarefas intelectuais da época, caminha-se para uma prática plural e transversal da razão.[30]

Com esta ciência das bolhas, que não é gaia nem soturna, o terceiro livro das *Esferas* fornece uma teoria da era presente segundo a perspectiva condutora de que a des-animação mantém uma dianteira irrecuperável sobre a re-animação. É o exterior não animável que, em uma época essencialmente moderna, dá o que pensar. Este diagnóstico

---

30. Cf. Wolfgang Welsch, *Transversale Vernunft* [*Razão transversal*], Frankfurt, Suhrkamp, 1995.

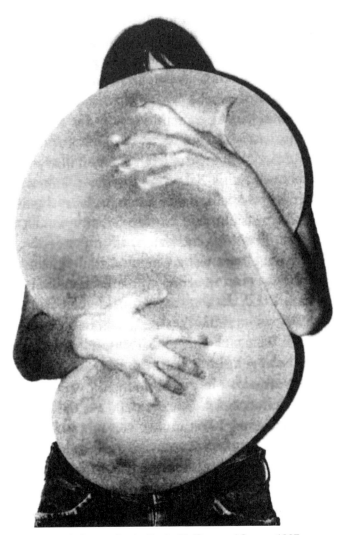

Annika von Hausswolff, *Attempting to Deal with Time and Space*, 1997.

forçará irrevogavelmente o abandono do anseio nostálgico por uma imagem de mundo que continua tendo como alvo um todo sustentável no sentido holístico-cultural. Pois o que quer que se proponha como interior desmascara-se, com evidência crescente, como o interior de um exterior. Nenhuma felicidade está segura ante a endoscopia; ao redor de cada célula bem-aventurada, íntima, vibrante, revoam enxames de profissionais da desilusão e nos deixamos arrastar por eles — *paparazzi* do pensamento, desconstrutivistas, negadores do espaço interior, cientistas cognitivos, cúmplices de uma pilhagem sem limites do Lete. A corja dos observadores, que tudo quer apreender desde o exterior e não entende mais nenhum ritmo: não fazemos nós parte dela há muito tempo, na maioria dos assuntos, na maioria dos momentos? E como poderia ser diferente? Como seria possível morar de modo a habitar todos os lugares? Ou de modo que nada de exterior se intrometa? O mundo, pelo que parece, ficou grande demais para os homens da antiga estirpe, que aspiravam a uma comunidade real com o distante e o próximo. Há muito tempo que a hospitalidade dos seres *sapiens* para com o que vinha detrás do horizonte esticou-se para além do ponto de ruptura. Nenhuma instituição — seja ela uma igreja que pense *kata holon* e ame universalmente, e, menos ainda, um indivíduo que continue bravamente a ler — pode ainda se presumir suficientemente aberta a tudo que a penetra, lhe fala e vem ao seu encontro; a imensa maioria de indivíduos, línguas, obras de arte, produtos, galáxias, visto de cada posição do espaço vital, permanece um mundo exterior inassimilável, e isso de forma necessária e permanente. Todos os "sistemas" — sejam eles lares, comunas, Igrejas ou Estados, e, mais ainda, casais e indivíduos — estão condenados à sua exclusividade específica; o espírito do tempo celebra cada vez mais abertamente sua irresponsável cumplicidade com as múltiplas exterioridades. A história do espírito, hoje, é o final de jogo da observação exterior.

Pode-se deixar em aberto saber se esses diagnósticos levam a conclusões destrutivas e redutoras ou a aberturas e sínteses salutares. Em todas as suas três partes, este tratado sobre as esferas como potências formais criadoras de mundos constitui a tentativa de falar sem inocência do mundo contemporâneo. Aquele que chama para si as experiências dos tempos modernos deve confessar três vezes a perda de sua inocência: no campo da psicologia, da ciência política e da tecnologia. As coisas se tornam ainda mais difíceis pela revelação de uma complexa diferença entre perder a inocência e tornar-se adulto. Não será senão por isso que não é de hoje que pensar significa romper com a ingenuidade.

A presente prestação de contas da ascensão e mudança de forma das esferas é, tanto quanto sabemos, a primeira tentativa, após o fracasso da chamada morfologia da história do mundo de Oswald Spengler, de atribuir novamente a um conceito formal uma posição do mais alto escalão em um estudo de antropologia e teoria da cultura. As pretensões morfológicas de Spengler, mesmo buscando o patrocínio de Goethe, estavam condenadas ao malogro, porque traziam para seus objetos um conceito de forma com o qual era impossível fazer justiça a seu caráter próprio e sua história. Já foi um golpe de força genial isolar as culturas em seu conjunto como "seres vivos do mais alto nível" e explicá-las como unidades sem janelas que surgem e desaparecem inteiramente segundo leis imanentes; mas, acima de tudo, não foi possível proceder desta forma sem forçar as coisas, como quando Spengler quis interpretar cada uma das culturas como reinados de mil anos de um estado de alma regional — de certo modo, como bolhas de sabão da ordem mais elevada, cuja forma se mantém em virtude de tensões internas de natureza oculta. As descrições vitais das oito culturas que ele reconhece e apresenta morfologicamente podem assumir um lugar de honra na história das filosofias da civilização, como um monumento de grande, talvez incomparável energia especulativa e combinatória, mas seria melhor acomodar esse monumento em um nicho mais calmo. Quanto ao uso dos conceitos morfológicos nas ciências da cultura, os efeitos decorrentes do exemplo de Spengler foram até agora desencorajadores. Nossa própria tentativa, portanto, não pode ser demasiado devedora desse modelo — exceto como um instrutivo ensinamento sobre o que se deve evitar no futuro.

Quando se fala aqui de esferas como formas que se realizam a si próprias, é com a convicção de não utilizar conceitos convencionais, ou, se eles o forem, de um certo ponto de vista, utilizá-los de uma

C. V. Boys, *Soap Bubbles and the Forces which Mould Them*, Londres, 1902.

maneira que estimule um confronto com as próprias coisas. A teoria das esferas significa abrir para si o acesso a alguma coisa que, embora seja o que há de mais real, é também a mais evasiva e menos objetivamente apreensível. Mas esta própria maneira de falar em abertura de um acesso já conduz a um erro, porque a descoberta do esférico é uma questão não tanto de acessibilidade, mas de desaceleração na visão conjunta do que há de mais óbvio. Estamos sempre, e desde o início, envolvidos de maneira extática nas relações esféricas, mesmo quando, por motivos profundos e específicos a nossas culturas, aprendemos a abstraí-las, a passar ao largo delas no pensamento e a contorná-las nas discussões. A cultura científica europeia, por sua orientação à objetividade, é, tanto na abordagem como no resultado, uma atividade voltada para encobrir o êxtase esférico. A interioridade animada, cuja presença tentaremos provar em todas as situações fundamentais da cultura e da existência humanas, é, de fato, um *realissimum* que escapa de imediato a toda representação verbal e geométrica — de fato, a toda e qualquer representação —, e que, contudo, força algo como as formações originais de círculos e esferas em todos os lugares da existência, graças a um potencial de arredondamento que precede, em sua atuação, todas as construções formais e técnicas de círculos.

Os mundos compartilhados por pessoas que realmente vivem em conjunto possuem, por si mesmos, a dinâmica formal de arredondamentos que se constituem por sua própria obstinação, sem a colaboração dos

Introdução. Os aliados ou A comunidade insuflada

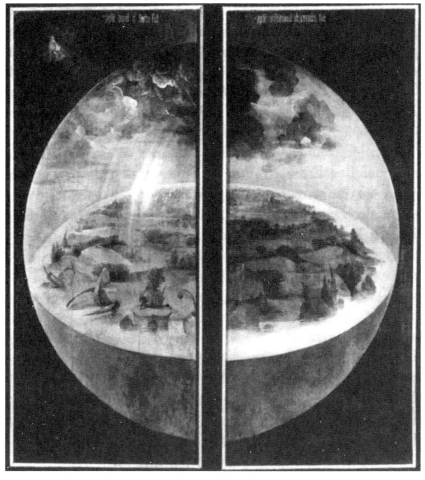

Hieronymus Bosch, *O jardim das delícias*, c. 1504, Exterior, com as laterais fechadas.

geômetras. Da auto-organização dos espaços psicocósmicos e políticos brotam essas metamorfoses do círculo, nas quais a existência se outorga sua constituição esferoatmosférica. A palavra "auto-organização" (que aqui é empregada sem a habitual histeria cientificista) deve fazer notar que o círculo protetor dos seres humanos não é nem meramente fabricado, nem meramente descoberto, mas se arredonda espontaneamente no umbral entre construção e realização de si; melhor dito, ele se realiza nos fenômenos de arredondamento, assim como aqueles reunidos em torno de uma lareira se agrupam de forma livre *e* determinada em torno do fogo e de suas vantagens térmicas imediatas.[31] Por isso, a análise esferológica que se inicia com este primeiro volume, partindo das microformas, não é nem apenas uma projeção construtivista de espaços arredondados, nos quais os homens imaginam para si uma existência comum, nem apenas uma meditação ontológica sobre o círculo no qual os mortais seriam encerrados por força de uma ordem transcendente e incontrolável.

Como introdução a uma poética central da existência, a esferologia decalcará inicialmente apenas as constituições formais das imanências simples que emergem nas organizações humanas (e extra-humanas) — seja como organizações de intimidade arcaica, seja como *design* espacial de povos primitivos, seja como autointerpretação teológica e cosmológica dos impérios tradicionais. Assim, à primeira vista, o que se segue, sobretudo em sua segunda parte, poderia aparecer também como uma história da cultura, transfigurada com ajuda de conceitos derivados da morfologia, da imunologia e da teoria da transferência — uma concepção que, mesmo sem conduzir ainda ao essencial, não seria nem completamente falsa, nem completamente inoportuna, supondo-se que se esteja pronto a admitir que só com a filosofia a inteligência pode aprender como suas paixões chegam a tornar-se conceitos.

---

31. Sobre a esferopoiese pela lareira e a figura de pensamento do "socialismo térmico", cf. *Esferas II*, Cap. 2: "Lembranças de recipientes. Sobre o fundamento da solidariedade na forma inclusiva".

Reflexão preliminar

Pensar o espaço interior

> *Coloco uma maçã diante de mim sobre a mesa.*
> *Depois, coloco-me dentro da maçã. Que tranquilidade!*
> Henri Michaux, *Magie*

O axioma de que os homens são seres que partilham um espaço do qual a física nada sabe levou ao desenvolvimento de uma moderna topologia psicológica que divide o ser humano, sem levar em conta sua autolocalização inicial, por lugares radicalmente distintos, conscientes e inconscientes, diurnos e noturnos, honrosos e escandalosos, os que fazem parte do Eu e aqueles em que os Outros interiores fizeram seu acampamento. A força e a independência da moderna ciência da psicologia consistem em ter subtraído a localização humana da alçada da geometria e das repartições públicas de registro de domicílios. Para a pergunta sobre *onde* se situa um sujeito, as investigações psicológicas fornecem respostas que refutam a aparência física e civil. Só os corpos dos mortos podem ser localizados sem ambiguidade; o anatomista, diante da mesa de granito, não se pergunta duas vezes onde está seu objeto: para os corpos no espaço exterior, só o sistema de coordenadas do observador tem importância. Em relação a seres que estão mergulhados *na vida*, à maneira extática dos homens, a pergunta pelo lugar se põe de forma fundamentalmente diferente, pois a produtividade primária dos seres humanos consiste em operar sua inserção em situações espaciais peculiares e surreais.

Ao expor esse *insight*, a psicologia reconhece, em primeiro lugar, seu acordo com a antropologia cultural: só ao se separar da velha natureza os seres humanos se tornaram esse grupo marginal ontológico que inquieta a si próprio. Eles não podem ser completamente explicados pelo que têm de natural, ou melhor, paleonatural — mesmo que não faltem pesquisas para mostrar que as culturas se produzem sem descontinuidade, tendo por origem processos naturais. Envoltos pela natureza exterior e assentados na natureza interior, os homens levam a vida de insulares, que sempre tomam suas ações simbólicas, seus hábitos, seus caprichos, sua libertação de padrões instintivos como algo óbvio e, nessa medida, mais uma vez como algo conforme à velha natureza. Mas, quando se observa mais de perto, vê-se que eles habitam apenas construções que brotaram deles mesmos como uma segunda natureza — em suas línguas, seus sistemas de ritos e significados, em seus delírios constitutivos, que, entretanto, estão implantados em algum lugar na superfície da Terra. (O nível político é o produto da demência grupal e do território.)

A revolução da psicologia moderna não se esgota ao explicar que todos os homens constroem seu modo de habitar e que, sem exceção, seguem a profissão de incultos arquitetos de interiores, trabalhando incessantemente na ocupação de *habitats* imaginários, sonoros, semióticos, rituais e técnicos. A radicalidade específica dos conhecimentos psicológicos sobre o ser humano manifesta-se, em primeiro lugar, quando explicam o sujeito como algo que não apenas instala a si mesmo no interior das ordens simbólicas, mas é também acolhido extaticamente desde o início na ocupação comum do mundo em companhia de outros. Ele não é apenas o projetista de seu próprio espaço interior, mobiliado com os objetos relevantes; mas deve também, inevitavelmente, deixar-se dispor como uma prestimosa peça desse mobiliário, como caixa de ressonância, como aguerrida muralha no invólucro dos seres interiormente próximos e contíguos. Consequentemente, a relação entre sujeitos humanos que compartilham um campo de proximidade deve ser descrita como a que existe entre recipientes instáveis que se contêm e se excluem reciprocamente. Mas como pensar essa estranha relação? No espaço físico, está excluído que uma coisa situada em um recipiente contenha ao mesmo tempo seu contentor. É igualmente impensável que um corpo em um recipiente pudesse ser representado, ao mesmo tempo, como algo que estivesse excluído desse próprio recipiente. Mas é exatamente com relações desse tipo que a teoria do espaço psicológico deve lidar desde o início. Aquilo que representa um paradoxo insuperável para grandezas geométricas e físicas constitui, para a teoria dos lugares psicológicos ou humanos, a situação inicial: os indivíduos, os assim chamados indivisíveis, são sujeitos apenas na medida em que participam de uma subjetividade partilhada e distribuída. Caso se quisesse inverter as coisas e, ademais, fazer reviver as intuições platônicas em fórmulas contemporâneas, poder-se-ia dizer que todo sujeito é o resto inquieto de um par cuja metade subtraída não cessa de solicitar aquela que permaneceu.

Já em seus primeiros passos, portanto, a psicologia moderna dissolve a ilusão individualista que pretendia conceber os indivíduos como egos unitários substanciais que, à maneira de membros de um clube liberal, entrariam voluntariamente em associação uns com outros, mais tarde, arbitrariamente e de modo revogável, tal como corresponde à ideologia da sociedade contratual individualista. Onde tais individualismos emergem, pode-se concluir, com alto grau de evidência psicológica, que estão sustentados por uma ânsia neurótica de liberdade, caracterizada pelo fato de que um sujeito é incapaz de pensar-se como contido, limitado, encerrado e ocupado. A neurose básica da cultura ocidental é ter de sonhar com um sujeito que observa, denomina e possui todas as coisas sem se deixar conter, nomear ou possuir por qualquer coisa, ainda que o Deus mais discreto se oferecesse como espectador, continente e mandante. Insistentemente retorna o sonho de uma esfera do eu, monádica e abrangente, cujo raio seria o pensamento próprio — um pensamento que atravessa sem dificuldade seus espaços até a periferia mais exterior, dotado de uma discursividade onírica e cômoda que não enfrenta a resistência de nenhuma coisa exterior real.

O reverso desse egoísmo pan-óptico soberano mostra-se no complexo de Jonas, em que o sujeito, confinado no ventre de uma baleia, tivesse criado para si um exílio venturoso, como aquele menino de treze anos cujas fantasias foram relatadas pelo psicanalista Wilhelm Steckel:

em seus devaneios, o jovem ansiava por penetrar no monstruoso interior de uma giganta, cuja cavidade abdominal se apresentava como uma abóbada de dez metros de altura. No centro do ventre da giganta, deveria haver um balanço, montado no qual o bem-aventurado Jonas queria se elevar às alturas, certo de que nenhum impulso, por mais violento que fosse, jamais o lançaria para fora.[1] O primeiro eu, fixo, que abarca tudo com o olhar, e o segundo eu, balouçante, que se deixa conter inteiramente por sua caverna, são aparentados de modo essencial, ao buscarem, ambos, furtar-se à estrutura dobrada, entrecruzada e participativa do espaço humano efetivo. Ambos anularam a dramática diferença original entre o interior e o exterior ao se colocarem, de maneira fantasiosa, no centro de uma esfera homogênea que não é desafiada por nenhum exterior efetivo e nenhum confronto inconveniente. A tese do "tudo está fora" é evidentemente tão delirante quanto o anseio de acomodar tudo internamente. Esses dois postulados extremos, pelos quais — seja por um, seja por outro — todos os indivíduos ocidentais são tentados, significam uma recusa do entrelaçamento extático do sujeito no espaço interior comum, no qual os que vivem realmente em conjunto se nutrem uns dos outros.

A verdade e a sabedoria da psicologia moderna ante essas fantasias de interioridade inexpugnável ou de exterioridade soberana consistem em descrever o espaço humano como um entrecruzamento de muitas espacialidades internas. Aqui, o surreal se torna realidade. Cada sujeito, no espaço cossubjetivo real, é um sujeito que contém outros, na medida em que acolhe e abrange uma outra subjetividade, mas é também um sujeito contido em outros, ao estar rodeado e consumido por seus olhares abrangentes e seus arranjos. Assim, o verdadeiro campo de proximidade humana não é apenas um simples sistema de vasos comunicantes; se seu fluido sobe em meus canos e, reciprocamente, o meu sobe nos seus, isso fornece apenas uma primeira indicação daquilo que, por força de suas disposições e seus transbordamentos, permite aos homens agir uns sobre os outros em seu campo de proximidade. Enquanto sistema

---

1. Gaston Bachelard, *La Terre et les rêveries du repos*, Paris, J. Corti, 1948, reed. 1988, p. 151. [Ed. bras.: *A Terra e os devaneios do repouso*, São Paulo, Martins Fontes, 1990.]

Federico Fellini, *Casanova*, A Grande Muna, 1976.

de vasos comunicantes híbridos, o espaço interior humano está constituído de corpos ocos, paradoxais ou autógenos, simultaneamente estanques e permeáveis, desempenhando o papel às vezes de continentes, às vezes de conteúdos, e possuindo, ao mesmo tempo, propriedades de paredes tanto interiores quanto exteriores. A intimidade é o reino dos continentes surreais autógenos.

Intimidade — é com esta maltratada palavra que iremos abordar, nas investigações que se seguem, os mistérios da loucura topográfica humana, que sempre principia como loucura interior (para se tornar manifesta, posteriormente, como loucura exterior), pois não dispomos de uma palavra melhor e menos prostituída. Mas talvez seja útil, para atiçar o pensamento, abordar a situação mais incomum com a expressão mais desbotada. Seria prematuro adentrarmos já aqui na expressão de Heidegger, para quem "estar-aí" [*Dasein*] significa "imersão para dentro do nada" [*Hineingehaltenheit in das Nichts*] — pois não estamos em condições de dizer, em termos explícitos e renovados, o que significam "estar-aí", "imersão", "nada" e, sobretudo, "para dentro"

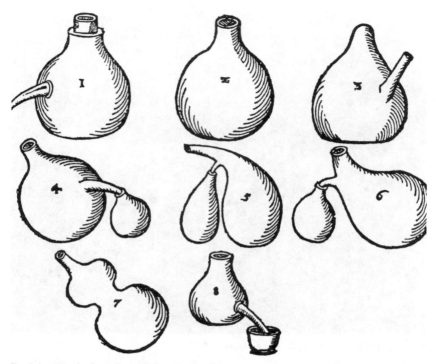

Recipientes: 1. Garrafa grande para espíritos com tubo; 2. Garrafa simples bojuda; 3. Recipiente fechado em cima; 4. Recipiente bojudo duplo; 5. Recipiente duplo alongado; 6. O mesmo em forma de garrafa; 7. Garrafa de bojo duplo; 8. Frasco de transferência.

[*hinein*].[2] Igualmente inoportuno seria entrar já agora no teorema proposto por Deleuze e Foucault de que o sujeito seria uma *dobra* do exterior, pois não sabemos ainda absolutamente nada de uma superfície ou de uma exterioridade cuja dobradura pudesse produzir algo como uma interioridade ou um *self*. Só se pode destacar, antecipadamente, que a intimidade, para além de sua doce fachada, só pode ser compreendida como uma abissalidade naquilo que está mais próximo a nós. A teoria do íntimo, a ser desenvolvida na análise das microesferas que se segue, está dedicada à tentativa de mostrar que todas as ciências do homem aportaram desde sempre contribuições para um surrealismo topológico, porque em nenhuma época foi possível falar

---

2. O teorema de Heidegger do lugar essencial será mais bem examinado à frente, na Digressão 4: "No *Dasein* há uma tendência essencial à proximidade".

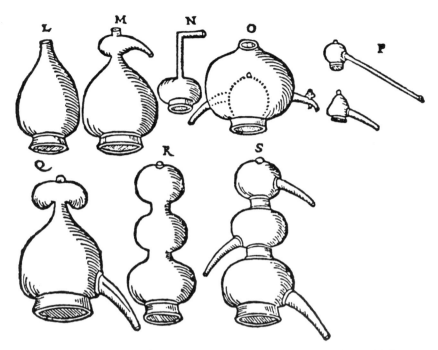

Frascos de coleta e transferência: L. "Tiara" para serpentina; M. Turbante; N. Remate de cano; O. Capacete para resfriamento; P. Pequeno capacete para alambique e retorta; Q. Combinação de capacete fechado e com bico; R. Capacete triplo fechado; S. Capacete triplo com bicos.

de homens sem lidar com as bruxuleantes poéticas do espaço interior habitado. Os espaços pelos quais os homens se deixam conter têm sua própria história — uma história, é claro, que jamais foi contada e cujos heróis, por isso mesmo, não são os homens eles próprios, mas os *topoi* e as esferas, em função dos quais os homens desabrocham e das quais tombam, quando seu desenvolvimento malogra.

Para muitas inteligências, pensar nas intimidades domésticas produz espontaneamente uma sensação de enjoo do adocicado — razão pela qual uma filosofia da doçura é tão inexistente quanto uma elaborada ontologia da esfera íntima. É preciso levar em conta a natureza dessa resistência para superar as típicas aversões iniciais. Visto de longe, o assunto parece tão pouco atraente e importante que, de início, só simplórios admiradores da harmonia ou teófilos castrados podem deixar-se envolver por ele. O intelecto que dirige sua força para objetos dignos

Nós matemáticos.

prefere, em geral, o ácido ao doce. Aos heróis não se oferecem confeitos. Em vista dessa orientação para a acrimônia intelectual e existencial, o que poderia parecer mais adocicado, mais meloso, menos heroico do que a absurda exigência de tomar parte em uma investigação sobre aquele espaço pastoso, vago e humildemente matriarcal em que os homens, de início e de maneira geral, se instalaram em busca de certezas, como benevolentes convivas da normalidade e internos em asilos de bem-estar? Qual o objeto mais digno de desprezo que o devotamento dos indivíduos ao provinciano espaço vital que lhes parece garantir um certo conforto relaxado em sua relação consigo mesmos? A razão pela qual os espíritos fortes em geral desprezam a doçura é dada, em parte, pelos efeitos subversivos que o adocicado e, mais ainda, o meloso suscitam no sujeito altivo. Friedrich W. Heubach, em um artístico microdrama fenomenológico, relatou uma experiência com uma guloseima que desnuda os motivos da recusa do que é doce. Observemos como esse drama oral, após o prelúdio da abertura da embalagem, da retirada da "oval prenhe de doçura" para fora de seu excitante invólucro de papel, chega a seu clímax quando o objeto adentra a boca do herói:

> Os lábios aguçados envolvem o confeito, abandonam-no cerimoniosamente no espaço bucal onde a língua, com meneios impacientes, finalmente o recebe. A doçura se expande, se abre em um pequeno "o" lisonjeador, para logo transformar toda a boca em uma bola doce que pulsa melosa e avidamente, e que se amplia para absorver cada vez mais. O próprio degustador se arredonda e continua existindo apenas como a periferia fina e cada vez mais tensa dessa esfera de doçura; fecha os olhos e implode por fim: ao assumir ele próprio as características de uma bola, funde-se em *um único* objeto com o mundo arredondado na doçura.
>
> Junto com esse desenvolvimento "interno" corre (em paralelo) um "externo": o papel vazio do confeito é esticado e alisado até se tornar um quadrado plano que é enrolado no dedo, para formar um tubo cilíndrico, e depois dobrado em superfícies cada vez menores. E quando a bola adocicada começa a perder sua tensão, se achata e se desfaz, o papel entre os dedos assume formas cada vez mais compactas e irregulares, e quando, então,

a doçura não constitui mais que a fina linha de uma retirada, o papel é enfim prensado em uma bolinha dura, que de bom grado se joga para bem longe com um piparote.[3]

Com isso se revela uma razão para as aversões ao adocicado. O mais inofensivo dos gozos orais já produziu algo inaceitável para o herói da liberdade: a experiência do doce-em-mim desequilibra o sujeito da fruição e, por alguns instantes precários, mas mesmo assim bem-vindos, o coloca na fronteira de uma esfera gustativa dotada de poderes próprios. Querer resistir a essa pequena sujeição não seria um impulso elevado, mas ridículo, especialmente porque, à luz do postulado heroico, é de antemão vergonhoso deixar-se abalar pelo consumo de uma guloseima. A lição dessa incorporação perdura por muito tempo: a intimidade é aqui vivida como o trespassamento do interior de meu corpo pela presença de um gosto, cuja força me abre ao deleite e me força a condescender, e, mais ainda, me desencaminha, porque só gozo verdadeiramente dele quando permito que ele faça de mim um feliz expectador de seu cortejo triunfal através de minha boca. O mais simples meio de gozo já basta para me convencer de que um objeto incorporado, longe de se achar inequivocamente sob minha autoridade, pode apossar-se de mim e ditar-me seu tema. Mas, se um caso banal de consumo de açúcar já basta para escavar o sujeito com sua presença aromática abrasadora e fazer dele um teatro de voluptuosidades invasivas, como fica a convicção de que seu destino é uma completa autodeterminação? Que resta do sonho da autonomia humana quando o sujeito experimentou a si mesmo como um corpo oco trespassável?

Parece que, em questões dessa ordem, as marcas da obstinação e do arrebatamento se invertem, e que o fraco sustenta seu terreno ali onde o forte cede. Não se deveria conceber o mais forte exatamente como o assimilador mais bem-sucedido, aquele que faz menos segredo de sua cavidade, de sua penetrabilidade, de sua medialidade? Por conseguinte, não seria o indivíduo mais descentrado potencialmente o mais

---

3. Friedrich Wolfram Heubach, *Das bedingte Leben. Entwurf zu einer Theorie der psychologischen Gegenständlichkeit. Ein Beitrag zur Psychologie des Alltags*, Munique, Fink, 1987, p. 163.

Béla Vizi, *Coordenação*.

poderoso? E o ideal psicológico da modernidade, esse ego robusto que se autorrealiza, não entrou ele efetivamente em cena como um maximizador polivalente do processo assimilativo, como um ser que, sob a máscara do poder de consumo controlado, se submete a múltiplas invasões, seduções, ocupações? Pois todo o universo da intimidade humana, a rede de interiores partilhados nos sentidos literal e figurado, não brota dessa inversão dos gestos de apropriação-incorporação? Não temos, na qualidade de fenomenólogos, bem como de psicólogos e topologistas, de partir da descoberta de que os sujeitos, desde o início, só se formam pela experiência de "ser tomado ao tomar"? O confeito constitutivo, pressentido e divinizado desde a época de Melanie Klein pelos psicanalistas epifreudianos nada mais é que o "seio materno", esse suposto primeiro "objeto" (observe-se o singular) que a criança (que é tão incapaz de contar até dois quanto um teórico da relação com o objeto) não pode receber e incorporar sem ser levada, à sua maneira, para a beira da esfera láctea de doçura em seu interior. O sujeito primordial — seria preciso dizer dele que não passa de um espectador deliciado à beira de um sorvo eufórico?

Para a teoria do ser humano, ponderações desse tipo trazem consequências inquietantes, pois rompem com a ilusão dos procedimentos usuais de delimitação do Eu. A importância dessa imprecisão na fronteira do Eu-Tu e do Eu-Isto pode ser esclarecida com um experimento mental mitológico. Se os confeitos e as mamadas fossem sujeitos, e não meras coisas, se fossem, por exemplo, demônios benevolentes, então se poderia, sem extravagância, explicar que eles se apossam de seus consumidores e neles se instalam como ocupantes que tencionam ali permanecer por longo tempo. Sem dúvida, esse seria um método plausível para derivar a animação do *infans* de sua convivência com demônios. Receber uma alma não seria, então, nada mais que cair sob o domínio de uma obsessão benéfica, por meio de contato espiritual e incorporações produtivas. Mas é claro que a moderna teoria psicológica não dispõe do conceito de possessão, embora os fatos, eles próprios — a abertura e o povoamento de um espaço íntimo partilhado —, sejam tais que uma demonologia discreta poderia funcionar como sua exposição teórica mais bem-sucedida.[4] Não são as dimensões interiores do sujeito efetivas apenas porque, desde suas situações mais primitivas, as vozes das ninfas nas águas lhe sussurraram alguma coisa?[5] Não está, cada

---

4. Isso não exclui que as teorias propostas se liguem elegantemente com jogos de linguagem demonológicos; cf. Arthur Kroker, *The Possessed Individual. Technology and the French Postmodern*, Nova York, St. Martin's, 1992, notadamente o Prefácio, p. 1-3: *"virtual reality is what the possessed individual is possessed by"* ["realidade virtual é aquilo que possui o indivíduo possuído"].

5. Cf. Cap. 7: "O estágio das sereias. Sobre a primeira aliança sonosférica".

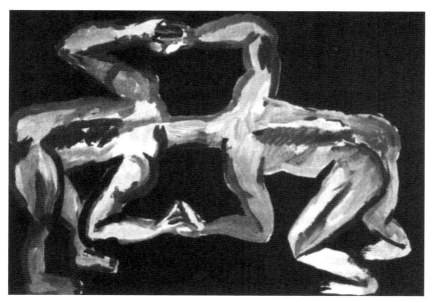
Evandro Sales, *Ten Dreams of Oedipus*.

criança que não enfrentou o abandono, convencida da vantagem de ter nascido apenas porque as mamas eudemoníacas, os bons espíritos dos doces, as mamadeiras conspiratórias, as fadas potáveis velam discretamente ao pé de seu berço para adentrar de vez em quando seu interior e tranquilizá-la? Com esse acúmulo de invasões vantajosas no indivíduo, não se escava uma gruta amorosa na qual se encontrará, por toda a vida, um lugar que seja comum para o *self* e seus espíritos associados? Tornar-se sujeito — isso não pressupõe múltiplas penetrações felizes, invasões criadoras de formas e entregas interesseiras a intrusões enriquecedoras? E não se discerne, em cada movimento de autodefinição ofensiva, um rancor pela perda da oportunidade de ser conquistado?

Nos oito capítulos deste livro, iniciaremos uma longa travessia pelas abóbadas da intimidade cossubjetiva. Falaremos, na ordem, dos espaços da cordialidade histérica e do campo interfacial, da relação magnetopática na hipnose e da posição do envoltório amniótico do feto, da duplicação placentária e das figuras culturais da alma dupla, da evocação psicoacústica do *self* e, também, por fim, das tentativas teológicas de assentar a relação entre Deus e a alma sobre uma base intimotopológica. Mas as observações que se fazem em todos esses giros e estratos do espaço interior comum não têm apenas o caráter de construtos metafóricos. O interior de que se trata, aqui, tem uma estrutura diferente daquela do "palácio das memórias", que levou Agostinho a se espantar com o fato de que, no espírito humano, se possa descobrir uma dimensão grande o suficiente para armazenar tanto as trivialidades da própria história pessoal como a imensurável sabedoria sobre Deus e o mundo compilada pelas gerações que nos precederam. Tampouco se assemelha àquela parte submersa do iceberg, cuja ponta as psicologias profundas gostam de denominar o consciente humano. Os espaços íntimos da microesferologia não são nem os imponentes salões nem os esconderijos cavernosos da consciência individual, que cria para si, em contato consigo mesma, espaços interiores apropriados para explicar em que consiste seu desdobramento entre a máxima e a mínima extensão.

O que aqui se denomina o íntimo consiste exclusivamente em espaços interiores partilhados, cossubjetivos e interinteligentes, dos quais só fazem parte grupos diádicos ou multipolares; espaços, na verdade, que só podem existir na medida em que os indivíduos humanos, pela estreita proximidade que mantêm uns com os outros, mediante incorporações, invasões, imbricações, reflexões e ressonâncias — e também, em termos psicanalíticos, mediante identificações —, criam formas particulares do espaço como continentes autógenos. Esse sistema íntimo de abóbadas, em seu todo, não corresponde de nenhum modo ao inconsciente das escolas da psicologia profunda, pois o acesso a ele não se obtém nem por uma técnica particular de escuta, nem pela postulação de um sentido latente manifestado no fluxo inibido da linguagem, nem tampouco pela hipótese de uma produção inconsciente de desejo. Qualquer leitor pode facilmente se convencer de que as dimensões da espacialidade interior que se desdobram nessa microesferologia têm uma estrutura muitíssimo diferente daquela dos três aposentos enfileirados do aparelho psíquico freudiano. A pesquisa psicológica da interioridade e a psicologia do inconsciente têm, como se verá, apenas um contato pontual; se, nas páginas seguintes, surgem empréstimos às representações psicanalíticas, é apenas porque o material o permite e sugere, e não porque essa escola represente uma autoridade para nós. Se tivéssemos de invocar um gênio para esta primeira parte da empreitada das *Esferas*, este poderia ser, à frente de muitos outros, Gaston Bachelard, que, com sua fenomenologia da imaginação material e, especialmente, por seus estudos sobre a psicanálise dos elementos, aportou-nos um tesouro de luminosos *insights* aos quais é sempre preciso retornar. Em seu livro prenhe de ideias, *La Terre et les rêveries du repos*, publicado em 1948, o autor reuniu variados apontamentos sobre os sonhos da intimidade material: sobre as casas natalícias e as casas de sonho, sobre as grutas, os labirintos, as serpentes, as raízes e, sobretudo, sobre o complexo de Jonas, que coloca de imediato todo ser humano que conheça o ar livre em uma relação inconfundível com um interior sombrio cheio de possibilidades. Nessa obra, Bachelard observa que todo homem, pelo simples fato de olhar para o interior, se transforma em um Jonas ou, mais exatamente, em baleia e profeta reunidos em uma só pessoa. O grande fenomenólogo do espaço vivido não se esqueceu de prover a razão disso:

> O inconsciente está tão seguro do fechamento do círculo quanto o mais cuidadoso geômetra: deixe-se que os devaneios da intimidade sigam seu caminho [...] e a mão sonhadora desenhará o *círculo primitivo*. Parece, portanto, que o próprio inconsciente conhece como seu símbolo do ser uma esfera de Parmênides. Essa esfera não possui as belezas racionais do volume geométrico, mas tem as grandes seguranças de um ventre.[6]

Procuraremos desenvolver, a seguir, essas indispensáveis intuições. Mas, para que se desenvolvam, também será preciso fazê-las explodir, pois temos de explicar por que a esfera cossubjetiva, íntima, não pode de início possuir nenhuma estrutura eucíclica ou parmenídica; a bola psíquica primitiva não tem, contrariamente à bola filosófica alegremente arredondada, um ponto central único que irradia e recolhe de todas as direções, mas dois epicentros que se evocam reciprocamente por ressonância. Mostra-se, além disso, que o interior das grutas psíquicas não permanecerá para sempre um lugar de tranquila felicidade.

---

6. Gaston Bachelard, *La Terre et les rêveries du repos*, op. cit. (ver Nota 1 desta Reflexão Preliminar), p. 124, 150.

O acesso mais interior a tua célula da vida, como vemos, pertence não raro a uma voz que quer complicar ou negar a possibilidade de tua existência. O risco fundamental de toda intimidade indica-se pelo fato de que, por vezes, o destruidor chega mais próximo de nós que o aliado.

Capítulo I

Operação cardíaca ou
Do excesso eucarístico

Saudou-se o coração como o Sol, até como um rei, mas,
ao observá-lo mais detidamente, nada mais se encontra
que um músculo.
Niels Stensen, *Opera philosophica*[1]

Para europeus que, mesmo na virada do terceiro milênio, continuam firmemente a contar suas datas *post Christum natum*, é obrigatório principiar a indagação sobre o fundamento da intimidade — caso falar de um fundamento fosse apropriado à estrutura da intimidade — e tomá-la por uma memória do coração humano. Mesmo na época em que se tornou transplantável, o coração continua valendo, nos jogos de linguagem dominantes em nossa civilização, como o órgão diretor da humanidade interiorizada. Para as intuições primárias dos europeus, permanece quase inconcebível que humanidade e cordialidade não devessem necessariamente convergir. Entretanto, basta lançar um rápido olhar sobre as culturas da Antiguidade ou aquelas fora do âmbito europeu para que se descubra que a associação do coração ao eu mais íntimo não é um universal antropológico; não é em toda parte nem em todas as épocas que o cerne mais íntimo do homem — ou, como também

---

1. Vol. 1, p. 168, apud Heinrich Schipperges, *Die Welt des Herzens. Sinnbild, Organ und Mitte des Menschen* [*O mundo do coração. Símbolo, órgão e centro do homem*], Frankfurt, Knecht, 1989, p. 63-64.

se poderia dizer, o nascedouro do sentimento de si e de sua faculdade de estabelecer relações — é equiparado ao coração. As concepções dos povos sobre a sede corporal da alma divergem em um grau que não cessa de causar espanto aos europeus cardiocêntricos. Estes poderiam, é verdade, chegar mais ou menos a um acordo com os chineses tradicionalistas e os antigos egípcios a propósito do centro cardíaco do ser humano; mas já seriam mais difíceis as conversas com os japoneses, que traduzem suas representações da esfera central psíquica por meio de duas expressões complexas: *kokoro* (coração, alma, espírito, sentido) e *hara* (ventre, centro do corpo)[2]; e a comunicação se tornaria definitivamente problemática com culturas como a dos esquimós, que reconhecem três espécies de almas: a alma do sono, que repousa lateralmente sob o diafragma e se separa do corpo no ato de levantar-se (razão pela qual não devemos nos apressar de manhã), a alma da vida, que reside no soquete do pescoço, entre o tronco e a cabeça, e os espíritos vitais de menor porte que habitam as articulações.[3] Mas, no círculo de influência da cristandade, a religião pessoal *par excellence*, a busca do foco de animação está firmemente dirigida para a "voz" do coração. Os jogos de linguagem e as disciplinas do sentimento do cristianismo produziram um universo de fisiologias sutis que não visam senão aprofundar e fazer sobressair a identificação do coração ao centro de auto(e)moção; a cordialidade, entre os europeus cristianizados, em particular na Idade Média e no início dos tempos modernos, designa simplesmente a subjetividade afetiva central. A subjetividade cordial se caracteriza por declarar, desde o início, que agarrar--se ao próprio coração é uma impossibilidade ou, em todo caso, um estreitamento patológico. A cordialidade, enquanto tal, tem sempre como efeito a cumplicidade e a instauração de uma comunidade, portanto diz respeito à *concordia*, à sintonia dos

---

2. Cf. Guido Rappe, "Kokoro. Versuch einer Annäherung an das Verständnis des Herzens in Japan" ["Ensaio exploratório sobre a compreensão do coração no Japão"], in: *Das Herz im Kulturvergleich* [*O coração na comparação cultural*], org. de Georg Berkemer e Guido Rappe, Berlim, Akademie Verlag, 1996, p. 41-69. Cf. também Karlfried Graf Dürckheim, *Hara. Die Erdmitte des Menschen* [*Hara. O centro vital do homem*], 10. ed., Viena/Munique, Barth, 1983.

3. Paul-Émile Victor, *Boreal*, Paris, Grasset, [s.d.].

ritmos cardíacos. Impõe-se com isso principiar nossa abordagem do espaço íntimo do par refletindo sobre certos temas da história do coração que confirmam o fato de que estão fundados em modelos cristãos de comunhão física e intelectual. Ao percorrer uma série de episódios cujos heróis se apresentam como corações comunicantes, tornar-se-á visível, na forma de antecipações alusivas, o horizonte de uma espacialidade íntima interpessoal radicalizada, tal como apreendida por teólogos, filósofos e narradores europeus.

Reproduziremos, em primeiro lugar, em uma paráfrase abreviada, o conhecido *Herzmaere*, escrito no século XIII pelo poeta Conrado de Würzburg; segue-se um episódio da vida da mística italiana Catarina de Siena, da segunda metade do século XIV — citamos a lenda de sua misteriosa troca de coração com Cristo na versão transmitida por seu confessor, Raimundo de Cápua, em sua *Vida dos santos*. Como terceiro exemplo, apresentamos uma passagem do célebre comentário de Marcílio Ficino ao *Banquete* de Platão, *De amore*, escrito em 1649, que trata das bases mecânicas da paixão física. Esses modelos metafísicos, religiosos e psicológicos de relações bipolares entre corações são contrastados com uma passagem do tratado de La Mettrie sobre os homens-máquinas, escrito em 1748, no qual se expressa a mais nítida ruptura com a tradição das linguagens religiosas da interioridade. Tomada em conjunto, essa série fornece uma indicação provisória da amplitude, as tarefas e os pontos de ruptura de uma teoria da intimidade biunitária.

O *Herzmaere*, novela em versos do poeta Conrado de Würzburg, morto em 1287 aos 62 anos de idade, em Basileia, é uma obra erótico-romântica de entretenimento que se supõe ter sido escrita na década de 1260. Ela trata do amor cortês, destinado ao fracasso heroico, entre um cavaleiro e sua dama, os quais, no relato de Conrado, permanecem anônimos e no estado de meros tipos. A ideia novelística do coração ingerido remonta certamente a antigos motivos indianos, que retornam também na saga grega de Pélops e no conto do Machandelboom.[4]

---

4. Jacob e Wilhelm Grimm, "Von dem Machandelboom", in: *Kinder- und Hausmärchen*, conto n. 47. [N.T.]

A própria história, segundo informam os medievalistas, estava amplamente difundida na França medieval, de onde conquistou toda a Europa; só no *Decamerão* de Boccaccio encontram-se duas variantes dela.[5] Na versão de Conrado, a história da comunhão canibal do coração é adaptada para funcionar como o instrumento de uma restauração do amor romântico. O poeta serve-se do tema para enaltecer nostalgicamente os sentimentos religiosos inspirados pelo amor cortês em uma época em que burgueses e cavaleiros, há muito tempo, haviam começado a indicar uns aos outros, em um modesto consenso, que o tipo de amor das almas nobres impõe exigências que são demasiado elevadas para eles.

> Um cavaleiro e sua dama afeiçoam-se um ao outro segundo as leis do amor cortês; diz-se que tinham entrelaçado sua vida e suas almas (*muot*) a tal ponto que o interior mais profundo de ambos havia se tornado um só (*ein dinc*) (versos 30-32). O liame legal entre a dama e seu legítimo esposo frustrava, no entanto, toda esperança de realização aos dois enamorados. Assim, tal como previa o roteiro do drama amoroso, sua própria ligação íntima torna-se um motivo de tormento e de ruína para ambos. O esposo ciumento, ao perceber as relações entre os dois apaixonados, concebe o plano de partir com sua esposa em peregrinação ao Santo Sepulcro, pretendendo com isso separar os amantes. A dama convence seu cavaleiro a empreender em lugar deles a viagem ao Oriente. Obediente à dama que chamava sua senhora, o cavaleiro acede a essa amarga missão; como penhor de seu afeto, a dama lhe entrega um anel de sua mão para que o acompanhe em sua viagem. Na terra longínqua, o cavaleiro melancólico guarda seu atormentado sofrimento no coração (versos 244-245) e, após um longo período de prostração nostálgica, morre no país estrangeiro. Antes de sua morte, o cavaleiro havia encarregado seu escudeiro de extrair de seu corpo o coração "sangrento e tingido de luto" e entregá-lo, metodicamente embalsamado e cuidadosamente acomodado em um escrínio, junto com o anel, marca de identificação, à dama no longínquo Ocidente. Quando o escudeiro com o coração

---

5. Primeira e nona histórias do Quarto Dia.

"Amour" coloca o coração do rei nas mãos de "Vif-Désir", extraído do tratado do rei René, *Livre du cuer d'amours espris* [*Livro do coração arrebatado pelo amor*], miniatura de um ilustrador desconhecido, 1457.

embalsamado chegou ao castelo da dama, foi levado ao senhor do castelo, o marido, e interrogado sobre o conteúdo de sua preciosa caixinha. Ao compreender, vendo o coração e o anel, do que se tratava, o homem mandou seu cozinheiro preparar o coração e servi-lo imediatamente à sua esposa. "Mulher, disse-lhe em voz suave, esta é uma deliciosa (*cleine*) refeição, deves comê--la sozinha porque não podes compartilhá-la" (versos 426-429). Quando, após a refeição, a dama admite jamais ter comido algo tão delicioso, seu esposo lhe revela o mistério da receita. A essas palavras, o coração se congela no peito da mulher, o sangue jorra de sua boca, e, atormentada, ela faz votos de que, após a mais nobre das refeições, jamais tocaria em outros pratos. Imediatamente seu coração se rompe e, ao morrer, escreve o poeta, ela devolveu em dobro tudo o que seu amante lhe havia adiantado.

> O poema conclui com uma exortação crítica e cultural em uma época carente de amor: ao evocar o ideal do amor cortês, Conrado apresenta os dois amantes como exemplo de completa doação recíproca.

A novela testemunha como o clássico esquema metafísico da união advinda da dualidade penetrou na cultura da narrativa secular na época da cavalaria. Que a mais exigente figura de pensamento da teologia mística tenha podido surgir no espaço profano na forma de uma transposição tão drástica; que a relação amorosa entre homem e mulher tenha podido modelar-se em analogia com a união monacal e mística entre Deus e a alma, tal foi a perigosa e magnificente conquista da cultura medieval do amor cortês de inspiração árabe-provençal. Entre suas ousadias, estão o paralelismo dos jogos de linguagem eróticos e cristológicos e, ainda, o enaltecimento do desejo sexual através da ideia metafísica da união. O que se realiza aqui entre os amantes, que começa, a distância, como amor cortês e, na máxima proximidade, como consumpção do coração, transporta a Ceia a uma dimensão de intersubjetividade hibridizada: o coração cozido do cavaleiro é um equivalente preciso da hóstia sobre a qual se pronunciam as palavras da transformação, *hoc est corpus meum*. A cozinha, em vez do altar, torna-se o lugar da transubstanciação. Com a oferta de seu coração, o cavaleiro, secundado por seu poeta, institui uma variante herética da eucaristia e confirma, com esse ato, a tese de que amar significa oferecer-se como hóstia à consumpção de outros. Mas essa oferta, enquanto tal, não remete a Eros, mas sim à ideia imperial e feudal da servidão; e é somente quando, como no caso na Idade Média europeia, servir e amar estavam radicalmente ligados como atos primários de devoção que a entrega do coração pôde ser classificada como um recorde erótico válido. No jogo cortês — e a corte é em primeiro lugar uma reunião de servidores —, a dádiva do próprio coração à única comungante pode se apresentar como um ato admiravelmente cavalheiresco que se inscreve em uma nova e literariamente ousada hiperortodoxia de devoção erótica. O preceito do amor cortês neutralizou a audácia blasfematória da aliança eucarística e místico-unificadora entre homem e mulher, envolvendo-a com a aura aceitável da mais nobre cortesia. Se nas palavras introdutórias da Ceia diz-se do pão: "Isto é meu corpo", a novela diz do coração embalsamado, cozido e comido: "Isto é meu amor." A esposa, portanto, não sofre nenhuma injustiça em consequência do cínico ardil culinário do marido. Ao contrário, mesmo na forma de um sacerdote indigno, o marido ciumento pode lhe preparar e fazer servir a hóstia-coração sem prejudicar a validade do sacramento. Ser consumido pela dama é o mais apropriado que pode ocorrer a um coração devotado à perfeita servidão. Para que, afinal, ele teria viajado de volta em seu escrínio eucarístico desde o Santo Sepulcro até o castelo europeu senão para estar ao pé dela — acompanhado, é claro, desse anel comprovador, que testemunha a união dos amantes no círculo de animação comum?

Em sua época, a história do coração consumido veio a calhar para responder a um embaraço recém-descoberto por um dos praticantes desses jogos do amor cortês: o fato de que, para o amor perfeito, como já se constatou aqui desde o início da história, não existe intensificação nem futuro; apenas, eventualmente, um afrouxamento pela realização física. Duas saídas estão abertas para escapar à esterilidade desumana do idealismo erótico — a primeira conduz à exaltação monstruosa, a outra, à licenciosidade do amor inferior. Os dois caminhos encontraram quem os percorresse, como atesta abundantemente a literatura da baixa Idade Média. Quem aposta na intensificação, como o poeta neoconservador que quer mesclar divertimento pela fascinação com conversão moral, deve admitir que a comunhão canibal é um procedimento válido para elevar a união dos amantes a uma Ceia selvagem. Não se nega que esse excesso recorda o esquecido nascimento da consciência humana do espaço interior a partir da antropofagia. Segundo a opinião de muitos antropólogos, a representação de um espaço interior secreto e atemorizador no corpo humano remonta a uma "ordem canibal" arcaica desaparecida sem quase deixar traços, na qual o mal, que se manifesta particularmente na figura do próximo como fonte de incômodos, devia ser "internalizado" nos ventres dos membros das hordas primitivas em uma refeição antropofágica fruída em comum.[6] Ainda assim, o sacramento cristão

---

6. Cf. Jacques Attali, *L'Ordre cannibale. Vie e morte de la médecine.* Paris, Grasset,

não receou a proximidade desses horríveis arcaísmos: o ato constitutivo da comunidade — alimentar-se do corpo de Deus — abre para o mundo cristão a possibilidade de cometer sem remorsos o inadmissível em suas formas sublimadas. Entre os cristãos, a recepção de Deus na alma sempre foi destemidamente assinalada por um gesto de recepção no corpo: eles consomem aquilo pelo que eles próprios anseiam serem consumidos e reunidos. O que quer que se pense sobre as relações latentes entre o *Herzmaere* e as práticas eucarísticas, teofágicas e antropofágicas, a própria história faz ouvir uma voz heterodoxa que contradiz as manifestas intenções edificantes da narrativa. Que o sofrimento e a morte devam ser a recompensa adequada do verdadeiro amor, e que uma comunhão consumidora do coração deva tomar o lugar dos dias e das noites de amor do casal — o que esta absurda trama fazia era produzir no público cortês da época uma excitação mórbida, mais do que ser capaz de incitá-los a sublimações análogas. Os ouvintes prestam mais atenção ao que há de atroz, em suas múltiplas relações, e cedem menos a uma edificação demasiado íngreme. Quando o coração do amado não surge vivo, ao lado de seu homólogo, no peito da mulher, mas estabelece uma *unio mystica* com suas entranhas, o ouvido mundano capta nesses movimentos não apenas os paralelismos cristológicos subversivos, ele se alimenta sobretudo da monstruosidade novelística dessa teologia estomacal. Nela, o amor aparece exatamente como a religião do mundo invertido. A monstruosidade doutrinária indica como o caminho para a intimidade biunitária é dificultado, na alta cultura, pelos enlaces inapropriados. Mas não faz parte da experiência erótica saber que a vontade de entrar nos outros pode se enganar de acesso?

No testemunho seguinte, a transação íntima eleva-se ao nível de uma troca direta, de coração por coração. Catarina de Siena, a estigmatizada *Patrona Itália*, nasceu em 1347 em Siena, vigésima quinta filha de um pobre casal de tintureiros, e morreu em 1380, aos 33 anos, idade ideal para uma discípula de Jesus. Quando esta terciária da ordem de São Domingos recebeu, no lugar de seu próprio coração, o coração de Cristo revelado, essa troca não reflete apenas a conversação de coração

---

1979, esp. p. 21-36.

para coração dos álbuns de poesia religiosa. A cena que nos foi transmitida pretende testemunhar uma operação existencial total, que não pode ser concebida separada do temor exaltado de uma metamorfose místico-psicológica em sentido literal. Citamos a passagem decisiva de *La vita di santa Caterina da Siena*, de Raimundo de Cápua.[7]

> Um dia Catarina pronunciou com mais fervor que de costume a prece do profeta: "Cria em mim, ó Deus, um coração puro, e renova dentro de mim um espírito inabalável" (Salmo 51,12). Sua prece particular a Deus era que ele se dignasse a remover seu coração caprichoso. Em uma aparição, ele lhe aliviou o espírito abatido. Ela viu seu esposo eterno aproximar-se da maneira habitual. Ele, então, abriu-lhe o peito e retirou o coração, de modo que ela ficou sem coração. A aparição foi muito nítida, deixando-lhe a firme sensação de estar sem coração. Ao confessar-se, ela relatou o fato a seu confessor. Este riu alto, e até um pouco encolerizado. Mas Catarina insistiu e lhe disse: "É verdade, meu pai, tanto quanto percebo não tenho mais coração ou, ao menos, não o sinto mais bater. Pois o Senhor me apareceu, abriu-me o lado esquerdo do peito, tirou dali o coração e foi embora com ele." "Sem coração não poderias viver", retorquiu o confessor. Catarina respondeu simplesmente que, para Deus, nada é impossível, e não escondeu sua convicção de que não tinha mais coração. Durante vários dias, continuou a afirmar que vivia sem coração. Uma manhã, demorou-se na igreja dos dominicanos, em uma capela lateral que servia para o culto das irmãs penitentes. Todas as outras irmãs haviam deixado a capela, e Catarina havia voltado a si de seu arrebatamento usual e preparava-se para retornar a seu quarto. De repente, uma luz celeste a atingiu e no meio estava o Senhor, envolvendo em suas mãos veneráveis o coração púrpura e radiante de um ser humano. Tremendo, Catarina tombou de joelhos pela visão da santidade e pelo encontro com seu Criador. O Senhor se inclinou para ela, abriu novamente o lado esquerdo de seu peito e lá aninhou cuidadosamente o coração que tinha nas mãos. Tomou então a palavra e lhe disse: "Vê, minha cara e

---

7. *Das Leben der hl. Katharina von Siena*, trad. para o alemão de A. Schenker, Düsseldorf, Patmos, 1965, p. 123 s.

Anônimo (séc. XV), *A troca dos corações*, desenho a bico de pena extraído do *Libellus de Supplemento*, Biblioteca Municipal de Siena.

amada filha, tomei teu coração para dar-te o meu em seu lugar. Ele baterá, assim, para dar-te uma vida duradoura."

Aqui, mais uma vez, em conformidade à lei da analogia, duas grandezas íntimas são equiparadas por meio de uma troca ousada. Em relação ao *Herzmaere*, salta aos olhos a ampliação do que está em jogo: não se troca, aqui, vida humana por vida humana, mas o coração humano pelo coração divino. Se partirmos da situação padrão do *ordo* metafísico, o humano nunca pode reciprocar-se com o divino no mesmo plano ou em direta correspondência, pois a fissura no ser produz uma assimetria insuperável entre criador e criaturas. Na situação de exceção mística, entretanto, a clivagem metafísica entre os polos nivela-se. Agora o homem não é mais apenas a obra ou o vassalo de Deus; a desvantagem da alma individual em relação a seu fundamento no além parece misteriosamente compensada. Por meio de um mergulho dificilmente analisável nas relações interiores — e aqui se incluem relações ainda mais interiores —, o homem se torna de um só golpe companheiro, cossujeito, cúmplice extático e coautor contemporâneo do absoluto. Esta elevação até a igualdade supõe que o sujeito humano contém em si uma exigência desmesurada de absorção absoluta do Outro no Eu, uma exigência que não poderia ser satisfeita. O desejo deve ser desmesurado porque, sem a insaciabilidade, a penetração pelas representações fetichistas do objeto, tanto as grosseiras quanto as sutis, não poderia completar-se até seu ponto máximo pelo bem supremo desejado. A literatura edificante é taxativa sobre este ponto: só quem é capaz de "representar" Deus como a mais pura subjetividade chega à zona quente do ser-sujeito totalmente desmaterializado, não representado. Por conseguinte, o sujeito supremo, que é Deus, só se deixa apreender "na experiência" pela aceitação de seu modo de ser, sem a representação de nenhuma exterioridade. A ligação místico-cordial de Catarina com seu Senhor leva, de qualquer modo, para perto desses mistérios sem objeto; ao mesmo tempo, essa drástica operação cardíaca revela um fisiologismo grotesco, mais próximo da efervescência histérica que da imersão não objetiva.

A histeria, do ponto de vista clínico, e não apenas entre os religiosos, é a capacidade de somatizar os usos da linguagem. Em uma perspectiva filosófica, poder-se-ia dizer que os histéricos são indivíduos que protelam seu vir-ao-mundo até o instante em que podem sair munidos de jogos de linguagem superaquecidos; seu modo de existência coincide simplesmente com a neurose metafísica. Os histéricos transitam, quase sem intermediação, ou após uma longa fase de latência no não percebido, do útero à casa da linguagem — ou ao saguão de sons e das grandes atitudes sonoras. Na linguagem e no gesto, pretendem ultrapassar e apagar sua desorientação pré-linguística, o traumatismo do *infans*. Daí talvez sua capacidade de levar até a incandescência as expressões

Troca dos corações, imagem de altar, c. 1463, Bruxelas, coleção Stocklet.

verbais em seu próprio corpo. Ora, a figura linguística que irá se tornar em Catarina figura corporal foi uma prece, extremamente carregada de pressupostos teológicos, implorando o esvaziamento de tudo o que lhe era próprio. De forma inteiramente convencional, mas ao mesmo tempo excitadamente pessoal, a jovem freira sienense tinha pedido a seu Senhor que se apropriasse de tudo o que ela possuía em seu ser íntimo. Ela exigia, então, em conformidade com os mais antigos jogos de linguagem da ascese neoplatônica e monástica, desfazer-se das próprias entranhas para ficar vazia, tanto no sentido físico como no psicológico. Sua prece equivale ao desejo de ser esvaziada de toda realidade que não seja simbiose bem-sucedida. A mística, desde sempre, busca desobstruir a atravancada zona íntima do *self*, cujos conteúdos acalmam, é verdade, a fome histérica, mas não podem jamais satisfazê-la. A oferta de Catarina tem, portanto, o propósito de criar nela um vazio que dá ao esposo místico a oportunidade de praticar uma invasão mais profunda.

Seria enganoso seguir aqui as desgastadas saídas da sexologia psicanalítica, que procura a genitalidade até no que é arcaico. A intervenção do Senhor no flanco esquerdo da freira não é exatamente um coito pelas costelas. Consequentemente, o grande Outro interior de Catarina tampouco é um penetrador que tivesse engendrado acessos pouco habituais às cavidades femininas. Catarina, por sua vez, não é uma pervertida que seduz um amante celeste à prática de uma relação cardíaca. O Senhor que toma seu coração responde, ao menos na primeira fase do drama, apenas ao irresistível impulso da freira a se esvaziar, a fim de melhor se introduzir à sua presença. Mas, uma vez esvaziada, cavada, estripada, privada de seu coração, escapa de sua cavidade uma aspiração de preenchimento à qual nem mesmo Deus, ou melhor, à qual justamente o Deus que está nela não pode resistir.[8]

Tão logo o coração de Cristo é implantado em Catarina, fica claro que não era sua zona mais íntima que estava em questão desde o início;

---

8. Lembremo-nos de que Daniel Paul Schreber, em suas *Denkwürdigkeiten eines Nervenkranken* (Berlim, Kadmos, 1995), relatou como era constantemente penetrado por "raios" divinos e que tinha, de tempos em tempos, a convicção de não mais ter pulmões. [Ed. bras.: *Memórias de um doente dos nervos*, São Paulo, Paz e Terra, 1995.]

o que ela quer não é tanto acolher o Outro em si quanto mergulhar ela própria na aura do Outro. O interior do corpo da freira funciona como um palco fisiológico, no qual se representa seu desejo de imersão no interior do Outro. O que ela pretende é penetrar na cavidade de uma identidade comum e, para consegui-lo, deve somatizar esse vazio em si mesma, criando no próprio corpo um espaço cujo sorvo recolhe metodicamente a vida da vida, o sujeito mais elevado.

Também em Catarina está claramente em jogo uma paródia da Ceia, na medida em que ela induz Cristo a ministrar um sacramento particular à sua aduladora: *Hoc est cor meum*. É preciso, de resto, observar que o beato Raimundo de Cápua, confessor e biógrafo da santa, que foi apontado como seu diretor espiritual, parece ter sido, no plano interpessoal ou interdelirante, o cúmplice e confidente que sustentava e estimulava os excessos de Catarina. O ambiente monástico católico tem sido sempre um solo alimentador da *folie à plusieurs*; entre estas, contam-se os cochichos das irmãs que pretendiam ter visto no banho a cicatriz no lado esquerdo de Catarina. Na medida em que Raimundo supervisionava essa extática doente e hiperativa, no que a invejava, idolatrava e descrevia, ele se tornava um sócio comanditário em sua viagem celestial rumo à simbiose com Jesus. Como todos os biógrafos de santos que observam atentamente seu parceiro em vida e o transfiguram *post mortem*, ele derivava, do combate de Catarina para unir-se a Cristo, ganhos para sua própria ânsia de máxima intensificação. Ao participar da participação de Catarina no Senhor do mundo interior, Raimundo legou à posteridade um dos mais informativos documentos sobre a fenomenologia do santo na Idade Média tardia. Na biografia de Catarina, ele registra, entre outras coisas, uma notável fantasia de aleitamento, na qual o coração ferido do Senhor teria se transformado em uma mama transbordante. Em uma visão anterior, Cristo teria atraído Catarina para si a fim de que ela bebesse em seu flanco trespassado: "Quando ela compreendeu que devia beber no duto da fonte da vida, colocou seus lábios sobre o indizível jato e deixou a misteriosa bebida correr em sua garganta."[9]

---

9. Raimundo de Cápua, *Das Leben*..., op. cit. (ver Nota 7 deste Cap. 1), p. 118.

A sugestiva imagem do aleitamento da freira na fonte borbulhante de sangue pode lembrar que toda penetração mais profunda no mundo íntimo pressupõe a transformação dos corpos sólidos separados em líquidos misturáveis e incorporáveis.

A referência ao mundo interior como uma bilha misturadora de egos liquefeitos pode completar-se pelo terceiro exemplo em nosso percurso exploratório da espacialidade íntima bipolar; esse exemplo nos transporta — um século após Catarina de Siena — ao centro da Renascença florentina de Platão, cujas figuras-chave foram Cósimo de Médici, morto em 1464, e seu jovem protegido, Marcílio Ficino (1433--1499). Em 1462, Cósimo havia presenteado Ficino com uma casa em Careggi, perto de Florença, com a incumbência de traduzir do grego os escritos herméticos e o *corpus platonicum*. Dessa aliança entre um príncipe e seu filósofo, resultou para a civilização ocidental a primeira edição moderna dos diálogos de Platão, mas não apenas isso: em 1469, à mesma época da conclusão do ciclo de traduções, veio à luz igualmente o primeiro dos influentes comentários de Ficino a Platão, o *Commentarium in convivium Platonis de amore*, de incalculável importância para a moderna concepção do amor socrático ou platônico. Ficino explicou, em suas dedicatórias, que, com esses escritos, esperava ter composto uma teoria amorosa do amor; como um amuleto teórico, o próprio livro devia cuidar para que ninguém pudesse compreendê-lo se o lesse apenas de passagem ou a contragosto: "Pois não se compreende o fervor amoroso com uma superficialidade arrogante, nem o amor, ele próprio, pode ser apreendido com o ódio."

Com seus meios peculiares, a obra pretendia instalar o circuito bloqueador que lhe permitiria ser acolhida e assimilada por almas aparentadas. É por isso que o livro de Ficino, *Sobre o amor*, assume muito cedo um lugar de honra na história literária da magia simpática. Ele ratifica a ideia de que os grandes livros e seus simpatizantes existem em um círculo próprio de ressonância, ao lado do qual o grande público, que aparentemente teria igual capacidade de lê-los, passa sem ser afetado. O grande livro, como mais tarde a obra de arte eminente, abre seu caminho através do espaço público dos tempos modernos e se revela

ESFERAS I: BOLHAS

como um poder constitutivo de esferas de uma ordem particular. As obras eminentes abrem generosamente suas páginas, mas os incapazes se excluem a si mesmos, mal-humorados.

O que Ficino denomina "comentário" é, sem dúvida, o contrário do que os filólogos pretendem entender por esse conceito desde o século XIX. Ficino não oferece uma explicação palavra por palavra e pronta para uso do texto antigo, mas uma reescrita desrespeitosa do original, que toma a liberdade de sobrepor aos sete discursos do banquete platônico um igual número de contradiscursos de participantes modernos de um banquete contemporâneo. Este tem lugar no dia do aniversário de Platão, 7 de novembro, em Careggi, com a pretensão de reavivar uma antiga prática acadêmica após uma interrupção de doze séculos. O comentário aparece, aqui, como um método de verter o vinho dos tempos modernos nos odres da Antiguidade. No sétimo discurso, feito por Cristóforo Marsupini, que tem de desempenhar o papel de Alcebíades, o orador final em Platão, encontramos a passagem que enriquecerá com um luminoso modelo nossas explorações cardiomitológicas. Trata-se, ali, do amor físico, concebido como uma intoxicação material e um enfeitiçamento a distância.

> Imaginai Fedro de Myrrhinus e Lísias de Tebas, o orador que está ardentemente enamorado de Fedro. Boquiaberto, Lísias olha o rosto de Fedro. Este, por sua vez, fixa o raio cintilante [*scintillas*] de seus olhos nos olhos de Lísias e, juntamente com essas centelhas luminosas, envia seu espírito vital [*spiritus*]. Assim, o raio (do olhar) de Fedro se une sem dificuldade ao raio (do olhar) de Lísias, e o espírito vital de um se liga facilmente ao espírito vital do outro. A exalação sanguínea (*vapor*) produzida pelo coração de Fedro se estende de imediato (pelo raio do olhar) à região do coração de Lísias, onde, por influência das partes mais compactas desse órgão, condensa-se [*fit compactior*] e transforma-se novamente em sangue, e, de fato, no sangue de Fedro que ele era originalmente. E, assim, de maneira prodigiosa, o sangue de Fedro se encontra agora no coração de Lísias. Em consequência, Lísias e Fedro rompem de imediato em exclamações recíprocas, Lísias dizendo "Fedro, ó meu coração, minhas entranhas bem--amadas" (*carissima viscera*), e Fedro, "Lísias, ó meu espírito,

ó meu sangue". Assim, Fedro segue Lísias, porque seu coração reclama a restituição da seiva sanguínea, e Lísias não pode se separar de Fedro, porque o fluido sanguíneo em seu coração anseia por seu recipiente originário [*vas proprium*] e quer retornar a seu verdadeiro *habitat* [*sedem*]. No entanto, a dependência de Lísias em relação a Fedro é maior, pois é mais fácil um coração renunciar a uma pequena parte de seu sangue do que o sangue viver sem seu coração original.[10]

Vê-se facilmente nessa passagem como, ao modelo do espaço íntimo de vizinhança de dois corações, sobrepõe-se um componente quase telepático, que faz uso dos conceitos platônicos de raios luminosos e visuais dotados de atividade para estabelecer entre os corações dos amantes um encantamento (*fascinatio*, como o denomina o autor) tão extravagante quanto concreto. Segundo Ficino, a paixão surge como a forma aguda de uma fascinação maligna, que não é um fantasma no espaço vazio, mas resultado de uma ação a distância totalmente fundada em uma psicologia sutil.

Para tornar plausível o transporte telepático, Ficino se apoia sobre a radiologia platônica — a primeira apreensão teórica da ideia de uma causalidade através da irradiação, que remete à famosa analogia do Sol na *República*.[11] Igualmente convencional é a concepção do coração como o sol dos órgãos internos: ela transfere a imagem platônica do reinado do Sol no mundo dos corpos astrais ao coração, visto como o monarca no mundo dos corpos humanos e animais. Reis platônicos são por natureza reis solares; eles reinam *de facto* como os reis-coração, que prendem mesmo os pontos mais distantes ao centro cardíaco de difusão. Nessa física quase mítica, tanto o Sol como o coração exercem seu domínio à maneira de uma irradiação; todos os emanacionismos — isto é, modelos da difusão de forças primitivas em espaços vazios ou preenchidos por corpos escuros e informes — remontam ao conceito platônico da monarquia solar. Na imagem do reino solar, o pensador

---

10. Marsílio Ficino, *Über die Liebe oder Platons Gastmahl* [*Sobre o amor, ou o Banquete de Platão*], ed. bilíngue latim-alemão, Hamburgo, Meiner, 1984, p. 326 e 328

11. Sobre a teoria platônica da irradiação, cf. *Esferas II*, Cap. 5: "*Deus sive sphaera*", e Cap. 7: "Como o centro das esferas age a distância através do meio puro".

Causalidade telepática de irradiação: Albrecht Altdorfer, *A estigmatização de Francisco de Assis*, 1507, Fundação para a Herança Cultural Prussiana.

buscou tornar compreensível a produção causal dos efeitos perceptíveis aos sentidos por uma realidade suprassensível mais elevada, isto é, o bem que se difunde. Ao se transferir o modelo do Sol ao coração, propriedades emanantes são atribuídas a esse órgão.

Essa radiocracia do coração determina a teoria erótica de Ficino; ela inspira a incomparável fantasia da transfusão telepática de sangue ao coração de Lísias através dos olhos de Fedro. Ficino, de fato, representa os olhos do amado como uma ativa irradiação que envia aos olhos do amante uma quantidade pequena, mas real, de sangue. Essa emissão de sangue é possibilitada pela notável circunstância de que, no percurso do coração ao olho do emissor, o sangue se volatiliza como que em uma fumaça ou fina névoa (*vapor*), de modo que a ideia de que ele poderia ser transportado ao exterior do corpo por um olhar irradiador cheio de espírito (*spiritus*) não mais parece totalmente absurda. O que torna plausível essa passagem do sangue à forma vaporosa, e de volta ao sangue, é o conhecido modelo da evaporação dos líquidos e da inversão desse processo pela condensação. No olho do receptor, a bruma vaporosa, no percurso entre o olho e o coração, pode depositar-se novamente como um condensado, de modo que, por fim, o autêntico sangue de Fedro alcança o coração de Lísias. Chegando ali, o sangue desencadeia os efeitos da participação mística; nesse lugar estranho, ele desenvolve por si mesmo uma espécie de nostalgia da origem, ao exigir retornar a seu coração primitivo e, com esse esforço, leva magicamente consigo toda a pessoa de Lísias em direção a Fedro.

Essa sucção que arrasta o receptor do sangue para o doador é o que se chama paixão ou encantamento. A afecção erótica inferior significa, portanto, que um sujeito ingressou na circulação vaporosa e, através desta, na circulação sanguínea de um outro — como se fosse novamente um feto que se integra a um sistema circulatório comum com sua mãe através do cordão umbilical. É característico da época que Ficino consiga reproduzir apenas metade dessa simbiose sanguínea — a saber, o caminho de ida do sangue desde o coração do emissor até a periferia receptiva, representada aqui pelo segundo sistema, o sistema receptivo do olho e do coração. No século XV, ainda estavam para ser feitas duas descobertas essenciais relativas ao mistério da circulação sanguínea; desconhecia-se ainda o modelo teórico orgânico e vascular do sistema circulatório total, isto é, completado pelo sistema venoso, e, no tempo de Ficino, era ainda menos concebível, de um ponto de vista fisiológico e anatômico, a reconstrução da troca sanguínea entre mãe e feto mediada pela placenta. De fato, mais de um século e meio deveria se escoar de 1469 até a exposição, por Harvey, do trajeto sanguíneo completo desde e em direção ao coração; só em 1628 o anatomista inglês publicou seu revolucionário tratado *Exercitatio anatomica de motu cordis et sanguinis in animalibus*, com o qual a moderna anatomia expande-se para mecânica do movimento dos fluidos internos. Até lá — a despeito de todas as probabilidades fisiológicas —, o modelo do coração como rei dos órgãos, que prodigaliza seu sangue aos membros exteriores, permaneceu tão irresistível que a ideia aparentemente sedutora de que o sangue enviado devesse retornar ao emissor, por vias circulares, jamais conseguiu se desenvolver. Em uma época de fortes tendências monárquicas, isso corresponderia a um ato de lesa-majestade; pois, se o sangue completasse sua circulação, então não mais se poderia representar o rei, tanto quanto o coração, como doador absoluto, mas teria sido preciso concebê-lo também como receptor de dons que lhe afluem da periferia; o centro não mais poderia, então, governar como coração pela graça de Deus, mas apenas como coração constitucional, que teria de prestar um juramento à constituição do sistema circulatório.

Compreende-se, assim, por que Ficino pode atribuir ao sangue de Fedro no coração de Lísias uma espécie de nostalgia de origem, sem traçar nenhum caminho efetivo para que o sangue emitido pudesse retornar à sua fonte; para explicar isso, ele teria, efetivamente, de postular a completude do sistema circulatório. É por esta razão que, no tratado de Ficino, a sensacional transfusão sanguínea ao apaixonado se realiza apenas como semicirculação; ainda assim, ela causa a apaixonada atração magnética que encadeia Lísias a Fedro, e torna também plausível que Fedro, de sua parte, possa encontrar algo de sedutor em Lísias. De fato, a paixão aqui não é nada mais que a ação mágica do sangue telepaticamente despendido. Acima de tudo, porém, essa transfusão a distância explica de uma nova maneira a assimetria entre o amante (*erastes*) e o amado (*eromenos*), que, desde a época da antiga Academia, havia sido tema de intermináveis discussões; ela remete a inevitável desigualdade do intercâmbio erótico ao fato de que enfeitiçador e enfeitiçado não podem se comportar um em relação ao outro como perfeitas imagens especulares. Segundo a tradição da Academia, o amante é um homem mais velho, de qualidades espirituais elevadas, que se deixa encantar pela arrebatadora aparência da perfeição irradiada pelo exterior atraente de um jovem nobre e de superior vitalidade. Na cena modelo de Ficino, é efetivamente o respeitado retor Lísias que ama Fedro, o jovem inexperiente, de encanto irresistível, a cuja beleza, segundo o testemunho de Platão, até mesmo Sócrates já teria pago tributo quando da famosa excursão dos dois fora das portas de Atenas.

No que diz respeito a nossas sondagens no espaço da interioridade bipolar, essa passagem do *De amore* proporciona um passo analítico decisivo para além do modelo sacramental que está na base tanto do *Herzmaere* quanto do episódio de Catarina de Siena. Ele descreve a esfera interior comum entre os dois corações atraídos um para o outro em uma linguagem quase anatômica, toscamente biotecnológica, como o efeito de uma troca fundada na fisiologia profunda. Isso fornece uma prova da tese de que a erotologia da Renascença percorreu mais da metade do caminho rumo a uma moderna teoria do aparelho psíquico; para os protagonistas da psicologia da Renascença, já havia ficado claro que a alma não pode ser senão um estúdio para interações com Outros inspiradores. É verdade que essas conquistas do saber renascentista foram quase totalmente esquecidas em nosso século, recobertas por novas concepções do espaço psicológico estilizadas pelo cientificismo e, em sua maior parte, aplanadas pelo individualismo. Quem quiser superar as lendas de fundação compostas ao redor de Freud, Jung e seus semelhantes, bem como opor-lhes uma imagem válida da história real do saber psicodinâmico nos tempos modernos, não pode deixar de colocar ao menos duas grandes formações da psicologia profunda europeia à frente das doutrinas do século XX. Em primeiro lugar, as teorias da fascinação magológica inspiradas por Platão, que, com os meios da fisiologia sutil e da teoria da memória, perguntaram pelas condições do amor, da influência, do encantamento e do desencantamento[12]; a partir do século XV, aparecem ousados ensaios sobre uma magia geral da intersubjetividade[13], cujo destino foi ser ridicularizada e abolida pelos sistemas

---

12. Sobre isso, nada ainda se compara a Ioan P. Couliano, *Eros and Magic in the Renaissance*, com um prefácio de Mircea Eliade, Chicago/Londres, University Chicago Press, 1987 — original francês: *Eros et magie à la Renaissance*, Paris, Flammarion, 1984. Couliano põe em relevo o princípio fundamental de que aquilo que o início dos tempos modernos denominava magia não pretendia ser nada mais, no entendimento dos autores, que um erotismo geral aplicado.

13. Um apogeu tão desconhecido quanto incompreendido dessa tradição constitui-se dos textos de Giordano Bruno, *De magia* e *De vinculis in genere* [*Tratado de magia e Das forças vinculantes em geral*, 1586-1591], traduzidos para o alemão apenas em

posteriores. Em segundo lugar, tem-se o universo do mesmerismo e da magnetopatia que, entre 1780 e 1850, se desenvolveu até constituir um clássico exemplar, perfeitamente válido, da psicologia profunda; o espírito positivista do final do século XIX, e, no século XX, o esquecimento orquestrado pela escola freudiana levaram à sua extinção.[14]

Algumas referências a motivos intelectuais ligados à teoria do coração, dos séculos XVI e XVII, podem colocar este percurso exemplar ao longo do universo de motivos das interioridades cardíacas codificadas em termos religiosos e metafísicos em uma perspectiva que já leva em conta a ruptura da modernidade. Do padre romano Filippo Neri (1515-1595), o "santo humorista" que Goethe menciona com simpatia em sua *Viagem à Itália*, diz-se que, após sua morte, na dissecção do corpo, encontrou-se na caixa torácica, à altura do coração, uma falha da largura de uma mão entre as costelas, bem como uma significativa hipertrofia do coração e da artéria coronária. Essas anomalias físicas foram atribuídas pelos contemporâneos aos frequentes estados de arrebatamento de Néri, que, manifestando-se nele na forma de crises de congestão, teriam provocado um exagerado afluxo de sangue no coração, bem como inchaço do rosto e da caixa torácica. Atestou-se que surgiam grandes excrescências torácicas em forma de tumor na região do coração quando ele orava bem como, ao receber a hóstia, edemas da boca e das bochechas que davam a impressão de que estava amordaçado. Se aceitarmos esses depoimentos, Néri seria mais um na longa série desses somatizadores da escrita, nos quais o texto místico se traduz imediatamente em um dialeto orgânico barroco. Eram, sobretudo, os motivos de Pentecostes e as figuras do discurso da magnanimidade cristã que se traduziam, em Néri, em exigências físicas de extensão e expansão.

1995 (trad., seleção e apres. de Elisabeth von Samsonow, Munique, Diederichs, 1995.) Cf. também, neste volume, o Cap. 3: "Homens no círculo mágico. Para uma história das ideias da fascinação pela proximidade", esp. p. 199 e s.

14. Henry F. Ellenberger ofereceu uma impressionante resistência a esse esquecimento em seu clássico estudo *Die Entdeckung des Unbewußten* [*A descoberta do inconsciente*], Berna/Stuttgart/Viena, Huber, 1973, sobretudo com sua exposição de Mesmer e de seus sucessores (p. 89-349). No Cap. 3, refrescaremos a lembrança da formação magnetopática da psicologia do inconsciente.

1. Operação cardíaca ou Do excesso eucarístico

Alegoria da Imitação de Cristo: Cristo oferece à alma seu coração aberto para ser reproduzido. Gravura em cobre de Anvers, 1578, Paris, Gabinete das Estampas.

Anormalidades como essas constituíram uma tradição apenas no interior das fisiologias espirituais católicas; ali elas se inseriam em uma milenar e bem organizada corrente discursiva acerca dos efeitos plástico--corpóreos supranaturais da intensidade das práticas devotas. O reino das teologias católicas do coração forma uma procissão delirante que, partindo do misticismo da baixa Idade Média, se torna, no período pós-Reforma — particularmente sob a influência da mística do Sagrado Coração de Jesus, Marguerite Marie Alacoque (1647-1690) —, um vasto movimento de culto, que também acabou por impor concessões litúrgicas e formulações doutrinárias. Na corrente dessas fantasias de interioridade eclesiasticamente administradas, encontra-se também a obra do padre oratoriano e missionário popular João Eudes (1601-1680), nascido na Normandia, que ingressou nos anais católicos como fundador de um culto de grande força litúrgica, o culto dos dois corações. Ao longo de sua abundante obra, avulta-se a representação obstinada de um moderno e ativo misticismo, segundo o qual a vida cristã, seja contemplativa, seja ativa, deve estar totalmente absorvida em Deus. A missão íntima de Eudes era uma luta contra a vida exterior, não católica, reputada como algo que não está no interior de Deus. Segundo Eudes, não se pode descrever a vida dos santos senão como uma contínua suspensão na bolsa amniótica do Absoluto. Ele introduziu uma inovação cheia de consequências no repertório das fantasias cardíacas católicas quando acrescentou, ao já estabelecido culto do Sagrado Coração, o culto do coração de Maria. O mais marcante em seu engajamento em favor do coração de Maria consistiu, em nossa terminologia, no fato de ter criado um céu cardíaco bipolar, no qual o coração do Filho podia fundir-se em uma união mística com o coração de sua mãe. Do ponto de vista psicodinâmico, Eudes atendeu com isso à antiga e premente necessidade de uma fetalização do céu católico pós-copernicano; segundo essa doutrina, a *anima naturaliter christiana* podia existir como terceiro participante sob o baldaquim do duplo coração do Filho e da Mãe. Isso correspondia a um traço característico da psicologia política católica pós-reformadora, de não fixar o indivíduo apenas ao regaço murcho da Madre Igreja, mas apontar-lhe também seu lugar em uma pequena família intercordial, metafisicamente ampliada.

Enquanto o misticismo da Contrarreforma, em sua defesa da interioridade mágica e religiosa, envolvia-se em jogos de linguagem cardioteológicos cada vez mais frenéticos, um irresistível desencantamento anatômico do coração havia sido posto em marcha pela pesquisa médica nas universidades europeias. A inicialmente proscrita ciência da dissecção de cadáveres desenvolveu, entre os séculos XVI e XVII, uma nova imagem do ser humano como uma miraculosa manufatura de órgãos. Ao lado dos teólogos, os médicos ergueram doravante sua voz e exigiram uma cátedra pública para tratar das questões sobre a natureza humana. As mesas de dissecção dos anatomistas transformaram-se nos altares das novas ciências do homem, os cadáveres foram promovidos a

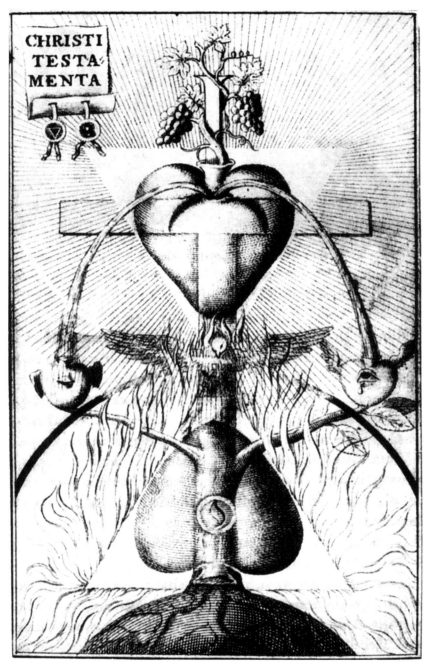

O coração da natureza, ardendo em cólera, toca o coração radiante de amor do mundo superior. Ilustração para as *Obras Teosóficas* de Jacob Böhme, Amsterdã, 1682.

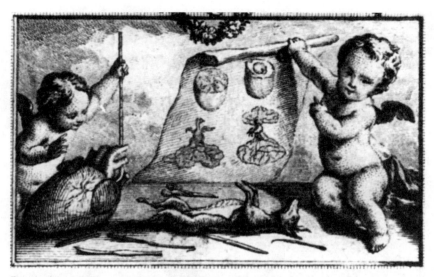

Frontispício dos *Elementa Physiologiae Corporis Humani*, de Albrecht von Haller, 8 vols., Lausanne, 1757-1766. Gravura em cobre de P. F. Tardieu, do original de Charles Eisen.

mestres-assistentes da antropologia. Eles ensinaram com grande autoridade que os homens, antes de qualquer relação com seus semelhantes, são, em primeiro e último lugar, corpos individuais desconectados — corpos que existem em sua unidade funcional original e individualidade orgânica, para só posteriormente, e de forma secundária, se integrarem a grupos sociais. É por isso que, entre as origens do moderno individualismo, deve-se tomar em consideração também um influente fator anatômico. A posição absoluta do indivíduo não se nutre apenas das modernas concepções filosóficas do sujeito e dos interesses dos burgueses proprietários, mas igualmente desse individualismo anatômico no qual o cadáver humano é compreendido como um corpo sem relações. Sob o olhar analítico do anatomista, o corpo humano individual se apresentava como uma oficina autônoma da vida, algo como a coisa em si fisiológica. De fato, nas entranhas abertas do cadáver, não há qualquer indicação de uma existência em íntima relação com outras existências.

Enquanto nos países da reação católica as igrejas barrocas se enchiam de imagens votivas de corações ardentes, os anatomistas, em outro cenário, processavam o coração feudal. Eles lançaram um discurso cardiológico que era pura subversão, ao rebaixar o coração de um Sol para uma máquina, de um rei dos órgãos para um funcionário encarregado da circulação sanguínea. Padres, como João Eudes, podiam levar o culto dos sagrados corações de Cristo e de Maria às massas do início da modernidade; mas seu contemporâneo William Harvey não deixou, por isso, de ir ao encalço dos mistérios do funcionamento do coração dessacralizado. Cento e cinquenta anos após a ruptura de Harvey, o processo do desencantamento cardíaco havia progredido tanto que já se podiam anunciar reabilitações românticas do perdido mundo mágico do coração; no início do século XIX, o esfriamento geral havia atingido um grau tão crítico que era preciso recorrer a essa restauração cordial, cujo exemplo, na Alemanha, foi dado sobretudo por Wilhelm Hauff, com seu satírico conto do coração frio.[15] Desde então, a luta pelo ajuste da temperatura do mundo faz parte das constantes dramatúrgicas da modernidade literária e midiática. Após a virada da era absolutista para a burguesa, manifestou-se, em uma ampla seção da *intelligentsia* das novas classes médias, particularmente entre médicos, engenheiros, empreiteiros de ocasião e homens de letras, uma propensão a explicar o mundo e a vida em seu todo segundo os conceitos diretores da fisiologia e da mecânica; e, no decurso de uma inevitável contraposição, os espíritos de orientação sintética e holística exigiram os direitos térmicos de mundos interiores refrigerados e excessivamente públicos.

Entre os representantes da nova mentalidade antimetafísica, destaca-se o médico, filósofo e satirista Julien Offray de La Mettrie (1709--1751), por seu irônico radicalismo e a agressividade de sua imagem mecanicista do mundo e do ser humano. Mesmo os mais liberais de seus contemporâneos consideravam-no, por seu temperamento anárquico e cético, um excêntrico a quem se acusava de favorecer os excessos físicos e morais. Quando, após a publicação anônima do escandaloso texto *L'Homme-machine*, no outono de 1747, por Elie Luzac, em Leyden, sua posição ficou insustentável até mesmo na libertária Holanda, ele encontrou refúgio na corte de Frederico II da Prússia,

---

15. Cf. Manfred Frank,"Steinherz und Geldseele. Ein Motiv im Kontext" ["Coração de pedra e alma de dinheiro. Um motivo em contexto"], in: *Das kalte Herz. Texte der Romantik* [*O coração frio. Textos do Romantismo*], seleção e interpretação de Manfred Frank, Frankfurt, Insel, 1978, p. 253-387.

Primeira transfusão de sangue do animal (cordeiro) ao ser humano, pelo médico parisiense J. Baptiste Denis.

na qual assumiu o papel de bufão epicurista e ateu, e teria morrido, segundo relata a lenda maliciosa, em consequência de um consumo excessivo de patê de trufas. O tratado do homem-máquina — que muitos consideraram o livro mais execrável de seu século — dá provas do novo estilo de pensamento, que não sente nenhuma inibição de traduzir todo o domínio espiritual na linguagem do mecanicismo sem deixar nenhum resíduo relevante. Com isso, o naturalismo anatômico abre seu caminho como discurso antropológico e psicológico dominante. A primeira coisa que se deve saber da alma, segundo essa nova ciência, é que a palavra "alma" é um conceito vazio. O livro de La Mettrie está cheio de motivos cardiológicos e ginecológicos que, em conjunto, rompem com a linguagem tradicional dos mistérios da interioridade. Citamos uma passagem extraída de uma argumentação bastante longa, com a qual o autor pretende provar que jamais é preciso recorrer a causas espirituais, incorpóreas, para explicar os movimentos característicos dos músculos e dos órgãos; uma longa série de observações empíricas dá apoio à sua tese de que os órgãos e as fibras dos corpos animais e humanos contêm "molas" (*ressorts*) específicas responsáveis por seu movimento autônomo; e sua presença torna supérfluo todo recurso a um princípio de movimento extracorporal. Essa proposta fez história: do movimento autônomo dos tecidos até a auto-organização da matéria viva, são apenas pouco passos no *continuum* do pensamento naturalista. Resta notar que o conceito de *ressort*, que inicialmente designava as molas de relógios, teria uma grande carreira diante de si, já que prometia fornecer uma solução satisfatória à necessidade que tinham as novas ciências do corpo de interpretar num sentido mecanicista os movimentos dos seres vivos. A maior parte dos novos conceitos de impulso (*Trieb*), inclusive o da psicanálise, partem do modelo da mola metálica e do esquema da "reextensão do que foi comprimido até retornar à sua tensão normal" (que, após Watt, servirá principalmente de conceito termodinâmico da máquina a vapor). Com base nessas premissas, La Mettrie registra as seguintes observações sobre os movimentos espontâneos do coração:

> 5. O coração da rã, sobretudo se exposto ao sol, melhor ainda, sobre uma mesa ou um prato quente, move-se durante uma hora ou mais, após ter sido arrancado do corpo. O movimento parece ter-se extinto irremediavelmente? Basta espetar o coração e esse músculo oco volta a bater. Harvey fez a mesma observação com os sapos.
> 6. Bacon de Verulamo, em seu tratado *Sylva sylvarum*, fala de um homem condenado por traição que foi aberto vivo e cujo

coração, lançado em água quente, saltou diversas vezes, cada vez menos alto, a uma distância perpendicular de dois pés.

7. Tomai um pintainho ainda no ovo, arrancai-lhe o coração; observareis os mesmos fenômenos, aproximadamente nas mesmas circunstâncias [...].

As mesmas experiências [...] podem ser feitas com pombos, com cães, com coelhos, cujos pedaços de coração se movem como corações inteiros. Vê-se o mesmo movimento nas patas arrancadas de toupeira.[16]

Reconhece-se imediatamente, tanto pelo conteúdo como pelo tom dessa passagem, que, com esse texto, abandonamos a zona das interioridades bipolares, em geral, assim como o território religioso do coração, em particular. O conteúdo, sobretudo o argumento 6, recorda o teatro do horror no qual os Estados territoriais do início dos tempos modernos na Europa costumavam encenar seu poder punitivo.[17] De fato, a extração do coração vivo dos traidores e rebeldes foi uma prática atestada muitas vezes, como, por exemplo, quando da execução, em Gotha, no ano de 1567, do nobre conjurado Grumbach, cujo coração não foi todavia lançado ao fogo, mas jogado em seu rosto.[18] Como esses atos de crueldade pública não eram rituais de sacrifício astecas[19], mas atos emanados da jurisdição de senhores cristãos, a exigência de uma explicação mais precisa do ritual punitivo está bem motivada. Sem dúvida, ele dava uma resposta a uma espécie de injustiça que era entendida como um delito contra o próprio mundo vital; um crime, poder-se-ia dizer, contra a esfera sagrada e pública do Estado. Que, em particular, os

---

16. Julien O. La Mettrie, *L'Homme-machine — Die Maschine Mensch* [*O homem-máquina*]. [Ed. bilíngue francês-alemão: trad. e org. de Claudia Becker, Hamburgo, Meiner, 1990, p. 97-99. Segui, na tradução da passagem de La Mettrie, o texto original francês, §125-128. — N.T.]

17. Cf. Richard von Dülmen, *Theater des Schreckens. Gerichtspraxis und Strafrituale in der frühen Neuzeit* [*Teatro do horror. Prática judicial e ritual punitivo no início da Modernidade*], Munique, Beck, 1985.

18. Ibidem, p. 128-129.

19. Sobre o papel do coração na cultura asteca, cf. Georg Berkemer, "Das Herz im aztekischen Opfer" ["O coração no sacrifício asteca"], in: *Das Herz im Kulturvergleich*, op. cit., (ver Nota 2 deste Cap. 1), p. 23-39.

culpados de alta traição tenham sido punidos dessa forma mostra como a agressão contra o coração da organização política é respondida por uma agressão inversa contra o coração do agressor. Essa punição, a mais expressiva de todas, expulsa o delinquente para fora do espaço cardíaco da sociedade; ela não evoca, com isso, o antigo banimento, mas remove o criminoso ao prepará-lo como vítima sacrificial no próprio interior da esfera política. Vê-se aqui que a esfera política, diferentemente da esfera íntima, não pode ser o espaço das simples interioridades biunitárias. Mas, como nos tempos da monarquia absolutista e das soberanias locais exigia-se de cada súdito que entrasse em uma relação de lealdade pessoal com o senhor da esfera política, a traição pode ser percebida e castigada como uma espécie de crime cordial contra a autoridade; ela surge, para os juízes do início dos tempos modernos, como uma agressão contra o mistério pessoal vital do espaço político — a expectativa de *concordia*. Por isso, o autor do crime de lesa-esfera é teatralmente conduzido ao centro e, por meio de uma execução patética, expulso do meio político da esfera para um exterior infamante. O ato da exclusão do círculo dos vivos e dos salvos é, certamente, uma implicação geral das execuções e excomunhões; neste modo histérico de execução, o gesto de expulsão para fora do espaço cardíaco da vida em comum aparece de forma particularmente vívida. Com ele se expressa que a morte e o exterior significam a mesma coisa para esse tipo de sensibilidade.

Se o ritual punitivo mencionado por La Mettrie em conexão com Bacon põe em jogo um exterior expressivo, também aparece na argumentação do próprio filósofo um exterior metódico ou conceitual que extrapola o rito cruel. Para o autor, o sistema muscular e circulatório do coração aparece como abstração anatômica; concebido como um órgão *per se*, ele não passa, por princípio, de um pedaço separável do tecido orgânico; não possui, por si mesmo, nenhuma dimensão intersubjetiva, mas consiste apenas em um potencial automático de movimento, um feixe de *ressorts* ativadas ao sabor das circunstâncias. Conceber um coração dessa maneira, quer esteja ele extirpado, quer esteja em seu lugar natural, já é situá-lo em uma exterioridade que não pertence a nenhum campo próprio e íntimo e que nenhum sopro de uma esfera humana pode atingir. Por seu próprio modo de ser, ele existe como uma máquina orgânica em um contexto feito de máquinas cooperantes de mesmo tipo. Mas como La Mettrie não está filiado ao dualismo metafísico, ele não permite que seu sujeito esclarecido habite um aparelho corpóreo à maneira de um fantasma cartesiano; o sujeito *é* ele mesmo uma função da máquina com a qual se identifica — uma máquina que produz, ao lado dos processos fisiológicos não vividos, também um interior vivido. Com essa teoria mecanicista radical, a interioridade é explicada como efeito do exterior, no qual todas as "máquinas", sejam elas mecanismos ou organismos, existem da mesma maneira. O corpo representado não é um elemento de um interior ou de um espaço de proximidade vivida, mas uma posição em uma geométrica e homogeneizada espacialidade de lugares.[20] Que é a anatomia senão a imposição de conceitos físicos de espaço-lugar ao domínio da antiga obscuridade dos corpos, que torna, de início, cada corpo vivo uma *black box* aos olhos de todos os outros? Seres humanos concebidos dessa forma, como máquinas, continuam sendo capazes do que se chama "relações íntimas", mas estas, num primeiro momento, em nada alteram o fato de que a teoria materialista radical deve dar precedência à existência individual dos corpos sobre suas relações uns com os outros. As relações entre pessoas-máquinas são, de sua parte, processos mecânicos que podem ter uma face vivida, mas por sua natureza representada pertencem, mais uma vez, inteiramente ao exterior.

O exterior concebido por La Mettrie — como lhe imputa com temor a leitura humanista — não pretende ser, todavia, a porta que nos conduz ao inanimado, ao estranho; deve ser entendido como o campo de uma liberdade humana que deve ser reconquistada e reinterpretada. O filósofo comemorava em seus escritos a felicidade de ser uma máquina bem iluminada, porque acreditava ter encontrado uma possibilidade de atender ao interesse por uma liberdade humana bem compreendida precisamente através da natureza maquinal dos seres

---

20. Sobre o conceito de espaço-lugar (*Ortsraum*) e seu papel constitutivo na representação que os tempos modernos se fazem do mundo, cf. *Esferas II*, Cap. 8: "A última bola. Para uma história filosófica da globalização terrestre". Também aí são encontradas as indicações necessárias para a explicação do conceito no *System der Philosophie*, de Hermann Schmitz.

humanos. Ele depositou esperanças emancipatórias no fato de que máquinas que entendem adequadamente a si próprias escapam das trevas da escravidão imaginária guarnecida pela religião e alcançam o ar livre, o que, na perspectiva sensualista, significa alcançar uma vida plena de gozos, não reprimida por nenhuma moral religiosa convencional. Anuncia-se, assim, uma ética da intensidade. *"Voilà une machine bien éclairée."*[21] Para ele, atingir esse exterior era uma precondição de toda emancipação; enquanto a interioridade nascida da teologia só enfatiza como devemos nos enredar em inibições, angústias e renúncias, a exterioridade se apresenta a nós como um campo no qual podemos aguardar o que é verdadeiramente vivo, o intensivo, o Outro como acontecimento, que nos transforma e liberta. Esse motivo conservou-se até hoje nos materialismos radicais não dialéticos da filosofia francesa, em particular no projeto filosófico de Gilles Deleuze.[22] Para salvar sua máquina feliz, La Mettrie abandonou os conceitos de Deus e de alma e lançou-se à tarefa de extirpar suas sufocantes excrescências.

Nessa operação, o filósofo perdeu de vista uma questão: se suas máquinas alegremente anárquicas não deveriam se estruturar de uma maneira diversa da de autômatos solitários. E, mesmo depois de ter suprimido as ideias metafísicas de Deus e da alma, o autor poderia ver-se confrontado com o seguinte problema: as máquinas humanas funcionam sempre em proveito de outras, e não apenas na fase do primeiro ajuste, convencionalmente chamada socialização ou educação. Seria razoável supor, também, que máquinas pessoais só têm sucesso em manter-se em marcha numa coexistência bipolar ou multipolar, e em um acoplamento paralelo interinteligente. La Mettrie poderia ter observado que, de maneira geral, os homens-máquinas funcionam em conjunto, e que só são capazes de isolar-se aqueles que conseguem substituir a relação com máquinas sociais presentes por meios suplementares não humanos — tais como espelhos, livros, cartas de baralho, instrumentos musicais, animais domésticos. Com seus arranjos eróticos,

---

21. La Mettrie, *L'Homme-machine*, op. cit. (ver Nota 16 deste Cap. 1), p. 59.

22. Cf. Eric Alliez, *Deleuze. Philosophie virtuelle*, Paris, Le Plessis-Robinson, Synthélabo, 1996.

Sade já havia composto máquinas de prazer usando muitos indivíduos — é verdade que apenas em copulações mecânicas e empregando seres humanos como partes já prontas e capazes de experimentar prazer.

A dificuldade de conceber seres cujo próprio fundamento consiste em estar imerso em seus semelhantes não se apresenta, porém, apenas para os filósofos mecanicistas modernos. Mesmo quando, na fase inicial do processo teológico que elevou a cristandade à supremacia intelectual, se buscava apreender pelo pensamento como Deus havia se tornado homem, os teólogos se viram diante do embaraço de ter de determinar corretamente a proporção em que se realiza o ingresso de Deus no âmbito do humano. Passaram-se séculos até que a segunda natureza de Cristo, seu peso humano e sua suscetibilidade ao sofrimento físico e mental se impusessem contra a tentação docética ou espiritualizante de considerar o homem-Deus apenas como uma aparição vinda do céu. Só após mortíferos combates em torno desse dogma foi declarado que, para Deus, o caminho até a encarnação passa pelo nascimento mediante uma mãe verdadeira — e, em seu prolongamento moderno, passa também pela simbiose inicial, a necessidade incondicional de que o Eu se forme em interações bem-sucedidas com outros e, por causa de suas falhas factuais, pela psicose religiosa. Se Deus quer tornar-se homem, ele só pode efetivar sua segunda natureza em um homem defeituoso ou em um louco que se declara o filho de Deus. Como desde o século XVII a transformação da máquina em homem tornou-se uma missão intelectual, é preciso exigir também às máquinas que ponham sobre os ombros a cruz da natureza humana. A máquina só pode efetivar sua segunda natureza em loucos que se revelam como máquinas tornadas homens, suscetíveis de sofrimento e, nessa medida, defeituosas. São hoje os homens, enquanto máquinas ontológicas não triviais, que devem satisfazer às exigências de uma doutrina das duas naturezas. *Homo totus, tota machina.* Em uma cultura técnica, germinam mistérios de um tipo singular: não seria mais razoável admitir que o *homme-machine* e a *femme-machine*, ao se abraçarem e depois se soltarem, propõem um ao outro mais enigmas do que, por ora, podem resolver as máquinas interinteligentes? *Machina de machina, homo de homine.*

Capítulo 2

Entre rostos
Sobre o surgimento da esfera íntima interfacial

E sob os lamentos de Orfeu brilha a glória de ter visto,
embora por um instante, o semblante inacessível no
exato momento em que ele se voltava...
Michel Foucault, *La Pensée du dehors*

Boquiaberto, o tebano Lísias olha o rosto de Fedro, enquanto Fedro, o belo jovem, volta seus olhos para os de Lísias e, através deles, envia um olhar carregado de vapor sanguíneo.[1] Com um encontro de olhares, um *face-à-face* contagiante, começa, na cena descrita por Marcílio Ficino, o episódio da paixão recíproca dos dois gregos exemplares. O que vai produzir entre os atores uma ligação visceral, ou mais exatamente uma intoxicação sanguínea erótica, deve inicialmente começar por uma troca pública de olhares. O espaço entre os dois pares de olhos já deve estar aberto antes que se possa destacar dele a esfera radicalmente íntima entre dois corações. Os amorosos intoxicados abandonaram o espaço público interfacial para, consumindo-se mutuamente rosto a rosto, mergulharem um no outro no curso de uma simbiose mágica. Mas se quiséssemos nos restringir à excepcional situação erótica para explorar a natureza do espaço íntimo, isso nos desviaria das formas normais de intersubjetividade, em que indivíduos

---

1. Ver Cap. 1: "Operação cardíaca ou Do excesso eucarístico", p. 93 s.

em plena posse de seus poderes de demarcação veem e escutam uns aos outros — para os tempos pré-burgueses, é preciso levar também em conta uma percepção mútua de odores, como indicação inevitável das presenças no espaço de encontro. Onde os caminhos dos indivíduos se cruzam na movimentação do dia a dia, a vista do outro lhes oferece a oportunidade de observar que, regra geral, eles não perdem o controle pela mera visão do indivíduo a sua frente. Antes, provavelmente, a visão tranquiliza o espectador quanto à segurança de sua posição em seu próprio ambiente; ela o confirma em suas formas distantes e impenetráveis de se relacionar com os atores e parceiros que povoam seu ambiente pessoal. "Eu sou eu, e você é você; não estou no mundo para atender às expectativas de outros; se nos encontramos por acaso, muito bem; se não nos encontramos, nada há a fazer."

Nossas primeiras análises de modelos se afastaram dessa brutal ortodoxia do distanciamento normal entre Eu e Tu no mercado público dos contatos casuais, para mergulhar sem rodeios nas situações intersubjetivas excepcionais. Poder-se-ia suspeitar que, em nossa abordagem da esfera diádica, avançamos demasiado rápido até o nível da fusão extática. A comunhão antropofágica, a troca mística do coração, a transfusão telepática no circuito sanguíneo erógeno que liga duas pessoas — esses foram exemplos de excessos do encontro que vão além do ponto de fusão pessoal; nossas cenas intercardíacas descrevem estágios finais de relações em que os indivíduos já partilham suas entranhas. Nos modelos de fusão diádica acima discutidos, o plano de relações cotidianas e distanciadas entre Eu e Eles passou repentinamente aos excessos; abriu-se, sem a menor preparação, um lascivo microcosmo que não tolerava nenhuma distância ou espaços livres entre as pessoas. Sem evidenciar as premissas, mergulhamos num mundo cavernoso para dois, onde os atores, de olhos fechados, cantarolam as melodias um do outro, mais próximos que no aperto de mãos, na conversação e no contato visual. A fusão entre os dois aliados foi, nesses casos, tão violenta que não nos foi possível, num primeiro momento, dizer de que cenas primitivas de comunhão tais participações recíprocas poderiam ser transferidas às cenas presentes. Por isso, no que se segue, é preciso recuar um passo da comunicação não visual nas cavidades comuns e fantásticas do corpo para permitir que o encontro entre dois na situação normal de percepção recíproca principie com o ver-se na luz pública. Com isso se descobre que mesmo o aparentemente distanciado e demarcatório encontro visual com o outro traz sua contribuição à produção de um universo íntimo bipolar. (A intimidade acústica será tratada em um capítulo posterior.[2]) Pois os rostos humanos, como ainda se mostrará, já são em si as criaturas de um campo específico de intimidade, no qual o que se vê modela-se pelo olhar lançado.

Lísias, o retor tebano, olha boquiaberto (*inhiat*) o rosto de seu amado Fedro; a beleza de seu jovem amigo produz no amante um torturante deslumbramento. Ele sente o impulso de buscar a proximidade do amado, mesmo sem compreender ao certo o que exatamente deseja desse jovem. Como revelam os nomes, Ficino formou a partir de tipos platônicos os modelos que ele põe em cena no teatro de relações de sua análise. Segundo Platão, a visão do Belo provocou um choque de lembrança que arrebata o espectador de suas percepções normais do ambiente trivial de coisas e pessoas. Entre as milhares de observações cotidianas de coisas, de corpos humanos, de circunstâncias, brilham, em ocasiões seletas, formas que tocam magicamente a alma. Na inquietude trazida por tais visões, o espectador sente-se como transportado a uma outra cena. Ele sente que nessa aparência presente, seja um rosto humano, seja uma obra de arte, uma visão primordial estende-lhe a mão e o retira da cotidianidade. "*Wer die Schönheit angeschaut mit Augen/ ist dem Tode schon anheim gegeben.*"[3] Para Platão, parece ter sido certo que, na inquietude causada pela bela visão, abre-se um celeiro de memórias que permanece soterrado na vida cotidiana: a angústia erótica aponta para um Outro Lugar, de onde o sujeito provém originalmente e que o mergulha, após rever o Belo, em uma dolorosa nostalgia. Quando essa nostalgia presta conta de sua natureza, ela mostra ser o rastro da lembrança de visões pré-natais. É isto o que Platão faz seu Sócrates explicar no diálogo *Fedro*:

---

2. Ver Cap. 7: "O estágio das sereias. Sobre a primeira aliança sonoesférica", p. 433 s.

3. "Quem contemplou a beleza com os olhos/ Já está confiado à morte." August von Platen (1796-1835), *Tristan*. [N.T.]

> Quem ainda tem em si fresca a iniciação e contemplou várias vezes as visões de outrora, quando vê um rosto de aspecto divino ou uma forma do corpo que representa perfeitamente a Beleza, de início treme e sente algo dos temores de outrora, mas, depois, fitando-o, ele o adora como a um deus, e, se não temesse ser chamado um completo louco, também ofereceria sacrifícios ao amado, como a uma imagem sagrada ou a um deus. E, tendo-o visto, invade-o, como após o calafrio da febre, uma mudança, um suor e um calor desusado. Pois ele se aquece ao receber pelos olhos o eflúvio da beleza.[4]

O mérito de Platão é que, com sua teoria estética do corpo belo, ele fundou ao mesmo tempo um discurso sobre o temor produzido pela bela visão. A expressão socrática "rosto de aspecto divino" (*theoeidés prósopon*) constitui o mais antigo vestígio de uma reflexão filosófica desenvolvida no âmbito da facialidade humana. Para Platão, o rosto do belo jovem amado não representa a própria pessoa ou o interior de quem tem um belo rosto; o belo é apenas um intermediário da beleza, que resplandece através desse corpo privilegiado ou próximo da verdade. Aprendemos de Platão que no ser humano belo, assim como em outras belas coisas corporais e belas visões, um raio de perfeição pré-humano de incomparável pureza se revela a nossos olhos liquefeitos. O corpo humano mais belo é, portanto, o mais transparente, o menos obstinado e sombrio, o que é o mais atravessado e iluminado pelo Bom. Quando surge uma aparição como a do jovem Fedro, repete-se, no mundo dos sentidos, um nascer do Sol traduzido em uma face. A força luminosa de seu rosto não é, portanto, algo que lhe seja próprio, mas constitui uma qualidade do Primordial e Bom solar, do qual, segundo Platão, se irradia e flui tudo o que parece bem formado e bem feito no mundo sensível. Apaixonar-se por Fedro significa ceder a uma *verdade*. A essa reaproximação inteligente ao Sol metafísico visto antes do nascimento corresponde a onda de calor erótico que derrete o corpo humano ensombrecido e esfriado, e liberta uma lembrança comovente das mais

---

4. 251*a-b*. Sloterdijk cita a concisa tradução de Friedrich Schleiermacher, a qual traduzi para o português. [N.T.]

antigas bem-aventuranças. Para o filósofo, a comoção causada pelo belo rosto fornece o mais crítico exemplo de uma causalidade por irradiação. De fato, no nobre semblante, como em todas as formas corporais bem moldadas, a luz criadora de formas que nos chega do além não é totalmente absorvida pela matéria sombria. Como que projetada através de uma tela carnal transparente, a luz transcendente tomba sobre o mundo perturbador da materialidade, ao qual nossa inteligência está provisoriamente confinada. Por isso a beleza, segundo Platão, é sempre epifânica e diáfana, à maneira de uma revelação que transluz com grande força. Um *rosto de aspecto divino*, como o de Fedro, é o diapositivo de um sol invisível que, após a reforma idealista, não se denomina mais Helios, e sim Agathon. Quem se expõe de olhos abertos a essa perfeição que a luz transpassa alcança um estado de torpor erótico que equivale a uma clarividência.

O impulso dado por Platão a um culto filosófico do rosto humano belo permaneceria, com toda certeza, imobilizado na ilusão abstrata — exatamente pela atribuição absoluta do belo a uma fonte de luz transcendente — e teria ofuscado por completo o rosto individual sob uma ideia impessoal de rosto se não tivesse ligado o aparecimento real do rosto a um perturbador abrir de olhos da parte do espectador. Ao apreender a aparição do rosto e a abertura abissal do olho enfeitiçado por seu objeto como dimensões interdependentes, Platão torna-se o descobridor de um drama não representável e sobre o qual jamais se havia meditado antes e muito raramente depois: o drama que se desenvolve de início entre os rostos humanos. Ficino retoma a descoberta de que rostos podem produzir uns nos outros algo que traz à tona questões ligadas à verdade e à participação: sua caracterização do contato visual sedutor entre Lísias e Fedro representa a primeira tentativa da filosofia moderna de descrever o espaço interfacial de modo que ele não apareça mais como um vazio ou uma zona intermediária neutra. Na esteira de Platão, Ficino apresenta o espaço entre os rostos como um campo de forças preenchido por radiações turbulentas. Nesse campo, os planos faciais defrontados atuam uns sobre os outros de tal maneira que é apenas por seu ser-para-o-outro-rosto que eles se abrem, reciprocamente, à facialidade humana histórica.

Um século e meio antes do renascimento de Platão em Florença, a pintura do início dos tempos modernos já havia começado a valorizar o espaço interfacial como algo digno por si mesmo de observação. Em parte alguma essa descoberta pictórica de rostos humanos voltados um para o outro, em sua capacidade própria de articulação de espaço, foi praticada de maneira tão segura e exaustiva como na Capela degli Scrovegni da igreja da Arena em Pádua. Nesses afrescos, concluídos provavelmente antes de 1306, Giotto inscreveu todo um alfabeto de constelações interfaciais. Em dúzias de cenas da História Sagrada, ele desdobra um painel de acontecimentos pictóricos que está como que recoberto de constelações de rostos humanos luzindo uns para os outros. Os dois estudos mais profundos que Giotto realizou sobre o motivo bíblico do rosto a rosto se encontram no ciclo de cenas sobre o nascimento de Maria e no ciclo da Paixão: a saudação de Joaquim por Sant'Ana na Porta de Ouro de Jerusalém e o beijo de Judas. Nessas duas cenas de beijo, Giotto oferece os mais sublimes ensaios pictóricos para uma metafísica do encontro facial.

Em suas cenas da história de Maria, segundo informam os historiadores da arte, o pintor teria se baseado no protoevangelho de Tiago,[5] bem como no conjunto de relatos *Da natividade de Maria*, contido na *Legenda Aurea*. Jacobus de Voragine, o bispo de Gênova falecido em 1298, conta, em sua compilação de lendas de santos cristãos, que os devotos pais de Maria, Joaquim e Ana, não tinham filhos, mesmo depois de vinte anos de casamento. Um dia, Joaquim decidiu ir à Jerusalém, na época da Festa da Dedicação, para fazer um sacrifício diante do altar de Javé e suplicar pela ambicionada descendência. Lá o sacerdote o reconheceu e o expulsou do Templo num arroubo de cólera, como um amaldiçoado pela Lei: "Como poderia o infecundo, que não havia aumentado o povo de Deus, intrometer-se entre os fecundos."[6] Marcado pela infâmia, Joaquim evita daí em diante a

---

5. Cf. Giuseppe Basile, "La Cappella degli Scrovegni e la cultura di Giotto", in: *Giotto, La Cappella degli Scrovegni*, org. de Giuseppe Basile, Milão, Electa, 1992, p. 13.

6. *Legenda Aurea*, de Jacobus de Voragine, traduzida do latim para o alemão por Richard Benz, Heidelberg, 10. ed., 1984, p. 679.

Giotto, *O encontro de São Joaquim e Sant'Ana na Porta Dourada*, 1304-1306, afresco.

companhia dos zelotes e se refugia entre os pastores no deserto. Um dia aparece-lhe um anjo do Senhor, que lhe anuncia que sua esposa, Ana, vai dar à luz uma criança que eles deverão chamar Maria — a futura mãe do Messias. Que Joaquim retorne a Jerusalém, onde sua esposa virá encontrá-lo. Ao mesmo tempo, Ana recebe a visita do anjo, que lhe informa o que havia revelado a Joaquim. A pintura de Giotto retrata o instante em que Ana, já grávida de Maria, saúda, sob a Porta de Ouro de Jerusalém, seu marido que retorna. "Assim, em obediência ao anjo, foram um em direção ao outro e se encontraram. Alegraram--se, então, pela visão que haviam compartilhado, e se reconfortaram pela criança que lhes fora prometida."[7]

---

7. Ibidem, p. 681.

Giotto, *O encontro de São Joaquim e Sant'Ana na Porta Dourada*, detalhe.

Giotto situa essa cena, que combina a idealização de uma legenda com a peripécia de uma novela, sobre uma pequena ponte diante da Porta de Ouro. Joaquim e Ana se inclinam um para o outro e se beijam num cuidadoso abraço, cada qual conhecedor do segredo do outro. As cabeças de ambos estão envolvidas por uma dupla auréola dourada, colocada em torno do casal eleito como uma explicitação pictórica precisa da comunhão esférica. Na perspectiva do observador, o rosto de Joaquim avança um pouco sobre o de Sant'Ana, de modo que a contribuição masculina a esse beijo extraordinário recobre por um nada a contribuição feminina. Apropriadamente, este é o beijo com que Joaquim aceita Maria, a filha que ele não engendrou, como sua própria filha que está por vir; é um beijo que, com resignação paternal, substitui um engendramento por uma saudação. Joaquim abraça uma mãe que traz em si uma criança de origem desconhecida, que, portanto, bem pode ser divina; Ana, por sua vez, saúda um homem que, por amor daquele que está por vir, renunciou a suas próprias pretensões de genitor — compreende-se de imediato que esse casal de progenitores deve prefigurar a futura aliança de José e Maria. Seus rostos formam um círculo de felicidade comum, eles ingressam em uma esfera bipolar de íntimo reconhecimento mútuo, que se funda na esperança partilhada e no projeto comum de um tempo realizado. Em suas expressões se reflete o mútuo conhecimento que dois seres humanos têm da posição eminente do outro. Com seu beijo, Ana e Joaquim se reconhecem mutuamente como vasos comunicantes voltados a elevados destinos e missões.

Giotto fixou o instante fecundo desse reencontro como uma testemunha presente em espírito. Seu casal eleito não se saúda em um mundo vazio de homens: seis testemunhas circundam a cena principal e a retêm, como uma imagem interna, com seus olhos profanos. Não é apenas o observador que percebe o que o pintor quer dar a entender, a própria imagem está cheia de olhos que assistem ao acontecimento representado e o colocam em um espaço público imanente à imagem. Por isso, o pintor Giotto já é mais novelista que contador de legendas; sua História Sagrada está mais próxima de um jornal da Terra Santa que de uma leitura monástica. Suas cenas não se desenrolam sob os olhos de teólogos dos mistérios e de eremitas, mas diante de uma sociedade urbana e cortês que quase não distingue mais entre história sagrada e secular na escolha de seus assuntos de conversação. A novela, como a sociedade dos tempos modernos, vive do que é interessante. Assim, aquilo que os observadores percebem diante do quadro também é visto pelos circundantes em seu interior. Quarenta anos antes de Boccaccio, Giotto redescobriu os "direitos humanos" do olho a ver imagens divertidas; no espírito da novela se anuncia a moderna repartição social do conhecimento de fatos que estimulam nossa inteligência afetiva e participativa. Os afrescos põem em ação uma vivacidade narrativa que ultrapassa o horizonte de suas fontes escritas, em particular da simplista literatura legendária, e dirige-se para o movimentado mundo do início dos tempos modernos. Poder-se-ia arriscar a afirmação de que Giotto já teria colocado o princípio de divertir o olho acima da lei da contemplação religiosa. Isto se mostra de modo particularmente notável no ponto mais candente do quadro da saudação. De fato, ali onde os rostos dos santos esposos entram em contato, o pintor, por um artifício óptico, faz aparecer um terceiro rosto. Para percebê-lo, deve-se desviar o olhar das duas figuras principais e dirigi-lo, em observação descentrada, para o campo em meio aos dois rostos. Uma vez apreendidos, os traços desse terceiro rosto visível-invisível reaparecem constantemente a cada novo olhar — verdadeiramente inquietante, um pouco deformado, não obstante nitidamente presente, como uma alusão à nova vida que começa a mover-se no corpo de Ana. Mas não é um rosto infantil que surge da união dos rostos dos pais, e ficamos mais inclinados a pensar no neto Jesus que em sua filha Maria. Em uma perspectiva hermenêutica, esse terceiro rosto emergente deveria ser lido como o ponto alto de um esforço pictórico para traduzir, em imagens expressivas, as peças didáticas da teologia mariana. Do ponto de vista artístico, o novo rosto cai de sua moldura devota com um humor novelístico e reclama um privilégio originalmente pictorial de produzir a visibilidade do invisível. Ele testemunha o nascimento do maravilhoso advindo do espaço interfacial. Aqui, e aqui apenas, é verdadeiro o dito de Lévinas: encontrar um ser humano significa manter-se desperto por um enigma. Os pintores do início dos tempos modernos, ao que parece, foram os primeiros a notar esse manter-se desperto do ser humano pelo rosto do outro voltado para ele.

Com a cena do beijo de Judas, o observador encontra um quadro no qual o espaço entre dois rostos humanos está carregado de tensões esféricas antitéticas extremas — essa é a imagem que ocupa o quarto lugar na série de doze cenas da Paixão, após a traição, a última ceia e a lavagem dos pés. Nesse afresco, que representa os dois atores de perfil, Giotto expôs uma tríplice diferença entre Cristo e Judas. A brecha entre eles não se refere apenas à distância que separa cada um dos indivíduos na multidão de mortais; ela rompe de três maneiras o contínuo antropológico entre os personagens, transpondo-os a níveis e lugares do Ser que diferem de forma radical. Retratando simultaneamente Cristo e Judas, Giotto torna-se o pintor da diferença antropológica.

No primeiro nível, defrontam-se nesse *face-à-face* o homem-Deus e o mero homem. Giotto, aqui, como em todos os afrescos do ciclo Scrovegni, destacou por uma auréola, semelhante a um capacete dourado, os santos e o próprio Cristo dos mortais comuns não luminosos. Com essa convenção estilística, o pintor comenta o fundamento metafísico

2. Entre rostos: Sobre o surgimento da esfera íntima interfacial

Giotto, *A traição de Judas*, 1304-1306.

da desigualdade entre os homens, apresentando os santos em meio ao mundo como atores divinos em uma comédia terrena. Dessa forma, ele realiza pictoricamente a reflexão teológica do mistério da injustiça que decreta a diferença intransponível entre o eleito e o profano; por meio das auréolas, ele dá ao *mysterium iniquitatis* um lugar no campo do visível. No segundo nível, em Judas e Cristo, o homem eminente e o homem vulgar colocam-se frente a frente, em uma presença real. Para manifestar essa diferença, Giotto recorreu a conhecidas tradições fisiognomônicas: seu Cristo sobrepuja Judas não apenas pela altura e a beleza harmoniosa de sua cabeça, em que a testa, o meio e a parte baixa do rosto equilibram-se em nobres proporções, mas também por sua atitude aristocrática, na qual se pode ler uma pitada de desdém por Judas, inclinado quase como um animal e com os olhos astutos voltados para o alto. Em uma interpretação fisiognomônica dessa constelação de rostos, Rudolf Kassner chamou a atenção para o vinco ameaçador talhado no perfil de Judas, entre a testa e o nariz: "Essa aresta maléfica indica, de fato, algo monstruoso, a saber, que o entendimento ou o intelecto estão separados do psiquismo."[8] Sem dúvida, Giotto deu a seu Cristo traços apolíneos e o representou à luz das concepções heroicas do feudalismo europeu ocidental; diante dele, Judas aparece como um caráter traiçoeiro, impulsivo à maneira plebeia e oriental, e exibindo traços desarmoniosos.

Mas a diferença decisiva entre Cristo e Judas na pintura de Giotto não consiste nem na distinção metafísica entre o homem-Deus e o mortal não santificado, nem na diferença fisionômica entre o homem eminente e o homem comum. Na representação do contato ocular entre as duas figuras, Giotto torna visível uma terceira diferença, de caráter esferológico, e é só nela que se pode reconhecer a razão da impossibilidade de uma aliança íntima entre os dois protagonistas. O observador descobre, na expressão interrogativa e informada dos olhos da figura de Cristo, uma força aberta, geradora de esfera, que reintegraria o próprio traidor em seu espaço, se ao menos este pudesse adentrá-lo, enquanto, em Judas, ele vê corporificado um isolamento mesquinho que, mesmo estando fisicamente muito próximo daquele à sua frente, é incapaz de conectar-se ao espaço comum. Assim, Judas beija o que ele não alcança, e seu beijo degrada-se no gesto obsceno de quem penetra no espaço amoroso sem a intenção de fazer parte dele. Na linguagem de Santo Agostinho, dir-se-ia que ele se curva sobre si mesmo como um ladrão que rouba o que já lhe foi presenteado e o que lhe pertenceria se soubesse tomar o que tem. Mesmo próximo, ele está sempre separado, um agente do egoísmo que se infiltrou no centro de uma comunidade extática. Seu olhar grunhe diante da aura nobremente aberta do homem-Deus, com uma expressão de tocaia, estúpida e maligna. Mesmo na mais estreita proximidade corporal com o sujeito soberano, Judas age como um ator preso à sua avidez calculadora, que perdeu distância em relação a seu papel. Caso

---

8. Rudolf Kassner, *Physiognomik*, Wiesbaden und Darmstadt, Insel, 1951, p. 182.

Giotto, *A traição de Judas*, detalhe.

se quisesse empregar a terminologia de Sartre, dir-se-ia que Judas encarna a *mauvaise foi* que se segue da negação da livre distância em relação à pantomima da própria vida. Mesmo diante do mestre da liberdade, quinta-essência da reciprocidade inspiradora e da animação participante, Judas exibe um humilhante apego a si mesmo que, em relação às coisas, só conhece o espírito de cobiça e, em relação aos homens, as transações manipuladoras. O texto subjacente à cena do beijo de Judas é, inconfundivelmente, o Deus vendido. Giotto mostra como a esfera de doze gomos do amor biunitário entre Cristo e seus discípulos é aqui estraçalhada, vítima de um interesse aviltante que se põe a si mesmo como o interesse mais elevado. No quadro de Giotto, essa fissura esferológica escancara-se dramaticamente em meio aos rostos que, olho no olho, se confrontam. Entre os perfis dos protagonistas se abre, na imagem, um estreito espaço vazio cuja forma lembra a de um cálice. Cristo e Judas trocam um olhar do qual nenhuma vida em comum pode mais resultar. Ele é, da perspectiva da figura de Cristo, um olhar através da esfera biunitária despedaçada para dentro do espaço sem alma a dois palmos dos próprios olhos. Para o traidor

Judas, o homem criador de esferas aparece como uma coisa fora de alcance, impenetrável, estranha. É a morte, agora, que corrói a figura do homem-Deus.

As explorações de Giotto no espaço interfacial não ficariam sem continuidade; já entre seus sucessores destacam-se pintores que ousaram apresentar Nossa Senhora e o Menino Jesus voltados um para o outro e mesmo se beijando, como se quisessem transformar o observador em uma testemunha que não obtém mais que visões laterais das intimidades das pessoas sacrossantas. Ambrogio Lorenzetti, em sua *Madona Entronizada* de Massa Marittima, situou um *tête-à-tête* maternal-filial desse tipo em meio a um público de anjos e santos adoradores; um mestre de Bolonha pintou entre 1360 e 1370 um tríptico da Mãe e do Filho rodeados de anjos musicistas aos pares, em que o Menino e sua Mãe, de rostos colados, mergulham os olhos um no outro. Aqui, a imagem de culto, que, pela exibição frontal, pretende atrair o observador para seu espaço de sentido, transforma-se na novela pictórica de Eros, ao mesmo tempo sagrado e privado. O Menino Jesus já não é mais o redentor que, entronado no regaço da Mãe, antecipa a história da Paixão; tornou-se quase inteiramente o filho natural de uma mãe natural, sem lançar olhos para os crentes que se apertam, exigindo feitos sagrados e sorvendo com os olhos o lactente. Como criança inocente, o *infans* Jesus, livre por alguns segundos de suas tarefas de representação, pode entregar-se aos carinhos com sua mãe; nenhum roteiro sagrado transporta aqui o lactente a contextos cósmicos; por um precário instante, o redentor apontado goza aqui de um alívio momentâneo da História sagrada.

Não é um acaso que espiritualistas de diferentes colorações tenham censurado essas italianizações do Evangelho. Pavel Florenski, padre ortodoxo russo e pintor de ícones, um defensor da concepção icônica da antiga Europa oriental, desferiu um contragolpe tardio ao escrever, em 1922:

> A pintura religiosa do Ocidente foi uma mentira artística única, e os artistas que, enquanto anunciavam verbalmente a semelhança e fidelidade à realidade reproduzida, não tinham

Ambrogio Lorenzetti, *Madona entronizada, com anjos e santos*.

o menor contato com *a* realidade que pretenderam e ousaram reproduzir, não julgaram necessário dar atenção sequer às escassas indicações da tradição da pintura de ícones, isto é, ao conhecimento do mundo espiritual que a Igreja Católica lhes transmitiu.[9]

---

9. Pavel Florenskij, *Die Ikonostase. Urbild und Grenzerlebnis im revolutionären Rußland* [*A iconostase. Arquétipo e experiência-limite na Rússia revolucionária*], Stuttgart, Urachhaus, 1990, p. 74-75.

Ambrogio Lorenzetti, *Madona entronizada, com anjos e santos*, detalhe.

Como todos os pensadores prisioneiros do furor platônico cristianizado, Florenski desconhece o fato de que a pintura da Renascença tem seu fundamento filosófico em uma mudança radical do modelo de verdade: o Ocidente europeu, em um ato histórico de objetivação e dramatização da relação com a verdade, trocou imagens primitivas por cenas primitivas. Em consequência dessa decisão semiopolítica fundamental, os pintores europeus recuperaram perspectivas do mundo dinâmico e animado como cenas verossímeis para a representação, ao passo que o Oriente platonizante — incluindo-se aí o Islã[10] — continuava a centrar sua concepção da imagem na elevação estatuária e no engessamento das ideias que a iluminam. É parte do engajamento revolucionário do início dos tempos modernos europeus, no que respeita à concepção da verdade, que se tenha procurado fazer convergir o princípio de pesquisa e o princípio de revelação, ao passo que a ortodoxia oriental, monarquista, hierárquica e rigidamente platônica pretendia que a aspiração à verdade fosse interpretada apenas como uma viagem de volta da imagem ao original. No que se refere à cultura imagética do Oriente europeu, tanto quanto à sua política, a virada para o indivíduo jamais se efetuou de forma tão completa como entre os italianos e seus sucessores no Ocidente, para os quais se tornou uma segunda natureza. Mesmo a arte do realismo socialista na Rússia soviética se congelou em um protesto platonizante contra a ligação ocidental entre a novela e a cena original, glorificando, por caminhos decididamente anti-italianos, os ícones eternos dos santos da produção. A polêmica lançada por Florenski contra a pintura ocidental tem, portanto, seu fundamento objetivo na oposição entre os tipos imagéticos do *eidos* e da cena de novela; aqueles a quem se oferecem protocenas quando esperam protótipos podem facilmente ceder à tentação de falar em inverdade artística, quando se deveria falar, antes, em uma mudança do modelo de verdade pictorial e visual. Em consequência, Florenski não pode fazer justiça ao impulso criador de imagens da pintura ocidental a partir da Renascença, pois não se apercebe de que,

---

10. Sobre as imagologias do Islã, são informativos os trabalhos do orientalista francês Henry Corbin, em particular: *L'Homme de lumière dans le soufisme iranien*, 2. ed., Chambéry/Barberaz, Présence, 1971.

Joos van Cleve, *Imagem de Maria*, após 1511, detalhe.

nela, uma ideia cênica pós-platônica de verdade assumiu a dianteira. Segundo essa linha, a história da grande arte moderna torna-se uma corrida de revezamento da vivificação de nossas visões do Ente em um meio de cenas elevadas. É só mais tarde, na virada do século XX, que se tornou possível aquela segunda arrancada das artes plásticas rumo à figuração livre, que designamos pela expressão — filosoficamente ainda muito pouco assimilada — "arte da modernidade", uma mudança que equivale, de fato, à superação do dogma europeu geral do objeto e à libertação da percepção da imemorial subserviência à objetividade; ao mesmo tempo, ela liberta os artistas da exigência, que havia se tornado insuportável, de demonstrar sua genialidade presos aos grilhões da imitação da natureza.[11]

Só em tempos recentes, a historiografia da arte elaborou uma exposição adequadamente complexa do longo caminho da cultura pictórica europeia até a representação do rosto humano individualizado.[12] De forma resumida, esse caminho pode ser descrito como o processo pictográfico que leva do cristograma ao antropograma. Nessa reconstituição do caminho ascendente até o rosto retratado, a cultura religiosa de devoção da Europa ocidental aparece como a estufa dessa energia visual que, após deter-se por séculos ante as *imagines Christi*, medita por fim, também, sobre a face humana profana, em seu caráter único e insubstituível, e que ela aprendeu a ler como um texto mundano-sagrado. As formas embrionárias de todas as posteriores ópticas do retrato deveriam, portanto, ser procuradas nas imagens de Cristo, cujos extremos

---

11. Cf. Boris Groys, *Kunst-Kommentare* [*Comentários sobre arte*], Viena, Passagen, 1998, p. 119 s.

12. Esse processo de clarificação da historiografia da arte acha-se documentado nos trabalhos de, entre outros, Gottfried Boehm, *Bildnis und Individuum. Über den Ursprung der Portrait-Malerei in der italienischen Renaissance* [*Retrato e indivíduo. Sobre o surgimento da retratística na Renascença italiana*], Munique, Prestel, 1985, bem como no de Hans Belting, *Bild und Kult. Eine Geschichte des Bildes vor dem Zeitalter der Kunst* [*Imagem e culto. Uma história da imagem antes da era da arte*], Munique, Beck, 1990; e, ainda, Jean-Jacques Courtine e Claudine Haroche, *Histoire du visage. Exprimer et Taire Sés Émotions (XVIᵉ-début du XIXᵉ siècle)*, Paris/Marseille, Rivages, 1988.

Joel-Peter Witkin, *Vênus preferida a Cristo*, 1997.

tipológicos são marcados pelo rosto católico da Paixão e pelo rosto ortodoxo da Transfiguração. Os valores-limite tipológicos da cristografia são o crucifixo da Europa ocidental e o Verdadeiro Ícone da Europa oriental. Sobre esses dois tipos se desenvolve, no oeste e no leste da Europa, uma prática pictorial imensamente rica, cujas consequências sedimentaram-se no fundo dos olhos dos homens europeus. É como se essas semeaduras litúrgicas de imagens tivessem permanecido confinadas a um viveiro milenar, até serem enfim transplantadas para o campo aberto, isto é, para o mundo francamente secular das autodescrições aristocráticas e burguesas. Os inumeráveis retratos de indivíduos europeus desde a Renascença constituem, então, a fundação pictórica não apenas do assim chamado individualismo moderno: as precisas leituras, nos rostos humanos de todos os temperamentos e disposições, e de quase todos os níveis sociais, mostram inequivocamente, além disso, que, tanto para os pintores como para as sociedades dos tempos modernos, havia se iniciado uma época de ocupações marcadas por um novo tipo de animação em um livre mercado de fisionomias. Mesmo no retrato isolador, que destina todo o espaço pictorial a um único rosto, a ordenação neoplatônica do quadro está agora suspensa: os retratos modernos não são ícones de caráter que atestam a participação de um rosto individual em um *eidos* facial eterno, mas variações cênicas sobre uma presença facial dramática. No retrato como gênero, completa-se, ainda, a grande mudança paradigmática do ícone para a cena primitiva, mesmo que aparentemente o rosto individual representado de modo isolado não apresente relações manifestas com ações e acontecimentos. Na verdade, rostos isolados podem agora se destacar em quadros separados porque, segundo as novas premissas da visão, é possível reconhecê-los como presenças dramáticas latentes mesmo em uma representação tranquila e aparentemente estática. Todo retrato de um personagem individualizado realiza um acontecimento facial que se deslocou da cristologia pictorial para a dimensão secular. Por trás de cada retrato moderno esconde-se o rosto do *Ecce homo* — a cena primitiva do desvelamento do homem, na qual Jesus, diante de Pilatos, fez sua estreia como portador desse imperativo da percepção historicamente inédito: "Reconheça na face deste homem o Deus mortal!"[13] A força reveladora dessa cena beneficia, após a virada dos tempos modernos, todo indivíduo laico

---

13. Em um dos ensaios recentes mais significativos sobre uma filosofia do rosto, "Vision und Visage. Überlegungen zu einer Faszinationsgeschichte der Medien" ["Visão e rosto. Reflexões sobre uma história do fascínio da mídia"], in: Wolfgang Müller e Hans Ulrich Reck (orgs.), *Inszenierte Imagination. Beiträge zu einer historischen Anthropologie der Medien* [*A imaginação posta em cena. Contribuições para uma antropologia histórica da mídia*], Viena/Nova York, Springer, 1996, p. 87-108. Thomas Macho ressaltou que um rosto digno de ser representado deveria, antes de tudo, ser *eo ipso*, o rosto de um defunto: o do ancestral, do soberano morto, de Deus. O *Ecce homo* de Jesus significaria, nesse contexto, "Reconheça neste ser vivo aquele que, depois de morto, tornar-se-á Deus".

que figure em pinturas como *uomo singolare*, e talvez até mesmo todo homem do século XX em suas fotos privadas mais informais. Para a escola cristã da visão, todo rosto pintado ou reproduzido segundo as mais novas técnicas pode, em princípio, tornar-se uma novela ou um episódio visual notável, porque cada retrato apresenta um ser humano para o qual, por mais esmaecido que esteja, o "Veja que homem é este" continua valendo. Todo retrato mostra um rosto dedicado a exigir de outros o reconhecimento de sua singularidade. Se toda alma individual é interessante para Deus, sua face, segundo as premissas dadas, pode também atrair a atenção de seus semelhantes. O retrato, como ação pictorial, é parte de um procedimento de protração, isto é, de destaque dos traços caracteristicamente individuais, que relaciona, em retrospectiva, cenas a cenas primitivas, e embute episódios em episódios primitivos. Ao fundar dessa maneira as cenas e visões particulares sobre as cenas primitivas da vida animada, começa a explodir o espaço moderno das visibilidades. Uma nova técnica de visão, uma arte refinada de leitura de rostos, uma semiologia fisionômica emancipam as cenas faciais do repouso típico dos ícones. Assim, em consequência da revolução cultural novelística, também a face do indivíduo secular pode avançar no espaço de coisas que se elevam à dignidade da representação; rostos se tornam dignatários visuais em consequência de sua ascensão ao mundo artisticamente imitável e exemplar.

É especialmente dessa ascensão que devemos falar aqui. De forma alguma poderemos compreendê-la se a considerarmos como um processo de interesse exclusivo para a história da arte; de fato, mesmo uma história cultural e midiática ampliada da imagem ainda não conseguiria dar conta, suficientemente, do nascimento do rosto vindo do espaço interfacial, pois isso envolve um acontecimento que nos faz recuar para muito antes de qualquer questão representacional. A elevação do rosto secular à dignidade do retrato é, ela própria, uma operação bastante tardia e precária no espaço interfacial, que não pode, assim, aparecer em nenhum retrato individual. A arte do retrato, como procedimento de protração, que destaca ou extrai a individualidade, faz parte de um extenso movimento de produção de rostos que, para além de quaisquer manifestações da história da arte e da imagem, possui uma dimensão

Albrecht Dürer, *Autorretrato em casaco de pele*, 1500.

que remete à história da espécie. A possibilidade da *facialidade*[14] está ligada ao próprio processo da antropogênese. A separação das faces humanas dos focinhos dos mamíferos revela um drama facial e interfacial cujos inícios remontam ao começo da história da espécie. Um olhar sobre as formas faciais dos grandes símios antropoides revela que também eles estão, há muito, a caminho de uma facialidade próxima à humana, embora mal tenham percorrido a metade da trilha evolucionária entre a cabeça do mamífero e o rosto humano. A essa derivação — de motivação tanto biológica quanto cultural — dos rostos humanos a partir das faces animais damos o nome de *protração*. Não é o retrato que cria o realce do rosto até torná-lo reconhecível, mas a protração que faz sobressair os rostos em um processo faciogenético progressivo até o ponto em que se tornam capazes de serem retratados. A protração é a clareira do Ser no rosto; ela coloca a exigência de pensar a história do Ser como um episódio somático. Pela abertura do rosto — mais ainda que pela cerebração e pela criação da mão —, o ser humano tornou-se um animal aberto ao mundo ou, o que é mais significativo aqui, aberto ao seu próximo. Seu fundamento, expresso em conceitos antropológicos, é uma luxuriante evolução em uma estufa grupal isolada; seu agente e mediador, ao lado de outros elementos, é acima de tudo o espaço entre os rostos, ou a esfera interfacial. Quem está em busca de uma prova da realidade e eficácia dos processos esféricos íntimos pode aqui pôr as mãos nesse imponderável *realissimum*. Basta ter em conta que os rostos humanos, ao longo de um extenso drama evolucionário, em certa medida extraíram-se reciprocamente uns aos outros da silhueta animal pela mera contemplação mútua. A visão e a seleção estão, naturalmente, em direta relação uma com a outra, do que resulta que dirigir rostos para rostos tornou-se, no ser humano, um fator de criação e abertura de rostos, porque, através das preferências seletivamente eficazes, as qualidades aprazíveis dos rostos entram pelos olhos do potencial

---

14. Essa expressão deve-se, entre outros, a Gilles Deleuze e Félix Guattari, que, no Cap. 7 de *Mille Plateaux* — "Année Zéro: Visagéité" — apresentaram o esboço de uma teoria da *visagéité* histórico-contingente dos indivíduos europeus na era cristã [*Mille Plateaux*, Paris, Éditions de Minuit, 1980]. [Ed. bras: *Mil platôs. Capitalismo e esquizofrenia*, São Paulo, Ed. 34, 2011.]

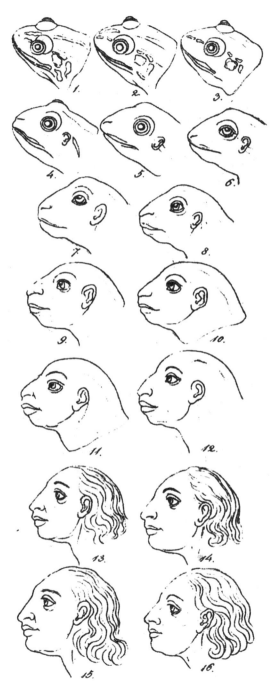

Da rã ao poeta, da coleção de Johann Caspar Lavater. O original contém ainda outros desenhos.

parceiro sexual em processos de geração específica. Poder-se-ia dizer, portanto, que rostos humanos engendram-se uns aos outros de uma maneira precisa: eles florescem em um oscilador de luxuriante abertura recíproca. Mesmo os rostos humanos arcaicos da época das hordas já são esculturas da atenção que os exemplares do *homo sapiens* dispensam-se reciprocamente ao olharem uns para os outros. O tipo evolutivamente bem-sucedido do *homo sapiens sapiens* — que há sessenta ou setenta mil anos, na terceira vaga migratória (após o *homo erectus*, há um milhão de anos, e o de Neandertal, há duzentos mil anos), abandonou as bordas dos desertos africanos rumo ao Sudeste Asiático e à bacia do Mediterrâneo — encarnava uma linhagem lateral mais graciosa do gênero *homo*. Desse tipo, denominado homem de Cro-Magnon, em razão de seu principal sítio arqueológico no sudoeste da França, desenvolveu-se o *homo sapiens aestheticus*, no qual a graciosidade se associa a vantagens seletivas. A recente gênese facial — com seus belos e feios monstros — ocorre numa estufa interfacial em que as faces humanas crescem como orquídeas fisionômicas. Mas essa facialização é um drama noético-facial agudo que se estende a toda a espécie. Gilles Deleuze e Félix Guattari, que, ao lado de Thomas Macho, apresentaram a mais original teoria do desenvolvimento do rosto, são arrastados por seu próprio impulso antigeneralizante quando afirmaram, em suas reflexões sobre a criação do rosto entre os europeus:

> Os "primitivos" têm talvez as cabeças mais humanas, mais belas, mais espirituais (*sic!*), eles não têm rosto e não necessitam dele. E isso por uma simples razão. O rosto não é universal. Ele não é nem mesmo o do homem branco, é o próprio Homem Branco, com suas largas bochechas brancas e o buraco negro dos olhos. O rosto é o Cristo. O rosto é o europeu típico [...]. O rosto é, portanto, por natureza, uma representação muito específica.[15]

É evidente que tais exageros só são possíveis porque os autores não efetuaram uma distinção elementar, exigida pela própria natureza do assunto, entre a protração do rosto do *sapiens* enquanto tal e a "inscrição"

---

15. Gilles Deleuze e Félix Guattari, *Mille Plateaux*, op. cit., p. 220.

caracterológica da *tabula* facial. Em consequência disso, foram levados a confundir o rosto do *sapiens*, que hoje se abre a toda a espécie, com o rosto fisiognomônico ou semântico, marcado especificamente pela cultura. Em sua frutífera aversão metodológica a um universal ilusório, Deleuze e Guattari, pensadores da particularidade, tornam-se desnecessariamente cegos ante o caso geral da facialidade, o prolongado drama da gênese facial que abrange toda a espécie humana sem exceção e que sempre se desenrola em dois atos: a abertura primária do rosto e a inscrição secundária da cultura e do caráter.[16] O processo interfacial primário é um movimento genético-estético característico dos *sapientes* em seu todo; sua trajetória pode ser apreendida pela simples comparação entre os rostos de crianças humanas e os rostos de jovens chimpanzés; esse processo se estende no mínimo por um milhão de anos e seu resultado é o tipo Cro-Magnon, em suas bifurcações bioestéticas e raciais dispersas pelo mundo inteiro. Na gênese facial, resume-se uma história universal de participações luxuriantes de seres humanos na criação de rostos de seus semelhantes. Para saber qual é o conteúdo dessa história, basta apenas perguntar a razão da diferença entre o rosto dos grandes símios e o do homem. Uma vez que se marquem esses polos da protração e se delineie com isso a trajetória do movimento de gênese facial, pode-se perguntar sobre os motivos ou os motores que, por empuxo ou tração, impelem o processo na direção do rosto humano.

O motor ou protrator eficiente da gênese facial humana torna-se compreensível quando se constata o caráter de estufa de todas as formas de vida pré-históricas e históricas dos hominídeos; o campo térmico interfacial é aí uma célula decisiva. Para obter uma ideia das temperaturas afetivas que reinam nas estufas das hordas pré-históricas, basta lembrar o encanto, ainda hoje presente em toda a espécie, que mulheres

---

16. A tese, a nosso ver correta, que se opõe à de Deleuze e Guattari foi apresentada por Françoise Frontisi-Ducroux em seu livro *Du Masque au visage. Aspects de l'identité en Grèce ancienne* (Paris, Flammarion, 1995), p. 21: "O rosto é sem nenhuma dúvida uma realidade universal, isto poderia ser um invariante. Sob todos os climas, em todas as sociedades e qualquer que seja sua cultura, as pessoas sempre têm isso que chamamos um rosto. Mas não é certo que todas as linguagens tenham um termo específico para designá-lo."

adultas e homens capazes de sentimento paternal experimentam diante de rostos graciosos de bebês e crianças pequenas. O que necessita de explicação, nessa tendência espontânea a interessar-se de forma fascinada e amigável pelo rosto de crianças, não é tanto sua universalidade, mas sua ausência ocasional em indivíduos que, pela especialização de sua afetividade ou bloqueios de sentimentos, estão excluídos do delicioso microclima que, de outro modo, se desenvolve espontaneamente por toda a parte entre rostos de adultos e de bebês. O efeito estufa interfacial que atua em toda a espécie — e que aparece, sobretudo, na alegria produzida pela alegria que se vê no rosto que se encontra — está, por sua vez, embutido na espessura emocional das socioesferas primitivas. Nestas, os membros das hordas e das famílias são em grande medida transparentes uns para os outros no que se refere a seus afetos; seus padrões de participação estão *a priori* sincronizados uns com os outros, de forma bipolar e multipolar. No círculo mais interno das redomas de participação social, que dão o ritmo e o clima emocional à vida do grupo, encontra-se quase por toda parte um campo particularmente protegido e carregado, com um caráter altamente refinado de ninho e chocadeira: o espaço mãe-criança. Com muito boas razões se poderia arriscar uma tentativa de descrever toda a antropogênese desde esse *rooming in* primordial. O que designamos pela expressão infeliz e modernista de "sociedade" é, do ponto de vista evolutivo, sobretudo um manto de revestimento composto por pessoas dispensáveis, mais tarde conhecidas pelo nome de "pais", cuja função é proteger a núcleo esférico indispensável e altamente sensível do campo mães-e-crianças. É nas simbioses mãe-criança que a chocadeira interfacial tem seus lugares mais cálidos, mais abertos e também, normalmente, mais alegres. A verdadeira operação plástica no rosto humano, no âmbito da transição do animal ao homem, começa na comunicação facial entre as mães e as crianças. Ela não inscreve caprichos estéticos quaisquer nos traços faciais dos indivíduos, como faz a cirurgia plástica moderna para os clientes que desaprovam seu rosto natural, mas dá originalmente aos rostos humanos, enquanto tais, seu caráter de tábua aberta para ser inscrita: esse é o fundo dourado em que se pintam a beleza e a singularidade faciais. Foi preciso que tivessem sido fixados altos prêmios evolutivos, ao longo de vastas durações temporais, para que se produzissem, nos seres humanos, imagens faciais mais delicadas, mais abertas, mais encantadoras, mais capazes de alegria. O teorema de Darwin, neste ponto, precisa ser modificado para tornar-se uma lei da sobrevivência do mais atraente. O aumento da atratividade de seres humanos para seres humanos, entretanto, é o oposto da adaptação ao ambiente, no sentido de aumento da *fitness*: o que ele atesta é que a evolução desde cedo põe em marcha um florescimento luxuriante na estufa erótico-estética da humanização. Se não fosse assim, como os "primitivos" evocados por Deleuze e Guattari poderiam ter obtido suas "cabeças" tão humanas, tão belas, tão espirituais? Provavelmente, os distintos grandes grupos da família *sapiens* separaram-se uns dos outros por etnoestéticas peculiares, por isso não há garantia de que todos possam agradar sensualmente a todos. Mas tudo que há de especificidade e singularidade que se registra no rosto como traços de caráter, ou como marcas e contornos de temperamentos regionais e qualidades adquiridas, só pode entrar na tábua facial quando esta já tiver se aberto, pela protração, como uma clareira para inscrições e qualidades fisionômicas fortuitas. A melhor imagem do *modus operandi* dessa protração é dada pela iluminação recíproca, ternamente divertida, dos rostos de mães e crianças no período do *bonding* pós-natal. Seu vai-e-vem está ancorado em antigas sincronizações na história da espécie entre os atores dos primitivos jogos cênicos de ternura; ela é parte de um conjunto de esquemas inatos de uma dedicada participação bipessoal.[17]

O longo caminho do *homo sapiens* até a facialidade atual tem provavelmente mais de 95% de sua extensão situada nos tempos pré-históricos. Durante todo esse período, o rosto do outro, deixando-se de lado impressões vagas de familiaridade e parentesco, não pode ainda ter funcionado como signo de reconhecimento ou elemento sinalizador vivo,

---

17. Ver, sobre isto, Rudolf Bilz, "Über das emotionale Partizipieren. Ein Beitrag zum Problem des Menschen in seiner Umwelt" ["Sobre a participação emocional. Uma contribuição ao problema do ser humano em seu ambiente"], in: *Die unbewältigte Vergangenheit des Menschengeschlechts. Beiträge zu einer Paläoanthropologie* [*O irresolvível passado da espécie humana. Contribuições para uma paleoantropologia*], Frankfurt, Suhrkamp, 1967, p. 39-73.

como ocorrerá na época posterior das nações e dos reinos. A questão do rosto como prova de identidade não terá adquirido importância antes da época da formação das nações no início da Antiguidade; no tempo, portanto, em que os grupos humanos pela primeira vez ultrapassaram seu tamanho crítico e precisaram desenvolver novas orientações cognitivas em um ambiente formado majoritariamente de indivíduos não aparentados e desconhecidos. A partir desse ponto, a vista dos homens reunidos em povos torna-se mais aguçada para as leituras faciais, no sentido de identificar semelhanças de parentesco e marcas características individuais. Essa associação da curiosidade facial com o interesse pela identificação pode ter faltado por completo aos olhos da humanidade arcaica. Seu interesse pelos rostos dos outros deve ter sido preponderantemente de natureza bioestética. Antes da época das aldeias neolíticas e das primeiras cidades, os rostos familiares são mais um conforto do que um sinal relevante para identificações. Por isso, historiadores da civilização e filósofos, em particular André Leroi-Gourhan e Thomas Macho, notaram com razão que, no universo pictorial da Idade da Pedra, as representações de rostos humanos estão em geral ausentes — como se, para os primeiros homens, não apenas seu próprio rosto fosse invisível, mas também o de seus próximos.

A ausência dos rostos nas imagens mais antigas prova, entretanto, apenas que o interesse pelos rostos dos outros é próprio de um domínio que não permite nem exige a representação. As primeiras percepções interfaciais não se interessam por significados e traços de caráter, mas por qualidades que transmitem familiaridade e alegria; elas se orientam para a luminosidade facial. Mães e crianças não pintam quadros umas das outras, mas irradiam-se mutuamente. A evolução e seu ápice na autodomesticação antrópica recompensaram, antes de tudo, formações faciais em que se destacava a capacidade de exprimir alegria. Assim como os órgãos genitais são criações orgânicas de um princípio de prazer intergenital, os rostos humanos são formas de expressão de um princípio de alegria interfacial. Há uma clara fórmula para o encantamento facial: a partilha original da alegria. É ela que fez do encontro de um rosto com outro uma possibilidade fundamental do campo humano. O discurso sobre o "rosto semelhante a Deus" no *Fedro* contém a primeira abordagem filosófica da ressonância facial protrativa como contato gerador de felicidade. Mas uma semântica platônica não pode fazer inteiramente justiça a essa abertura facial, porque ela interpreta a beleza do rosto no indivíduo apenas como a passagem de uma luz vinda do mundo superior; uma semântica espinosista, ao contrário, ofereceria a vantagem de conceber a abertura do rosto como a expressão de uma força que não permanece apenas transcendente, como a ideia, quando ela se irradia no reproduzido, mas se completa e se consome totalmente na expressão.[18] Há, assim, tanta abertura no rosto quanto há de alegria se transmitindo presentemente ao rosto em frente. (De maneira análoga, há exatamente tanta sexualidade real quanto há de desempenho genital presente.) Essas relações de ressonância dizem respeito a condições inteiramente pré-pessoais, ligadas ao próprio campo, porque a alegria não pode ser apropriada pelos indivíduos, nem carregada de representações significativas. Com efeito, tão logo a representação se apodera dos rostos, ela, como regra geral, não faz mais sobressair o rosto do princípio de alegria, mas os rostos do poder representativo e de suas expressões faciais significantes. Só o semblante de Buda e os anjos sorridentes da arte gótica conseguiram escapar à sujeição a que os submetia a significação. Em suas manifestações figurativas, eles exibem sua própria clareira facial. Quem não percebe que a sedução da *Mona Lisa* decorre em parte do fato de que ela pode exibir um rosto que, da maneira mais misteriosa e subversiva possível, escapou à obrigação de exprimir a significação em vez da alegria?

Quando Deleuze e Guattari formulam o bem-humorado epigrama "O rosto é o Cristo, o rosto é o europeu típico", eles tocam, partindo do caso particular do rosto europeu prototípico, em um traço fundamental do processo de criação facial na era dos impérios e das grandes religiões. De fato, por toda a parte em que se estabeleceram as culturas avançadas — e, portanto, de modo algum apenas em solo europeu —, a protração alcança um estágio no qual a anterior abertura bioestética do rosto é levada adiante pelos ícones que dirigem a facialidade

---

18. Cf. Gilles Deleuze, *Spinoza et le problème de l'expression*, Paris, Éditions de Minuit, 1969.

L. J. M. Morel d'Arleux, *Dissertação sobre um tratado de Charles le Brun, concernente às relações da fisionomia humana com a dos animais*, Paris, 1806.

segundo normas portadoras de significação. Que os rostos europeus civilizados, até os tempos pós-cristãos, são de certo modo, em seu conjunto, herdeiros dos cristogramas, isso é algo já detalhado em diversas abordagens. Deixando de lado o exagero, Deleuze e Guattari não estão sós quando equiparam, em seu estudo de caso, a face de Cristo e a face dos europeus. Sob a influência notadamente dos *Fragmentos fisionômicos para encorajar o conhecimento e o amor do ser humano*, de Johann Caspar Lavater, publicados em quatro volumes entre 1775 e 1778[19], teólogos recentes, sobretudo protestantes, postularam uma multidão

---

19. Johann Caspar Lavater, *Physiognomische Fragmente*, vol. 1-4, Leipzig/Winterthur, 1775-1778. [N.T.]

de astuciosas analogias ou espelhamentos entre o tornar-se humano de Deus e o tomar a forma de Cristo dos rostos europeus, outrora tribais e não batizados.[20] A recente fisiognomonia teológica aponta que os rostos dos tempos pós-cristãos devem sua visibilidade específica justamente à protração por meio dos ícones diretores do cristianismo. De resto, porém, a própria fisiognomonia de Lavater não funciona apenas como uma propedêutica da capacidade de ver Deus em cada pessoa, mas serve, ao mesmo tempo, como um serviço de identificação cristão, que deseja ler o pecado e a virtude nos rostos impenetráveis de vizinhos e estranhos de passado oculto. Em todas as fisiognomonias da modernidade, manifesta-se um fator policialesco, de levantamento de informações estratégicas sobre as pessoas, e isso já vale para as mal-afamadas analogias entre os animais e os homens fixadas por Giovanni Battista della Porta em 1586, às quais, apesar de sua manifesta infâmia, cabe o mérito de terem exposto, em traços cruamente desconfortáveis e ridículos, o problema da protração enquanto tal; e isso vale também para as intimações jocosamente morais de Lavater, que apresenta temperamentos virtuosos e depravados, bem como seus traços faciais que se supõe fiáveis e identificáveis. Lavater, sem dúvida, se dirige sobretudo à bela alma do início da época burguesa, angustiada pelo mundo e buscando ajuda para orientar-se no turvo teatro de relações de uma nascente sociedade de mercado. Referindo-se à procura por uma chave fisiognomônica que promete decifrar os rostos de estranhos à maneira

---

20. Em particular Hermann Timm, estimulado por Lavater, Rudolf Kassner e Max Picard, tentou, em seu livro *Von Angesicht zu Angesicht. Sprachmorphische Anthropologie* [*De rosto a rosto. Antropologia glossomórfica*], Gütersloh, Gütersloher/Haus Mohn, 1992, saciar diretamente seu interesse teológico pela "epifania facial". Na mesma linha procede a tese ardentemente espiritual de seu discípulo Klaas Huizing, *Das erlesene Gesicht. Vorschule einer physiognomischen Theologie* [*O rosto eleito. Propedêutica para uma teologia fisionômica*], Gütersloh, Gütersloher Verlagshaus G. Mohn, 1992. Os dois livros oferecem exemplos tipicamente muniquenses para a virada teológica do pensamento fenomenológico; ambos ilustram uma aliança voltada para subestimar as dificuldades que se abrem diante de uma teoria da facialidade de base histórica e antropológica; para mais informações, vejam-se os trabalhos citados de Deleuze e Guattari (ver Nota 14 deste Cap. 2) e Macho (ver Nota 13).

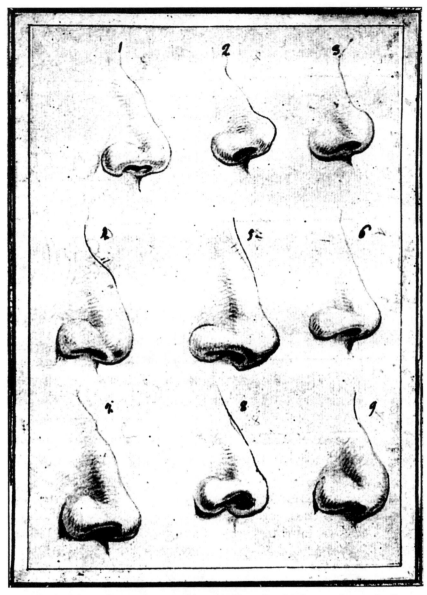

Da coleção Johann Caspar Lavater: "1. sensato e refinado; 2. sensato e rude; 3. perceptivelmente débil; 4. o dorso um pouco mais inteligente que a ponta e a narina; 5. sem a narina, completo; 6. débil; 7. deixando de lado a parte superior, sensato; 8. pouco natural na parte inferior, mas não de todo estúpido; 9. débil e estúpido".

de textos caracterológicos, empenha-se em pôr sua ciência cristã e filantrópica do rosto a serviço de um público mais amplo:

> Basta imaginar-se no interior das esferas de um estadista, um confessor, um pregador, um administrador, um médico, um negociante, um amigo, um pai de família, um cônjuge, e rapidamente se perceberá quão múltiplos e importantes usos cada um pode fazer, em sua esfera própria, dos conhecimentos fisiognomônicos.[21]

Naturalmente, o conceito de esfera de Lavater não tem nada a ver com a dinâmica faciogenética de partilha íntima de alegria; ele simplesmente constata que as formas de existência corporativas burguesas formam círculos específicos de relações, com raios de experiência peculiares; o discurso sobre as esferas indica aqui, como em geral na linguagem usada na época de Goethe, o pluralismo cada vez mais acentuado das formas de vida e dos segmentos de realidade na sociedade em vias de modernização.

Quanto ao mundo asiático oriental na época das grandes civilizações, é impossível exagerar o poder imagético das representações de Buda como ícones diretores. Assim como, no âmbito cultural do cristianismo, os crucifixos e os ícones da transfiguração impuseram sua forma nos rostos e nas visões dos europeus ao longo de demorados processos de modelagem, os mundos indiano, indochinês, chinês e japonês também receberam um vasto impulso de protração plástico-facial através dos retratos do Plenamente Desperto. O Buda representado em imersão mística capturou com seu encanto, em um processo de modelagem fisionômica de pelo menos sessenta gerações, os rostos de monges e de meditativos de todo tipo; seu ícone nirvânico imprimiu, em todo um círculo cultural, a mensagem da dignidade da postura assentada, de olhos fechados, em meditação. Esta representa a conformação mais sublime do paradoxo ontológico da ausência do mundo aberta ao mundo

---

21. Johann Caspar Lavater, *Physiognomische Fragmente*, op. cit., vol. 1, p. 159 (ver Nota 19 deste Cap. 2).

Protração budista I: Estátua do soberano budista Jayavarman VII, Kompong Svay (?), fim do século XII para o XIII, Museu Nacional de Phnom Penh.

("*weltoffener Weltlosigkeit*").[22] Durante mais de dois mil anos, a imagem do Buda em atitude de meditação proveu, também para as camadas laicas das sociedades asiáticas, um ícone diretor de desprendimento, e favoreceu a protração de rostos que trazem a forma de uma inclinação ao querer do não querer. Embora, em geral, seja representada como um rosto silencioso, ela contém, para cada observador, uma promessa íntima de receptividade, porque, em sua calma viva e alerta, exibe o rosto da compaixão e da alegria compartilhada. Sua concentração comunica uma forma potencializada de alegria, pois irradia um interesse na convivência que vai além de todas as convenções e de todos os reflexos mímicos. Ele sorri para além do mero gesto de sorrir, e com isso apresenta a antítese da convenção facial americana atual, que, como os europeus podem ver facilmente pelas imagens cinematográficas, conduziu à protração da *fitness* frívola. Contrariamente ao rosto de Cristo, que aspira ou ao sofrimento final ou à representação da transcendência, o rosto de Buda mostra o puro potencial de uma capacidade imanente absoluta de ser tocado pelo que se passa diante dele. Por pairar levemente em um campo de receptividade, esse rosto é o próprio Evangelho já realizado: ele não anuncia nada, mas mostra o que já está lá. Como forma de expressão do vazio eufórico, o semblante do Plenamente Desperto imerso em meditação é a imagem oposta dos bustos característicos dos Césares ocidentais, moldados pela violência e marcados pela decisão.

Não são apenas os semblantes dos homens espiritualmente modelares que, ao longo de milênios de história candente, chegam a exprimir-se pela protração facial. Ao lado das imagens dos deuses e das representações dos homens-deuses, que servem de intermediários e instrutores, também os retratos de soberanos, desde a Antiguidade imperial, tiveram sua parte na abertura dos rostos para a grandeza. Se a ideia de um reino

---

22. A fórmula "abertura do mundo na ausência de mundo" ("*weltlose Weltoffenheit*") foi cunhada por Thomas Macho em seu artigo "Musik und Politik in der Moderne" ["Música e política na modernidade"], in: *Die Wiener Schule und das Hakenkreuz* [*A Escola de Viena e a cruz suástica*], Viena e Graz, Universal Edition, 1990, p. 134. Eu a empreguei também como base de minhas reflexões em "Ist die Welt verneinbar? Über den Geist Indiens und die abendländische Gnosis" ["Pode-se negar o mundo? Sobre o espírito da Índia e a gnose ocidental"], no livro *Weltfremdheit* [*Desassossego do mundo*], Frankfurt, Suhrkamp, 1994, p. 212-216.

Protração budista II: Lokeshvara radiante, estátua cambodjana, Prea-Khan, fim do século XII para o XIII, Museu Nacional de Phnom Penh.

de Deus tornou-se visível em um rosto humano; se, no semblante de Buda, o conceito do Nirvana manifestou-se figurativamente; da mesma maneira, o pleno poder do Império conquistou um perfil fisionômico nos retratos dos soberanos do Velho Mundo. Na Antiguidade europeia, foram sobretudo os retratos de Alexandre e de Augusto que — apoiando-se ocasionalmente na estátua antropomórfica dos deuses gregos — fizeram surgir uma facialidade ligada ao princípio da grande potência. Seria possível falar de um "cesaromorfismo" dos rostos representados nos mundos de poder antigos, pois, inevitavelmente, a expansão das esferas do espaço íntimo arcaico ao universo imperial se inscreve na facialidade dos representantes mais destacados do poder. Por isso, rostos de soberanos podem ser apresentados como programas.

No ano 38 a.C., Otaviano, o futuro César Augusto, em meio à sua disputa pelo poder com Marco Antônio, mandou cunhar uma moeda em que um *face-à-face* íntimo de dois homens era apresentado como a revelação do segredo da política imperial de então. Sobre o denário otaviano, vê-se à esquerda do centro, de perfil, a cabeça cingida de César, designado como *Divos Julius*, o Divino Júlio; em frente a ele, à direita, quase em simetria especular, a cabeça de seu sobrinho-neto e filho adotivo, Gaius Octavius, que, nessa época, já exigia firmemente ser chamado *Caesar Divi Filius*: Filho de Deus. É fácil entender o que essa disposição espacial significa em uma cultura que escreve e lê da esquerda para a direita: trata-se de uma transferência de poder intra-familiar, de um deus mais velho a um deus mais jovem. A política de moedas e de nomes escolhidos por Otaviano era parte de sua estratégia na guerra civil conduzida por todos os meios, inclusive os teológicos, no curso da qual ele subjugou seu rival Marco Antônio, após uma luta de treze anos pela autocracia. A moeda com o duplo retrato atesta o dogma nuclear da teologia política augustana: Otaviano situa-se frente a seu pai como "filho pela graça de Deus".[23] Pela adoção, o pai impõe a seu filho a missão imperial; o filho, por seu lado, escolhe o próprio pai como seu deus idiossincrático. A teologia familiar juliana e a teologia imperial augustana convergem sem dificuldade. No pequeno denário,

---

23. Cf. Jean-Paul Sartre, *Baudelaire*, Paris, Gallimard/Folio, 1988.

Moeda de Otaviano, 38 a.C.

proclama-se a mais poderosa ficção religiosa e política da Antiguidade: a doutrina da monarquia de Deus através dos sucessores de César. A pequena moeda contém o primeiro Evangelho ocidental, a boa-nova segundo Augusto. Na mais estreita proximidade, dois homens olham-se no rosto; o mandato imperial flui do pai ao filho. O filho não pode ser filho sem o reino que lhe cabe; o pai não é pai sem a deificação que seu filho lhe proporciona. Em uma única cena interfacial, concentra-se o futuro de todo o império. Para os contemporâneos, a semelhança do jovem Otaviano com seu tio-avô e pai adotivo, César, havia sido percebida desde o início como um importante sinal, e Otaviano jamais hesitou em capitalizar essa semelhança; em cada momento de sua carreira, ele parecia estar consciente de que, como seu pai adotivo, trazia no rosto o Império como poder de comando e forma do mundo. As batalhas de Otaviano no mar e na terra eram preces militares ao Pai César: "Venha a mim o vosso Reino." Assim como o cristianismo paulino, o Império cesariano é um produto da violência romântica de estabelecer o pai por meio do filho — e o Deus por meio do apóstolo. Nisso, Augusto e Paulo estão próximos como teólogos e estrategistas rivais — seu paralelismo metódico é o segredo do Ocidente.[24] De fato, o denário otaviano encarna já o primeiro modelo de uma teoria bem-sucedida da Trindade, pois, do mesmo modo que o poder do pai se transfere ao filho, o furor de sucessão do filho estabelece, nos dois casos, o pai sobre o trono dos tronos, como fonte do Império. "Eu e o Pai" constituem, no caso de Jesus, quase a mesma unidade que a do sucessor de César e o primeiro César. O terceiro elemento, que une ambos os pais e seus filhos, é o poder gerador de espaço desse seu voltar-se interiormente um para o outro; o que sopra entre eles é o espírito dos impérios. O que vai tornar-se Império ou Igreja foi, primeiro, um *face-à-face*. É verdade que o reino de Jesus, de início, restringe-se a uma comunhão interior com o Pai, que é enfaticamente apresentado como não sendo deste mundo; seu terceiro elemento é um amor que se pretende mais elevado que qualquer aspiração por um sucesso trivial. O pai romano e seu filho estão, ao contrário, unidos pelo Espírito Santo da consecução do Império. Onde este domina, constitui-se o primeiro mercado mundial: um reino do dinheiro em que o dinheiro do reino é onipresente. O dinheiro é a terceira pessoa da Trindade vista à maneira de Roma — por isso, quem vê na moeda o filho Augusto, vê ao mesmo tempo o pai. Pai e filho estão unidos pelo espírito daquilo que *vale*; a forma circular da moeda apresenta a dualidade unificada na forma ideal. Em troca dessa moeda, enquanto estivesse em circulação, podia-se efetivamente obter tudo: ela é a hóstia pragmática da *Roma aeterna*. A partir da vitória de Otaviano sobre Marco Antônio, os romanos podem cumprir seus atos de ofício em nome de César, de Augusto, e do Santo Império.

---

24. Cf. sobre isso *Esferas II*, Cap. 7: "Como o centro das esferas age a distância através do meio puro. Para uma metafísica da telecomunicação".

Rex imago Dei; Deus imago regis: Soberanos romanos e seus deuses acompanhantes em duplo perfil; no alto, Póstumo e Hércules; no centro, Probo e Sol invicto; embaixo, Constantino e Sol invicto.

Nas grandes civilizações, surge inevitavelmente a impressão de que toda a história dos ícones faciais diretores deveria ser uma história dos rostos masculinos. Cristomorfia, budomorfia, cesaromorfia são as três destacadas manifestações desse domínio masculino na facialidade antiga e medieval. Mas a simples referência aos retratos de Maria da Idade Média europeia já basta para contestar o monopólio masculino no campo da representação dos rostos. A iconografia mariana católica constitui, de sua parte, apenas o prolongamento, por meios cristãos, de uma vastíssima tradição do culto religioso das imagens maternais. Quando o universo das Grandes Mães se representa em imagens, entendemos imediatamente a natureza paradoxal da protração antiga: o foco da humanização, o próprio rosto feminino, maternal, permanece na maior parte do tempo invisível. Embora seja dele que provenha o convite tanto à hominização como à humanização, as antigas religiões e suas imagens de culto passam ao largo do rosto da mulher, na verdade, do rosto humano em geral; elas protraem e destacam aquilo que, no ser feminino, constitui o não facial: nádegas, seios, vulva, os atributos do poder sexual feminino. O fato de que, para além desses elementos biológicos, o caminho para a espiritualização, a intimização, a abertura passe desde muito tempo pelo rosto das mulheres, particularmente das mães, não penetra na mais antiga cultura da imagem; nem sempre uma imagem diz mais que dez mil palavras. A protração, ela própria, não aparece em nenhum retrato; o poder de abertura facial dos rostos maternais permanece não representado. Do matriarcado facial, como, em geral, da silenciosa condução pela espécie do processo de facialização, não se revela o menor traço nos mais antigos produtos da criação de imagens humanas. Em suma, será preciso esperar a era das grandes religiões e das filosofias primeiras para que se resolva a ausência de rostos individualizados nas artes plásticas: só então se atinge o momento a partir do qual se vê a visão e se pensa o pensamento; daí em diante, também os rostos surgem à vista. Como a teoria primordial que acentuou expressamente o pensamento e considerou explicitamente a contemplação, a descoberta do rosto pela representação faz parte da aurora da imagem reflexiva do mundo das civilizações antigas; mas é exatamente essa descoberta que não revela a menor apreciação

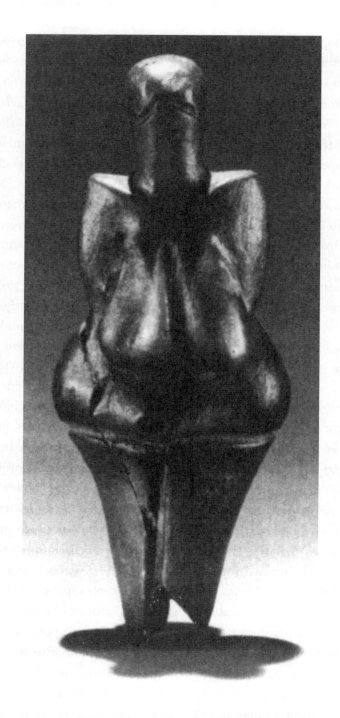

Deusa da era glacial com ombros em forma de asas, Dolni Vestonice, c. 27000-26000 a.C.

pelos rostos das mães. Quando o rosto humano é protraído e exibido pelos meios próprios da representação, é sempre, como convém ao curso do mundo, a imagem cultual das figuras masculinas de soberanos, mestres e deuses. O rosto feminino, aquele que suscita, anima e saúda, repousa como uma pré-consciência arquetípica sobre o fundamento de todos os processos de representação facial. Por sua natureza, o rosto de Nossa Amada Senhora do Princípio é mais oculto que o do deus cujo rebaixamento pela representação pretendia ser evitado pela interdição judaica de suas imagens (justamente porque seria preciso pensá-lo como um ser vivo, e até então só existiam monumentos retratando mortos). O primeiro rosto amado, o rosto do princípio, que foi a primeira boa-nova, e também frequentemente a única, não precisa de uma interdição de representação para ser lacrado. Como um quadro original recoberto por outra pintura, ele sobrevive desde sempre sob a proteção do desconhecimento — mais invisível que o velado, mais inacessível que aquele que carrega o tabu. Se, outrora, era um aspecto da maturidade teológica proibir que homens fizessem imagens do Deus único, será uma ampliação da consciência antropológica compreender por que o primeiro rosto animador se retira por si mesmo de todas as imagens.

O espaço interfacial — a esfera sensível da proximidade bipolar dos rostos — também tem sua peculiar história de catástrofe. Ela começa bem antes desse alheamento pela traição reportado por Giotto em seu beijo de Judas. A interfacialidade não é apenas a zona de uma história natural e social da amabilidade; desde tempos muito antigos, a história dos encontros com o estranho foi, ainda, uma escola visual do terror. É isso que aproxima, nos traços essenciais, a era arcaica da moderna. As culturas mais antigas ainda não possuíam os meios para assimilar o radicalmente estranho, as culturas modernas não os possuem mais; por isso, ambas dependem da máscara como meio para encontrar o inumano, o extra-humano, com um correspondente não-rosto ou rosto substituto. Nos tempos arcaicos, como na modernidade, o que era rosto se torna, na representação, o escudo contra aquilo que desfigura e nega os rostos. A máscara é o escudo facial que se levanta na guerra dos olhares.

Vaso grande, vermelho e branco, em terracota, com símbolos inscritos, Vidra, Romênia, quinto milênio a.C.

A arte moderna, quando ainda mostra rostos, faz como que o registro de uma catástrofe interfacial permanente. De maneira análoga à pintura de máscaras arcaica, ela mostra rostos não mais modelados nas correspondências geradas em esferas íntimas, rostos sem reconhecimento, marcados pelo esvaziamento e pela deformidade das grandes corporações, exibindo em não pouca medida a deturpação pelo sucesso, o sorriso fixo dos vencedores, rostos que se apresentam não mais como parceiros humanos, mas como monitores, câmaras, mercados, comissões de avaliação. A esses rostos, porém, formados na troca com visões monstruosas e mecânicas, o retrato clássico dos tempos modernos não pode mais corresponder; e pode-se assim compreender a impressão de que, em grandes porções da arte dos tempos modernos, a própria protração se imobilizou — ou que ela começou a destacar, na face humana, o elemento inumano, extra-humano. A detração e a abstração, como forças de modelagem da plástica facial, levaram a melhor ante a protração. Forças que deformam e que esvaziam o rosto converteram o retrato em *detrato* e em *abstrato*, ao que corresponde uma dupla tendência de movimento da arte facial: de um lado, o impulso à expressão de estados que estão além da expressão; de outro, a reconstrução do rosto como prótese pós-humana. Não é por acaso que a novidade mais característica do inovador mundo da mídia é essa *interface* que não designa mais o espaço de encontro entre os rostos, mas o ponto de contato entre rosto e não-rosto, ou entre dois não-rostos.

Enquanto o papa gritando de Francis Bacon mostra ainda um rosto em explosão, os autorretratos de Andy Warhol atingem o estágio do autodesprendimento na automercantilização. Ambas as obras ainda têm um lugar à margem da arte expressiva, já que não apenas a mutilação, mas também o enrijecimento do rosto subordinam-se ao princípio de expressão, do qual se dissociam resolutamente os novos procedimentos da estética facial nas artes plásticas. A montagem de Cindy Sherman, *Untitled #314A*, dissolveu o rosto em uma paisagem enrugada feita de pedaços de tecido malignos e obstinados, com uma boca cujos beiços mostram uma abertura obscena. Aqui não se percebe mais nada daquilo que Benjamin denominou o *sex appeal* do anorgânico; a carne tornou-se uma cópia sintética de si mesma. Haverá poucas obras na arte

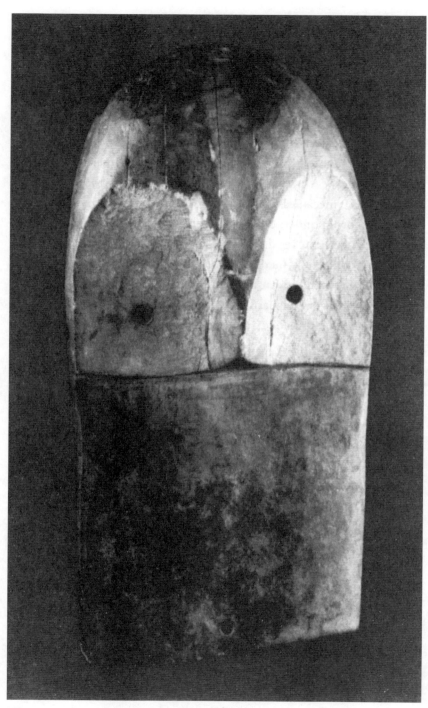
Máscara em tábua dos Mbole, Alto Zaire, madeira.

contemporânea que testemunhem com tal violência a metamorfose do retrato em *detrato*. Traços ironicamente fragmentados do *detrato* revelam-se também na série de quase autorretratos da pintora Irene Andessner, de Colônia, que frustra as expectativas visuais do observador ao não mostrar nem um rosto, nem uma máscara. O que ela exibe, em um tom solene, é uma sequência de pré-rostos ou de estágios preparatórios ao rosto — matérias-primas faciais, ingredientes da beleza que aguardam, por assim dizer, serem elevados à categoria do rosto feminino completo. Através dos olhos fixos, revela-se uma energia inquiridora que transpassa esse rosto de mulher como um meio cambiante. O rosto sete vezes variado deixa entrever uma crueldade apreendida sempre do mesmo modo, que, vinda de longe, não lhe pode ser inteiramente assimilada. Ele mantém o equilíbrio entre uma verdade assustadora que já quase deforma e uma vontade de sobreviver que já quase produz a bela máscara. No ponto de equilíbrio entre *retrato*, *abstrato* e *detrato*, a série de rostos de Irene Andressner ilustra uma alternativa pós-moderna à moderna deformação facial. Pintada com um humor sem riso e um desespero sem lágrimas, ela exprime a espera do rosto, que ainda se mantém humano, por seu *vis-à-vis* adequado e oculto; essa é uma espera que simultaneamente postula e põe em dúvida a figurabilidade humana; ao mesmo tempo, revela-se na série de rostos, quase a contragosto, a hesitação incrédula diante da exigência de uma satisfatória consideração do outro. Assim como a ornamentação pós-moderna pode ser considerada como um passatempo enquanto se aguarda o belo indisponível, também se pode ler a preparação pictorial à beleza de Irene Andressner como sinal da espera pelo instante do rosto verdadeiro.

Para toda a história mais arcaica da facialidade humana, é valida a afirmação de que os homens têm seus rostos não para si mesmos, mas para os outros. A palavra grega para o rosto humano, *prósopon*, expressa isso com a máxima clareza, ao designar aquilo que se coloca diante da vista dos outros[25]; um rosto existe de início apenas para o olhar do outro; mas, como rosto humano, possui ao mesmo tempo a capacidade de

---

25. Sobre a concepção grega da facialidade, cf. Françoise Frontisi-Ducroux, *Du Masque au visage*, op. cit. (ver Nota 16 deste Cap. 2).

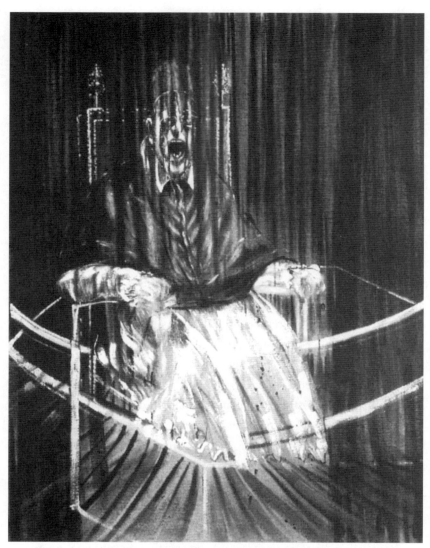
Francis Bacon, *Estudo sobre o retrato do papa Inocêncio X de Velázquez*, óleo, 1953.

Andy Warhol, *Seis autorretratos*, 1966, serigrafia.

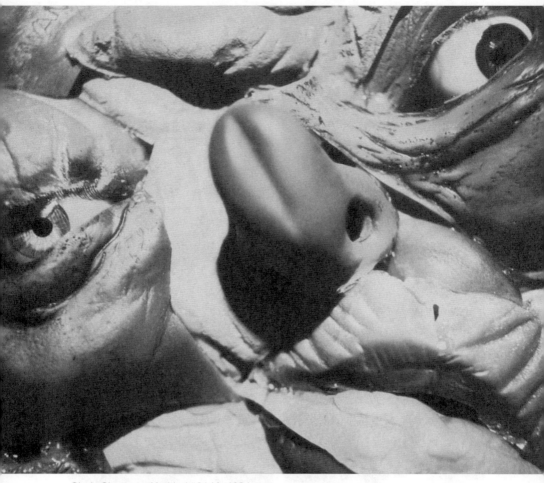
Cindy Sherman, *Untitled #314A*, 1994.

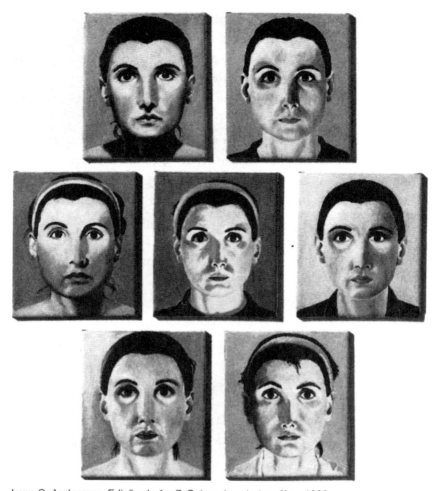

Irene C. Andessner, *Edição de 1 a 7. Sete autorretratos*, óleo, 1992.

defrontar o ser visto por uma peculiar visão retroativa — e esta, é claro, de sua parte, não se vê a si mesma em um primeiro momento, mas só o rosto que está à sua frente. Assim, o rosto sustenta realmente a imbricação recíproca da vista e da contravista, mas nada que aponte para uma guinada autorreflexiva. Se abstrairmos os sempre possíveis mas instáveis reflexos na superfície plana da água, o autoencontro dos rostos humanos nas imagens especulares é uma adição muito tardia à realidade interfacial primária. Quanto aos homens do século XX, entretanto, que forram seus apartamentos com espelhos, seria exigir algo inconcebível se esperássemos deles uma clara compreensão do que significa o fato de que, até pouco tempo, a quase totalidade da espécie humana consistia de indivíduos que, em toda sua vida, nunca ou apenas em situações extremamente excepcionais chegaram a ver o próprio rosto. Os primeiros espelhos são tipicamente utensílios do início da era axial[26], e constituíram, até os tempos modernos, objetos misteriosos nas mãos de alguns poucos privilegiados; logo foram incorporados também ao acervo físico e metafórico dos que tratavam da rara qualidade do autoconhecimento. O conhecido espelho de bronze dos elfos de Heimburg, em Hesse, foi datado de cerca de 500 a.C.; se a geografia não o proibisse, poder-se-ia designá-lo como instrumento pré-socrático. Espelhos de vidro do tipo dos que se usam hoje só começaram a existir por volta do ano 1500 — inicialmente sob monopólio veneziano. A provisão de espelhos para grandes parcelas populacionais foi, nos traços essenciais, uma tarefa do século XIX, e, no Primeiro Mundo, não se concluiria antes de meados do século XX. Só em uma cultura saturada de espelhos pôde se impor a ilusão de que a visão de sua própria imagem especular concretizaria, em todo indivíduo, uma relação primitiva de autorreferência. E apenas em meio a uma população que, para além das classes, era definida como possuidores de espelhos que Freud e seus seguidores puderam popularizar sua pseudoevidência sobre o assim chamado narcisismo e sobre um autoerotismo primário do ser humano mediado supostamente pela visão. Tampouco o teorema tragicamente híbrido de Lacan sobre

---

26. *Achsenzeit*, termo introduzido por Karl Jaspers para designar o período de aproximadamente 800 a 200 a.C., no qual ideias de grande relevância intelectual e religiosa surgiram simultaneamente na China, na Índia e no Ocidente. [N.T.]

o "estágio do espelho" como formador da função do Eu pode superar sua dependência desse familiar utensílio cosmético ou egotécnico do século XIX — para grande prejuízo dos que se deixaram ofuscar por essa miragem psicológica.[27] O mito de Narciso, justamente, não deve ser lido como indício de uma relação natural do ser humano com seu próprio rosto refletido na imagem do espelho, mas como referência à inquietante estranheza dos primórdios da reflexão facial. Não é um acaso que a versão da história transmitida por Ovídio — se tiver, de fato, origens pré-ovidianas — provenha do tempo em que o olho e o rosto, ou, como também se poderia dizer agora, o rosto-sujeito e o rosto-objeto, foram postos um em relação ao outro de uma nova e fatídica maneira. Seja como for, se Narciso quis abraçar seu rosto no espelho da água, é também porque este ainda não se tinha tornado, para ele, seu *próprio* rosto; sua tola queda sobre seu reflexo pressupõe que, até então, todo rosto que aparecia à vista devia ser necessariamente o rosto de um outro. O infortúnio narcísico representa um acidente dos primórdios da autorreflexão. Que um rosto que se vê, sobretudo um rosto encantador, pudesse ser o próprio rosto é algo inconcebível antes da aurora arcaica da reflexão. Alcebíades parece ter sido a primeira figura historicamente identificável na tradição europeia em cuja caracterização encontram-se indicações de uma consciência estética facial aplicada a seu próprio caso: Sócrates tem isso em vista quando decide contornar a vaidade de seu aluno, silenciando sobre o belo rosto de Alcebíades para se dirigir diretamente a sua alma. Quanto ao lado feminino da aurora do rosto, Eurípedes apresenta Clitemnestra, após a partida de Agamenon, olhando-se vaidosamente no espelho e adornando com joias seus cabelos trançados, como que se preparando para seu adultério e o crime subsequente. Entre os gregos, além disso, é às mulheres que o uso do espelho permanece exclusivo. O homem grego, costumeiramente, só pode ter experiência de seu aspecto pela visão alheia. Foi Sócrates que, em primeiro lugar, lançou extraordinária ideia de que os belos jovens que o rodeavam deveriam se contemplar nos espelhos tanto quanto

---

27. Uma caracterização desse teorema encontra-se mais adiante, na Digressão 9: "A partir de que ponto Lacan se engana".

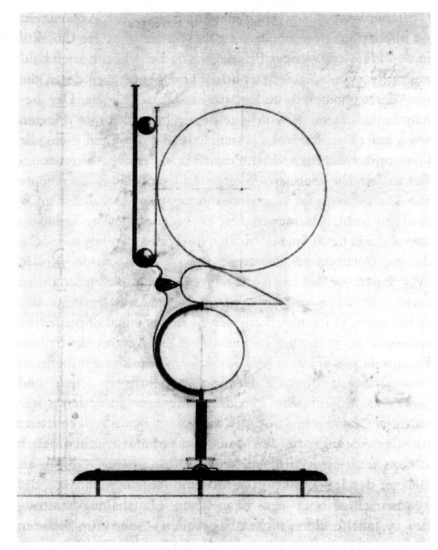

Oskar Schlemmer, *Cabeça abstrata*, 1923.

possível para instigar a ambição de se mostrarem dignos na dimensão espiritual, na proporção de suas vantagens físicas. A imaginação visualmente concretizada de "seu próprio rosto" se forma, como ilustram essas indicações, ao cabo de uma demorada evolução individualizante — através de etapas que se deixam distinguir com maior ou menor clareza como contribuições antigas e medievais, modernas e pós-modernas, ao subjetivismo facial.

A experiência inicial da facialidade repousa sobre o fato elementar de que seres humanos que olham seres humanos são, por sua vez, olhados por seres humanos e, desde o olhar do outro, voltam-se para si mesmos. Nessa medida, a visão (*Gesicht*) é o rosto (*Gesicht*) do outro.[28] No início, um rosto é, portanto, sempre alguma coisa que só pode ser observada do outro lado ou lá à frente.[29] No jogo interfacial bipolar inicial, os olhares se dividem entre os participantes de tal modo que cada um, até nova ordem, aprenda o suficiente sobre si mesmo quando olha o rosto de quem o vê. O outro funciona, portanto, como um espelho pessoal; mas é também o contrário de um espelho, pois não guarda nem a tranquilidade nem a discrição de um reflexo em vidro ou em metal, e, sobretudo, porque não produz uma reprodução eidética, e sim um eco afetivo. Só se pode falar de um olhar em seu "próprio" rosto no espelho quando o indivíduo tiver se afastado do outro e se voltado para seu rosto, que agora lhe aparece na imagem refletida e da qual precisa se apropriar.

Um rosto no espelho que possa ser aceito como o próprio rosto sem uma catástrofe de equivocação só emerge quando os indivíduos podem se retirar de maneira habitual do campo de olhar recíproco interfacial — que, na concepção grega, é sempre também o campo de um discurso recíproco — para adentrar numa situação em que não mais necessitam de complemento trazido pela presença do Outro, mas podem, por assim dizer, completar-se eles próprios por meio de si mesmos. A identidade facial do Eu, como possibilidade de ter o próprio rosto, depende,

---

28. O autor faz aqui um jogo com os dois significados da palavra alemã *Gesicht*: visão e rosto. [N.T.]

29. Cf. Thomas Macho, *Vision und Visage* (ver Nota 13 deste Cap. 2).

Ticiano, *Vênus ao espelho*, c. 1555.

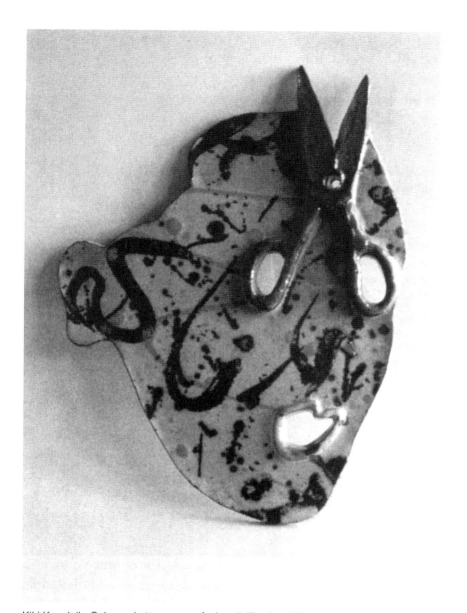
Kiki Kogelnik, *Cabeça de tesoura*, cerâmica vitrificada, 1977.

portanto, dessa reconstrução do espaço subjetivo que começou com a invenção estoica do indivíduo que deve bastar-se a si mesmo. Só a partir da Antiguidade europeia e asiática surgiu a possibilidade de que os homens construam uma espécie de excentricidade íntima em relação a si mesmos, a qual lhes permitiu serem, aqui, eles mesmos, e lá, simultaneamente, seus próprios observadores. Como observadores vivos — poder-se-ia também dizer, como testemunhas interiores de sua própria vida —, os indivíduos assumem, no nascente individualismo, a perspectiva de uma visão exterior sobre si mesmos, completando assim sua abertura esférica interfacial por meio de um segundo par de olhos que, notavelmente, continua sendo o seu próprio.

Assim começa a história do ser humano que deve e quer *estar só*. Os indivíduos, no regime individualista, tornam-se sujeitos pontuais que caíram sob o domínio do espelho, isto é, da função refletora que se completa a si mesma. Eles organizam cada vez mais sua vida na ilusão de que poderiam agora, sem a participação de um Outro real, desempenhar ambos os papéis no jogo da esfera de relação bipolar, e essa ilusão se condensa no curso da história europeia dos meios de comunicação e das mentalidades até atingir uma situação em que os indivíduos se consideram a si mesmos, de uma vez por todas, como o Primeiro substancial, e suas relações com os outros como o Segundo acidental. Um espelho em cada quarto de cada indivíduo é o atestado dessa situação na vida prática. É verdade que o jogo da autocomplementação dos indivíduos diante do espelho (e diante de outros meios egotécnicos, em particular o livro, tanto o que se lê como o que se escreve) perderia sua atração se não estivesse a serviço da elevada ficção da autonomia — esse sonho do domínio sobre si mesmo que, desde o início da filosofia antiga, introduziu-se na imagem condutora da vida sábia. O sábio que pode ser seu próprio senhor não deve ser atravessado por nenhum olhar dominador, dado que conhece a si mesmo, nem mesmo se deixar fixar por qualquer outro olhar. Ele possuiria uma qualidade que Hegel, com um tom triunfante, denominou *impenetrável*.

É curto, portanto, o caminho que vai do "Conhece-te a ti mesmo" ao "Completa-te a ti mesmo". Tanto o conhecimento de si como a complementação de si são operações em uma esfera bipolar ilusória que

Arnold Schoenberg, *Lágrimas*, óleo, c. 1910.

possui apenas formalmente, como uma elipse, dois pontos focais. Na verdade, o rosto diante do espelho entrou em uma relação pseudointerfacial com um outro que não é um outro. Ele pode gozar da ilusão de se ver a si mesmo em um campo fechado de visão porque expulsou o Outro e os outros de seu espaço interior, bem como os substituiu por meios técnicos de autocompletude — os meios de comunicação em sua função moderna. Com isso, o mundo fica dividido em um interior e um exterior, que se distinguem como o Eu e o não-Eu. É só quando tais exclusões se tornaram regra e a hospedagem, a salvaguarda conscienciosa do outro, a exceção, só então pode surgir uma sociedade estruturalmente moderna, povoada de indivíduos que, em sua maior parte, vivem imersos na ficção real imperante, na fantasia de uma esfera íntima que contém um único habitante, esse próprio indivíduo. Essa ilusão de óptica real sustenta todas as relações individualistas ao garantir a individualidade de cada um em uma bolha conectada em rede. "Tu és autocontagioso, não esqueças disso. Não deixes a teu 'Tu' a primazia", escreve Henri Michaux.

Capítulo 3

Homens no círculo mágico
Para uma história das ideias da fascinação pela proximidade

Em vosso círculo mágico, agora,
deveis viver à vossa maneira.
Ah! Que grande mudança!
Johann Wolfgang von Goethe,
Neue Liebe, neues Leben

Quem quiser encontrar alternativas a uma vida imersa na autossatisfação estoica ou no autoconfinamento individualista diante do espelho fará bem em se lembrar de uma época em que toda reflexão sobre a *conditio humana* estava impregnada da evidência de que, tanto na proximidade familiar quanto no espaço público, um jogo incessante de contaminações afetivas se desenrola entre os homens. Muito antes que se impusessem os axiomas da abstração individualista, os psicólogos-filósofos do início da modernidade mostraram que o espaço interpessoal está abarrotado de energias simbióticas, eróticas e miméticas concomitantes que desmentem de forma radical a ilusão da autonomia do sujeito. A lei fundamental da intersubjetividade, tal como entendida no pensamento pré-moderno, é o encantamento recíproco dos seres humanos. Se quiséssemos nos apropriar da perspectiva da tradição poderíamos até mesmo dizer que os homens são continuamente possuídos por seus semelhantes — para não falar, por enquanto, dos ocupantes extra-humanos. A fascinação é a regra entre os homens, o desencantamento é a exceção. Como seres cobiçosos e imitadores, os homens percebem sem cessar não apenas que trazem em si um potencial solitário de anseio pelo outro, mas também que podem contaminar de maneira obscura e inusitada os objetos de sua cobiça com o próprio desejo que sentem por eles. Ao mesmo tempo, como que por uma coerção infecciosa, os indivíduos imitam o desejo do outro por um terceiro. Na linguagem da tradição, isso aparece como a lei da simpatia, que estipula que o amor não pode deixar de despertar o amor, que o ódio gera igualmente a resposta que lhe corresponde; que a rivalidade infecta nos que competem por um mesmo objeto a avidez vibrante dos concorrentes. Quando a filosofia da modernidade nascente expressa em palavras esses efeitos de ressonância e de contágio, ela se serve espontaneamente do vocabulário das tradições *magológicas*. Ao refletir sobre causalidades afetivas de tipo mágico, a Antiguidade já havia começado a explicar esse acordo interpessoal ou interdemoníaco que, desde a época de Platão, tem sido interpretado como obra de Eros. Nos rastros de Platão, os filósofos do fim do século XV inauguraram um novo discurso erotológico, cujo eco chega até às maquinações das psicologias profundas do início do século XIX e às semirreflexões da psicanálise popular dos dias de hoje.

Quando Sócrates e Platão começaram a esclarecer, em forma de discurso, a dinâmica da atração do ser humano por seu semelhante, eles mostraram que o desejo do sujeito pelo belo Outro não pode se esgotar em sua emoção privada e peculiar, mas deve também ser entendido como função de um campo público de forças. Onde o desejo se inflama, torna-se manifesta a ligação latente e preexistente do sujeito com o ser cobiçado. Não há, assim, nenhuma apropriação privada no anseio pelo outro. Para os psicólogos da Antiguidade, o que se revela no belo é o elemento comum que abastece, da mesma fonte, tanto o que deseja como o desejado. Entendido corretamente, o que homens querem uns dos outros é, também e desde o início, uma resposta à atração e à gentileza da outra parte; nessa medida, o Ser e a atração são uma só coisa. Por isso a magia intersubjetiva se funda na magia do complemento, tal como Platão classicamente definiu no discurso de Aristófanes, no

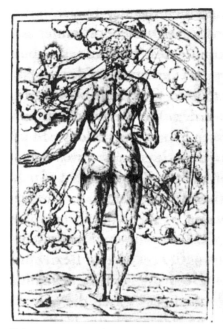 

O homem como microcosmo: esquema das influências, extraído de: Jacques Kerver (org.), *Livres des portraits et figures du corps humain*, 1572.

Banquete, com auxílio do mito das duas metades do ser humano que tentam apaixonadamente se reunir. As forças de ligação que atuam entre os apaixonados remontam, segundo Platão, a uma nostalgia pela totalidade redonda, cujos traços apontam para a pré-história do Grande Casal.[1] Como todas as totalidades míticas, também o homem primordial arredondado e autossuficiente submete-se aos três tempos dramáticos: perfeição original, separação catastrófica e restabelecimento. Nisso, o romance de amor arcaico obedece à lei formal da arte narrativa mítica, que é também a da dialética. Para ele, narrar significa tentar curar o desgosto amoroso constitutivo. O efeito máximo da magia da atração situa-se, naturalmente, entre o segundo e o terceiro atos do drama, quando o que foi separado no segundo ato começa a preparar-se para a reunião. Quando as metades cortadas se reencontram, forma-se bruscamente o círculo mágico interpessoal, que, como um tanque invisível

---

1. No *Rig Veda*, o Céu e a Terra. [N.T.]

de isolamento, encerra os dois novos seres inseparáveis. Segundo a sábia explicação de Platão, o par simbiótico radical deveria ali submergir, se a genitalidade relaxante não lhes fornecesse um meio de se deixar separar provisoriamente e colocar-se fora da relação totalitária. Segundo Platão, a sexualidade genital foi uma dádiva posterior dos deuses compassivos, que não queriam ver o par reunido das metades humanas, entregues a um abraço cego e bem-aventurado, deixar de lado sua autoconservação e vir com isso a perecer. Na perspectiva do mito platônico das duas metades separadas do homem original, a sexualidade aparece como uma válvula instalada *a posteriori* contra a sobrecarga simbiótica; ela engendra um erotismo secundário cuja tarefa é desviar a aspiração totalitária do erotismo primário. O segundo Eros, determinado pelas pulsões e capaz de relaxar-se, alivia o primeiro, que é insaciável e para o qual só uma coisa importa: desfazer-se em um clarão. Ao unir-se sexualmente, os amantes se proporcionam uma diversão dotada de um valor próprio ao que desejam realmente um do outro. Mas quanto ao que seria esse "realmente", a erotologia dos séculos XIX e XX dificilmente se poria de acordo com as teorias amorosas da tradição metafísica. Segundo os polidos princípios da psicanálise recente, todo erotismo primário se funda sobre um anseio de reencontrar a perfeição pobre de mundo, característica do feto e do recém-nascido bem tratado — nas palavras de Béla Grunberger, a nostalgia do modo de ser da mônada narcísica[2] e da "autonomia" pré-natal. Mas, segundo os comentários de Marcílio Ficino ao *Banquete* de Platão, o primeiro Eros nada mais é que o desejo de recuperação dessa bem-aventurança que consiste na posse de Deus (*beatitudo quae in possessione ipsus (Dei) consistit*). Como o primeiro Eros se funda na recordação e no retorno — diferentemente do segundo, cuja natureza é a curiosidade e a expansão —, Ficino, ao seguir Platão, deve

---

2. Cf. Béla Grunberger, *Narziß und Anubis. Die Psychoanalyse jenseits der Triebtheorie* [*Narciso e Anúbis. A psicanálise para além da teoria da pulsão*], Stuttgart, 1998, vol. 2, p. 189-205, para quem o termo "mônada" designa um "útero extrojetado" no qual o recém-nascido se encontra em estreita comunidade com sua mãe. Este viveria "em uma espécie de espaço virtual [...] que denomino *mônada*. A mônada é um útero imaterial que, mesmo assim, funciona como um útero real" (ibidem, p. 192).

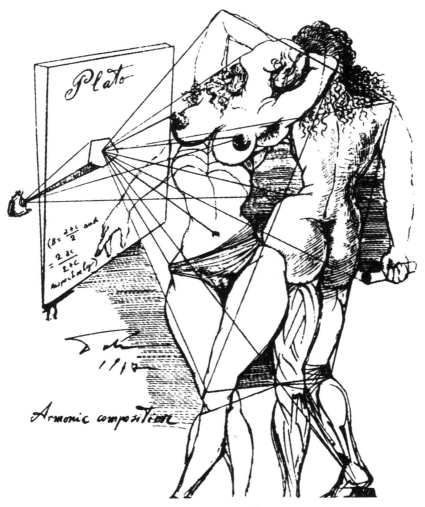

Salvador Dali, *Composição harmônica*, desenho, 1947.

pressupor uma presença originária da alma em Deus que depois se perdeu. Sem a inextinguível experiência das luas-de-mel transcendentais com o absoluto, o amante não poderia ter em si um modelo do estado ao qual seu desejo o conduz. Por isso, platonismo e psicanálise, mesmo se opondo radicalmente no modo de conceber o ponto de partida substancial do drama amoroso, concordam na determinação de sua forma: ambos ensinam que o Eros primário, pré-objetivo e supraobjetivo, tem sua fonte em um passado de unidade bipolar que se obscureceu, embora nunca tenha sido totalmente esquecido e sempre volte a iluminar-se.

A primeira psicologia profunda da modernidade, como já se constatou em uma nota antecipatória, surgiu na segunda metade do século XV, por impulso do neoplatonismo florentino. Pode-se considerar satisfeito o critério de existência de um pensamento característico da psicologia profunda sempre que processos mentais são divididos em uma face visível conscientemente experimentada e uma face posterior que não é objeto de experiência, de tal modo que os sujeitos, com ajuda dessa distinção, adquiram uma nova compreensão de si mesmos. Esses modelos descrevem o campo de vivências por meio de processos que atuam efetivamente sobre esse campo, sem, contudo, nele se representarem enquanto tais; não obstante, a própria vivência é modificada pelo conhecimento de sua mecânica mental, em parte pelo desvio do interesse, em parte por reações catárticas. É precisamente essa maneira de pensar, característica de numerosos conceitos psicológicos modernos, desde a hipnose até o *reframing*, que se inaugura na teoria do amor animal de Marcílio Ficino. É nela, e não em suas subsequentes exaltações estéreis do Eros platônico (que ele denomina socrático), que se funda a originalidade da contribuição de Ficino a uma erotologia moderna. Em seu elogio da forma socrática de amor, o autor pouco se afasta das convenções do idealismo e de suas projeções no campo do amor divino medieval. Mas, em sua censura ao amor vulgar, Ficino — filho do médico particular dos Médicis — se transforma no primeiro fenomenólogo dos encantamentos intersubjetivos. Com o olhar de um psicoterapeuta *avant la lettre*, ele eleva a fascinação que os homens sentem por seus semelhantes a um tema de direito próprio. Ficino observa que, em geral, os homens fazem bem o que fazem frequentemente — exceto nos assuntos amorosos, pois "todos nós sempre amamos de uma maneira ou de outra, mas amamos quase todos mal (*tutti quasi amiamo male*), e, quanto mais amamos, pior o fazemos (*e quanto più amiamo, tanto peggio amiamo*)". Não é exagero caracterizar o sétimo discurso do *De amore* como documento fundador da psicologia profunda moderna. Já nele, como em suas versões posteriores, a patologia se torna uma janela da alma através da qual o filósofo lança os olhos para ver o mecanismo interior em ação.

A psicopatologia de Ficino descreve o *amor vulgaris* entre indivíduos de mesmo sexo ou de sexos diferentes como o resultado de infecções sutis através do olho. Segundo a conhecida teoria platônica, ver não consiste simplesmente em ser tocado por impressões de objetos iluminados, mas em dirigir raios visuais ativos sobre as coisas. O próprio olho é solar, na medida em que ilumina as coisas com uma luz *sui generis*. Como os projéteis de uma artilharia cognitiva, os raios visuais irrompem do olho, e, quando atingem o alvo, o mundo à frente é percebido. Ao mesmo tempo, segundo Ficino, o raio que percebe o mundo é o veículo de essências materiais muito tênues, emitidas por aquele que olha. Se tentarmos tomar a sério esses conceitos, compreenderemos facilmente como Ficino chega à sua concepção das infecções oculares. No encontro de olhares dos seres humanos, o espaço entre seus olhos se condensa em um campo de irradiação altamente carregado, tornando-se o teatro de um microdrama das energias; entre o olhar e o olhar de retorno, desenvolvem-se necessariamente interpenetrações nas quais o olhar mais forte é o que injeta no olho do outro seus conteúdos, sobretudo espíritos vitais na forma de uma névoa muito fina (*vapores*). Assim, o espaço intersubjetivo aparece como um campo de batalha dos espíritos vitais, que atuam uns sobre os outros através dos olhos, mas também por outras irradiações corporais. Quanto a isto, Ficino observa:

> Aristóteles escreve que, quando as mulheres se olham no espelho durante seu período menstrual, elas frequentemente o mancham com gotas de sangue. Em minha opinião, isso ocorre porque o espírito vital, que, na verdade, é uma exalação do sangue,

compõe-se de sangue a tal ponto rarefeito que não aparece ordinariamente aos olhos, mas torna-se visível quando se condensa na superfície do espelho [...].

[...] Seria então de espantar que, quando o olho aberto e dirigido com firme atenção para alguém lança seus raios para os olhos do observador, junto com esses raios, que são o veículo dos espíritos vitais, escoe-se o vapor de sangue? De lá a flecha envenenada penetra pelos olhos e, dado que ela parte do coração de quem a atira, penetra no coração da pessoa atingida, e, portanto, naquela região que lhe é peculiar e originária [...]. Daí brota um duplo encantamento (*duplex fascinatio*). O olhar de um velho fedorento ou de uma mulher menstruada enfeitiça um menino, enquanto o de um jovem encanta um homem mais velho. Mas como a seiva do velho é mais fria e mais densa, ela mal toca a superfície do coração do rapaz, e como tem menos condições de penetrá-lo, influencia o coração apenas em pequeno grau, caso este não seja demasiado tenro devido à pouca idade, e por isso o encantamento não é durável. Ele se torna, por outro lado, muito sério no caso em que é a pessoa mais jovem que fere o coração da mais idosa.

Apesar dos conceitos fisiológicos estranhos que há muito não encontram mais defensores, esse discurso pertence inequivocamente, do ponto de vista estrutural, ao campo das modernas teorias da psicologia profunda, porque, através dele, o amor vivenciado é descrito e intermediado como efeito de um processo psicofísico que não é diretamente experimentado. Ao mesmo tempo, já está presente no modelo de Ficino uma ideia embrionária do inconsciente: é da essência do amor animal, entendido à maneira da Nova Academia, ser o efeito de processos fascinogênicos que só podem ser percebidos pelos sujeitos em seus resultados, e não em seu mecanismo fisiológico. Ao revelar o reverso psicomecânico de paixões eróticas vividas, o discurso de Ficino sobre o amor vulgar encoraja, à maneira da elucidação psicodinâmica dos tempos modernos, os sujeitos em questão a extrair da compreensão do funcionamento mecânico dos componentes de seu aparelho psíquico conclusões práticas para curar seu impulso doentio. O apaixonado à maneira vulgar ou natural ficaria, a partir daí, informado sobre a base mecânica de seu exuberante desejo de união com o outro e saberia, agora, que o que experimenta são os efeitos psíquicos secundários de uma infecção pelo sangue alheio transmitida pelos olhos; e, em consequência, dispõe de um conhecimento que lhe permite distanciar-se reflexivamente de sua paixão. É o sangue do outro, animado por espíritos vitais alheios e recebido sem que se perceba, que incita os amantes a enviar sua semente ao parceiro ou a arder por receber em si a efusão do outro. Quem compreende que o frenesi do desejo de contato e de união é apenas um efeito de transfusões inconscientes já deu o primeiro passo para seu próprio desencantamento e sua própria cura. É verdade que isso continua impossível enquanto o infeliz estiver forçado a considerar sua miséria como algo que de algum modo terminará em gozo; é só depois que uma dose crítica de sofrimento o tiver preparado para a conversão que ele pode buscar uma orientação filosófica para aprender um modo de amar mais promissor. Quando o desencantamento é bem-sucedido, o sujeito se liberta da coerção que o faz agir segundo o desejo de união; quando falha, ele corre o risco de repetir o destino de Artemísia, cujo triste excesso Ficino menciona como uma advertência:

> Que os amantes efetivamente têm o desejo de absorver inteiramente em si a pessoa amada, Artemísia, esposa de Mausolo, rei da Cária, o provou, ela que amou seu esposo de maneira tão desmesurada que (após a morte deste) pulverizou seu cadáver, verteu-o em água e o engoliu [*ebibisse*]. (*De amore*, p. 335)

Como mostra o exemplo da ingestão do esposo — o que, ademais, significou um prolongamento do excesso incestuoso por outros meios, dado que, segundo a tradição, Mausolo e Artemísia eram irmãos —, a particularidade da teoria de Ficino sobre o amor vulgar consiste em que ela não explica de modo algum o anseio de união entre os amantes por um desejo pulsional independente do objeto genital, mas o representa como um deslocamento, fadado ao fracasso, do Eros primário simbiótico para a cena das relações sexuais — esta é, quinhentos anos antes de Freud, Lacan e Kohut, uma descoberta que aguarda ela própria ser redescoberta. É verdade que o amor genital, enquanto tal, teria de esperar muito tempo por sua justificação psicológica; por séculos ainda o duo sexualizado permaneceria à sombra da díada mágica. O erotismo dual só pode se afirmar como uma dimensão de direito próprio a partir do momento em que a restauração da ética judaica, contrariando a dominação da filosofia grega, se impôs na economia das teorias contemporâneas. Não se exclui que, um dia, esse fenômeno seja retrospectivamente percebido como o principal acontecimento no percurso das ciências humanas no século XX. Sabe-se que a ética da psicanálise tem suas raízes na concepção judaica da lei — ela não encoraja fusões, mas faz uma incessante defesa das separações construtivas; seu foco não é a fusão íntima, mas a discrição do sujeito frente ao outro. A própria lei tem, acima de tudo, o sentido de fazer valer a distância entre Deus e o ser humano, até nos detalhes da vida cotidiana. Mas o limite da ética dual judaica filosoficamente renovada mostra-se quando ela tende a subestimar a exigência do *infans* à intimidade: a má vontade de pensar a mãe, o que já havia sido a fraqueza de Freud, continua sendo a de Emmanuel Lévinas, que orienta sua teoria da relação forte entre o ser humano e seu próximo de maneira excessivamente privilegiada pela relação pai-filho.[3]

Na perspectiva neo-helênica de Ficino, já está claro desde o início que o encantamento sexualizado só pode levar à decepção e ao esgotamento. Sua análise da fascinação intersubjetiva faz do amor sensual um caso de nostalgia pelo estado microesférico original, bipolarmente integrado, mas com endereço errado. Sendo assim, o único método promissor de curar-se do amor vulgar consiste, para ele, em converter-se ao modo socrático do amor: só quem ama à maneira dos filósofos poderia pôr o endereço correto na carta de amor da existência. Se todos os objetos meramente humanos de amor são potencialmente atormentadores e decepcionantes, o superobjeto divino traz a garantia de iluminar seus

---

3. Cf. Emmanuel Lévinas, *Totalité et infini. Essai sur l'extériorité*, Paris, Le Livre de Poche, 1987, onde, no capítulo "Filialité et fraternité", ele diz: "O filho retoma a unicidade do pai e permanece, entretanto, exterior ao pai: o filho é filho único. Não pelo número! Cada filho do pai é filho único... Só o *Eros* paternal institui a unicidade do filho — seu Eu, enquanto Eu filial, não principia no gozo, mas na escolha." Essa ética do filho do pai pode ser lida como a psicanálise original da qual se subtraiu a teoria das neuroses.

adoradores com uma amabilidade incapaz de iludir. Nisso, Ficino permanece ligado a uma atitude medieval; através dele, exprime-se ainda a repugnância teológica pela absurda exigência de ater-se a simples humanos para satisfazer às necessidades mais altas da alma. Ele repete, como filósofo, o voto dos monges de não se deixar completar por nada que não seja Deus. A primeira erotologia da modernidade já teria podido colocar-se sob o dito de Kafka: "Com uma bela ferida vim ao mundo, esse foi todo o meu enxoval."[4] Mesmo assim, quando, no fim do outono da Idade Média, um discurso filosófico protomoderno do desejo surgiu em Florença, sua preocupação foi não deixar que a bela ferida se fechasse graças a curativos apressados.

Mais de um século depois de Ficino, Giordano Bruno inseriu a magia da intersubjetividade do início da época moderna em uma teoria geral das relações discretas e recíprocas das coisas umas com as outras. Em seus textos mágicos, traduzidos apenas há pouco para o alemão, em particular no tratado *De vinculis in genere*[5], Bruno, em um tom quase cosmoerotológico, desenvolveu uma teoria das interações ou correspondências fortes entre polos de energia. Nessa teoria, o conceito de vínculo ou ligação (*vinculum*) desempenha o papel-chave, servindo de fundamento para uma ontologia das atrações múltiplas discretas, segundo a qual o ser de cada coisa consiste simplesmente na participação em um jogo de dependências múltiplas e constantemente mutáveis com o que lhe corresponde:

> O vínculo consiste, portanto, em uma certa concordância não apenas dos membros entre si, mas também em uma certa disposição concordante daquele que atrai com o atraído, para expressar-me assim [...]. O vínculo não atrai a alma se não a puder ligar e prender. Não a prende se não a alcança. Não a alcança se ela não puder ser atraída por alguma coisa. De uma maneira

---

4. In: "Ein Landarzt" ("Um médico rural"). [N.T.]

5. Cf. Giordano Bruno, *De magia* e *De vinculis in genere*, op. cit., 1995, p. 115-228. (Ver Nota 13 do Cap. 1.)

geral, o vínculo atinge a alma pelo conhecimento, prende-a pelo afeto e a atrai pelo gozo [...]. (Ibidem, p. 170-171)

[...] O vínculo não é igual em toda coisa que vincula, nem em toda coisa vinculada. (p. 172)

[...] Prende-se mais fortemente se o vínculo transporta alguma coisa do que prende ou quando o que prende domina outra coisa mediante algo dele mesmo. Por isso as unhas e os cabelos dos seres vivos bastam para obter o domínio sobre todo o corpo [...]. (p. 174)

[...] O vínculo difere em cada caso, conforme beijamos os filhos, o pai, a irmã, a esposa, a amante, a prostituta e o amigo. (p. 176)

[...] Não se prende nada que não tenha sido preparado de maneira muito apropriada [...]. (p. 172)

[...] O vínculo não atua da mesma maneira desde qualquer coisa e sobre qualquer coisa, tampouco atua sempre, mas apenas na constituição que corresponde ao que está correspondentemente constituído. (p. 174)

[...] O vinculado corre em direção ao vinculante através de todos os sentidos, até o ponto em que, atingida uma vinculação perfeita, ele quer atravessá-lo totalmente ou adentrá-lo, na medida em que se trate de vínculos do desejo. (p. 200)

[...] Não é possível vincular a si alguém a quem o próprio vinculante não se ache por sua vez obrigado [...]. A amante [...] não se vinculará efetivamente (*in actu*) a um amante se este não estiver também ligado efetivamente a ela. (p. 211)

Em Bruno, as sugestões da velha magia florentina da intersubjetividade culminaram em uma ontologia geral da atração que encerra a psicologia da ação recíproca em um sistema abrangente de magia natural. A magia, para os pensadores do início da modernidade, é a chave para a arte de pensar as coisas e os seres vivos como tomados e penetrados por interações específicas. Em todos os planos do Ser, as relações de cada coisa — ou, em termos magológicos, sua capacidade de vincular e de ser vinculada — têm precedência sobre seu ser em si. Por isso, para Bruno, os seres mais obtusos, os mais enclausurados em sua idiotia, são os que menos podem vincular, ao passo que os indivíduos mais dotados de espírito vibram conjuntamente em uma consonância global de vínculos e se elevam ao nível de operadores ou executores de efeitos criativos múltiplos. Em termos da magia, a nascente modernidade concorda em propor aos homens que empreendam coisas até então consideradas impossíveis. O que o século XVI — esse grande período de legitimação e ascensão dos europeus — chama o "mago" é o homem capaz de receber estímulos enciclopédicos, aberto ao mundo de forma polivalente, formado na cooperação atenta e engenhosa com as interações discretas entre as coisas, em um universo altamente comunicativo. O mago, como protótipo comum do filósofo, do artista, do médico, do engenheiro e do informático, não é outra coisa que o intermediário-operador no mundo das correspondências, das influências e das atrações. Ele é o agente e o metapsicólogo da alma do mundo, cuja extensão universal produz "um movimento de cada coisa em direção a todas as outras" (ibidem, p. 149). Bruno, o padre dominicano rompido com a ordem, abandonou, junto com as exigências por ela imposta, o capuz da meditação monástica sobre o Uno sempre idêntico. Ao afastar-se da aspiração luminosa mística, emancipou-se a ponto de se tornar o pensador da matéria divina multifacetada, desdobrada entre parcerias variáveis, e de seus traços na consciência. Como um Colombo do Atlântico das relações, ele também descobriu, para a nostalgia heroica da alma, uma outra costa que, como a legendária costa americana, representa um além situado do lado de cá, num mundo em que as fronteiras se desfizeram.[6]

Ao lado do corpo de textos magológicos de Bruno, é sobretudo na obra de William Shakespeare que culminam as primeiras ideias filosóficas da modernidade sobre a influência e a correspondência. Como mostrou René Girard em seu estudo sobre a dramaturgia shakespeariana, as peças do mestre de Stratford-on-Avon compõem uma súmula de ensaios sobre a capacidade do ser humano de inflamar-se pelos "fogos do desejo".[7] Seus universos relacionais refletem conjuntos sociais nos quais os indivíduos contaminam-se permanentemente uns aos outros, com seus desejos de poder e de prazer. Os atores de Shakespeare operam

---

6. Sobre o motivo da "outra margem" nessa "americanística dos desejos", cf. *Esferas II*, Cap. 8: "A última esfera. Para uma história filosófica da globalização terrestre".

7. Cf. René Girard, *Shakespeare et les feux de l'envie*, Paris, LGF, 1990 (reed. 1993).

como baterias psíquicas que se carregam por conexão à tensão oriunda da rivalidade — o que eles têm de particular consiste apenas em sua propensão a serem infectados pelas imagens que direcionam seu desejo e serem excitados pela imitação da violência, sob cuja influência equiparam-se a seus impetuosos concorrentes em escalações caóticas. Ao longo do cosmos psíquico cada vez mais sombrio da obra tardia de Shakespeare, desenvolve-se uma análise crescentemente cruel da peste mimética que faz de seus infectados os instrumentos da inveja alucinante e das crescentes pressões de emulação. Nessa medida, os sociólogos da literatura não estariam totalmente errados ao pretenderem ver, no universo dramático de Shakespeare, um reflexo da nascente sociedade de concorrência, burguesa e imperialista.

Dessa análise da fascinação levada a cabo pela primeira psicologia profunda europeia resulta uma dupla constatação sobre a natureza da intimidade bipolar: como amor vulgar, a atração pelo outro constitui o efeito de uma infecção presente causada por espíritos vitais alheios; como amor elevado, o anseio pelo outro é o traço atuante da lembrança da coexistência com Deus. O presente aparece, assim, como o tempo da possessão, o passado como o tempo do êxtase. Se o órgão da pulsão vulgar de conjunção é o sistema de atração e vinculação olho-sangue-coração, seguido por seu apêndice genital, o órgão do desejo de conjunção com o sujeito-objeto elevado é a memória. Com isso, sob o renovado estímulo de Platão, desponta no centro da reiterada questão sobre a essência da intimidade a questão mais profunda da possibilidade da lembrança. A analítica neoplatônica põe à disposição os meios para não mais considerar a intimidade como mera proximidade espacial — nem entre corações, nem entre rostos, nem entre os corpos unidos genitalmente. A intimidade como lembrança introduz uma profundidade temporal no jogo dos corpos que se atraem, na medida em que representa a proximidade presente como repetição de uma proximidade passada, com o que tem início uma forma de pensar segundo conceitos de transferência. O agente da repetição é uma iluminação arquetípica tardia que um estado mais antigo lança sobre um estado presente. A intimidade é o tempo reencontrado: platonicamente, o tempo no interior de Deus; em termos psicanalíticos, a unidade bipolar do espaço mãe-criança. Seguindo os caminhos abertos pela teoria platônica da lembrança, a moderna psicologia profunda descobre a historicidade essencial do psiquismo e mostra como, em certas paixões que os pensadores da Renascença denominaram heroicas, o magnetismo de uma antiguidade pré-natal continua a lançar seus raios sobre o psiquismo presente.

A segunda grande formação da psicologia profunda europeia — o conglomerado de magnetismo animal, sonambulismo artificial e hipnotismo —, que se desdobrou, particularmente na Alemanha e na França entre 1780 e 1850[8], em um multifacetado universo terapêutico e literário, liga-se por numerosos vínculos de tradição às doutrinas da erotologia cósmica e psíquica do início da modernidade. Isso vale sobretudo para os conceitos magnetosóficos que, numa continuidade quase ininterrupta — ainda que crescentemente questionados —, foram transmitidos desde os magos da Renascença, Paracelso, Gilbert e Van Helmont, passando por Jakob Böhme e Athanasius Kircher (*Magnes sive de arte magnetica*, Roma, 1641) até Newton e, por fim, Franz Anton Mesmer (1734-1815), o instigador propriamente dito da medicina romântica magnetopática. Com Mesmer e sua escola francesa, porém, o momento anamnésico platônico passou completamente para um segundo plano, em favor de uma teoria das interações presentes entre irradiações corporais planetárias e animais. Mesmo assim, o impulso de Mesmer deveria levar a que a compreensão da intimidade mágica interpessoal, na psicologia romântica, viesse a efetuar a passagem para um entendimento totalmente novo da psique como memória de relações subjetivas primitivas. Em Mesmer, como mais tarde em Freud, o cientificismo já havia se tornado o pretexto produtivo de arranjos inovadores no espaço íntimo dramático intersubjetivo. A abordagem patológico-filosófica de Mesmer — já estabelecida em seus traços essenciais desde sua dissertação de física médica, *Da influência dos planetas*, apresentada em Viena

---

8. Para demarcar o período de florescimento da primeira fase clássica da psicologia profunda com auxílio das balizas temporais simbólicas, poderíamos nos referir à mudança de Mesmer de Viena para Paris em 1778 e ao ano de publicação da última súmula das tradições magnetopáticas, *Du Magnétisme de la vie et des effets magiques en général*, de Gustav Carus, em 1856.

em 1766 — baseava-se em representações cosmológicas de uma força de atração interestelar e em um fluido universal que, à maneira dos raios magnéticos, comunica-se a todos os corpos, tanto minerais como animais, pela via da autoexpansão. Não se exclui que Mesmer tenha desenvolvido sua doutrina valendo-se de estímulos que remontam ao médico e filósofo da natureza inglês Richard Mead (1673-1754), médico particular de Newton. Para Mesmer, não existe ainda nenhuma psicologia separada da cosmologia e da física geral. Sua compreensão do espaço íntimo não contém quase nenhuma alusão a tópicos da psicologia individual. Indivíduos são, para ele, meros magnetos animais que, como todos os outros corpos, movem-se conjuntamente em um acordo fluido de inalações e exalações. Se essas máximas de filosofia da natureza forem transpostas à esfera erótico-pessoal, obtêm-se então, imediatamente, aquelas afinidades eletivas psicoquímicas ou magnéticas que Goethe integrou na ordenação investigativa de seu ousado romance. A importância de Mesmer para as espetaculosas e muito suspeitas inovações da psicoterapia romântica consiste sobretudo em que sua prática terapêutica magnetopática, tão fácil de copiar, abriu as portas para uma sucessão de investidas de imitadores nas quais se puderam exercitar novas disposições dos encontros aproximadores entre terapeuta e paciente, artistas e público, bem como, por fim, entre os líderes e a massa. Assim como os movimentos alternativos do século XX impregnaram-se de uma psicanálise selvagem, a era romântica, de 1780 até a metade do século XIX, foi a época do magnetismo selvagem. E como a abordagem magnetopática, exercida com seriedade nas artes médicas, não soube se distinguir, de um modo suficientemente claro aos olhos da opinião pública, de suas formas selvagens, em particular de sua submersão pelo espiritismo, tal fato levou à sua catástrofe na história das ciências. Os tratamentos de Mesmer deram impulso a uma nova reflexão sobre as constelações íntimas extraordinárias, tanto nos consultórios médicos, como na discussão e experimentação públicas. Sua ideia, de que todos os corpos se relacionam uns com outros como vetores de forças magnéticas em um éter de gravidade animal, deu a inúmeros indivíduos de sua época a ocasião de se lançarem a experimentos polivalentes sobre vivências não burguesas da atração e da proximidade. No curso desses experimentos, chegou-se à descoberta prenhe de consequências da assim chamada relação magnética, que, em termos atuais, poderia ser mais bem parafraseada como uma relação de transferência entre analista e analisado em níveis arcaicos de regressão. Em 1784, numa loja secreta parisiense fundada por ele próprio, Mesmer, que até o final se considerava não um psicólogo, mas um médico do corpo, expôs as regras de seu método curativo, na forma de uma série de princípios elementares, a um grupo selecionado de alunos — entre os quais se encontravam celebridades presentes e futuras, como os imãos Puységur, o general Lafayette, o advogado Bergasse, George Washington e o banqueiro Kornmann. Uma impressão pirata de 1785, várias vezes reeditada, divulgou para o grande público — sob protestos do autor — as linhas essenciais das conferências de Mesmer. A comparação entre esses *Aforismas do sr. Mesmer, ditados à classe de seus alunos...*[9] e a exposição geral de sua obra, posteriormente autorizada, feita pelo médico berlinense Karl Christian Wolfart — *Mesmerimus oder System der Wechselwirkungen* [*Mesmerismo, ou sistema de ações recíprocas*], Berlim, 1814 —, atesta, no essencial, a confiabilidade das notas recolhidas em Paris. Nessa compilação inicial de 344 princípios do magnetismo animal, acham-se, entre outros:

> § 79 É, portanto, uma lei constante da natureza que há uma influência mútua sobre a totalidade desses corpos, e, consequentemente, ela se exerce sobre todas as partes constitutivas e sobre suas propriedades.
> § 80 Essa influência recíproca e as relações de todos os corpos coexistentes formam o que se chama Magnetismo.
> § 141 O estado de sono no homem [consiste em que] o exercício e as funções de uma parte considerável de seu ser são suspensos por um tempo, durante o qual a quantidade de movimento perdida durante a vigília é reparada pelas propriedades das correntes universais em meio às quais ele está situado.

---

9. *Aphorismes de M. Mesmer, dictés à l'assemblée de ses elèves, & dans lesquels on trouve ses principes, sa théorie & les moyens de magnétiser; le tout formant un corps de doctrine développé en 344 paragraphes, pour faciliter l'application des commentaires au magnétisme animal, par M. C[aullet] de V[eaumorel]*, Paris, 1785. Gallica, biblioteca digital da Biblioteca Nacional da França. [N.T.]

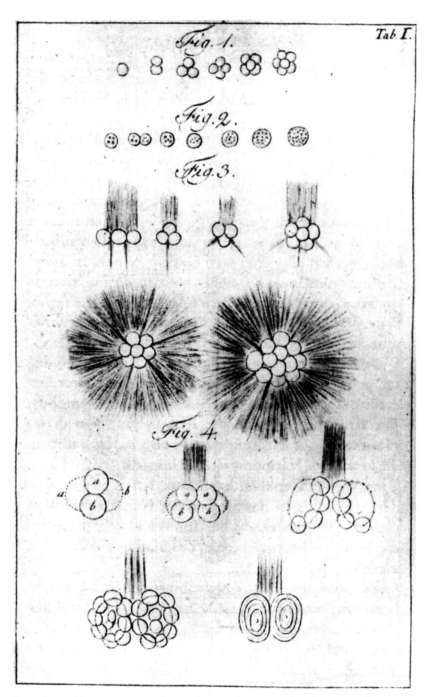

Desenho de Mesmer para explicar o sistema das interações, do livro homônimo de Karl Christian Wolfart.

§ 160 O homem, estando constantemente situado em meio a correntes universais e particulares, é penetrado por elas; o movimento do fluido, modificado pelas diferentes organizações, torna-se tônico. Nesse estado, ele segue a continuidade do corpo pelo maior tempo que puder, isto é, em direção às partes mais proeminentes.

§ 161 Por essas partes proeminentes, ou extremidades, esvaem-se ou adentram as correntes, se um corpo capaz de recebê-las ou fornecê-las é colocado em oposição [...].

§ 184 É comprovável, e há *a priori* fortes razões [para isso], que somos dotados de um sentido interno que está em relação com o conjunto de todo o universo; observações exatas podem nos assegurar disso; daí se poderia compreender a possibilidade do pressentimento.

§ 238 A posição respectiva de dois seres que atuam um sobre o outro não é indiferente; para julgar qual deve ser essa posição, é preciso considerar cada ser como um todo composto de diversas partes, cada uma possuindo uma forma ou um movimento tônico particular; concebe-se, desse modo, que dois seres têm um sobre o outro a maior influência possível se estiverem colocados de maneira que suas partes análogas atuem umas sobre as outras na mais perfeita oposição. Para que dois homens atuem o mais fortemente possível um sobre o outro, é preciso, portanto, que estejam colocados de frente um para o outro. Nessa posição, eles provocam um aumento de tensão de suas propriedades de uma maneira harmônica e podem ser considerados como formando um único todo [...]. Segue-se, portanto, [...] que para manter a harmonia do todo deve-se tocar a parte direita com o braço esquerdo, e reciprocamente [...].

§ 309 Só há uma doença e um remédio. A perfeita harmonia de todos nossos órgãos e de suas funções constitui a saúde. A doença é apenas a aberração dessa harmonia. A cura consiste, portanto, em restabelecer a harmonia perturbada.

§ 333 Uma doença não pode ser curada sem crise; a crise é um esforço da natureza contra a doença, tendendo — por uma ampliação de movimento, tônus e tensão, de ação do fluido magnético — a dissipar os obstáculos que se encontram na circulação, a dissolver e evacuar as moléculas que os formavam, bem como a restabelecer a harmonia e o equilíbrio em todas as partes do corpo.

§ 337 Quando a natureza é insuficiente para o estabelecimento das crises, ajudamo-la por meio do magnetismo, que, posto em ação das formas indicadas, opera juntamente com ela a revolução desejada [...].[10]

Por seu caráter elementar e sugestivo, as doutrinas de Mesmer prestaram-se facilmente à apropriação tanto por pesquisadores entusiastas, como por céticos e curiosos, sendo testadas e modificadas em múltiplas aplicações. As setecentas páginas do livro de F. A. Murhard — *Versuch einer historisch-chronologischen Bibliographie des Magnetismus* [*Ensaio de bibliografia histórico-cronológica do magnetismo*], Kassel, 1797 — podem dar uma ideia rudimentar do efeito epidêmico do impulso dado por Mesmer. Menos de 25 anos após a primeira apresentação na Viena dos anos 1770, suas propostas haviam produzido uma subcultura turbulenta e complexa que, na época da medicina romântica, se erigiu em uma grande potência clínica e literária. A história do espírito conhece poucos casos em que uma autoexpansão tão arrasadora de uma ideia tenha sido seguida de um esquecimento secundário tão completo. Mas a culpa disso não é apenas o mencionado descrédito científico do magnetismo terapêutico por seus frívolos imitadores teatrais; é preciso levar em conta também que o impulso à experimentação com as abolições de fronteiras interpessoais, proveniente das teses de Mesmer, deveria entrar em choque com a tendência geral psico-histórica do final do século XIX e início do XX, que consistia em produzir contornos mais nítidos no sistema de circunscrição do Eu da sociedade burguesa. Com o progresso da sociedade de circulação de mercadorias e da abstração individualista, e com a tendência a acentuar o desnível de poder entre médicos e leigos, a primeira grande vaga de procedimentos magnetopáticos de ultrapassagem do Eu recuou. Só por volta de 1900, especialmente sob o efeito sinergético dos escritos de Nietzsche e das ideias de reforma da existência características da Comuna, levantou-se uma segunda vaga de ideias de ruptura das fronteiras interpessoais — dela se originaram, entre outras, a psicanálise de Viena e a de Zurique, as

---

10. *Aphorismes...,* op. cit. [N.T.: Sloterdijk cita as passagens em alemão, mas a tradução aqui apresentada foi feita com base no original francês anteriormente referido.]

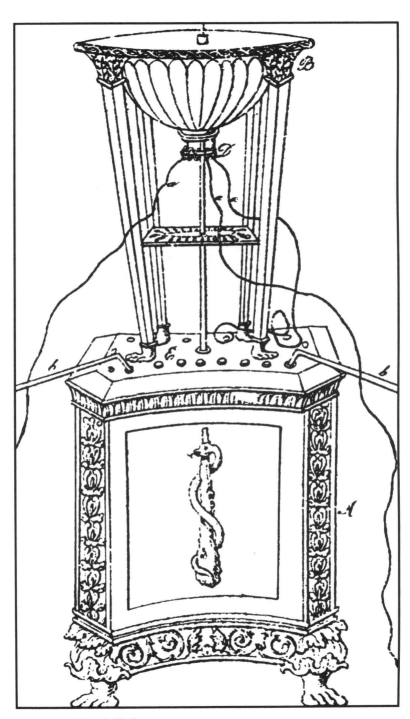

A tina mesmérica de Wolfart.

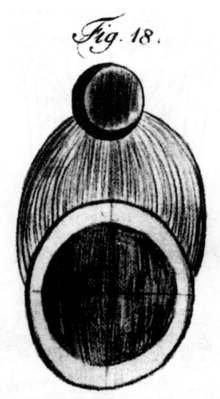

Desenho de Mesmer: representação da produção da maré baixa e da maré alta.

quais, entretanto, tiveram de pagar desde o início um elevado tributo às mais estritas normas de regulação científica e burguesa da distância. Na perspectiva psico-histórica, o magnetismo animal aparece como uma propedêutica à subversão dionisíaca das formas de subjetividade burguesas, tal como postulada pelos artistas do século XX; o percurso do cidadão como magneto até o cidadão como animal divino era menos longo do que desejaria admitir a corrente história das civilizações. A terceira vaga — o movimento de contracultura dos anos 1960, que pôde ligar-se a seus predecessores tanto românticos como vitalistas, rompe-se agora ante o individualismo exacerbado do atual impulso telemático para a abstração, assim como ante o neoisolacionismo esteticista da propaganda pós-moderna do "estilo de vida".

Por volta de 1800, os arranjos de proximidade magnetopáticos deram origem, em curtíssimo tempo, a uma abundância de descobertas

Ebenezer Sibly, *Mesmerismo: o operador desencadeia um transe hipnótico*, gravura em cobre, 1794.

psicológicas de grande alcance. Em especial a tese § 238, citada antes, que apresenta claramente o *face-à-face* magnetopático como uma espécie de comunhão bioenergética, permite imaginar os explosivos procedimentos de aproximação que os médicos e terapeutas românticos haviam começado a empregar em seus experimentos. Se Mesmer ainda julgava produzir no corpo do indivíduo apenas um análogo fluídico à subida e à descida da maré, muitos de seus discípulos e imitadores se constituíram em verdadeiros psicólogos — entendendo-se psicologia

211

não ainda como a moderna disciplina universitária de mesmo nome, mas como a ciência geral da relação, da vivência e da transformação. Armand-Marie Jacques de Chastenet, marquês de Puységur (1751--1825) — que, após um período de aprendizagem com Mesmer, em Paris, abriu uma grande clínica em sua propriedade rural em Buzancy, perto de Soissons —, concentrara-se cada vez mais sobre um aspecto das curas magnetopáticas deixado de lado por Mesmer: o assim chamado sonho crítico, uma profunda regressão hipnótica do paciente ligada à presença do magnetizador, que desembocava frequentemente em estados de lucidez mental, acompanhados de um aumento da percepção sensorial e de uma capacidade intuitiva de autodiagnóstico. Puységur preferia realizar o tratamento sob árvores magnetizadas, às quais os pacientes eram amarrados por cordas — essas são as árvores mágicas da tradição da medicina popular, cuja importância para a história do espírito só há pouco foi relembrada.[11] Puységur considerava o "sonambulismo artificial", como ele o denominava, o caminho ideal para a cura magnetopática. Utilizava os transes de lucidez para implantar no próprio paciente a vontade de cura, como um imperativo inconsciente. Concedia-lhe, simultaneamente, uma independência de ação desconhecida em todas as outras formas de relação médica, permitindo que o paciente encontrasse, por meio de sua introspecção e de suas autoprescrições durante o transe magnético, as indicações decisivas sobre as causas de seus sofrimentos e os remédios apropriados. Vem de Puységur a nova interpretação do procedimento mágico como transferência de vontade do magnetizador para o magnetizado — uma ideia que impressionou particularmente os pensadores do idealismo alemão.

Da ênfase na vontade como o verdadeiro agente das terapias magnéticas, Immanuel Kant extraiu a consequência de que, por meio da

---

11. Ver, sobre isso, Peter Sloterdijk: *Der Zauberbaum. Die Entstehung der Psychoanalyse im Jahr 1785. Ein epischer Versuch zur Philosophie der Psychologie* [*A árvore mágica. O surgimento da psicanálise no ano de 1785. Uma investigação épica sobre a filosofia da psicologia*], Frankfurt, Suhrkamp, 1985. (Ed. fr.: *L'Arbre magique. La Naissance de la psychanalyse en l'an 1785*, Paris, Flammarion, 1998.) [N.T.]

Goya, *Cabra-cega*, 1797.

vontade ou do "simples propósito"[12], devia ser possível até mesmo se curar a si próprio, tornando-se assim, quase cem anos antes de Émile Coué (1857-1926), o descobridor da autossugestão. A filosofia da natureza de Schelling oferece uma abrangente racionalização do magnetismo animal; ele próprio experimentou os procedimentos magnetopáticos em pessoas de seu círculo imediato — embora, na maioria das vezes, com resultados pífios — e permaneceu toda a vida em contato com um meio de magnetizadores e simpatizantes do mesmerismo;

---

12. Immanuel Kant, "Von der Macht des Gemüts, durch den blossen Vorsatz seiner krankhaften Gefühle Meister zu sein", in: *Der Streit der Fakultäten* (Königsberg, Nicolovius, 1798), terceira seção. [Ed. port.: "Do poder que o ânimo tem, pelo simples propósito de ser senhor dos seus sentimentos mórbidos", in: *O conflito das faculdades*, trad. Artur Morão, Lisboa, Ed. 70, 1993.]

Os olmos de Buzancy, local das curas magnetopáticas de Puységur.

entre estes, destacam-se seu irmão mais novo, conselheiro médico superior, Karl Eberhard von Schelling[13] (1783-1854), e o filósofo da religião Karl August Eschenmayer[14] (1786-1862). Franz Xaver von Baader, incentivador e colega de Schelling dos anos de Munique, referiu-se detalhadamente, em seus textos de antropologia filosófica, aos fenômenos

---

13. Cf., deste autor, *Ideen und Erfahrungen über den Magnetismus* [*Ideias e experiências sobre o magnetismo*], Tübingen, 1807.

14. Cf., deste autor, *Versuch, die scheinbare Magie des thierischen Magnetismus aus physiologischen und psychischen Gesetzen zu erklären* [*Ensaio para explicar a aparente mágica do magnetismo animal por meio de leis fisiológicas e psíquicas*], Stuttgart/Tübingen, Cotta, 1816, assim como *Mysterien des inneren Lebens. Hegels Ansichten über den thierischen Magnetismus. Ansichten und Gegenansichten von Strauss und Fichte* [*Mistérios da vida interior. Opiniões de Hegel sobre o magnetismo animal. Opiniões e contraopiniões de Strauss e Fichte*], Tübingen, Zu Guttenberg, 1830.

3. Homens no círculo mágico: Para uma história das ideias da fascinação pela proximidade

da fala durante o sono e da lucidez magnética[15]; e, em suas reflexões sobre um erotismo religioso, levou adiante os temas da análise do encantamento do início dos tempos modernos: "Só o amor [...] não separa [...] a posse de ser possuído ou deixar-se possuir."[16] Também Fichte voltou-se, em sua obra tardia, para o estudo das teorias magnetopáticas e assistiu às sessões curativas do mesmeriano berlinense Wolfart, que ocupou uma das primeiras cátedras alemãs de magnetismo animal; o ministro prussiano Hardenberg, adepto das ideias mesmerianas, assim como Wilhelm von Humboldt, em boa medida sob a influência de Johann Ferdinand Koreff, médico pessoal do Rei, dedicou-se a promover o reconhecimento universitário do magnetismo através da instituição de cátedras nas universidades alemãs; após Berlim (Wolfart) e Bonn (Nasse, Ennemoser), também as faculdades de medicina das universidades de Halle (Kruckenberg), Gießen (Wilbrand) e Iena (Kieser) ganharam suas cátedras de magnetismo animal. Hegel incluiu uma abundante literatura mesmeriana em seu curso de Antropologia, que pode ser lida ainda hoje — sobretudo em seus efusivos acréscimos orais — como uma das mais complexas discussões sobre os fenômenos, princípios e resultados da psicologia magnetopática.[17] É justamente o "Hegel oral" que atesta a ligação indissociável entre o idealismo alemão e a primeira psicologia profunda.

Schopenhauer tinha em alta conta a nova disciplina, pela possibilidade de reivindicar a interpretação puysegurista do agente magnetopático como vontade para sua própria metafísica da vontade.

---

15. Cf. *Gesammelte Schriften zur philosophischen Anthropologie* [*Obras completas sobre antropologia filosófica*], org. de Franz Hoffman, Leipzig, 1853; reimp.: Aalen, Scientia, 1987.

16. *Vierzig Sätze aus einer religiösen Erotik* [*Quarenta proposições de um erotismo religioso*], Munique, Georg Franz, 1831, p. 185.

17. Georg Wilhelm Friederich Hegel, *Enziklopädie der philosophischen Wissenschaften im Grundrisse* [*Enciclopédia das ciência filosóficas em compêndio*], 1830, 3ª parte, Philosophie des Geistes [Filosofia do Espírito], § 403-406, in *Werke*, vol. 10, p. 122-160. Hegel interpreta o estado magnético adormecido como agente da reorganização curativa e alerta, simultaneamente, contra a fixação da psique nos estados sensitivos e de concentração.

A chave dos símbolos, de *La Théorie du monde et des êtres organisés, suivant les principes de M.(esmer)*, gravada de A. OE.

> Além disso, como a vontade no magnetismo animal aparece como coisa em si, vemos imediatamente frustrado o *principium individuationis* (espaço e tempo) próprio da mera aparência; suas barreiras isoladoras dos indivíduos são rompidas; entre o magnetizador e o sonâmbulo, os espaços não são uma separação; uma comunidade de pensamentos e de movimentos da vontade se instaura [...].[18]

De resto, a irradiação do mesmerismo de modo algum esteve limitada à escola alemã, ainda que ali, principalmente por sua recepção filosófica e seu amalgamento com a filosofia idealista, ele tenha se elevado às mais altas honras acadêmicas e literárias. Também na literatura francesa da era pós-napoleônica, os motivos mesmeristas e puyseguristas tornam-se onipresentes; e eles inspiram não apenas o catolicismo romântico da época da Restauração, mas ainda alguns sistemas protossocialistas, como os projetos de Saint-Simon e de Fourier, nos quais as teorias da atração e da gravitação de tipo mesmeriano, assim como os ensaios de uma mecânica moral no estilo da teoria da compensação de Pierre-Hyacinthe Azaïs, desempenham um papel modelar. É supérfluo indicar aqui mais detalhadamente como todos esses motivos convergiram no mais importante projeto narrativo do século XIX: a *Comédia humana*, de Balzac, é um teatro universal em que se defrontam forças de gravitação tanto morais quanto psíquicas.[19]

Com a mudança de rota de Puységur, realizou-se a passagem da física à psicodinâmica, e da energização à intimização da relação médico-paciente. A partir daí, ficou aberto o campo da pesquisa da intimidade bipolar e interpessoal, liberando-se o caminho para uma nova interpretação do psiquismo como memória encenadora das relações mais

---

18. Cf. Arthur Schopenhauer, "Animalischer Magnetismus und Magie" ["Magnetismo animal e magia"], in: *Ueber den Willen in der Natur* [*Sobre a vontade na natureza*], *Werke in 10 Bänden*, vol. 5, p. 294-324, cit. p. 299.

19. Sobre a esferologia esotérica de Balzac, cf. Ernst Robert Curtius, *Balzac*, Bonn, Cohen, 1923, p. 37-72. Além disso, Burkhart Steinwachs, "Die Bedeutung des Mesmerismus für den französischen Roman um 1830" ("O significado do mesmerismo para o romance francês em 1830"), in: *Franz Anton Mesmer und der Mesmerismus*, org. de Gereon Wolters, Konstanz, Univ.-Verl. Konstanz, 1988, p. 107 ss.

arcaicas e, ainda, como origem reprodutiva de situações existenciais passadas. Dali em diante, a alma podia ser pensada como campo de ressonâncias interpessoais — mesmo que inúmeros psicólogos permaneçam até hoje aquém das possibilidades abertas pela experimentação magnetopática e sua racionalização teatral. De resto, o próprio Mesmer se opôs a essa transformação de sua física profunda em uma psicologia profunda, principalmente porque o conceito a-histórico de suas teorias do fluxo energético não oferecia nenhum espaço para a introdução do tempo nos corpos. Seu axioma fisicalista, segundo o qual todos os corpos sólidos nadam em correntes de matéria sutil, permaneceu totalmente referido a processos presentes, excluindo a ideia de memórias atuando em episódios corporais e relacionais.

A rápida e imensa penetração teórica do empirismo magnetopático, cujos sucessos curativos, embora interpretados com espírito crítico, não podiam absolutamente ser postos em questão, teve seu momento mais fecundo como resultado do encontro entre o magnetismo animal e a filosofia da natureza na época do primeiro romantismo. Não se conhece nenhuma evidência de um intercâmbio pessoal entre Mesmer e Schelling, mas em seus numerosos discípulos comuns chegou-se, já na primeira década do século XIX, aos cruzamentos das duas correntes de pensamento, das quais surgiu a forma primitiva da moderna psicologia genética, o que se poderia chamar a protopsicanálise de Iena, Weimar e Berlim. Quando a física fluídica quase panteísta de Mesmer e as ideias de Schelling sobre uma temporalização da natureza entraram em contato, deflagrou-se a centelha crítica que deveria inflamar uma teoria evolucionária do psiquismo e uma arqueologia da vida relacional íntima.

A nova aliança entre a experimentação magnetopática de proximidade e a filosofia evolucionária da natureza alcançou sua primeira culminação no ensaio de Friedrich Hufeland, *Ueber Sympathie* (*Sobre a simpatia*), publicado em Weimar, em 1811. Hufeland (1744-183) — médico da corte do duque de Saxe-Weimar e irmão mais novo do conhecido médico e escritor Christoph Wilhelm Hufeland, cujo livro *Makrobiotik oder die Kunst, das menschliche Leben zu verlängern* (*Macrobiótica ou a arte de prolongar a vida humana*), Iena, 1796, inaugura as

3. Homens no círculo mágico: Para uma história das ideias da fascinação pela proximidade

Grandville. *Metamorfoses de um sonho*, in: *Un Autre Monde*, 1844.

modernas ciências dietéticas — havia adotado, sob a influência da teoria schellinguiana da natureza como ascensão da matéria à consciência de si, uma concepção do mundo que abrangia a totalidade da natureza sob o conceito de organismo. Atuam aqui conceitos fluidísticos mais antigos que puderam ser facilmente combinados com o pensamento mais recente sobre o orgânico. No conceito modernizado de simpatia, Hufeland articula a ideia de que formas primitivas e inferiores na evolução dos organismos — sobretudo da "esfera" das plantas, ou vegetativa — distinguem-se por uma preponderante capacidade de passividade diante de influências externas. Logo os animais se destacam do mundo vegetal pela mobilização de uma atividade própria e uma superior individualização. A série evolucionária, estendendo-se dos minerais até as plantas, os animais inferiores, os animais superiores e o ser humano, constitui, para ele, uma ascensão pela qual o orgânico passa de preponderantemente passivo a preponderantemente ativo — e essa atividade, em sua forma mais elevada, manifesta-se nos homens geniais que conseguem unir a autodeterminação moral livre e a coprodutividade técnico-inventiva com a natureza. Com essa individuação mais elevada e uma identidade mais ativa do organismo, o componente passivamente simpático torna-se imperceptível — e por isso o ser humano, como o ser mais autônomo na série de criaturas naturais, é também o mais independente e o mais aberto ao chamado da liberdade. Apesar disso, o próprio homem, como produto da evolução dotado do mais alto nível de espontaneidade, continua sujeito a ser atraído compassivamente pelas influências simpáticas de outras criaturas vivas, em particular no estado de introversão vegetativa, no sono e nos estados de entorpecimento da consciência de si, mas sobretudo em caso de desorganização doentia das forças que constituem sua identidade. Em tais constituições, a vontade própria do sentido de liberdade e de atividade — usualmente imune a influências distantes — relaxa-se e abre o indivíduo aos efeitos sutis de correntes magnéticas. Mesmer designa essas forças pelo termo "flutuabilidades" (*Flutbarkeiten*). A principal manifestação da "faculdade que o homem tem de entrar em uma relação de simpatia"[20] é identificada por Friedrich Hufeland nos fenômenos suscitados pela prática magnetopática:

> Pois em nenhum lugar a relação que denominamos simpatia, ou a dependência da vida individual de uma esfera vital estranha, revela-se mais claramente que no magnetismo animal, pelo qual o sujeito magnetizado, sacrificando sua própria individualidade, tanto quanto isso pode ocorrer sem perda de sua existência, e adentrando a esfera vital do magnetizador, submete-se a tal

---

20. Título do Cap. 3 de *Ueber Sympathie*, de F. Hufeland. Weimar, Landes-Industrie-
-Comptoir, 1811, p. 45-142.

Anônimo, *A sala das crises no consultório parisiense de Mesmer*, gravura em cobre, c. 1780.

ponto à dominação deste que é como se lhe pertencesse como uma de suas partes e formasse com ele um só e mesmo organismo. (*Ueber Sympathie*, p. 107-108)

No discurso de Hufeland, percebe-se imediatamente como um objeto fascinante, a simpatia, vem acompanhado de um escândalo, o sacrifício da autonomia. É característico das filosofias românticas do organismo que elas se arrisquem a essa provocação, no bom sentido do termo, para atingir seu objetivo superior, que é estabelecer a mediação entre o ser humano e as totalidades vitais mais abrangentes. No caso de Hufeland, motivações médicas se associam, nesse empreendimento, com traços de otimismo holístico que se cultivava em Weimar e Berlim. A totalidade na qual o sujeito instável é convidado a ingressar aparece, de um lado, como o pacto magnetopático curativo entre médico e paciente, que se pretende totalmente mergulhado em afirmações de confiança, e, de outro, como o sereno globo macrocósmico pelo qual o indivíduo pode reconhecer-se tomado, como Deus-homem em formação, sem admitir perdas em seu senso de autonomia. Por um instante preciosamente precário, o pensamento médico-filosófico alcançou o perfeito equilíbrio entre autonomia e entrega. Apesar desse tipo de recomendações edificantes, os críticos contemporâneos objetaram a exigência de entrega envolvida no magnetismo; e isso sucedeu já na fase vienense da carreira de Mesmer, manchada de suspeitas e ciúmes, e mais ainda no apogeu do sucesso terapêutico e da popularidade do movimento magnetopático. O final do século XIX, corretamente caracterizado como a era dos combates estratégicos da racionalidade e da crítica que desmascara, levou tão longe a evolução conjunta da expectativa de abuso e do exercício da desconfiança que o otimismo romântico da cura, com sua devota alegria pela salutar acessibilidade da psique pelas almas ao redor, recuou forçosamente ante o ceticismo neoburguês que espera encontrar em toda parte a usurpação, as fraudes e o embuste, mesmo entre parceiros próximos. A essa aguda resistência dos contemporâneos, os primeiros magnetizadores tinham a opor não somente suas euforias de descoberta, mas também a confiança própria e não abalada na correção de seus motivos terapêuticos. A maioria deles dificilmente teria compreendido as críticas posteriores ao seu paternalismo, bem como ao clima mágico e autoritário em que se realizavam os encontros médico-paciente. Para eles, essa era uma evidência prática de que mesmo as relações psíquicas fortemente assimétricas, como as que existem entre magnetizadores e sonâmbulos, podiam ser acomodadas em uma esfera intacta de boa vontade partilhada e de reciprocidade moral. Além disso, a característica decisiva do novo procedimento terapêutico estava à vista de todos: jamais, antes, na história da arte curativa, havia se outorgado aos pacientes um grau tão elevado de dignidade enquanto sujeitos; do movimento magnetopático, surgiu um gênero literário de histórias de caso que dedicavam aos pacientes uma dose de atenção clínica e pública desconhecida desde a época das *vitae* dos místicos na Idade Média. Toda uma biblioteca de relatos de doenças celebrava o inconsciente curativo como o deus oculto do século científico que se iniciava. A biografia de Freidrike Hauffe, a "Vidente de Prevorst", por Justinus Kerner, as anotações de Clemens Brentano sobre Anna Katharina Emmerich e os diários de Friedrich Schlegel sobre o tratamento magnético da condessa vienense Leśniowska, nos anos 1820-1826, são

3. Homens no círculo mágico: Para uma história das ideias da fascinação pela proximidade

típicos monumentos dessa nova hagiografia dos doentes, a qual, após um sensível esfriamento do tom geral, desemboca diretamente nos relatos de casos de Freud e sua escola e continua viva na literatura autopatográfica do século XX. E mesmo Freud ainda possuía uma admirável habilidade de transformar todo relato de doença em uma novela, toda neurose em um monumento antropológico. A medicina romântica destravou a língua à doença e designou o próprio doente como poeta de sua desorganização. Quanto à abordagem magnetopática, ela tinha efetivamente como pressuposto que os pacientes, considerados assistentes inconscientes do médico magnetizador, deviam se tornar seus próprios coterapeutas. Assim como a era metafísica só reconhecia Deus como o único capaz de curar, a era romântica se apegava ao princípio *natura sanat* — a natureza cura —, que, entretanto, significava agora apenas que a natureza, no paciente afetado pela magnetopatia, cura-se a si mesma como inconsciente reparador.

Dentre os numerosos autores que pretenderam dar um nome ao agente dessas misteriosas curas a dois, destaca-se particularmente o já citado Friedrich Hufeland, com seu ensaio de uma história natural da simpatia. Ele foi o primeiro a exprimir publicamente a chave psicogenética da arriscada relação de proximidade da cura magnética:

> Existe na natureza orgânica apenas uma única relação na qual a simpatia se manifesta do mesmo modo que no magnetismo animal, através do mais alto grau de dependência de um indivíduo em relação a outro, a saber, aquela que percebemos na ligação indissociável entre a criança ainda por nascer e a mãe. Ambos os relacionamentos são, no essencial, perfeitamente iguais; sua diferença repousa apenas na forma externa, e esta é determinada pela esfera do organismo, que entra de início e originalmente nessa relação. No caso do magnetismo animal, vemos que são as funções propriamente animais — a atividade sensorial, parte dos movimentos musculares voluntários e, às vezes, a própria atividade intelectual superior (consequentemente, o que chamamos mais acima a esfera animal superior) — que mostram uma dependência imediata do magnetizador; o feto, pelo contrário, é dependente da mãe sobretudo para a sua esfera vegetativa.

> A atividade orgânica da mãe age imediatamente sobre o feto; o órgão central [quer dizer, o sistema nervoso superior, P. Sl.] que comanda a esfera vegetativa da mãe se refere também à do feto; se o coração da mãe cessa de bater, a circulação sanguínea deste também é inibida, e assim a criança não tem em si mesma a verdadeira fonte e o centro de sua atividade reprodutiva, mas fora de si, no organismo da mãe. (*Ueber Sympathie*, p. 108-109)

A passagem se lê como uma direta aplicação da tese de Schelling de que a tarefa da ciência é uma anamnese. Mas quase nunca se empreendeu uma tentativa tão séria — para retomar mais uma vez as palavras de Schelling — de trazer conscientemente a consciência à consciência. O modelo de Hufeland da habitação fetal na mãe oferece, até nova ordem, a mais íntima e, historicamente, a mais profunda de todas as interpretações imagináveis para a união esférica entre sujeitos. Pois, além do enclausuramento espacial da vida por vir no corpo materno, Hufeland pensa também a constituição espiritual da criança como uma relação de direta dependência simpática das funções nervosas centrais, portanto, das instâncias de regulação animal pessoais da mãe. Isso equivale à tese de que a mãe magnetiza a criança que está dentro dela e a anima com sua própria vida, superiormente organizada. Hegel afirmará algo semelhante em suas lições de antropologia acerca da história original da alma sensível. Sob o tema "A mãe é o gênio da criança", ele explica que, na relação arcaica mãe-criança, só se dispõe de uma única subjetividade para dois indivíduos; a criança participa da subjetividade da existência materna até amadurecer para um ser-para-si específico e substancializado.[21] Para Hufeland, o feto é semelhante a uma planta que, alojada no regaço de um animal, cresce para se tornar, por sua vez, um animal que novamente se abrirá ao mundo do espírito. Segundo a doutrina da filosofia da natureza de Schelling, os organismos superiores guardam, como em um depósito somático de memórias, a lembrança integral de seus modos anteriores de existência. Isso lança uma primeira luz sobre o fato — de outro modo completamente obscuro — de que parece possível haver, entre seres humanos adultos, relações que só se

---

21. Hegel, op. cit. (ver Nota 17 deste Cap. 3), p. 124-125.

deixam compreender como reproduções de relações "vegetativas" da história anterior. Não apenas todo organismo humano é um resultado e uma memória armazenada de processos ascendentes da história natural, desde a pedra até o ser vivo sensitivo e autoconsciente, mas, em cada indivíduo, há também uma memória que conserva a própria história de seu desenvolvimento desde a época uterina, e à qual, em condições extraordinárias, como as produzidas pela cura magnetopática, pode-se também retroagir de maneira instrutiva. Essa possibilidade de retorno é a condição decisiva da nova arte de curar; os pacientes do magnetismo se "lembram", por assim dizer, de um estado no qual, em uma condição vegetativa extática, eram animados e coordenados desde o centro da mãe.

> Semelhantes ao feto, os doentes da espécie descrita não constituem uma totalidade fechada em si mesma. Sua esfera animal abre-se facilmente à influência predominante de um organismo estranho, e é só ao adentrar dessa forma uma esfera vital alheia que a energia que falta em sua vida interior é compensada por uma força exterior. Eles participam da vida mais aperfeiçoada do organismo ao qual estão parasiticamente ligados e gozam, nessa relação, de um inusitado sentimento de saúde e força. A vida desses doentes, como a da criança ainda por nascer, assemelha-se, portanto, à vida dependente das plantas. Pois, do mesmo modo que a criança no corpo da mãe, a planta se enraíza no solo e recebe parcialmente do exterior o princípio positivo de sua vida através da luz, assim como aqueles doentes a recebem da influência animadora do magnetizador. (*Ueber Sympathie*, p. 109-110)

Hufeland está longe de extrair as consequências psicoterápicas aparentemente evidentes de sua ousada identificação entre a relação magnética e a união diádica mãe-criança durante a gravidez. Acima de tudo, ele não deixa emergir conclusões sobre uma fase uterina da vida sensorial advindas da lucidez magnética dos pacientes, da intensificação de suas capacidades sensoriais — em particular, de suas sensações auditivas alteradas —, do deslocamento muitas vezes descrito da percepção dos rostos para a região do umbigo e de outras peculiaridades do estado de exceção magnético-hipnótico. O autor tem à mão a chave de uma teoria geral dos fenômenos psíquicos de transferência e ainda não sabe ao certo qual porta abrir com ela. A especulação de Hufeland sobre a equivalência entre o feto e a planta só poderia bloquear o prolongamento direto aparentemente inevitável de suas reflexões rumo a uma investigação pré-natal da consciência e uma teoria genética da transferência. Tais ligações só seriam desenvolvidas sistematicamente 150 anos mais tarde, pela psicologia pré-natal renovada, nos trabalhos de Gustav Hans Graber, Alfred Tomatis, Athanassios Kafkalides, Ludwig Janus e outros. O mérito excepcional de Hufeland permanece, entretanto, o de ter estabelecido, se não pela primeira vez, ao menos com inquestionável fecundidade, uma ligação da relação magnética à história da memória relacional corporificada. Consequentemente, a hipnose, ou transe magnetopático, é uma reprodução da posição fetal, que aparece muitas vezes ligada a algumas capacidades mentais não regressivas. Paralelamente, Hufeland extraiu da analogia entre nascimento e convalescença a primeira interpretação plausível do final da cura e do encerramento da relação de exceção entre o magnetizador e o magnetizado.

> Mas, assim como a organização do feto por meio da força e da nutrição que a mãe lhe fornece atinge pouco a pouco um grau de conformação e acabamento que o capacita a levar uma vida autônoma, e assim como ele, ao atingir esse fim, separa-se da mãe, e a vida comum de ambos divide-se em uma vida dupla, assim também, pela atuação do magnetismo animal, o sujeito enfermo é conduzido pouco a pouco a um grau mais alto de perfeição orgânica, sua atividade animal de novo se desperta, e, na medida em que as funções mais elevadas de sua esfera subjetiva são postas em um estado de atividade regular, ele recupera sua autonomia e não mais necessita, agora, da influência imediata de uma vida alheia. Assim, toda cura efetuada pelo magnetismo animal apresenta os mesmos períodos que a vida da criança por nascer, até sua separação da mãe. (p. 110)
> Pela aplicação repetida, desaparecem gradualmente os fenômenos que tinham origem na impressionabilidade desses doentes e, junto com eles, os acessos doentios que os acompanhavam. O organismo dos pacientes começa agora a reconstituir uma esfera

nitidamente delimitada e fechada sobre si mesma; seu estado passivo se dissipa, eles recuperam a autonomia natural e a capacidade de afirmar-se positivamente no mundo exterior. (p. 137) Instala-se, então, um estado de indiferença entre ambos os sujeitos; e, assim como o feto separa-se da mãe ao tornar-se suficientemente forte para levar uma vida autônoma, e o grão se separa da planta ao amadurecer, também o doente curado se separa do magnetizador, e sua ligação simpática com este, mais difícil de ser mantida justamente por ser menos necessária, chega ao fim. (p. 138)

A interpretação de Hufeland da doença como desorganização da autonomia do organismo leva diretamente à descoberta do princípio de regressão. O passado corpóreo vegetativo e a simbiose arcaica regressam em certos episódios patológicos e em seu tratamento magnetopático. Onde a doença surge, exibe-se também uma tendência própria aos organismos de abandonar, junto com sua autonomia, a carga de sua tensão individualizante e, ainda, de mergulhar de novo em uma relação integral difusa com um Outro que o envolve e completa. O magnetizador atua como uma "almofada uterina" para o paciente disposto a regredir. Consequentemente, as reflexões de Hufeland desembocam em observações que podem ser lidas como antecipações das doutrinas metapsicológicas de Freud sobre a pulsão de morte; reciprocamente, esses fragmentos teóricos freudianos atestam a ligação da psicanálise em seu conjunto com o modelo schellinguiano de uma natureza temporalizada. Na formulação de Hufeland, a morte aparece como a realização de uma simpatia transpessoal entre a vida individual e o organismo do todo:

> Em vista da possibilidade dessa regressão à unidade e independência orgânica, a desorganização parcial e a consequente maior dependência do ser humano em relação à natureza externa se distingue da perda total do princípio interno de unidade, bem como da perfeita e indissolúvel união com a natureza geral, que chamamos a *morte*; e se aquele anseio próprio de cada indivíduo por uma união com o todo, que se exprime nos fenômenos da simpatia enquanto ele afirma sua existência, não pode ser

totalmente satisfeito, é a morte, então, que deve ser considerada como a real culminação dessa busca. Mas, mesmo na situação acima descrita de uma desorganização parcial, o organismo humano entra em uma estreita relação com a natureza geral e, baixando a um grau mais profundo da vida, aproxima-se do não-organismo. (p. 138-139)

O que é notável, aqui, é que Hufeland, por um curto e perigoso instante, parece ter tangenciado os limites de sua teologia natural.[22] Se em todas as outras partes ele se empenha em considerar a natureza em seu todo como um extenso organismo e, ainda, em sublinhar o princípio da vida como o motivo unificador do universo, ele deixa escapar aqui, com a expressão "não-organismo" [*Anorganismus*], uma palavra que poderia ser lida como a confissão de um temor oculto: que a natureza, em seu todo, não é nenhum "regaço", nenhuma forma de vida conjunta e protetora, nenhum fundo obscuro de uma animalidade envolvente, mas unicamente um agregado anorgânico que é, como um todo, pré- -vivente e, nesse sentido, não passa de algo morto. A mágoa lógica originária na reflexão romântica sobre a natureza consiste em que esta, em seu todo, contém certamente a vida, mas não pode — exceto por força de um postulado — integrar-se como um todo no domínio do vivente. No discurso de Hufeland, dois conceitos opostos de morte caminham lado a lado em um estreito espaço: o primeiro pensa a morte ao modo romântico-holista, como união com o organismo universal; o segundo a apreende de forma naturalista-niilista, como recaída no anorgânico. A palavra "anorganismo" exibe a fissura que atravessa o envoltório quente e vivo do mundo; ela trai a absurda exigência do Esclarecimento de pensar a diferença entre o interior e o exterior, entre o útero orgânico

---

22. Com sua concepção vitalista, Hufeland situa-se na tradição da religião da natureza própria do idealismo e do primeiro romantismo. Hölderlin exprimiu seu princípio na meditação de Diotima sobre a morte no romance *Hyperion oder der Eremit in Griechenland* [*Hipérion ou o eremita na Grécia*] (1792-1799): "Mesmo se eu me tornasse uma planta, seria o dano tão grande? — Eu existirei. Como poderia escapar da esfera da vida, na qual o amor eterno, que é comum a todos, sustenta todas as naturezas? [...] Morremos para viver [...]. Vivem uns pelos outros, tanto as naturezas como os amantes [...]." [Ed. bras.: *Hipérion ou o eremita na Grécia*, São Paulo, Nova Alexandria, 2003.]

do mundo e o espaço anorgânico da morte. A teoria freudiana da pulsão de morte representa apenas uma versão mais fria e mais resignada do pensamento dessa diferença. Ela faz uma concessão à representação gnóstica, segundo a qual não é a morte que irrompe na vida, mas, propriamente, é a vida que, como um estranho importuno, emerge no que é universalmente inanimado. O Esclarecimento e a gnose sombria estão aqui ligados; ambos mobilizam verdades estranhas ao homem contra a autoconfortadora ilusão de uma vitalidade. As consequências filosóficas dessa perplexidade foram extraídas por Nietzsche: "Guardemo-nos de dizer que a morte seria oposta à vida. O ser vivo é apenas um gênero do que é morto, e um gênero muito raro."[23]

Também Johann Gottlieb Fichte, em sua fase tardia, marcada pela teologização, percebeu o magnetismo animal como uma oportunidade de defender o caráter absoluto do ser vivo contra a fatal exigência de pensar um exterior autônomo. Ao mesmo tempo, ele reconheceu aí um possível meio de remediar as deficiências que sentia, cada vez mais, em sua própria doutrina no campo da filosofia da natureza, e, ainda, de abrir caminho para uma "fisicização do idealismo".[24] Em setembro de 1813, poucos meses antes de sua morte (em 28 de janeiro de 1814), Fichte visitou o então já célebre consultório do professor Karl Christian Wolfart, na Französische Straße, nº 36, em Berlim, para assistir a um tratamento curativo magnético.[25] Nessa ocasião, conheceu o mais misterioso aparelho eletrotécnico de sua época, a tina mesmérica.[26] Logo após essa visita, Fichte começou um diário no qual anotou, nas semanas seguintes, suas observações no consultório de Wolfart, assim como excertos de suas vastas leituras na literatura de Mesmer e Puységur.

---

23. *A gaia ciência*, § 109, op. cit. (ver Nota 6 da Introd.).

24. "Physicirung des Idealismus". Cf. *Tagebuch über den animalischen Magnetismus*, in: *Johann Gottlieb Fichtes nachgelassene Werke*, org. de I. H. Fichte, vol. 3, Bonn, 1835, p. 331.

25. Para informações sobre a época em que Berlim, após Viena e Paris, havia se tornado a terceira capital do movimento magnetopático, consulte-se Walter Artelt, *Der Mesmerismus in Berlin*, Mainz, Akad. der Wiss. und der Lit., 1965.

26. Veja-se a reprodução da tina de Wolfart à p. 209.

A conversação com Wolfart leva à conclusão de que a magnetização poderia conduzir à animação e, com isso, à cura, mesmo sem sonambulismo. Este seria apenas uma das crises. Ao conceder isso, ele quis, entretanto, lembrar que a *clairvoyance*, a representação da plena consciência, é a mais perfeita e a mais desestabilizadora das crises. De fato, e justamente por essa razão, é também o completo aniquilamento da própria identidade. Wolfart julga que ela pode ser muito agressiva, que não se deve procurá-la, e que é preciso deixar que a natureza escolha, também aí, a crise mais adequada [...]. Está claro, porém, que a natureza só permitirá a destruição da identidade se esta estiver enferma; por isso, dever-se-ia propor sempre a crise total.

O que Hufeland havia descrito por meio da noção de completa dependência do doente na fusão magnetopática adquire um tom dramático na terminologia de Fichte, com ecos de jogos de linguagem da tradição mística, tornando-se uma destruição da própria identidade. A expressão patética deixa entrever como a nova arte curativa deveria relacionar-se com o velho projeto da filosofia como caminho para a salvação. Da Iônia até Iena, o "grande pensamento" havia explorado o tema da condução ao caminho de um conhecimento vital e essencial para libertar-se da morte e da exterioridade. E isto se sucedeu também em Berlim, no outono de 1813, poucas semanas antes da batalha de Leipzig, na qual Fichte havia tentado em vão participar como patriótico pregador de campanha; por certo, o ministério prussiano não pretendia dar ao mais proeminente de seus professores nenhuma oportunidade de experimentar na prática sua descrença na morte. O interesse de Fichte no magnetismo se explica, além disso, por sua reflexão de longos anos sobre a natureza das resistências que encontrou em suas múltiplas tentativas de transmitir ao público, de maneira efetiva, suas próprias experiências intelectuais comprobatórias. Ele estava em busca de um equivalente linguístico, que fosse academicamente legítimo e eficaz no âmbito da publicação, a essa *clairvoyance* pela qual os pacientes magnetizados pareciam atingir uma completa transparência em relação a si mesmos. Sua ambição filosófico-sacerdotal era conduzir seus leitores e ouvintes a um ponto em que pudessem atingir a plena evidência de que seu Eu livre era uma parte central da aparição de Deus para Si mesmo — de forma análoga ao que ocorre em suas próprias autodescrições. Em conversa com Wolfart, Fichte explicitou sua intuição de que seu próprio ensinamento sempre havia posto em ação uma espécie de magnetismo lógico-retórico. De fato, não lhe era estranha a ideia de que ainda conseguiria livrar seus ouvintes de sua estorvadora liberdade, de uma maneira que lhes seria benéfica, como uma iniciação à liberdade de Deus.

> Objetos da investigação: 1) O meio pelo qual aqui a vontade primária do magnetizador pode agir sobre a personalidade alheia. 2) A analogia com a comunicação de uma evidência e convicção. (Detenho-me nesta última porque é mais excitante.) Por que a atenção produz a atenção, a tristeza produz a tristeza, e assim por diante? De onde, afinal, provém a simpatia? O fenômeno de que meus ouvintes me compreendem quando estão à minha vista, e não mais quando saem do auditório, é da mesma natureza [...]. (O fenômeno da grande atenção que suscito em minhas lições tem suas limitações. Por que e como? Por exemplo, no início, quando eles vêm por curiosidade e ficam embaraçados ou recalcitrantes, não dá certo. Quem são, então, os receptivos? Os ignorantes, os cândidos, os novatos.) Todo querer tem validade geral, e ele retira a liberdade do mundo inteiro. Se eu conseguir tornar a liberdade do outro uma parte da minha liberdade, então, é claro que ela foi retirada do outro.

Também no caso de Fichte surge de imediato no centro das reflexões o aspecto escandaloso do magnetopatismo: a submissão da parte passiva à vontade alheia. Mas como os magnetizadores da primeira hora, Fichte apostava em que sua vontade de ensinar não exprimia nenhum motivo egoísta, mas apenas transmitia, de forma pura e sincera, a condição de estar arrebatado por uma evidência imediata.

> Que [faz] então o mestre? [...] [Ele] desenha imagens, combinações, e espera a evidência que vai tomá-lo [...] ele é guiado por uma lei e uma força que lhe são totalmente desconhecidas,

e em relação às quais se comporta precisamente como o ouvinte perante o professor.[27]

É verdade que, no caso do professor fichteano, ao contrário do que se passa com o aluno, o Eu já deve estar colocado e em condições de agir espontaneamente; já deve ter engendrado a si mesmo como seu próprio produto dotado de liberdade. Nesse patamar, o completo autoengendramento pode ser reinterpretado como a vida tomada ou trespassada por Deus.

> O aprendiz, ao contrário, está imediatamente consciente do mestre. Sua intuição imediata vai mais longe e para fora. Como é ela, então, no caso de uma verdadeira devoção ao mestre? Resposta: ela é justamente a intuição deste último, enquanto princípio das imagens [...]. A evidência, então, se apresenta por si mesma. Não se deve abandonar o absolutamente individual, a atenção; mas esta é pura entrega, puro aniquilamento da atividade própria. Aqui, portanto, como na física do magnetismo, já está inteiramente dada uma efetividade do indivíduo para o exterior, bem como o ponto fundamental da individualidade; tudo isso exemplifica a entrega e a autoaniquilação diante de Deus.[28]

Para Fichte, *aprender* significa, por conseguinte, submeter-se a uma cura magnética intelectual no auditório, a fim de ficar em condições, exatamente como o sonâmbulos de Puységur, de trocar a autoconsciência vulgar por uma iluminação lúcida de si, na qual o Eu se concebe como o órgão de Deus no mundo. Segundo o método de Fichte, *ensinar* significaria, ao contrário, deixar-se conduzir para o interior do trabalho de Deus, em uma livre construção retórica e lógica. O orador, posto avançado eloquente do absoluto no mundo dos fenômenos, serve-se da fala como "elemento de comunicação intelectual"; para o orador que se movimenta livremente, o mais complicado torna-se o mais simples, ao falar, exclamar, construir: "No estado de entrega, a fala excita determinadas imagens; todo o restante, a seguir, vem por si mesmo" (ibidem).

---

27. *Tagebuch*, op. cit. (ver Nota 24 deste Cap. 3), p. 301.

28. Ibidem, p. 302.

Os discursos de Fichte funcionam, portanto, como um treinamento autógeno do entusiasmo pelo que deve ser dito; eles informam sobre o presente virtual do reino divino da razão, o prolongamento do cristianismo por outros meios — ou, como Fichte certamente pretende, meios mais perfeitos.

Nossa incursão na história das ideias ao longo das duas grandes formações de discursos e práticas da psicologia profunda antes do século XX — a saber, a magia da intersubjetividade no início da modernidade e o mundo do magnetismo animal — trouxe à luz três modelos mais ou menos bem definidos de uniões interpessoais diádicas: a excitação mágica no encantamento erótico recíproco; a reprodução à maneira hipnótica da relação mãe-feto nas curas magnetopáticas; o êxtase da atenção desinteressada nas provas retóricas que Deus dá de si mesmo em Fichte. Cada uma dessas configurações — amante-amado, magnetizador-magnetizado, orador-ouvinte — pode ser descrita como se gerasse uma bolha bipolar temporariamente fechada, na qual uma única subjetividade comum se divide por ressonância entre os dois parceiros. É verdade que a transição do não-encantado ao encantado, do individualizado ao fusionado, da distração a um estado de audição incondicional opera-se por técnicas e meios distintos, dependendo em cada caso da capacidade da parte passiva de se alienar totalmente no polo ativo. Assim como o encantamento amoroso está condicionado pela disposição, por parte daquele que deve ser encantado, a ceder a essa influência, também as curas mesméricas pressupõem uma propensão subordinativa ilimitada do paciente ao fluido medicinal, ao passo que os discursos psicagógicos de Fichte, sempre se equilibrando entre o apelo e a prova, exigem inteiramente, para que se possam desenvolver, uma escuta inteligente que se disponha a segui-los. Compreende-se de imediato que cada um desses procedimentos só pode alcançar sucesso dentro de suas condições próprias. Portanto, a erotomagia, o magnetismo e a hipnorretórica filosófica, ao se exercerem, produzem eles próprios, do início ao fim, o círculo encantado em cujo interior, e apenas ali, eles se encontram em seu ponto ótimo. Quando a formação do círculo fracassa, os efeitos vacilam — a alusão de Fichte a suas audiências

ESFERAS I: BOLHAS

curiosas, desatentas e recalcitrantes aponta um bom motivo de inquietação quanto aos efeitos desejados. Os círculos de Mesmer e a atuação deste em seu interior foram perturbados de forma ainda muito mais sensível pela comissão acadêmica instalada em 1784 por Luís XVI, encarregada de examinar a veracidade científica das teorias e das curas de Mesmer. O parecer negativo da comissão abalou a autoridade de Mesmer e levou-o, por fim, a fechar seu consultório parisiense.[29] Quanto às teorias e práticas erotomágicas do princípio da era moderna, elas tiveram desde o início, na Igreja Católica, um adversário que podia impor seu controle aos círculos mágicos fora de sua alçada, valendo-se da mortífera acusação de feitiçaria. Para ela, todos os efeitos psicógenos da intimidade profunda estavam potencialmente ligados a influências demoníacas ou a pactos com o diabo; a administração central da fé esforçava-se para criar relações nas quais a Igreja só tivesse que tratar com indivíduos disciplinados em dependência bem controlada por Roma. Schopenhauer menciona uma circular da Inquisição romana aos bispos, ainda em 1856, convocando-os à luta contra o magnetismo animal.[30] Quatro séculos após Ficino ter dado o impulso à moderna erotologia, a magia da intimidade continuava sendo o vórtice do qual o Santo Ofício via brotar as tendências que o ameaçavam.

As bolhas bipessoais "mágicas" não são todavia ameaçadas apenas pelas perturbações externas; no interior do círculo, concorrem por vezes motivos que devem necessariamente levar a explosões decorrentes de desequilíbrios endógenos. Isso se tornou particularmente visível na história do efeito do magnetismo animal, a qual, desde o início, progrediu em uma dupla trilha: como história da confiança e como história da desconfiança. Quanto à primeira vaga do magnetismo animal, foi possível interpretá-la integralmente como uma controvérsia sobre o círculo em

---

29. O desenrolar do processo foi descrito por Henry F. Ellenberger em *Die Entdeckung des Unbewussten* [*A descoberta do inconsciente*], Berna/Stuttgart/Viena, Huber, 1973, vol. 1, p. 106 ss., e, mais detalhadamente, por Emil Schneider em *Der animale Magnetismus* [*O magnetismo animal*], Zurique, Lampert, 1950, p. 202 ss.; aí também se encontrará (p. 211-232) o parecer de Jussieu, membro da comissão que havia formado um juízo favorável dos procedimentos de Mesmer e emitiu um parecer em separado, que, entretanto, foi suprimido.

30. Arthur Schopenhauer, op. cit. (ver Nota 18 deste Cap. 3), p. 324.

Jean-Jacques Paulet, *Sátira do magnetismo animal*, frontispício de *Antimagnetismus*, gravura em cobre, 1784.

cujo interior as curas magnetopáticas produziriam seus resultados. Seria preciso supor, como afirmava Mesmer, que o círculo de energia curativa entre o magnetizador e o paciente é realmente formado pelos raios cósmicos etéreos de Newton? Deveríamos, nesse caso, avançar até a extraordinária hipótese de uma "gravitação universal" que impregnaria até mesmo o mundo das relações humanas? Não bastaria supor que entre o terapeuta e seu paciente produz-se um círculo aurático de exalações corporais e de calor animal para, com isso, explicar suficientemente todos os fenômenos?[31] Essas supostas crises, são elas de fato crises que necessariamente precedem uma cura bem-sucedida ou não pareceria mais justificado considerá-las como fenômenos patológicos independentes? Não seria melhor entender o sonambulismo e a clarividência como doenças artificiais suscitadas apenas pelo tratamento? Mas, acima de tudo, deve-se confiar em qualquer situação na integridade moral do próprio magnetizador? E não persiste o risco de que o magnetismo, aplicado no momento errado, em vez de trazer a cura, produza desordens psíquicas ainda piores que os males iniciais? Essas figuras de desconfiança — cujos autores, na maioria das vezes, penetraram eles próprios brevemente no círculo encantado para melhor poder escapar dele — foram desenvolvidas em toda uma literatura, de forma mais proeminente na narrativa *Os fatos no caso do sr. Waldemar* (1839), de Edgar Allan Poe, e na novela de E. T. A. Hoffmann, *O magnetizador* (1813) A história macabra de Poe documenta a disseminação do magnetismo no âmbito do oculto — uma tendência que havia se manifestado durante o renascimento do magnetismo sob o Império, mais particularmente em sua recepção russa e americana. O narrador relata o macabro experimento de magnetizar um homem à beira da morte, com o resultado de que sua alma ficou retida sete meses em um corpo fisicamente morto. Desse inferno espiritual, a alma aprisionada continuava a falar com os vivos, até que, por fim, após uma tentativa de ressurreição, ela se retirou totalmente, deixando atrás de si um cadáver que, em menos de um minuto, se decompôs numa massa fluida em nauseante estado de putrefação.

---

31. Como faz o crítico do magnetismo Johann Stieglitz, médico da corte real da Grã-Bretanha em Hanover, em seu panfleto *Über den tierischen Magnetismus* [*Sobre o magnetismo animal*], Hanover, 1814.

3. Homens no círculo mágico: Para uma história das ideias da fascinação pela proximidade

Alfred Kubin, ilustração para *Os fatos no caso do sr. Waldemar*, de E. A. Poe.

Para Poe, a face noturna da natureza não é mais, como para a maioria dos teólogos da natureza alemães, uma penumbra acolhedora e aliada, dotada de poderes curativos; seu experimento pretende mostrar que o suposto mundo do regaço protetor pode muito bem se transformar no reino do inferno. Hoffmann, pelo contrário, descobre uma face moral no lado noturno da natureza, pois quem poderia impedir que no espaço magnético se processe uma transição entre o uso médico do poder e a aspiração ao poder político ditatorial? Como um Napoleão dos poderes ocultos, o magnetizador Albano, herói da narrativa de Hoffmann, simboliza uma vontade desmesurada de poder para a qual é impossível se contentar apenas em tratar de dores de cabeça e outros pequenos incômodos humanos. O poder magnetopático quer deixar de ser um simples meio e colocar-se como fim de sua existência. É nesse espírito que Hoffmann faz seu magnetizador apresentar o programa filosófico da era niilista e vitalista anunciada por Bonaparte:

> Toda existência é luta e origina-se da luta. Em um clímax progressivo, a vitória toca ao mais poderoso, e ele aumenta sua força com a do vassalo submetido [...]. O anseio por essa dominação é o anseio pelo divino, e o sentimento do poder aumenta na proporção de sua força o grau de sua bem-aventurança.[32]

Em consequência, o magnetizador de Hoffmann não deixará mais suas vítimas saírem de seu encantamento; preferirá matá-las a aceitar que se afastem dele. Revela-se aqui o nascimento das psicosseitas modernas, baseadas na exploração da intimidade. Estas se desenvolvem como paródias terapêuticas e carismáticas das relações entre os senhores feudais e seus vassalos. O equivalente estético aparece, ainda no século XX, no totalitarismo aurático de Stefan George, para quem a palavra "círculo" devia servir de emblema sociológico e espiritual. Também aqui o feudalismo, com sua metafísica, sua psicologia e sua ideia do espaço, alterou o ambiente. Em sua defesa do círculo, Friedrich Gundolf afirmou acerca de seu mestre:

> O círculo é sua aura, e nenhum dos membros tem ou procura a mísera ambição de ser, obstinada e conscientemente, uma "personalidade", pois sua tarefa é construir ar e elemento [...]. O mesmo princípio que faz do soberano o centro de uma esfera vital, o impulso para a unidade [...], esse mesmo impulso relaciona, no reino do espírito, os que governam e os que servem [...].[33]

---

32. Sobre o complexo do "magnetismo político" e a experiência napoleônica de Hoffmann, ver Rüdiger Safranski, *E. T. A. Hoffmann, Das Leben eines skeptischen Phantasten* [*E. T. A. Hoffman. A vida de um cético fantasioso*], Munique/Viena, Hanser, 1984, p. 294-310.

33. Friedrich Gundolf, "Das Bild Georges" ["O retrato de George"] (1910), in: *Beiträge zur Literatur- und Geistesgeschichte* [*Contribuições para a literatura e a história do espírito*], org. de Victor A. Schmiz e Fritz Martini, Heidelberg, Schneider, 1980, p. 140 e 147-148.

Imagens desse tipo de fantasmas provam que o círculo encantado da forma e dos motivos não pode ser restrito ao encontro terapêutico íntimo; ele é capaz de se estender da figura da dupla unidade psicológica de proximidade à fórmula de encantamento da psicologia de grupos e das massas. Por vezes, ele se amplia para deixar a fluida união terapeuta-paciente e atuar como um sorvedouro na embriaguez coletiva revolucionária, na qual os violentos caçadores de felicidade e os enfeitiçados consumidores de serviços auxiliam na encenação de sua catástrofe até o ponto da autoaniquilação. Mostraremos, no Livro II, especialmente na exposição da transição da forma bipessoal da bolha à forma política do globo, como essa projeção se efetua em grande escala e, ainda, quais erros emocionais de forma e de categoria se introduzem quando as relações protetoras e suas crises se refletem nos dramas sociais.

Digressão 1

Transmissão de pensamentos

Falar significa jogar com o corpo do outro.
Alfred Tomatis

A ideia de que meus pensamentos são invisíveis para outros, que minha cabeça é um tesouro cheio de representações e de sonhos que jazem trancados dentro de mim, que minhas reflexões produzem um livro que ninguém de fora pode ler comigo, que minhas ideias e meus conhecimentos me pertencem exclusivamente, são transparentes para mim e impenetráveis para os outros — e isso a tal ponto que talvez nem mesmo sob tortura eu poderia ser levado a partilhar com outros, contra minha vontade, aquilo que sei: todo esse complexo de noções sobre o confinamento dos pensamentos no interior do sujeito pensante adquiriu na história recente da aparência privada uma importância impossível de exagerar. E ainda mais provocativa pode ser a exigência de pensar que foram justamente essas noções que ajudaram a criar a aparência privada. Em nosso meio cultural, elas têm apenas pouco mais de 2.500 anos — e aparecem, para o macro-historiador, como uma recente penugem sobre maciças camadas de realidades psicológicas mais antigas. Não fossem essas as ideias que hoje tudo dominam, elas quase não teriam peso diante da força gravitacional da história humana. Pois durante a maior parte da evolução, quase tudo que os indivíduos pensavam e sentiam era tão transparente para os que estavam ao redor como se eles mesmos o experimentassem; a noção de ideias privadas não tinha nenhum apoio na experiência espiritual ou no conceito social do espaço; não se tinha ainda construído células para os indivíduos — nem no imaginário, nem nas arquiteturas físicas das sociedades. Em pequenos grupos, sob a lei da reciprocidade, o ato de um é o ato do outro; assim, também os pensamentos de um são em geral os pensamentos do outro. Isso vale até mesmo para as antigas "culturas do pudor", nas quais os indivíduos tornariam de bom grado seu interior invisível porque sofrem com exposição desmesurada de seus afetos à intuição dos outros. Pensamentos ocultos aparecem, na perspectiva paleopsicológica, como um completo absurdo. A noção de que haveria um interior privado no qual o sujeito poderia fechar a porta atrás de si, refletir e exprimir-se para si mesmo não surge antes da primeira vaga individualista na Antiguidade; seus propagandistas foram os homens a quem se deu o nome de sábios ou de filósofos — precursores do intelectual moderno e do *single* pós-moderno. Foram eles que, em primeiro lugar, deram penetração revolucionária à ideia de que o verdadeiro pensamento só é possível na forma de pensamento próprio e de pensamento-diferente-do-da-multidão-estúpida. De seus impulsos, deriva-se o tão influente modelo da clausura na cabeça: os pensamentos são livres, ninguém pode adivinhá-los[1] — e inicialmente isso significa apenas que os pensadores de *novos* pensamentos tornam-se impenetráveis para os guardiães dos pensamentos convencionais. No mundo dos novos pensamentos, deixa efetivamente de valer o axioma de que os pensamentos de um são também os do outro: não é possível que eu adivinhe nos outros algo que eu próprio não penso. Em sociedades superdiferenciadas, pessoas diferentes têm em geral diferentes ideias em suas cabeças. Cabe aos psicoterapeutas, em tais sociedades, a tarefa de cuidar para que os indivíduos não se desviem demasiado na alteridade e na especificidade patogênicas de suas reflexões e sentimentos. O fato de que, na velha sociosfera, os pensamentos eram dimensões públicas tem, em primeiro lugar, uma base fisiológica e comunicativa: os cérebros humanos, assim como as genitálias, são fundamentalmente sistemas que funcionam aos pares,

---

1. *"Die Gedanken sind frei, wer kann sie erraten"* ("os pensamentos são livres, quem pode adivinhá-los?"), primeiros versos de uma canção de protesto alemã, popular na Revolução de 1848. [N.T.]

talvez até mesmo os sistemas sociais. Se a frase "Meu ventre me pertence" pode ter uma aplicação em contextos polêmicos — a saber, para expressar que a mãe deve ter a última palavra em relação ao aborto —, a frase "Meu cérebro me pertence" seria tão inaceitável do ponto de vista moral quanto factualmente despropositada. Ela não poderia significar, de modo plausível, que sou o autor e proprietário de meus pensamentos, nem que eu estaria totalmente dispensado de partilhá-los com outros. Da mesma maneira, a tese de que eu poderia pensar o que quisesse também é insustentável no sentido imanente. O individualismo cerebral desconheceria o fato de que um cérebro só desperta para uma certa capacidade funcional em interação com um segundo e, mais ainda, com um conjunto maior de cérebros — de uma capacidade funcional completa ninguém ousa falar. Cérebros são meios para aquilo que outros cérebros fazem e fizeram. A inteligência recebe apenas de outra inteligência os estímulos decisivos para a sua atividade específica. Assim como a linguagem e a emoção, a inteligência não é um sujeito, mas um meio ou círculo de ressonância. A inteligência pré-alfabética, ao contrário da inteligência alfabética capaz de distanciamento, aponta para um denso clima de participação, porque, estando totalmente imersa na comunicação de proximidade, necessita para desenvolver-se da experiência de uma comunidade presente de cérebros e de nervos. Na era da leitura, essa comunidade se transformará na quase telepática república de eruditos, que tem, não por acaso, seus "espíritos do tempo": é graças à escrita que os espíritos do tempo anterior podem, ademais, retornar às atenções atuais. A escrita, além disso, é o que torna possível que indivíduos se retirem da sociedade para se completarem a si mesmos com as vozes dos autores: quem pode ler também pode ser só. Apenas a alfabetização permite a anacorese: o livro e o deserto estão ligados. Mas, mesmo na clausura mais solitária, não existem pensamentos próprios em última instância. É precisamente pela retirada no espaço social vazio que a noção de Deus como primeiro leitor de pensamentos se tornou tão poderosa: ao retirar-me para o deserto, forço Deus a dirigir a atenção para mim. É exatamente para o deus dos eremitas que se transferiram os restos da função participativa íntima nos grupos primitivos: é ele que garante que o asceta, no deserto, não está jamais sem seu grande parceiro, que o envolve, observa, espreita e atravessa com o olhar.

Só a escrita rompeu os círculos mágicos da oralidade e emancipou os leitores do totalitarismo da fala em seu imediatismo espaciotemporal. A escrita e a leitura, especialmente quando empregadas à maneira grega, democrática, autodidata, conduzem a um exercício de não coerção. De fato, a era oral do mundo coincidiu com a pré-história mágico-manipulativa da alma, porque a situação normal era exatamente a possessão imediata pelas vozes e sugestões dos membros da tribo. Mas a possessão pelo que é normal, medíocre e sempre presente não é, por sua própria natureza, algo que chame a atenção. Nas famílias, aldeias e vizinhanças, esse é considerado até hoje o modo mais simples, direto e compreensível de comunicação. Com isso se mascara o fato de que, no mundo oral, todos os seres humanos são feiticeiros que se submetem mutuamente, com maior ou menor força, a um feitiço de normalização (do qual, na maioria das vezes, só um contrafeitiço pode libertar, por exemplo, viagens ou conversas com estrangeiros).

A esse primitivo potencial mágico presencial agregou-se, após a revolução neolítica, a rede das magias de ausência e, mais tarde, também a das magias da escrita, as quais, em conformidade com esse uso mais recente da linguagem, preenchem pela primeira vez as funções propriamente mágicas: o encantamento a distância e a comunicação com os mortos. Entre estes se destacam os finados reis divinos e os deuses, que, desde então, invadem e pervertem a inteligência humana; eles mantiveram em marcha a história do mundo como uma série de guerras entre esses grupos de possessão fundados na telepatia e na psicose da influência, mais bem conhecidos como "culturas". A convivência mágica e presente das culturas mais antigas tinha seu fundamento fisiológico e comunicativo no domínio neurolinguístico e neurossensorial: as densas programações paralelas dos conjuntos de cérebros permitiam que os membros dos grupos funcionassem em grande proximidade interpessoal e capacidade íntima de direção. Que os homens sejam capazes de entreter participações mútuas tão intricadas e mobilizadoras faz parte da mais antiga bagagem de sua história tribal. Na modernidade midiática, isto é, na era da escrita, essa bagagem passa, certamente, para um segundo plano, mas jamais é eliminada por completo. Parece plausível admitir que os inumeráveis relatos sobre a assim chamada transmissão do pensamento durante as curas magnetopáticas têm sua base objetiva em uma reativação de funções de proximidade pré-alfabéticas e pré--verbais. Também fazem parte dessa categoria episódios de transmissão de dor do paciente para o médico — Fichte menciona, no diário que consagrou ao magnetismo animal, um caso desse tipo, extraído de uma fonte francesa.[2] O fato de que os pacientes pareçam frequentemente "ler" as reflexões de seus terapeutas e que, de sua parte, os terapeutas copiem, em suas "próprias" estimulações e associações, o material interior de quem está à sua frente, para reapresentá-lo a seguir na conversa com o paciente, tudo isso, desde a época dos fundadores da nova psicologia, faz parte das observações fundamentais da nova prática de proximidade. Assim como William James e Pierre Janet, também Sigmund Freud estava impressionado pela incontrolável realidade dos efeitos "telepáticos"; e não duvidava de que funções paleopsicológicas neles se reativavam. Mas Freud, por boas razões, hesitava em fazer proclamações ruidosas sobre esse assunto, sabendo que seria prejudicial para o movimento psicanalítico envolver-se em uma luta cultural entre dois modelos de comunicação, um arcaico, de natureza ocultista, e outro moderno, de corte iluminista. Ele estava consciente do fato de que a oportunidade da psicanálise, como um cultivo de relações de proximidade especificamente moderno, residia só na aliança com as Luzes. Pela própria natureza do assunto, as curas psicanalíticas, como, antes, no mesmerismo, deveriam exibir esses efeitos participativos pré-verbais, que a ilusão individualista havia deformado e convertido em mistérios extravagantes. Mas hoje se compreende melhor por que eles voltam a se manifestar na forma de fenômenos normais tão logo se restabelece uma relação de proximidade pré-individualista.[3] Também desse ponto de

---

2. Johann Gottlieb Fichte, *Tagebuch über den animalischen Magnetismus* (ver Nota 24 do Cap. 3), p. 315.

3. Elisabeth Laborde Nottale, em seu estudo *La Voyance et l'inconscient* (Paris, Le Seuil, 1990), esboçou uma história das interações entre a clarividência e a psicopatologia, na qual são discutidos elementos de comunicação não verbal e fusionista.

vista, é inconfundível a continuidade entre mesmerismo e psicanálise. Mas, enquanto a "transmissão de pensamento" mantiver a reputação de ser um fenômeno extranormal (ao passo que a transferência afetiva e cênica seria a normalidade psicológica), ela deve ser percebida como um objeto de fascinação e, como tal, integrar-se na dinâmica da busca do encantamento e do *páthos* do desencantamento. Enquanto essas forças forem dominantes, não há nenhuma perspectiva de que se consolide a crítica da razão participativa, que descreve o jogo da interinteligência em suas condições específicas.[4]

---

4. Ver, a este respeito, a Digressão 8: "Verdades de analfabetos. Nota sobre o fundamentalismo oral".

CAPÍTULO 4

A CLAUSURA MATERNA
Para a fundamentação de uma ginecologia negativa

> *A verdade não seria talvez uma mulher que tem razões*
> *para não deixar ver suas razões? Seu nome, para falar-*
> *mos grego, não seria talvez Baubo?*[1]
> Friedrich Nietzsche, *A gaia ciência*,
> Prefácio da 2. ed., 1887

Assim como na época dos Césares e dos papas todos os caminhos levavam a Roma, onde o céu e a terra estavam supostamente mais próximos do que em qualquer outro lugar, na época do pensamento originário todas as reflexões em princípio dirigiam-se para a vulva, a porta mágica na qual o mundo interior, com sua penumbra uterina, confina com o mundo público, iluminado, dizível. A magia da vulva baseia-se no pensamento elementar de que a porta materna que, em si, serve de saída e unicamente de saída, deve também ser reivindicada como entrada — não tanto, entenda-se, em um ato sexual-erótico,

---

1. No mito de Démeter, Baubo é a velha mulher que distrai a deusa dos percalços pelo rapto da filha Perséfone exibindo-lhe a vulva. Ela faz uma breve aparição no *Fausto I*, de Goethe, montada em uma porca e conduzindo as feiticeiras na Noite de Valpurga. Empédocles empregou *baubo* para denotar o órgão feminino, e a palavra designa também as pequenas estatuetas de terracota que exibem caracteristicamente a vulva. Não é claro o sentido da associação que Nietzsche faz entre Baubo e a verdade, já que a primeira exibe o que a segunda teria razões para ocultar. [N.T.]

portanto, um ato parcial, mas em um sentido religioso, que abarca toda a existência. De fato, desde os cultos rupestres da era paleolítica, distinguem-se tendências a um tráfego de mão dupla diante e através do orifício feminino. Pode-se deixar aqui em suspenso saber se os indícios arqueológicos até agora trazidos à luz pelos pesquisadores atestam de fato a existência, no paleolítico, de algo como práticas cerimoniais mágicas de renascimento[2] — ou seja, cultos protorreligiosos; mas é inegável que houve uma conjuntura histórica precisa em que o interesse religioso pela vulva se intensificou. O afluxo maciço diante da passagem para o interior feminino pode ser datado em termos da história cultural: a famigerada revolução neolítica, com a qual a fascinação do regaço pôde pela primeira vez se desenvolver até se tornar um poder de primeira grandeza. Na ruptura neolítica, instalaram-se pela primeira vez as relações através das quais o territorialismo se impôs à humanidade; as identidades enraizadas no solo começam agora a produzir seus frutos; só agora os homens devem identificar-se por seu lugar, sua territorialidade e, finalmente, por suas propriedades. A revolução neolítica precipitou os grupos humanos até então nômades na armadilha do sedentarismo, na qual tentam ser bem-sucedidos experimentando ao mesmo tempo o enraizamento e a ruptura; começa assim a conversa agrometafísica com as plantas úteis, os animais domésticos, os espíritos domésticos, os deuses dos campos e das veredas. Só a fixação inicial dos camponeses ao solo impõe obrigatoriamente essa equação fundamental entre o mundo materno e a região fértil cultivada. A era do trabalho como exploração das mães e das matrizes começa com o assentamento sobre a terra, a *pig-earth* (como a denominou John Berger[3]), que, a partir daí, deve prover cronicamente um excedente de produção, um excedente de nascimentos, um *superavit* de poder. Chega-se nessa era à ligação

---

2. Cf. Max Raphael, *Wiedergeburtsmagie in der Altsteinzeit. Zur Geschichte der Religion und religiöser Symbole* [*Magia de renascimento no Paleolítico. Para uma história da religião e dos símbolos religiosos*], Shirley Chesner e Ilse Hirschfeld (Orgs.), Frankfurt, Fischer, 1978.

3. John Berger, escritor inglês nascido em 1926. *Pig Earth* (Nova York, Pantheon, 1979) é o primeiro romance da trilogia *Into their Labours*, que narra a experiência dos camponeses europeus deslocados de suas terras e seu modo de vida pela sociedade industrial. [N.T.]

internalizada dos mortais com um território sagrado-maldito e empesteado, sobre o qual se erguem agora cabanas, cloacas e casas dos chefes. Quando os campos exigem ser cultivados ano após ano ao longo das gerações, quando as reservas tornam possível fazer projetos, e quando os ancestrais mortos demarcam os distritos de seu retorno, é então que se forma o novo tipo de espaço, a pátria, e o modo de conceber o direito territorial — o *nomos*.[4] A equação neolítica entre a mãe e a terra cultivada fundou essa revolução conservadora de dez mil anos, que forma o substrato das primeiras culturas sedentárias, dos Estados arcaicos e das altas civilizações regionais. Só há pouco mais de meio milênio a fração europeia da humanidade iniciou uma contrarrevolução da mobilidade que ajuda as forças uterófugas a retomarem o controle sobre a quase imemorial centralização no regaço dos tempos agrometafísicos.

A dupla obsessão pelo solo e pela obrigação de assegurar a descendência impeliram as gerações tornadas sedentárias para os braços das Grandes Mães possessivas. Desde que o solo ligou em si de tal maneira os vivos e os mortos, começa-se a acreditar que as mães queiram conservar os seus para sempre próximos delas e, também, de certa maneira, nelas. Agora, o lar e o território, o regaço e o campo de cultivo tornam-se sinônimos. Às populações sedentárias das primeiras aldeias e cidades impõe-se, como uma primeira experiência do poder do destino, a necessidade de se identificar pelas marcas de sua origem. De fato, antes que o Estado se tornasse o destino, o destino significava o parentesco com os mortos territorializados. Assim como o destino significa a obrigação irrecorrível da retribuição, o parentesco significa a ligação regulada dos jovens com os anciãos, e dos anciãos com os ancestrais fixados a seu solo. Nas primeiras colônias, onde, de forma geral, ser significa ser aparentado e existência significa descendência, os homens devem aprender a dizer de qual regaço provêm e qual é sua relação com as mães e os solos. Esta é a maior ruptura com as formas de pensamento do mundo antigo, desde a qual a religiosidade paleolítica do nascimento e da vida começou a mudar de polaridade rumo à religiosidade neolítica,

---

4. Cf. Carl Schmitt, *Vom Nomos der Erde* [*O* nomos *da terra*], Berlim, Duncker & Humblot, 1988, p. 36-48, em particular o capítulo "Nomos als raumeinteilender Grundvorgang" ["*Nomos* como processo fundamental da divisão do espaço"].

já parametafisicamente tingida, do poder e da morte.[5] Com a virada para a obrigatoriedade genealógica da razão e da dedução, o regaço feminino, com seu portal e seu corredor, submete-se a uma mudança imprevisível de significação: de agora em diante, ele não é mais apenas ponto de partida de todos os caminhos para o mundo, torna-se também o término das grandes viagens de retorno, que devem ser empreendidas no interesse da agora urgente pesquisa dos ancestrais, da interrogação dos mortos e do renascimento — em suma, da autoidentificação. Para os viventes inquietos, o regaço se torna o lugar da verdade; ele se impõe a seus pensamentos e a seus desejos como o lugar mais íntimo em que os mortais têm algo a procurar; o que os aguarda lá não é nada menos que a compreensão de seu verdadeiro Eu. Do pensamento do regaço irradia-se a evidência de que a verdade tem uma sede secreta que se pode atingir pelas iniciações e aproximações rituais. Assim, até o fim da era da coerção do regaço, quando já se anunciam as primeiras Luzes nas filosofias etiológicas dos gregos, é às mães que se descerá para descobrir, junto delas e nelas, alguma coisa que, sem enrubescer, se denominará o conhecimento. O sujeito desse conhecimento almeja transplantar-se ao interior mais poderoso. Todas as árvores do saber mergulham na interioridade das mulheres. Nas cavernas originais, os mortais, os nascidos, têm seu princípio e seu fim. Um dia se exigirá até mesmo que o horizonte inteiro se torne imanente às cavernas, então o mundo das aparências, em seu conjunto, deverá interpretar-se como uma paisagem interior. Não é um acaso que as culturas dessa época protometafísica — babilônios e egípcios, em primeiro lugar — tenham representado o mundo visível rodeado de grandes anéis aquosos: quando a mãe se põe como objeto do pensamento, tudo passa a estar no interior. Durante o tempo em que a forma integral do pensamento é prefigurada pela maternidade e a gravidez, não pode mais haver absolutamente nenhum exterior; para os conhecedores, trata-se sempre apenas de aprender em que sentido são válidos esses mistérios da imanência total. Aquele que, sob tais presságios, quiser descobrir quem é ele ou ela na verdade, deve

---

5. Hans Peter Duerr expôs admiravelmente o modo de pensar pré-metafísico em sua obra-prima de ciência da religião, *Sedna oder Die Liebe zum Leben* [*Sedna, ou o amor pela vida*], Frankfurt, Suhrkamp, 1984.

4. A clausura materna: Para a fundamentação de uma ginecologia negativa

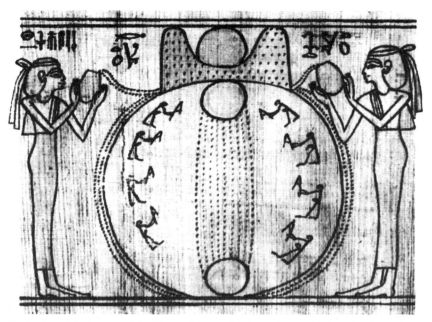

Papiro funerário do sacerdote Chonsu-Mes; a Nut do norte e a Nut do sul vertem a água da vida para regenerar o envoltório do mundo.

ao menos uma vez na vida empreender a viagem à origem, pois é somente assim que se pode compreender a vida que dela brotou. Tão logo o órgão feminino do nascimento deixa de significar apenas a saída — real ou imaginária —, mas se torna também uma entrada pela qual deve passar a busca da identidade, ele se carrega de fascinações ambivalentes. A sangrenta porta para a vida, cuja abertura fascina, indigna e repele[6], torna-se agora um acesso ao que subjaz e transcende o mundo. O útero toma a feição de um além, a vulva se torna o portal assustadoramente convidativo que para lá conduz; ela é agora o que Heidegger denomina o incontornável (*das Unumgängliche*). No mundo mais antigo, ser racional era, sobretudo, reconhecer que aquele que atravessa o portal em direção ao interior deve separar-se da vida que levou até então — seja por uma morte simbólica, como a ritualizada nas iniciações, seja

---

6. Cf. Jean-Paul Sartre: "A obscenidade do sexo feminino é a de toda coisa *aberta*; é um *chamado a ser*, como, de resto, todos os buracos", in: *L'Être et le néant*, Paris, Gallimard/Tel, [1943] 2001, p. 660. [Ed. bras.: *O ser e o nada*. Petrópolis/RJ, Vozes, 2003.]

Cenas do processo de embalsamamento permitem observar a correspondência entre o banho do corpo dos mortos em soda cáustica e o derramamento da água primitiva.

pelo passamento real. Ambas as mortes parecem poder ser superadas, confiando-se que o falecido, se for mantido o procedimento, sempre favorece um retorno ao mundo interior da mãe. Todos os que buscam a verdade na era metafísica são, portanto, por sua própria motivação, seres que retornam ao regaço. Estão em busca de algo que, à primeira vista, parece fora de alcance: ligar o fim da busca ao início da vida e, por meio de combates radicais contra si mesmos, reverter o nascimento. Quem é o herói das mil faces senão o explorador que sai pelo vasto mundo para regressar à mais estreita das cavernas? As histórias dos heroicos buscadores da verdade celebram a imanência uterina de todo o Ser. A sabedoria é o reconhecimento de que mesmo o mundo aberto está cercado pela caverna de todas as cavernas. Como o conhecimento sempre leva de volta a casa e, consequentemente, evoca o nascimento ou revela pela primeira vez seu sentido, os heróis que regressam devem lutar mais uma vez com o dragão à entrada do portal materno. Trata--se, agora, de travar a luta do nascimento na outra direção. Se houver

Fachada em gablete da caverna de Lomas-Rishi, na Índia, século III a.C. Entrada da caverna em forma de vulva.

sucesso, a busca da iluminação chega a seu fim pela compreensão da vida antes da vida e da morte pré-natal, trazendo, naturalmente, o completo obscurecimento. Mesmo a morte ordinária assume cada vez mais frequentemente as significações do retorno, e é por isso que, após a virada neolítica, não apenas os ritos fúnebres que prometem a refetalização se propagam de forma epidêmica; poder-se-ia mesmo falar de uma fetalização geral das imagens do mundo. A equivalência entre o túmulo e o útero — premissa topográfica misteriosa e evidente de todas as metafísicas primitivas que não conhecem nada além da imanência — principia seu longo reinado sobre o imaginário do mundo humano pós-neolítico, estendendo, por não menos de duzentas gerações, seu sortilégio ao pensamento e à vida das velhas culturas.

Só as antigas metafísicas da luz e do céu quebraram o monopólio uterino do pensamento sobre a origem, ao reconhecer no masculino, como "transcendente", uma parcela da função originária. A partir daí, o grande retorno também assume traços de uma nostalgia da mansão divina paterna; durante milênios, o cristianismo cultivou a atração da ideia do regaço paterno. Mas não se pode falar, antes do início da recente modernidade europeia, que um número apreciável de seres humanos tenha rompido com as formas de vida e de pensamento que, direta ou indiretamente, continuavam a portar a magia de sucção das ontologias da imanência materna. Só há poucas gerações surgiram atitudes filosóficas que não mais exigiam de seus adeptos que devessem se despersonalizar e morrer, de certa maneira, para ingressar no círculo interior do verdadeiro. Ainda em 1810, o reitor do Liceu de Nuremberg, Hegel, julgava adequado expor aos alunos do nível médio a ideia de que, antes que chegassem ao pensamento essencial, a audição e a vista deveriam ser-lhes radicalmente retiradas, como ocorria com aqueles que se iniciavam nos antigos cultos dos mistérios. Até o período romântico, para os que se decidiam pela metafísica, a morte continuava a ser um preço aceitável para privilégio de retornar individualmente ao lugar da verdade. Mas sobre o preço da transfiguração foi possível falar desde muito cedo. A morte não era a única moeda com que se poderia pagar o ingresso no mistério velado do Ser; o salto de Empédocles na cratera não permaneceu como a única forma de sacrifício para obter o acesso. Sacrifícios genitais também eram frequentemente oferecidos em troca da aproximação ao grande interior materno — os sacerdotes castrados de Cibele, deusa grega da fertilidade, gozavam do privilégio de se unir no interior da terra com a deusa, no coito sagrado (*hieros gamos*). A instituição dos sacerdotes-eunucos era tão bem conhecida nos cultos da Magna Mater romana e frígia, como também nos da Artemis anatólica, da deusa síria de Hierápolis, bem como no culto da Grande Mãe da Índia, em que até hoje dezenas de milhares de rapazes, a cada geração, são convencidos ou forçados a praticar o sacrifício genital. De resto, há muitas indicações de que os filósofos ocidentais eram, em sua maioria, parentes tipológicos dos castrados sagrados, pois só quem compreendeu o conceito da imanência total em sua forma rigorosa poderia ver a consumação em uma absorção pelo Um. Onde o mistério da mais alta metafísica encontra seu fundamento senão no incesto lógico?[7]

De maneira obstinada e com uma coerência asceticamente sangrenta, os primeiros parametafísicos abriram caminho nesse desequilíbrio original: ter nascido e, apesar disso, querer chegar "à verdade"[8]; nas condições próprias do ser humano, isso só pode fracassar, a menos que se encontre um meio de revogar o nascimento e invalidar a individuação. Como, senão pela autodissolução, a criança já nascida poderia recuperar o ponto de vista da que ainda está por nascer? A humanidade pós-neolítica procurou de mil e uma maneiras alcançar o impossível. Seja o que for que ela pudesse ganhar ou perder com isso, essa tentativa sempre se apoiou na mesma mescla paradoxal de um avanço e um retorno. O que fica evidente, em todos os casos, é apenas que o retorno ao interior da mãe constitui o mistério que se abre sobre os mistérios do mundo antigo.[9] Por isso a morte deve se tornar necessariamente o caminho ideal do conhecimento — supondo-se que se chegue a descobrir uma maneira de morrer que possa ser experienciada não como aniquilação, mas como retorno. Sem refetalização, não há como adentrar a substância. Lá onde as grandes Mães ainda capturam para si o pensamento, a guerra civil entre a razão filosófica e o entendimento comum — portanto, o acontecimento cognitivo fundamental da alta civilização — ainda não principiou seriamente. Durante milhares de anos, o sábio e o leigo observam com os mesmos olhos fascinados o regaço das mães envolventes. Nas antigas urnas fúnebres uteriformes dos gregos, os *pithoi*, que mais tarde se tornaram importantes entre os

---

7. Que, não obstante, os monismos místicos tenham permanecido antes a exceção que a regra no trajeto da história do discurso explica-se, de um lado, pela estupidez dos filósofos, da qual os leigos raramente têm ideia, e, de outro, pelo alto fator de resistência homossexual dentre os representantes mais prudentes do ofício.

8. Sobre o tema "atingir a verdade", ver, mais adiante, Cap. 8: "Mais próximo de mim que eu mesmo. Propedêutica teológica para a teoria do interior comum".

9. Que se pode passar ao largo dessa questão, especialmente sob o pretexto de oferecer uma história cultural do feminino, é o que descobre o leitor que tenta aprender alguma coisa sobre temas como nascimento, feto, iniciação, placenta, retorno, busca, separação, vulva, etc. na mais irritante que útil *Woman's Encyclopaedia of Myths and Secrets*, de Barbara G. Walker.

Ex-voto de terracota, dedicado a uma divindade maternal, provavelmente originária do santuário de Veiji, no sul da Itália.

dionisíacos como recipientes sagrados de vinho, a equivalência parametafísica do regaço materno com a sepultura é verdadeiramente palpável: nelas, os mortos eram conservados em posição fetal. A prática de sepultar os mortos em vasos uteriformes é de origem pré-grega, frequentemente atestada nos cultos egeicos da Idade do Bronze, e parece ter sua origem na Ásia menor; práticas análogas na América do Sul permitem supor que foram motivadas por formas semelhantes de pensamento elementar. No Egito, os mortos eminentes eram recepcionados, no fundo ou na tampa de seus sarcófagos, pela imagem da deusa do céu, Nut, aquela que dá novamente à luz. Mas são sobretudo as variadas formas de enterramento que validam a ideia condutora da reintegração dos mortais no regaço da Grande Mãe. Mesmo as incinerações dos mortos na Índia não deixam de se referir à equivalência inevitável entre o regaço e o túmulo, na medida em que encenam transformações nas quais a saída de uma forma prepara a entrada em outra — uma metamorfose que não pode ocorrer senão no interior, para além de qualquer forma, da Mãe do mundo. Mas não apenas as práticas fúnebres pós-neolíticas colocam-se sob o signo da Grande Mãe. Na maior parte dos povos sedentários dessa época, as invenções da imagem do mundo são inteiramente dominadas por motivos da mística uterina — seus símbolos predominantes são a terra e a casa, o campo e o bastão de plantio, o nascimento e a semente, a colheita e o mundo inferior, o mar e a embarcação, a caverna e o ovo.[10]

Não há dúvida: em nossa expedição fenomenológica através da série de formas esféricas bipolares da proximidade e da intimidade, atingimos agora a soleira de um centro de gravitação — e de gravidez — mais estreito. Daqui em diante, intimidade significa a proximidade da barreira que separa o interior da mãe do mundo público. Se o olho se defronta com a entrada do útero — pense-se, por exemplo, nas esculturas

---

10. Esse mundo de imagens está detalhadamente desenvolvido no livro de Erich Neumann, *Die Grosse Mutter. Eine Phänomenologie der weiblichen Gestaltungen des Unbewußten* [*A Grande Mãe. Uma fenomenologia das formas femininas do inconsciente*], Olten, Walter, 1974. É uma obra que, pela riqueza de seu material, compensa o fato de que repousa sobre conceitos absurdos da história da consciência e sobre premissas totalmente errôneas acerca da história das civilizações.

Nut, deusa egípcia do céu.

hinduístas na entrada das cavernas, que têm seu modelo na vulva de Yoni —, então a investigação do campo da intimidade entra em sua fase crítica. Nela se decide se sujeito e objeto se separam um do outro, no sentido da relação de conhecimento clássica, ou se o sujeito entra no objeto de tal modo que este último perde seu caráter de objeto e até mesmo seu "estar-aí", sua capacidade de pôr-se frente aos olhos. Nesta segunda alternativa, estabelece-se entre a vulva e seu observador uma estranha relação epistemológica que põe fim, simultaneamente, à exterioridade e à objetividade. A vulva, à sua maneira precária e peculiar, faz parte desses objetos não dados — Thomas Macho denominou-os *nobjetos* [*Nobjekte*] —, dos quais trataremos diretamente logo mais e, de maneira indireta, em todos os capítulos seguintes. À "vista" deles, o observador pode ser absorvido ou deslocado — até o ponto em que não tem mais nada objetivamente presente diante de si. Ele vê a coisa da fêmea apenas durante o tempo em que permanece diante dela como observador frontal. Mas, se escolhesse essa permanência como sua atitude final, ele não seria mais um investigador no sentido da busca parametafísica do acesso ao profundo, mas um observador, um *voyeur*, um

neutralista, um cientista — por exemplo, um ginecologista que, sem se deixar impressionar por nenhuma metáfora efetiva do retorno a si mesmo, dedica-se ao estudo do sistema sexual feminino; se necessário, ele poderia, como Hans Peter Duerr demonstrou em seu livro *Intimidade*, fornecer uma etno-história barroca das representações, bem como práticas e afetos ligados à vulva em diferentes culturas.[11]

Nessas atitudes cognitivas relativamente recentes, é possível tratar a vulva, em sua condição de objeto anatômico ou etnográfico, de forma descritiva ou operativa, sem que entrem em jogo os derivados motivacionais dos comportamentos pós-neolíticos de atração e impulsão à entrada da caverna. A ginecologia positiva — essencialmente um produto da zoologia aristotélica e de seu prolongamento na biologia europeia recente — distingue-se da antiga tradição da sabedoria pelo fato de que ela pode se manter imune à sucção, numa certeza distanciada, objetivadora e, nessa medida, emancipada diante desse outrora tão mágico

---

11. Hans Peter Duerr, *Der Mythos von Zivilisationsprozeß*, Band 2, *Intimität* [*O Mito do processo civilizatório*, vol. 2, *Intimidade*], Frankfurt, Suhrkamp, 1992.

Sarcófago de Tutancâmon.

portal das mulheres e das mães. Ao penetrar mais profundamente, o olhar do pesquisador apenas obtém visões superficiais suplementares de planos situados mais e mais no interior: a uteroscopia é simplesmente a continuação da vulvoscopia por meios técnicos. A imagem do órgão obtida com essa óptica poderia ser denominada vulvograma; e quando esta é produzida de forma tecnicamente impecável pelos procedimentos disponíveis de geração de imagens, o observador não tem, em nenhum momento, razão para alimentar dúvidas sobre acuidade de sua faculdade visual. A visibilidade da vulva como coisa à nossa frente garante que o observador não seja absorvido pelo objeto. Ver significa aqui, de acordo com os axiomas da *episteme* grega, ter, graças à correta distância em relação às coisas, a tranquila liberdade de conhecê-las, através delas mesmas, de um modo bem articulado. É muito diferente o caso da antiga devoção parametafísica diante da porta para o mundo interior da mãe. Aquele que, por uma aproximação ritual, acredita ter diante de si essa entrada de todas as entradas, ou aquele que a imagina em uma representação simbólica, cai imediatamente em um sugadouro pelo qual serão tirados, de quem vê, a vista e o ouvido. Lá onde a real

4. A CLAUSURA MATERNA: PARA A FUNDAMENTAÇÃO DE UMA GINECOLOGIA NEGATIVA

Caldeirão de bronze em forma de úbere, *li*, da primeira dinastia Shang, c. séculos XVI-XV a.C., utilizado para preparar os pratos servidos como oferendas.

Baubo — a testemunha chave de Nietzsche para uma teoria da verdade tornada novamente discreta — surge ao olhar, a própria visão tem pouco futuro. Aqui, o olho perquiridor quer e deve quebrar-se contra seu objeto. Diante da força de sucção do portal, as pupilas se dilatam. Ao aproximar-se, aquele que vê terá a impressão que, à sua frente, desliza um discreto sinal de advertência: atenção, último objeto antes da grande compreensão! E, de fato, logo após a passagem pela porta da gruta, a noite tropical envolveria o recém-admitido; e, com a queda da noite escolhida, chegam ao fim todas as relações que dizem respeito à clareira, à distância, à objetividade. A partir de agora, a questão do íntimo cobra um preço também da inteligência analítica.

261

Fata homerica, estampa extraída de J.-J. Boissarch, *Emblematum liber*, 1558. Mesmo quando o patriarca Zeus distribui a sorte do destino, os recipientes representam ainda uma espécie de hiperútero. Qualquer que seja a vida, ela permanece formalmente ligada à imanência do regaço.

Pretendemos, no que segue, desenvolver a ficção de que nos seria possível dividir o intelecto aventureiro de tal maneira que metade dele se posicione ao longo da rampa de acesso à caverna mística — portanto, ainda numa perspectiva externa —, enquanto a outra metade se deixa iniciar para adentrar a totalidade homogênea obscura. Durante a excursão, as duas metades devem manter um intercâmbio entre si: a que ingressou, transmitindo ao exterior suas posições no interior da esfera sem objeto; a que espera à porta, enviando para a caverna propostas para verbalizar o indescritível. Esse arranjo cindido leva em conta a circunstância de que o foco de nossa investigação não está no propósito de produzir uma experiência mística presente, mas no projeto de fazer avançar uma teoria da intimidade diádica que se estenda até o domínio em que, habitualmente, a teoria loquaz se faz silenciosa. Esse já bem conhecido mutismo místico se explica aqui pelo fato de que, em consequência da fusão do observador com a esfera mais íntima, a estrutura de conhecimento e de interação bipolar que permitia sua percepção extingue-se. Ao se completar o ingresso no interior, todos os jogos de linguagem

Lasciate ogni pensiero o voi qu'intrate. Boca do Inferno no "Bosque Sagrado" de Bomarzo, 1550-1580.

da observação e do estar à frente devem efetivamente chegar ao fim. Uma teoria crítica do estar-na-caverna só será possível pela introdução de um terceiro — em nosso caso, pelo desdobramento do explorador na caverna, num posto avançado audacioso e numa prudente base de retaguarda. Isso leva à divisão do trabalho entre anseio e ceticismo, fusão e reserva. Esse arranjo contém uma concessão à tradição mística, ao admitir que é de fato inevitável, para o ingressante, repetir a intransponível verdade das cavernas: que, aqui, o Um é tudo. Aquele que efetivamente estivesse por inteiro no interior nada poderia fazer senão corroborar as teorias monistas fundamentais dos últimos milênios, das quais os interessados pela mística, qualquer que seja sua confissão, insistem em afirmar que são as mesmas em todas as culturas. Em contrapartida, a parte observadora do intelecto postada à porta da caverna, aqui em seu papel de terceiro participante, mantém-se firme na posição de que, seja o que for que aconteça ao explorador místico na caverna, só pode se tratar, sempre, de momentos na díada. Se o pioneiro no interior pretendesse testemunhar uma unidade sem dobras, poderíamos lembrá-lo,

Desenho a bico de pena da Boca do Inferno, 1599.

sem rodeios, do caráter constitutivamente biunitário de sua situação. Dessa maneira, é possível ao mesmo tempo respeitar e destronar a aparência mística unitária na qual está imersa a testemunha fusionada na caverna: o interesse pelo progresso da teoria dual é satisfeito sem que as evidências do monismo mítico precisem ser desmentidas. A penetrante manifestação da forma de consciência de uma unidade desprovida de um segundo termo pode ser então compreendida até mesmo como a mais expressiva figura da fusão bipolar esférica completada *in actu*. Da realidade da relação entre a mãe e a criança por nascer faz parte, de certa maneira, a inexistência, para a criança, dessa relação enquanto tal. Durante o tempo em que vive no interior da mãe, a criança paira efetivamente em uma espécie de não dualidade; o desaparecimento da relação com a mãe na percepção confirma, como prova aguda da fusão consumada, o fato de que a criança está contida na "mãe". Aquele que experiencia essa cena é, primária ou secundariamente, um *infans*, ou seja, é ou um feto ou um místico; nos dois casos, ele está significativamente privado da fala (*in-fans*) e sem qualquer relação com algo objetivo diante de si. A própria relação só existe de forma atual quando tem de ser presentemente negada ou desobjetivada. Faz parte da realidade dessa relação singular o fato de que, quando existe, ela justamente não existe como relação para aquele que está contido: para o feto, não existe nada diante de si com que pudesse se relacionar de maneira interpessoal ou interobjetiva; nenhum elemento extra confirma seu real ser-em (*In--Sein*). O mesmo vale, analogamente, para o místico. Na proximidade do "nobjeto" de fato presente, também o sujeito se desarma e se dissolve. Sobre essa peculiaridade lógica de que uma classe de relações de proximidade com um outro só é real se for negada ou extinta enquanto relações, falaremos mais detalhadamente, a seguir, em conjunção com as observações de Thomas Macho sobre a lógica dos conceitos psicanalíticos fundamentais.

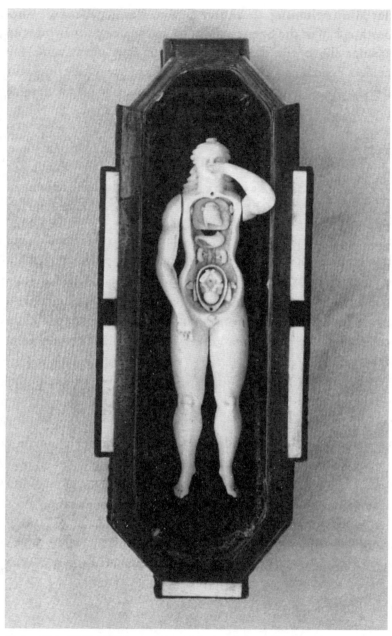

Stefan Zick (1639-1715?), modelo anatômico da gravidez para fins didáticos. Figura em marfim em estojo de madeira.

Digressão 2

Nobjetos e não-relações
Para uma revisão da teoria psicanalítica das fases

É um dos segredos mais bem divulgados da primeira psicanálise vienense que, tanto em seu arranjo terapêutico como em sua armadura conceitual, ela se deteve a meio caminho em sua penetração no mundo intersubjetivo da proximidade. Pode-se, com razão, em pontos essenciais, censurar-lhe o fato de ter construído, tanto na teoria como na prática, um sistema apto a repelir as experiências de proximidades indesejáveis que ela, por sua própria disposição, era forçada a invocar. Nas últimas décadas, o cientificismo obstinado de Freud foi muitas vezes alvo de uma crítica baseada, em parte, numa perspectiva da teoria da ciência, na medida em que conduzia à prova de que a análise vienense havia descrito erroneamente seu próprio estatuto teórico e pretendido, de maneira forçada, aproximar ao modelo das ciências naturais uma disciplina que se ligava à hermenêutica cênica, à teoria da linguagem e às ciências do vivido; e, em parte, se baseava em expressões psicodinâmicas, tentando mostrar por quais manobras e com base em quais motivos obsessivos — sobretudo provenientes de fontes matrifóbicas — o fundador da psicanálise vienense havia evitado os estratos profundos mais inquietantes do campo das relações íntimas para o qual acabara de prover uma nova descrição. Mas todas essas críticas podiam acomodar-se ao interior da elástica abordagem do modelo freudiano e eram capazes de ser integradas mais ou menos docilmente por um movimento psicanalítico disposto a aprender.

Em outro *front*, entretanto, armou-se uma crítica essencialmente mais radical, cujo desenvolvimento não havia sido antevisto nem pelas críticas imanentes, nem pelas críticas externas da psicanálise. Ela nasce da ligação entre a pesquisa recente sobre a pré-natalidade e os deslocamentos conceituais das mais novas filosofias dos meios de comunicação. O filósofo da cultura e antropólogo dos meios Thomas Macho provou conclusivamente, nesse contexto, um erro fundamental da conceituação psicanalítica no que concerne às relações arcaicas e pré-natais entre a mãe e a criança.[12] Pode-se mostrar, de fato, que as ideias da psicanálise sobre as primeiras comunicações formulam-se, sem exceção, segundo o modelo das relações objetais — particularmente nos conceitos da assim chamada teoria das fases do desenvolvimento, na qual, a cada vez, um órgão considerado precursor do sujeito é atrelado a uma dimensão do mundo exterior tomada como um polo objetivo: na fase oral, a boca com o seio; na fase anal, o ânus com seu produto, o excremento; na fase genital, o pênis com a mãe, enquanto objeto de amor *sans phrase*. Sabe-se que Freud colocava a fatídica necessidade dessa terceira fase acima de todo o resto, porque, segundo sua convicção, é nela que se realizaria a genuína individuação, como formação da subjetividade sexual oriunda do conflito triangular edipiano. Nela se completa, segundo a teoria ortodoxa, a maturidade psíquica objetal, que já está destinada à criança — desde o momento em que toma pela primeira vez o seio materno — como objetivo de desenvolvimento culturalmente obrigatório e organicamente plausível. Macho mostrou, ao contrário, que toda a conceitualização psicanalítica das primeiras relações está fundamentalmente deformada pelo preconceito do objeto — mais ainda, que essa fixação sobre a ideia da relação com o objeto é responsável pelo desconhecimento francamente grotesco dos modos de realidade do feto e do bebê por parte da velha ortodoxia psicanalítica. Seria, por isso, um empreendimento vão, para não dizer patogênico, querer descrever a realidade primordial mãe-criança na forma de conceitos de relação com um objeto, porque aqui, nas coisas elas próprias, não há ainda em

---

12. Thomas Macho, "Zeichen aus der Dunkelheit. Notizen zu einer Theorie der Psychose" ["Sinais da escuridão. Notas para uma teoria da psicose"], in: Rudolf Heinz, Dietmar Kamper e Ulrich Sonnemann (Orgs.), *Wahnwelten in Zusammenstoß. Die Psychose als Spiegel der Zeit* [*Mundos imaginários em conflito. A psicose como espelho do tempo*], Berlim, Akademie, 1993, p. 223-240.

parte alguma relações entre sujeito e objeto. Só uma elaborada teoria da medialidade psicossomática poderia, um dia, chegar a representar o casulo íntimo da primeira díada em uma linguagem correspondentemente precisa e articulada da dissolubilidade recíproca e da suspensão em um éter relacional bipolar. Isso suporia que, em todos os graus da organização psíquica, análises mediais devam substituir as atuais descrições de relações com objetos — descrições extravagantes e por vezes até mesmo perigosamente enganadoras. Só através de expressões mediais pode-se exprimir adequadamente o modo de ser das primeiras manifestações presentes com as quais a criança tem de lidar. Além disso, é preciso assumir, antes da supostamente primitiva fase oral, ao menos três estágios e situações pré-orais que, cada qual à sua maneira particular e em conformidade à natureza de seu conteúdo, já devem propriamente ser concebidos como regimes de medialidade radical.

1. Em primeiro lugar, deve-se conceber uma fase de coabitação fetal em que a criança em formação experimenta presenças sensoriais dos líquidos, dos corpos moles e dos limites da caverna: o sangue placentário, em primeiro lugar, depois o líquido amniótico, a placenta, o cordão umbilical, a bolsa das águas e uma vaga representação preliminar da experiência de limites espaciais pela resistência da parede abdominal e do envoltório elástico. Como precursor daquilo que se chamará posteriormente a "realidade", apresenta-se aqui um reino intermediário fluido, acomodado em uma dimensão espacial esférica escura e suavemente acolchoada sobre paredes mais sólidas. Se houvesse já "objetos" primitivos nesse campo, eles não poderiam ser, pelo modo como são dados, nada mais que sombras de objeto ou aparências de coisas — conteúdos de um primeiro "Lá", do qual se concebe um primeiro "Aqui", ambos agrupados em um espaço envolvente de contornos vagos, com uma crescente tendência de estreitamento. Como candidatos a tais sombras de objetos vêm, em primeiro lugar, o cordão umbilical — do qual puderam provir as primeiras percepções do tato — e a placenta, que, como prenúncio de um primeiro *face-à-face* e de um primeiro acompanhante e provedor de alimento do feto, tem uma presença primitiva e difusa. (A "relação" entre o feto/sujeito e a placenta/acompanhante será tratada nos dois próximos capítulos.) Aos objetos que, como os já

mencionados, não são de fato objetos, pois a eles não corresponde nada que esteja diante de um sujeito, Macho denomina *nobjetos*: trata-se de entidades dadas de maneira esfericamente envolvente que, ao modo de presença não confrontativa, planam como seres originários de proximidade, no sentido literal do termo, diante de um si que não lhes faz face, precisamente o pré-sujeito fetal. Seu estar-aqui-perto (que não é ainda um estar-aí demonstrável) se transmite à criança sobretudo pelo primeiro dom que lhe é feito: o sangue placentário. O sangue placentário é, dentre os nobjetos do primeiro mundo "empírico", o exemplo mais antigo a que se pode chegar. Consequentemente, deve-se supor que o mais primitivo de todos os regimes pré-orais é um estágio de suspensão, cujo conteúdo essencial consiste em uma troca incessante de sangue entre mãe e criança, intermediada pela placenta. O sangue, que, sendo sangue de um, torna-se mesmo assim o sangue de outro, funda o primeiro "elo" medial entre os parceiros da díada, íntima e bipolarmente imbricados. Através do sangue, a biunidade é concebida, de antemão, como uma entidade trinitária: o terceiro faz de dois um. Não por acaso, numerosas culturas descrevem o grau mais estreito do liame entre os parentes como uma ligação consanguínea; ordinariamente, isso significa, em primeiro lugar, o sangue imaginário das árvores genealógicas, mas, em um nível mais profundo, continua a envolver também a comunhão real do sangue; logo que este é caracterizado como "parentesco", a comunidade arcaica da circulação sanguínea eleva-se a uma representação simbólica. Na concepção dos antigos egípcios, é o sangue das mães que irriga o feto ao descer do coração. Ainda na Idade Média europeia, e mesmo até o século XVIII, era muito difundida a ideia de que as crianças se mantinham vivas no útero bebendo o sangue menstrual.[13] De fato, o *modus vivendi* fetal pode ser descrito como uma comunhão fluídica no meio sanguíneo, que sobrevive em todas as práticas culturais

---

13. Cf. Lotário de Segni (Papa Inocêncio III), *De miseria humanæ conditionis* (Lugduni, 1554): *"Sed attende quo cibo conceptus nutriatur in utero: profecto sanguine menstruo, qui cessat ex femina post conceptum ut eo conceptus nutriatur in femina"* ["Observe de que alimento o feto se nutre no útero: certamente do sangue menstrual, que se interrompe na mulher após a concepção para que o feto se nutra na mulher"]. Ver também, à frente, Digressão 10: *"Matris in gremio.* Um capricho mariológico".

DIGRESSÃO 2. NOBJETOS E NÃO-RELAÇÕES: PARA UMA REVISÃO DA TEORIA PSICANALÍTICA DAS FASES

ligadas a líquidos transpostas à época pós-natal — das bebidas aos banhos, às lavagens, às aspersões. A nova concepção que a teoria dos meios faz do motivo da intimidade permite compreender por que o sangue é, de fato, um suco muito especial: ele é o primeiro meio material entre dois indivíduos que um dia — se forem pessoas modernas — se falarão ao telefone. Desde o início, a história do sujeito é, antes de tudo, uma história da transmissão do sujeito. Seus atores são seres originários cada qual de comunidades únicas de circulação sanguínea e comunhão de bebida — e que reavivam essa unicidade em transposições sempre diversas. É a esses comunalistas no líquido que Rilke se dirige em seu apelo aos amantes, na segunda das *Elegias de Duíno*:

> [...] Quando vos levais um ao outro
> à boca —: bebida contra bebida: oh que estranhamente
> escapa então quem bebe ao próprio ato.[14]

Mas não apreenderíamos corretamente o meio sanguíneo se pretendêssemos interpretá-lo como o vetor de um "diálogo" pré-natal entre a mãe e o feto; obstinadas fixações na comunicação verbal levaram numerosos analistas a recorrer à enganosa expressão "diálogo" para designar a troca medial na díada primitiva; e mesmo ao grande psicólogo René A. Spitz faltou a necessária medida de clareza auditiva quando tolerou um absurdo mediológico no título de seu famoso livro, *Do Diálogo*.[15]

2. O segundo aspecto do campo midiático pré-oral concerne à iniciação psicoacústica do feto no mundo sonoro uterino. É evidente que acontecimentos acústicos só podem ser dados no modo de nobjetos — pois presenças sonoras não têm nenhum substrato concreto com que se pudesse deparar numa atitude face a face. A fisiologia da audição, enquanto estar-posto-em-vibração-comum, torna evidente que o que está em jogo nas experiências acústicas são processos mediais que não

---

14. R. M. Rilke, *Poemas*, op. cit. (ver Nota 25 da Introd.), p. 115. [N.T.]

15. Spitz, *Vom Dialog. Studien über den Ursprung der menschlichen Kommunikation und ihrer Rolle in der Persönlichkeitsbildung* [*Do Diálogo. Estudos sobre a origem da comunicação humana e seu papel na formação da personalidade*], Stuttgart, Klett, 1976.

ESFERAS I: BOLHAS

podem ser representados na linguagem da relação com objetos. Isso vale, de resto, para a posição de escuta ao ar livre, tanto quanto para a situação fetal — razão pela qual a música constitui a arte do contínuo por excelência; escutar música significa sempre estar-na-música[16], e nessa medida Thomas Mann teve razão ao dizer que a música era um domínio demoníaco; aquele que escuta está efetivamente possuído naquele momento pelo som. (Sobre a formação da intimidade pela acústica fetal — tal como se expressa sobretudo no ambicioso estudo de Alfred A. Tomatis —, falaremos mais à frente, no Cap. 7. À luz de suas pesquisas, pode-se reconhecer especialmente o caráter medial do líquido amniótico, que transforma as ondas sonoras em vibrações relevantes tanto para a audição como para o conjunto do corpo; mas parece ser ainda mais significativa a transmissão de sons pelos ossos.) Macho, por sua vez, enfatiza menos o *bonding* fetal por intermédio da voz materna do que a experiência que o recém-nascido faz de si mesmo, logo após o nascimento, pelo uso da própria voz, que, como um meio vocal mágico, assegura a ligação com a mãe fora da caverna corporal. Como um cordão umbilical acústico, a voz oferece um substituto para a perdida ligação umbilical; Macho acentua que esse ouvir-se-em-conjunto na díada extrauterina permanece sendo o germe medial de todas as formações de comunidades, e que a ligação com outros pelos cordões umbilicais acústicos constitui o princípio central da síntese psicossocial.[17] Ao mesmo tempo, forma-se na criança, ao ouvir a própria voz, um núcleo medial pré-oral do Eu; no choro, nos resmungos, nos balbucios

16. Cf. Peter Sloterdijk, "Wo sind wir, wenn wir Musik hören?" ["Onde estamos quando ouvimos música?"], in: *Welfremdheit* [*O estranhamento do mundo*], Frankfurt, Suhrkamp, 1993, p. 294-325; a questão é ali respondida com duas fórmulas de localização: uma vez com a fórmula dinâmica "na ida e na volta" e, na outra vez, com a fórmula harmônica "na ressonância".

17. Ver, em relação a isto, as propostas do autor sobre a música nos modernos meios de comunicação de massa, e sobre o populismo tonal em "Technologie und Weltmanagement. Über die Rolle der Informationsmedien in der Synchronweltgesellschaft" ["Tecnologia e gerenciamento global. Sobre o papel dos meios de informação na sociedade sincrônica mundial"], in: Peter Sloterdijk, *Medien-Zeit. Drei gegenwartsdiagnostische Versuche* [*A era dos meios. Três ensaios para um diagnóstico do presente*], Stuttgart, Cantz, 1993, p. 67-105, em especial p. 99 ss. Cf. também, à frente, a Digressão 8: "Verdade de analfabetos. Nota sobre o fundamentalismo oral".

Digressão 2. Nobjetos e não-relações: Para uma revisão da teoria psicanalítica das fases

e na articulação das palavras começa a perpétua história das mediações do sujeito em formação consigo mesmo e com suas extensões vocais; pode-se ver aí o polo primitivo de produção da música e da arte da linguagem. É por essa razão que Macho fala de uma fase vocal e auditiva no espaço pré-oral.[18] Mas, como vozes não são objetos, é impossível estar, frente a elas, em uma "situação" que pudesse ser expressa pela palavra "relação". As vozes produzem redomas acústicas de extensão esférica presente, e o único modo de participação nas presenças vocais deve ser descrito como um ser-em na sonosfera presente[19]; também o cordão umbilical vocal tem uma estrutura "nobjetal", como o cordão físico. Quando mãe e criança trocam mensagens vocais em um jogo imediato de ternura, sua inter-relação é a autorrealização perfeita de uma esfera bipolar acústica íntima.

3. Como a terceira das novas fases pré-orais que é preciso conceber, Macho aponta a fase respiratória. De fato, o primeiro parceiro externo do recém-nascido — antes de todos os novos contatos com a superfície cutânea da mãe — é o ar respirado, que, como elemento sucedâneo, substitui agora o líquido amniótico perdido. Também o ar é uma dimensão medial e, como tal, não se deve definir jamais por expressões objetais. O estar-no-mundo extramaterno significa para a criança, do início ao fim, estar-no-ar e participar sem resistência na plenitude desse meio — após um episódio de aflição respiratória iniciática. O ar, da maneira como se apresenta na primeira experiência, possui inconfundíveis qualidades de nobjeto, pois garante ao sujeito em formação uma primeira possibilidade de exercer espontaneamente sua autonomia respiratória sem, no entanto, jamais aparecer como uma coisa com a qual seria preciso estabelecer uma relação. Não é um acaso que, até há pouco, nenhum psicanalista — com exceção do fluidista retardatário Wilhelm Reich — tenha dito algo que mereça ser lembrado sobre o

---

18. Thomas Macho, *Zeichen*, op. cit. (ver Nota 12 desta Digressão 2), p. 237.

19. Cf. Michael Hauskeller, *Atmosphären erleben. Philosophische Untersuchungen zur Sinneswahrnehmung* [*A experiência das atmosferas. Investigações filosóficas sobre a perceção sensorial*], Berlim, Akademie, 1995, especialmente o Cap. III, 2: "Der Gehörraum" ["O espaço da audição"], p. 102 ss.

complexo ar, respiração e *self*[20]; sem dúvida porque mesmo a mais simples análise da respiração teria revelado a inadequação fundamental do discurso que faz uso de expressões que designam relação com objetos.[21] O processo medial mais elementar, concebido em suas condições próprias, teria justamente desmontado as pretensões e hábitos conceituais da psicanálise. Macho conclui suas reflexões com a constatação de que própria psicanálise, em sua linguagem teórica, permaneceu prisioneira da velha gramática ocidental mesmo nos pontos em que, em seus arranjos e acomodações, ela poderia ter há muito descoberto motivos para abolir as relações sujeito-objeto que aparecem nos processos mediais. Só após uma revisão fundamental de seus conceitos, poderia a psicanálise — que permanece, por seu potencial teórico e terapêutico, a prática de proximidade interpessoal mais interessante no mundo moderno — apresentar-se também em uma linguagem de proximidade adequada. A partir daí, ela poderia exprimir abertamente a ideia de que toda animação é um acontecimento midiático — e que todos os distúrbios psíquicos são deformações da participação, ou seja, doenças dos meios. A fixação aos objetos é, ela própria, a matriz lógica da neurose. Inútil explicitar qual é a civilização que dela sofre mais que qualquer outra.

---

20. As próprias indicações de Freud ligadas à análise da angústia respiratória histérica, por seu pouco fôlego, não podem ser consideradas como base de uma teoria psicológica da respiração. Cf. *Studienausgabe*, vol. VI, Hysterie und Angst [Histeria e angústia], Frankfurt, Fischer, 1982, p. 30 ss., 46, 149 s., 231, 273.

21. A primeira proposta digna de ser mencionada sobre o tema provém, em nosso conhecimento, de uma época bem recente: Jean-Louis Tristani, *Le Stade du respir*, Paris, Éditions de Minuit, 1978. Como o título revela, o autor propõe-se a fazer uma revisão da teoria psicanalítica das fases pela introdução de um estágio respiratório independente.

4. A CLAUSURA MATERNA: PARA A FUNDAMENTAÇÃO DE UMA GINECOLOGIA NEGATIVA

Após o que foi dito, o que se deve entender por "ginecologia negativa"? Ela é, em primeiro lugar, um procedimento para garantir que a mulher e seus órgãos não entrem em nenhuma objetividade. Uma ginecologia é negativa ou filosófica quando persevera em uma dupla renúncia: primeiro, à óbvia possibilidade de, numa perspectiva externa, conceber a vulva como um objeto (vulvograma ginecológico e pornográfico); e, em segundo lugar, à tentação jamais completamente ultrapassada de passar mais uma vez pela vulva, à maneira iniciática, como por uma porta que leva ao mundo interior (parametafísica e holismo místico). Eliminando-se essas duas atitudes e concepções, pode-se mostrar facilmente o caráter nobjetal do não orifício feminino. Ele é a não coisa que cada indivíduo nascido pelas vias naturais experimenta em uma sequência única de acontecimentos; é o estreitamento primitivo que só "existe" uma única vez, e em uma cena irrepetível e dramaticamente estendida. Aquilo que o intelecto observador vê diante da caverna como o maleável órgão feminino, a metade que penetrou o experimenta, ao querer nascer novamente, como o gerador da mais monstruosa dureza. Na interpretação nobjetal, o órgão que, tomado de modo objetivo, é aparentemente conhecido, compreensível, simpático e flexível, revela-se um túnel fatídico no qual o feto é estimulado a se concentrar de modo a se tornar uma simples coisa que irrompe, um projétil que anuncia sua chegada. Pensada como meio, a vagina ou vulva produzem no sujeito por vir a experiência real do confronto com um muro impenetrável, um muro que, simultaneamente, deve ser também uma abertura; e a abertura é função da investida contra o muro. O impasse de estar diante do muro converte-se diretamente, para o recém-chegado, na necessidade de atravessá-lo. Enquanto nobjeto, a vulva é a mãe do granito. No momento do combate é evidentemente impossível penetrar o muro, mas quando, *in extremis*, ele é atravessado de algum modo, o neófito a caminho da saída o experimenta como a mais dura das pedras, aquela que quebra outras pedras. Para a maioria dos que nasceram, ter nascido significa ter triunfado sobre um muro.

O arranjo acima proposto — de separar o explorador da caverna em duas metades, das quais uma se dissolve experimentalmente no interior sombrio, enquanto a outra, do lado de fora, preserva a visão diurna do mundo — parece de imediato própria a obter resultados em primeira mão na pesquisa dos nobjetos; ele simula algo que a psicologia não pode pressupor, a saber, a existência de um feto capaz de fazer descrições. A parte que penetrou seria, então, uma sonda viva em efetiva imersão uterina; ela deve não apenas se submeter calada à experiência, mas também, com o apoio da parte que vela no exterior, como fenomenóloga de seu estar-na-caverna (ou, em termos heideggerianos, de seu ainda-não--ter-sido-lançada), permanecer capaz de se satisfazer intelectualmente.

Tradições chinesas da época do florescimento do taoismo oferecem um excelente exemplo da paradoxal situação de estar dentro e fora ao mesmo tempo. A lenda do nascimento do Mestre Lao Tse, quase desconhecida no Ocidente, ilustra com perfeição a imagem de uma gravidez que inclui, simultaneamente, um período de amadurecimento dentro da caverna e outro de estudo fora dela. Na concepção da antiga China, o efetivo nascimento do homem coincide com o implante da criança no útero; o período intrauterino é, por conseguinte, acrescido ao período de vida do ser humano; recém-nascidos contam como crianças de um ano. Os dez ciclos lunares da noite intrauterina formam o equivalente de um ano solar. A vida interior, além disso, apresenta uma equivalência proporcional à existência exterior: como o período de gestação da mãe provê um modelo do real tempo de vida, sua duração fixa a medida da existência no mundo exterior. Dez lunações correspondem à duração da vida de um homem ordinário; os heróis divinos permanecem doze meses no útero, os grandes sábios passam ali dezoito meses. A vida de Lao Tse no mundo interior, calculada em 81 anos, corresponde a uma longevidade equivalente à do Céu e da Terra — é o ciclo completo do tempo do mundo enquanto gestação.[22] Em todas as coisas, segundo a doutrina taoista — expressa comumente por Chuang Tse —, o interior

---

22. Cf. Kristofer Schipper, *Le Corps taoïste, corps physique — corps social*, Paris, Fayard, 1982, p. 161.

"A formação do recém-nascido": imagem para meditação da alquimia taoista. Da união de *k'an* e *li* provém um embrião, que representa a alma imortal imaginada pelos taoistas.

precede o exterior. O modelo da esfera divina taoista é o Verdadeiro Um, que, como um embrião imortal, habita o território chamado o interior. Em numerosas variantes, os relatos teogônicos contam a vida anterior de Lao Tse dentro de sua mãe, Li, que, desde o século IV, porta as alcunhas de Mãe Ameixeira ou Filha de Jade do Brilho Obscuro.[23] O sinólogo Kristofer Schipper, em seu simpático estudo sobre a física mística e social do taoismo, ofereceu uma versão do mito do nascimento de Lao Tse recolhida por ele em Taipé, em agosto de 1979, do relato oral de um mestre taoista de 74 anos de idade:

> Havia uma mulher que pertencia ao clã dos Puros. O Velho Senhor (isto é, Lao Tse antes da concepção) ainda não tinha nome nessa época. Pode-se dizer que, no início, ocorreu uma encarnação; uma encarnação em uma mulher casta. Ela não tinha marido, mas engravidou após ter engolido uma gota de "orvalho doce".[24] Seu ventre crescia, significando que ela estava grávida durante o dia, enquanto à noite voltava ao normal, pois nesse período o Velho Senhor saía do corpo da mãe para estudar o Tao, e não estava lá durante esse tempo.
> O Velho Senhor não era qualquer um! Embora tivesse se encarnado como embrião no ventre de sua mãe, queria esperar, para nascer, um dia em que não houvesse no mundo nem nascimento, nem morte. Assim, esperou por mais de oitenta anos, sem poder aparecer.
> O deus dos Infernos e o deus do Céu conversaram, então, e disseram: "Trata-se da encarnação da Constelação do Destino. Como se pode permitir que não nasça! Escolhamos um dia no qual cuidaremos para que não haja nem nascimento, nem morte, e, então, nesse dia, ele poderá nascer."
> Esse foi o décimo quinto dia da segunda Lua. Nesse dia nasceu o Velho Senhor. Ele veio ao mundo pela axila de sua mãe [compare-se com o nascimento do Gautama Buda pela anca de sua mãe][25]. Oh, nesse momento, seus cabelos e sua barba eram

---

23. Cf. ibidem, p. 162 e 301 ss.

24. Cf. *Tao Te Ching*, Cap. 32: "Quando o Céu e a Terra se unem produzem o orvalho doce". *Kanlu*, "orvalho doce", é o nome chinês da ambrosia. (Nota de Kristofer Schipper.)

25. Acréscimo do autor, Peter Sloterdijk.

inteiramente brancos; e, como já sabia andar, logo em seguida se pôs em marcha.

Sua mãe lhe disse: "Tu, meu velho menino, por que partes sem deixar que eu te veja? Por que, mal tendo nascido, já te vais? Mais tarde não poderei nem mesmo te reconhecer!" Então ele se voltou bruscamente, com sua barba e cabelos revoltos. Quando sua mãe o viu, foi tomada de terror, desmaiou e morreu ali mesmo. Ele, porém, continuou sempre em frente, sem se deter, até chegar a um pomar de ameixeiras. Lá se apoiou contra um tronco e disse para si mesmo: "Não conheço nem meu nome, nem o nome de minha família. Estou apoiado nesta árvore. Não seria melhor que eu a tomasse como meu nome de família? E como me chamo? Minha mãe me chamou 'Velho Menino'!; então, que meu nome seja 'Lao Tse'. Pois 'Velho Senhor' é um título respeitoso; seu verdadeiro nome é 'Velho Menino'."[26]

História escandalosa e narrativa iniciática: Schipper, em sua caracterização do mito, chama a atenção para sua função intimamente edificante e sua lógica metafísica paradoxalmente dobrada sobre si mesma. Seria preciso um volumoso estudo para esgotar suas implicações: o fato de que Lao Tse não tem pai, a mística autofecundação da mãe, o nascimento heterólogo pela axila (esquerda), as implicações numerológicas do número 81, a recusa a nascer, bem como a exigência de um mundo sem nascimento e sem morte, a data escolhida pelos deuses, a separação imediata do velho menino de sua mãe, o susto mortal desta diante da criança monstruosa, o nível zero genealógico e a autodenominação, a relação com o cultivo da árvore frutífera[27] — tudo isso exigiria, além de muitas outras coisas, explicações detalhadas no âmbito da teoria da narrativa, da história cultural, da cosmologia e da filosofia da religião; limitamo-nos a dois aspectos dessa história inusitada: o tema do embrião erudito e a relação entre o estar-na-mãe e a experiência mundana. Em ambos os casos, é fácil estabelecer uma relação com nossa ficção metodológica de ligar imanência uterina e observação exterior, apesar

---

26. Schipper, 1982, op. cit., p. 162-163.

27. Segundo a tradição, também Confúcio teria nascido de uma ameixeira oca. Cf. Schipper, 1982, op. cit., p. 309.

da estrita impossibilidade de sua ocorrência simultânea. Que seria o estudante fetal do Tao, que sai à noite da mãe para habitar seu ventre durante o dia, senão uma encarnação precisa da ideia de que seria possível ultrapassar a diferença entre estar dentro e estar fora em uma unidade de nível mais elevado? Observada mais detidamente, a alusão às escapadas noturnas de Lao Tse para fora de sua mãe aparece como uma figura de pensamento da mística da unidade: ela torna claro que o sábio divino não pode ter alcançado o interior de sua mãe por uma geração externa; o que aparece como o corpo da mãe é a própria criação de seu habitante. A diferença entre o interior e o exterior cai, por sua vez, no interior de Lao Tse: é a criança que contém em si a mãe e a criança — não é um acaso que Lao Tse signifique Velho Menino, o feto e o Cosmos em uma representação conjugada. Mesmo que o texto não diga expressamente que o sábio é a mãe de si mesmo, a narrativa, por sua lógica imanente, conduz inconfundivelmente para essa tese. Quem passa 81 anos no regaço de sua mãe deve ser, ele próprio, o senhor do mundo interior; a mãe exterior só pode aparecer como um invólucro e um suplemento — por isso o ato de separar-se dela se realiza tão facilmente. Segundo outras variantes do mito, o próprio Lao Tse projeta realmente sua mãe, Li, para fora de si a fim de entrar em sua própria forma de regaço. Quando, após uma gestação de 81 anos, todo o exterior — incluindo-se a morte — foi assimilado ao interior e nenhum acontecimento provindo do não interior pode surpreender o perfeito sábio, então a mãe não se pode manter como uma entidade exterior real. A ação mítica se completa na forma de um laço paradoxal: o que a mãe tem para dar ao feto não é nada mais do que aquilo que o feto dá a si mesmo através da mãe — a eterna capacidade de estar no interior, em uma existência imortal girando sobre si mesma. O sábio nasce para não vir ao mundo só como um mortal que nasce; ele entra em um regaço materno exatamente para não ingressar em um ciclo de vida humana de fôlego curto. Uma forma semelhante de enlace paradoxal é exibida por outras variantes do mito, não consideradas aqui, nas quais a breve fase de encontro entre a mãe e a criança é representada como uma época em que Lao Tse se deixa iniciar por sua mãe nesse mistério da longevidade, testemunhada já por sua longa estadia no útero. O mesmo paradoxo reaparece no fato de que Lao Tse nasce num dia em que não ocorrem nem nascimentos, nem mortes — seu nascimento não é um nascimento no mundo exterior, e sua saída permanece um movimento na imanência sem exterior. O sábio taoísta se concebe assim, finalmente, como uma mulher grávida que engravida de si mesma; o elemento maternal finito faz nascer de si o elemento maternal infinito do qual ele próprio é o produto. Esse elemento maternal tem a força de preservar, mesmo interiormente, a diferença entre exterior e interior. Paradoxos autorreferenciais desse tipo fazem parte do patrimônio formal lógico de todos os sistemas metafísicos nos quais o infinito deve manifestar-se por meios finitos. Mesmo o filho finito de Deus, que vagueia ao redor do lago de Genezaré, foi reconhecido, graças ao paradoxo da Trindade, como seu próprio pai infinito. Esse paradoxo aparece de forma um pouco mais consistente nos livros apócrifos do Novo Testamento, em que Jesus, antes de se tornar homem, teria sido um anjo entre os anjos; na forma de Arcanjo Gabriel, ele teria feito à própria mãe o anúncio de seu nascimento.[28] Quando o legendário Cristóvão carrega o Menino Jesus através das águas, enquanto o Menino carrega em sua mão toda a esfera terrestre, levanta-se a questão igualmente paradoxal sobre onde Cristóvão, durante o transporte, deve apoiar os pés, dado que o rio que ele atravessa é sem dúvida uma parte do mundo nas mãos da criança sobre seus ombros.

O taoismo alcança — na medida em que essas breves alusões comportam tão amplas consequências — uma ginecologia, se não negativa, por certo marcada filosoficamente pela polaridade. As abstrações próprias de sua visão de mundo não chegam ainda ao ponto de produzir a invisibilidade da díada. Mesmo em seus mais sublimes conceitos de unidade, a mediação bipolar e a animação recíproca da criança e da mãe continuam presentes como motivos condutores. De sua ontologia da imanência uterina, ele deduz essa ética da feminilização que o tornou recentemente conhecido mesmo no Ocidente. "Conhecer o masculino e preservar, todavia, o feminino significa tornar-se o vale do mundo" (*Tao Te Ching*, Cap. 28). Diante do interior, ele se comporta, entretanto,

---

28. *Epistula Apostolorum* [Epístola dos Apóstolos], 13, 14.

de uma maneira mais evocativa que exploratória. O sábio embrião que escapa à noite da caverna para estudar o Tao explora não tanto sua própria caverna, pequena e obscura, mas, antes, o grande círculo formado pela caverna iluminada do mundo. Se quisermos aprender algo de mais concreto do ponto de vista psicofisiológico sobre o que é estar na caverna estreita e não iluminada, devemos nos voltar para conhecimentos obtidos por outros pesquisadores à entrada e no interior da gruta.

Dentre os pioneiros da recente exploração psicognóstica das cavernas, destaca-se o psicoterapeuta e psicanalista Ronald D. Laing (1927-1989), que adquiriu sua reputação de vanguardista da teorização psicológica por seu trabalho de liberação radical do modelo psicogenético na direção das origens mais profundas da perturbação psíquica. Em seus famosos modelos dos laços, ele descreveu a proximidade interpessoal como um fuso ou uma cravelha de expectativas, e expectativas de expectativas, que se entrelaçam umas às outras — o teatro absurdo da intimidade. Como terapeuta, impressionou seus contemporâneos pela arriscada decisão de acompanhar os doentes mentais até as situações mais extremas. Laing estava especialmente inclinado para a exploração das cavernas porque não tomava o caminho para o interior apenas como quem busca a felicidade; para ele, a caverna não era tanto um lugar em que o pensamento saciado chega a seu fim, mas representava também uma fonte de onde o mais antigo sofrimento e as mais primitivas frustrações podiam fluir para a vida presente perturbada. (Daí se segue a máxima ético-cognitiva: a análise vai mais longe que a iluminação.)

Laing tentou compensar o impasse existencial de que o explorador, por natureza, não tem mais acesso à caverna do passado através do método da livre-associação regressiva. Ele analisou a caverna de maneira indireta, lendo os vestígios mentais presentes do haver-estado-nela como indicações sobre a situação original e elaborando-os na forma de representações teóricas; seu procedimento é moldado na técnica psicanalítica de exploração cênico-autobiográfica. No famoso Capítulo 5 de *The Facts of Life*[29] que trata da vida antes do nascimento, o autor delineou

---

29. R. D. Laing, *The Facts of Life*, 1976 [Ed. bras.: *Fatos da vida*, trad. de Áurea

um esquema em três fases que, sem se prender à duração exterior, produz uma preponderância das fases interiores. Segundo a concepção de Laing, dois dos três atos do "ciclo" da vida têm lugar na "existência" pré-natal. Nossas citações permitirão notar que a guerra civil entre a filosofia e o entendimento comum — que pautara a economia intelectual da civilização ocidental no mínimo desde a fundação da Academia de Platão — retorna, após seu aparente abrandamento no século XX, na forma de uma guerra civil entre a psicologia profunda e a ontologia vulgar. Do ponto de vista da história das ideias, as especulações de Laing estão visivelmente próximas do movimento da contracultura e do orientalismo dos anos 1960.

Estágios da minha vida

A   da concepção ao implante
B   do implante ao nascimento
C   vida pós-natal

M_0 mãe antes da concepção
M_1 mãe da concepção ao implante
$M_{1.1}$ mãe do implante ao nascimento
M_2 mãe pós-natal

Parece ser uma de nossas grandes tarefas chegar a compreender que $M_0 = M_1 = M_2$.

Possuiremos um mapa genético mental de todo o nosso ciclo vital, com suas diferentes fases — estruturas mentais que refletem as formas e transmutações biológicas?
Parece-me aceitável, pelo menos, que toda a nossa experiência de nosso ciclo vital a partir célula número um seja absorvida e armazenada desde o início, talvez em especial no início.
Como, não sei.
Como pode uma célula gerar os bilhões e bilhões de células que agora me compõem?
Seríamos impossíveis, não fosse o fato de existirmos.

Weissenberg, Rio de Janeiro, Nova Fronteira, 1982.]

Quando *considero* os estágios embriológicos do meu ciclo vital, experimento o que me parecem reverberações simpáticas, vibrações em consonância com o que sinto agora que sentia então. Fotos, ilustrações, filmes dos primeiros estágios embrionários do nosso ciclo vital comovem, às vezes, profundamente as pessoas.
Se você tivesse que morrer agora
e ser reconcebido esta noite,
que mulher escolheria para abrigar
os nove primeiros meses de sua próxima vida?
É um *fato* que muita gente experimenta *vibrações simpáticas*, fortes às vezes (ressonâncias, reverberações), quando se permite sem reservas imaginar como se sentiria desde a concepção até, e durante, o nascimento e a primeira infância.[30]

A meditação de Laing sobre a forma do ciclo vital assemelha-se em aspectos importantes à concepção chinesa antiga: em especial sua insistência de que esse ciclo não começa só com o nascimento, mas já com a concepção, restitui expressamente ao ano de caverna sua dignidade como introito marcante de toda forma biográfica total. O implante — nidação do óvulo fecundado no útero — deveria, portanto, ser considerado seriamente como o acontecimento primordial da história da vida, mesmo que ninguém soubesse dizer se pode haver nele algo que seja experimentado e que se repita por projeção em uma vivência posterior. Isso pode ser lido como se Laing, em sua inclusão dos estágios mais iniciais, pretendesse apartar-se do complô contra a criança por nascer, complô do qual participam, direta ou indiretamente, quase todas as instâncias sociais dos tempos modernos, inclusive as mulheres que gostariam de fazer do aborto algo muito natural. Figuras que são menos taoístas que platonizantes emergem na ideia de Laing de que uma memória total de todas as situações e transformações constrói-se em nós desde a primeira célula; os fortes sentimentos que as pessoas podem experimentar em contatos involuntários com motivos embrionários têm, por isso, segundo Laing, o caráter de uma reminiscência; eles são um modo de autoexperiência no material arcaico. O ataque de Laing às concepções de mundo tanto do vulgo quanto da psicanálise

---

30. Ibidem, p. 47-48.

normal decorre de sua exigência monadológica radical: compreender o ciclo vital como romance de formação da célula-ovo. E esta, para Laing, não é *a priori* abrigada em um mundo interior, mas deve primeiro conquistar uma posição interna protegida, por meio de uma arriscada transição.

Implante

> O implante pode ser tão terrível e maravilhoso como o nascimento e reverberar através da nossa vida, ressoando em experiência de ser sugado, atraído, empurrado para dentro, arrastado para baixo; de ser resgatado, revivido, socorrido, acolhido; em tentativas de entrar, mas ser rejeitado; em morrer de fadiga e exaustão; estar frenético, indefeso, impotente, etc.
> [...] Resumindo minha proposição: o nascimento é o implante em reverso, e a acolhida que recebemos do mundo pós-natal gera em nós uma ressonância simpática de nossa adoção primeira pelo mundo pré-natal.[31]

O interesse de Laing não é apenas, como poderia parecer por estas citações, uma monadologia histórica — a epopeia de destinos da unidade-ovo; a história do ovo é, para além disso, pura e simplesmente a história de sua inserção em um espaço pré-objetivo.

> O mundo é o meu ventre e o ventre de minha mãe foi o meu primeiro mundo.
> O *ventre* é o primeiro da série
> de contextos
> recipientes
> não importa o que nos *envolva:*
>
> um quarto
> um espaço
> um tempo
> um relacionamento
> um estado de espírito

---

31. Ibidem, p. 57-58.

Não importa o que esteja em volta
quem quer[32] que eu sinta ao meu redor
a minha atmosfera
as minhas *circun*stâncias
o meu ambiente
o mundo.[33]

Partindo dessas notas associativas sobre o estar-contido em seu meio circundante, Laing esboça um delirante diagrama que relaciona o mito do nascimento do herói — segundo o famoso estudo de Otto Rank — ao ovo como herói celular. Aqui, o autor deixa de afirmar fatos mediante sentenças bem construídas e cobre sua folha com listas de palavras, palavras isoladas e blocos que, por sua posição na página, sugerem algo como relações materiais. Leem-se melhor da esquerda para a direita, como paralelas.

Blástula

Cúpula de vidro multicor, de que falou Shelley, tingindo a branca irradiação da eternidade?
uma cúpula geodésica   disco voador
uma esfera   deus-sol
um balão   bola de futebol
a Lua
cápsula espacial
zigoto e blástula na zona pelúcida
zona pelúcida   uma caixa
um barril
uma arca
um cisne
trompa uterina   a água   o oceano   um rio
viagem ao longo da   tempo passado no mar,
trompa uterina   ou flutuando

---

32. Mulher diz: "Meu pai estava em casa, mas nunca presente." (Nota de Laing.)

33. Ibidem, p. 55-56. "Tanto quanto saiba, não há nada além de uma matriz [...]. Nossa miséria provém em grande parte de nossa incapacidade de reconhecer o mundo enquanto matriz." Cf. Henry Miller, "The Enormous Womb", in: *The Wisdom of the Heart*, Nova York, 1960, p. 94. (Nota de Laing.)

até implante no útero	rio abaixo, até ser recolhido
por animais ou pastores, etc.	
concepção, portanto	nos nascimentos mitológicos
viagem pela trompa uterina	exposto ao mar ou rio
	num cesto ou barril
implante	adotado por animais, ou
recepção pelo	pessoas humildes
endométrio.[34]	

> Não considero se tais analogias são "certas", se a questão é sensata, digo apenas que são reais. Foram todas ouvidas ou lidas por mim, ou experimentadas antes ou depois de tê-las ouvido ou lido.
> Haverá um estágio de desenvolvimento placento-umbilical-uterino anterior ao estágio oral?[35]

Citamos de forma tão extensa para dar ao menos um exemplo das hesitações de Laing entre argumentação normal e associação onírica de ideias. Suas sondagens nas cavernas não empregam apenas os bem conhecidos métodos das lembranças afetivas psicanalíticas; quem avalia o procedimento de Laing em seu experimento teórico-autobiográfico como projeção criativa de uma remota concepção de espaço pode chegar à interpretação de que as listas associativas anotadas espaçosamente sobre as páginas acham-se elas próprias em uma relação quase representativa com seu amorfo objeto. Elas tornam claro que, na posição de onde o autor procura falar, não se dispõe de frases bem formadas; o devaneio intrauterino não procede segundo uma linha, e tudo o que se refere à sintaxe ainda não passa de um distante pressentimento. De fato, o ser-no-espaço do feto descreve-se melhor por meio do sobrevoo disperso de uma bolha de palavras nucleares isoladas. Na medida em que Laing, ao escrever, adentra oniricamente a posição fetal, uma dissolução vaga e criativa aparece em seu pensamento; seu texto tem por objetivo um voo no espaço, sem verbos e sem tese — um tempo onírico da razão, no qual o possível reabsorve em si o real. Como em

---

34. Ibidem, p. 56.

35. Ibidem, p. 70.

um sonho desperto, as palavras deslizam sobre as páginas, à maneira de um texto amorfo anterior a todos os textos. Por conseguinte, é como se o devaneio biográfico-especulativo adquirisse, ele próprio, uma qualidade mimética da fetalidade. Nada nele efetivamente se afirma, nenhum sistema se constrói, nenhuma frase se remete ao real; a reflexão permanece inteiramente nessa forma da possibilidade, da qual os discursos constituídos tomam seu impulso para dizer alguma coisa; é para aí que as desconstruções se esforçam para retornar. Do que poderia ser dito, nada mais se fornece além de um plasma semântico — o sonho de uma verdadeira conexão que, ao aparecer como uma tese, por certo já seria falsa.

Se desse devaneio exploratório de Laing sobre as cavernas pudéssemos tirar algumas conclusões sobre a natureza de seu objeto, teríamos de extrair dele o seguinte diagnóstico preliminar: a caverna é um recipiente ao qual o habitante só chega como um intruso. A própria moradia uterina só pode ser ocupada por meio de uma audaciosa abordagem. Se os procedimentos de implante, sejam eles suaves ou problemáticos, podem deixar um traço no vivido, isso é obviamente impossível de determinar; sem uma inclinação para um certo platonismo ovular não se poderia nem mesmo colocá-la. Mas, após o implante, a intrauterinidade significa libertar-se do drama e da necessidade de decidir. A partir de então, e até o estreitamento final, a estadia no ventre tem constantemente a característica de um voo. O feto está mergulhado em uma indecisão sonhadora, embora com tendência a se projetar adiante pelo sonho. Para ele, não há ainda nenhuma "superstição do existente": como criatura que paira, ele se mantém no ponto zero das sentenças — no núcleo neutro das concatenações sonolentas, no gozo de algo como uma soberania pré-sintática. Se o feto já tivesse uma imagem do mundo, sua relação com ela seria a da ironia romântica; o soberano mudo deixaria todas as formas se decomporem até a base; se já dispusesse de uma lógica, seria uma lógica monovalente que distinguiria tão pouco entre o falso e o verdadeiro como entre o real e o irreal, exatamente como em certas mitologias indianas em que o mundo aparece como o sonho de um deus: no furacão fenomenal dos acontecimentos, dos prazeres e dos sofrimentos, no fundo, nada acontece ao deus.[36] A situação fetal é a de uma "indiferença medial"[37]; ela ocupa uma posição central em que se insinua um princípio de extensão. Para o feto dos meses ótimos de flutuação, vale o aforisma de S. Friedländer: "A indiferença é a *conceptio immaculata* do mundo inteiro."[38] Do ponto de vista cinético, a situação fetal representa um voo planado que é, além disso, uma acumulação em si de um peso pulsional. Apesar de totalmente aprisionado na clausura materna, produz-se nele um inchaço pré-tendencial. Embora sua situação apresente certos traços do Nirvana, crescem nele setas de tendência que apontam para o mundo ou, para falar mais cuidadosamente, que apontam para algo. Por meio dessa incubação-para-o-mundo — bem como por uma primeira marca obscura de polaridade na permuta medial com os nobjetos interiores —, o feto, ainda que talvez concretize certos atributos do divino, escapa às idealizações extremas das teologias místicas — por exemplo, da pretensiosa imagem negativa do Nirguna Brahma traçada pelo lógico indiano Shankara: a de um deus sem qualidades, entronado sobre uma montanha de negações. O cotidiano fetal cinzento escuro, insípido, subeufórico, parcamente tonificado, contradiz ainda mais a fantasia parateológica de alguns psicanalistas que julgaram acertado falar com entusiasmo de um "Eu sou o eu sou" fetal, e de sentimentos intrauterinos de onipotência, imortalidade e pureza.[39] Comparado a tais delírios, o *Círculo negro*, de Kazimir Malevitch, representa um instantâneo realista da realidade fetal. Qualquer que possa ser a pertinência da comparação do útero ao Nirvana, não se pode em momento algum falar de um estado de vazio absoluto em referência ao indivíduo que está por vir. O feto do qual a mãe está grávida, ele está, por sua vez, grávido de sua própria tendência a preencher seu espaço e a afirmar-se nele. Os próprios movimentos infantis, com suas semelhanças joviais e enigmáticas aos de um gato dentro de um saco, testemunham

---

36. Cf. Heinrich Zimmer, *Maya. Der indische Mythos* [*Maya. O mito hinduísta*], Frankfurt, 1978, p. 42-43.

37. S. Friedländer, *Schöpferische Indifferenz* [*A indiferença criadora*], 2. ed., Munique, 1926, p. 22.

38. Ibidem, p. 352.

39. Béla Grunberger, *Narziß und Anubis*, op. cit. (ver Nota 2 do Cap. 3), vol. 2, p. 207.

esse expansionismo intrauterino. Com maior razão, os conhecimentos trazidos pela pesquisa recente sobre a psicoacústica fetal proíbem toda ilusão de um vazio inicial de experiência; o ser que paira no líquido amniótico habita um espaço de experiência acústica no qual seu ouvido está exposto a uma constante estimulação.[40]

Nenhum autor, em nosso século, encontrou formulações tão evocativas da natureza tendencial do inchamento fetal como o marxista schellinguiano expressionista Ernst Bloch. No centro gerador de suas reflexões, opera uma figura de transformação que mimetiza a gravidez. Da obscuridade do instante vivido, Bloch vê crescer, em cada vida consciente, pressões tendenciais em direção à clareira, formação de mundo e liberação pelo direcionamento para o concreto. Suas famosas fórmulas introdutórias são, por assim dizer, fórmulas de uma fetalidade que atinge a fala:

PARA FORA DE SI

Eu existo, mas não me possuo. Só por isso chegamos a existir. O "existo" é interior. Todo interior é em si mesmo sombrio. Para ver a si mesmo e, ainda, o que está à sua volta, ele deve sair de si.[41]

PERTO DEMAIS

Existo, portanto, em mim. Mas, justamente, o "existo" não se possui, vivemo-lo gratuitamente. Tudo aqui é apenas para ser sentido, cozendo-se delicadamente, aferventando-se suavemente. Sentir-me em mim, por certo, na medida em que isso não leve minimamente ao exterior. Quase tudo nesse amortecimento sensitivo da mera existência ainda se apega a si [...].

GIRO DO OLHAR

Não vemos, em todo caso, o que vivenciamos. O que deve ser visto tem de ser girado à nossa frente [...].[42]

---

40. Sobre a psicoacústica fetal, ver o Cap. 7: "O estágio das sereias. Sobre a primeira aliança sonosférica".

41. *Tübinger Einleitung in die Philosophie*, Werkausgabe vol. 13, Frankfurt, 1985, p. 13.

42. *Experimentum mundi, Frage, Kategorien des Herausbringens, Praxis*, Werkausgabe, vol. 15, Frankfurt, 1985, p. 13.

Quando se lê essas fórmulas da passagem da penumbra à luz como figuras perinatais da pressão para o nascimento, nota-se nelas um erro de numeração: do ponto de vista psicológico, o vir-ao-mundo, justamente, não significa o movimento do Eu para o Nós, mas a decomposição do arcaico Nós-Dois-Unidos no Eu e seu Segundo, pela cristalização simultânea do Terceiro. Essa decomposição é possível porque a biunidade, em razão de seu condicionalismo medial, está sempre disposta de maneira ternária; nos desenvolvimentos não deformados, a tríade diádica sempre é apenas redistribuída, concretizada, estendida, atualizada:

1. feto — 2. (sangue placentário/sangue materno) — 3. mãe;
1. recém-nascido — 2. (voz própria/voz materna/leite materno) — 3. mãe;
1. criança — 2. (linguagem/pai/marido da mãe) — 3. mãe.

À medida que o medial ganha em complexidade, a criança cresce pouco a pouco, até se tornar representante competente de seu sistema cultural. A estrutura trinitária da díada primária está, contudo, dada de início. Aquilo que, por uma abreviação da linguagem do sujeito e objeto, se chama "mãe e criança", não constitui, por seu modo de existência, senão os polos de um "entre" dinâmico.

Segue-se dessas reflexões, portanto, que nada há nos inícios da vida psíquica que possa ser descrito como "narcisismo primário". Entre o primário e o narcísico existe, ademais, uma relação de estrita exclusão mútua. Os confusos conceitos de narcisismo da psicanálise revelam sobretudo a falha de sua organização conceitual fundamental e o erro a que é conduzida pelos conceitos de objeto e de imago. Os reais sujeitos do mundo primitivo fetal e perinatal — o sangue, o líquido amniótico, a voz, a redoma sonora e o ar da respiração — são meios de um universo pré-óptico em que nada corresponde aos conceitos de espelhamento e suas cargas libidinais. Por isso mesmo, os primeiros "auto"-erotismos da criança estão fundados nos jogos de ressonâncias, e não nos reflexos especulares de si mesma. A subjetividade amadurecida não consiste, assim, em um suposto direcionamento para o objeto, mas na faculdade de dominar ações internas e externas em planos mediais cada vez mais elevados, incluindo-se, no sujeito adulto, a ressonância genital libidinal com os parceiros amorosos — o que tem como pressuposto uma bem temperada despedida dos meios mais antigos e sua superação nos meios ulteriores. Uma teoria da sexualidade reformulada em termos midiáticos teria isto a mostrar.

Com essas indicações sobre a reclusão fetal no interior da mãe, atingimos, em nossa exploração do espaço íntimo bipolar, o lado externo do anel interior. Do que foi dito, retenhamos no que segue que, pela regra fundamental de uma ginecologia negativa, deve-se afastar a tentação de escapar da questão por meio de visões exteriores da relação mãe-criança; quando se trata de compreender relações íntimas, a observação exterior já é um erro. É verdade que não se pode mais persuadir a Atlândida íntima a emergir novamente do mar para que a exploremos; e é ainda menos possível, como pesquisadores, empreendermos diretamente mergulhos exploratórios. Como o continente perdido não submergiu no espaço, mas no tempo, sua reconstrução só pode empregar métodos arqueológicos — em particular a leitura das pistas encontradas em uma antiguidade emocional. Os atuais habitantes da Atlântida, os novos fetos, recusam-se a prover a informação; mas deve-se parar de extrair de seu silêncio conclusões errôneas. Aplicando-se uma delicada empiria à observação da vida por vir, é possível tentar delinear os contornos de sua existência na caverna.

Digressão 3

O princípio do ovo
Interiorização e invólucro

Omne vivum ex ovo
Omne ovum ex ovario.
Eduard von Hartmann, *Philosophie des Unbewußten*[1]

Sobre a gravura de capa do atlas de animais *De generatione animalium*, de William Harvey, publicado em 1651, vê-se a mão de Júpiter, o pai dos deuses, segurando um ovo cortado ao meio; vê-se também uma quantidade de seres vivos que dele escapam, entre eles uma criança, um golfinho, uma aranha e um gafanhoto; a legenda diz: *ex ovo omnia*. Na hora do nascimento da biologia moderna, ainda foi possível à filosofia das origens apadrinhar, como que pela última vez, a publicação daquilo que forçaria seu desaparecimento. O *ovum* dos biólogos não é mais o ovo dos estudiosos dos mitos da origem; não obstante, as recém-surgidas ciências modernas da vida voltam a apelar ao antigo motivo cosmogônico do surgimento da vida, e mesmo do mundo inteiro, de um ovo originário. Desde a época da criação neolítica da imagem do mundo, o ovo, por sua simetria mágica e sua forma quintessencial, tem servido de símbolo primordial da passagem do caos ao cosmos. Graças a ele, era possível explicar, com a evidência própria do pensamento elementar, que as criações pelo nascimento representam sempre um movimento em dois tempos: em primeiro lugar,

---

1. Cf. Eduard von Hartmann, *Philosophie des Unbewußten* [*Filosofia do inconsciente*], vol. 3, 12. ed., 1925, p. 350.

Detalhe do frontispício de *De generatione animalium*, de William Harvey, 1651.

a produção do ovo por uma potência materna; em seguida, a autolibertação do ser vivo de seus invólucros ou cascas iniciais. Assim, o ovo é um símbolo que, por si mesmo, ensina a pensar simultaneamente a forma protetora e seu rompimento. A origem não seria o que é se aquilo que brota dela não se libertasse; mas perderia seu poder de originar se não pudesse ligar de volta a si o que dela se originou; lá onde o Ser se apresenta como originado é, em última instância, a ligação com a origem que suspende a liberdade. Submetidas à necessidade parametafísica formal, as cascas rompidas não podem dar a última palavra sobre a verdadeira forma do todo; assim, o que deve desaparecer no nível do detalhe se restabelece em grande escala na forma do invólucro

Digressão 3. O princípio do ovo: Interiorização e invólucro

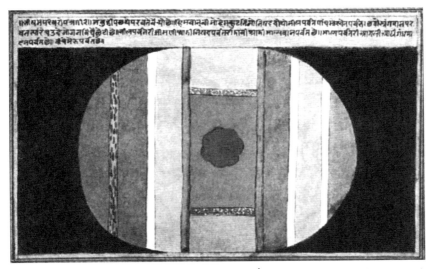

A repartição primitiva no ovo dos mundos, Rajasthan, Índia, século XVIII, guache em papel.

global inescapável que envolve o mundo e a vida; as antigas camadas celestes foram erigidas como garantias cósmicas de que a existência humana individualizada, mesmo após sua saída dos envoltórios e das cavernas, permanece contida por recipientes indestrutíveis. É por isso que a existência, na época clássica, não significa ainda uma imersão [*Hineingehaltenheit*] no nada[2], mas apenas a passagem de um envoltório estreito a uma proximidade ampliada.

A transição dos mitos de origem à biologia do ovo em William Harvey não se efetua sem uma ironia objetiva: desta vez, é a ciência que fala com mais exaltação e vai mais longe que o mito na determinação de um objeto. Das pesquisas de Harvey, o princípio do ovo sai esmagadoramente fortalecido, ampliado, universalizado. Desencantar o mito significa, neste caso específico, generalizar o objeto de uma forma sem precedentes. Embora sem dispor de um microscópio suficientemente poderoso, Harvey desenvolveu, com base em suas observações isoladas, a hipótese, que mais tarde foi confirmada de modo triunfal, de que todos os embriões de criaturas vivas provêm de óvulos, cuja maior parte — contrariamente aos ovos visíveis de pássaros e répteis — são

---

2. Martin Heidegger, *Was ist Metaphysik?*, 12. ed. Frankfurt, 1991, p. 35.

difíceis de observar e, de fato, invisíveis aos olhos humanos. Mais de uma geração depois de Harvey, o holandês Anton van Leeuwenhoek (1632-1723), biólogo amador e construtor de microscópios, forneceu a prova de que um grande número de minúsculos seres vivos não nasce, como sempre se acreditara, de gerações espontâneas em diversos meios produtivos, mas de minúsculos ovos que suas mães haviam posto na areia, em cereais ou na lama. A ciência, com isso, sobrepujou o mito, ao atribuir ao fenômeno do ovo uma quase universalidade na ontogênese dos seres vivos de reprodução sexuada, com a qual nem mesmo os mitólogos da origem haviam ousado sonhar. Com o princípio do ovo, o motivo ontogenético da saída do ser vivo de um interior para a liberdade adquire pela primeira vez uma validade biológica extremamente plausível. Como célula individual, o ovo também era capaz de sobreviver fora do organismo que o produziu, servindo assim de modelo à ideia da mônada microcósmica. A relação do ovo com o não-ovo prefigura todos os teoremas do organismo em seu ambiente. As monadologias e as teorias de sistemas posteriores são, por assim dizer, apenas exegeses do fenômeno do ovo. Pensado a partir do gameta ovo, todo ambiente se torna um ser-entorno-para-o-que-vem-do-ovo específico.

Concebido em sua universalidade biológica, o ovo leva o pensamento biológico a colocar a endogênese do ser vivo acima de todas as relações exteriores. Consequentemente, o estar-fora só pode significar o prolongamento, em outro meio, do estar-dentro. Com isso se estabelece, da perspectiva da biologia reprodutiva, a forma primitiva do que mais tarde irá se denominar a autopoiese dos sistemas. O provir-do--ovo torna-se, para os tempos modernos, o caso crítico da endogênese. Daqui em diante, mais obrigatoriamente que em qualquer mitologia, existir significa, para o ser vivo, vir de dentro. Os envoltórios ovulares, quer se trate de membranas, de invólucros gelatinosos ou de cascas, representam o princípio de fronteira: eles demarcam o interior e o exterior, permitindo, ao mesmo tempo, comunicações altamente seletivas entre o ovo e o ambiente — por exemplo, a transferência de umidade e a aeração. Como instâncias materializadas da distinção entre exterior e interior, cascas e membranas funcionam como intermediários na circulação fronteiriça. Conforme a necessidade específica do mundo interior,

Hieronymus Bosch, *Jardim das delícias*, c. 1504, detalhe.

elas deixam passar apenas uma quantidade extremamente reduzida de informações e substâncias externas — em primeiro lugar, gases, calor e fluidos.

No que se refere à embriogênese humana, ela se submete — como ocorre entre os mamíferos aparentados de sangue quente e vivíparos — a uma condição evolutivamente tardia e de alto risco: a de que o ovo, ao contrário do que sucede na grande maioria das espécies, não é mais depositado em meios ou entes exteriores, mas se implanta por si mesmo no organismo materno. Essa interiorização do ovo pressupõe criações revolucionárias de órgãos, como a uterogênese e a placentogênese — ou, do ponto de vista da história orgânica, a transformação do sistema vitelino em sistemas de implantação e de nutrição internos ao ventre da mãe. Aqui se situam as origens evolutivas da interioridade típica dos hominídeos. Só por meio delas os nascimentos se tornam necessários, do ponto de vista da história da espécie, na forma de novos tipos de ocorrências no processo ontogenético. Com a ovulação para o interior, a saída do ventre ascende ao nível de protodrama da saída da animalidade, ao instituir o tipo primordial de deslocamento ôntico que é, ao mesmo tempo, ontologicamente relevante: pelo nascimento, o mais interno e próximo se abre de forma brusca e implacável ao distante. O que na esfera ontológica se denomina abertura para o mundo, na esfera ôntica está condicionado à necessidade de nascer. A luxuriante evolução até a interiorização do ovo — juntamente com o ciclo crônico de ovulação endógena — cria o plano de fundo de uma arriscada conquista do exterior pelo novo organismo.

O nascimento representa, nos mamíferos vivíparos de sangue quente, uma tríplice ruptura de envoltório: de início, o estouro da bolsa amniótica, o equivalente elástico da casca do ovo, que assegura a separação do feto dentro do ambiente materno; de outra parte, a saída do útero através colo — o êxodo orgânico proporcionado pelas contrações —; em terceiro lugar, a passagem através da vagina até o ambiente extramaterno, *totalmente diferente*, que se revela como o verdadeiro mundo exterior, em face da intrauterinidade e da imanência da bolsa amniótica. Contudo, da perspectiva topológica, esse tríplice processo de retirada dos invólucros não leva necessariamente à queda do recém--nascido em um modo de ser livre de envoltórios, porque, nas condições normais, a contínua proximidade da mãe, como quarta camada esférica, compensa a perda das três primeiras proximidades substanciais. Esta suavizada mudança ambiental de um espaço-regaço interno a um espaço-regaço externo sobrevém a todas as criaturas mais elevadas que produzem descendentes em grande medida imaturos e necessitados de um abrigo. Então, todos esses seres são, por princípio, suscetíveis de se tornarem psicóticos: seu amadurecimento para participar de jogos comportamentais adultos pode ser distorcido por lesões do quarto envoltório extrauterino. O *Homo sapiens* goza — junto com seus animais domésticos — do duvidoso privilégio, dentre todos os seres vivos, de mais facilmente poder se tornar psicótico, entendendo-se por "psicose" a sequela de uma troca mal-sucedida de invólucros. Este traço é o resultado desse aborto, que sou eu próprio como sujeito aflito de uma transição malograda para uma região em que não há nem sustentáculo, nem envoltório. Se nos orientarmos por esse conceito de psicose como eco de uma catástrofe esférica passada, torna-se compreensível a razão por que a psicose é, necessariamente, o tema latente primordial da modernidade. Como o processo da modernização envolve uma iniciação da humanidade ao exterior absoluto, é só enquanto registro da psicose

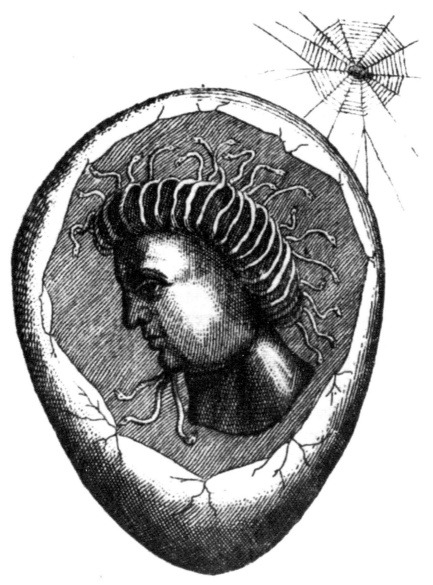

Fortunius Licetus, *Cabeça da medusa encontrada em um ovo*. Frontispício de *De monstris*, 1665.

ontológica desse progresso que uma teoria da modernização essencial pode conduzir a formulações dignas de crédito e existencialmente compreensíveis. Como época de deslocamentos sistemáticos de fronteiras, patologias coletivas de perda da casca e transtornos involucrais epidêmicos, a era contemporânea exige uma antropologia histórica da loucura progressiva.

Digressão 4

"No *Dasein* há uma tendência essencial à proximidade"[1]
A teoria heideggeriana do lugar existencial

Poucos intérpretes de Heidegger parecem ter se apercebido de que, sob o sensacional título programático *Ser e tempo*, oculta-se também um tratado seminalmente revolucionário sobre o Ser e o espaço. O fascínio da analítica existencial do tempo de Heidegger fez com que, na maior parte das vezes, se perdesse de vista que ela está ancorada em uma correspondente analítica do espaço, assim como ambas, por sua vez, se fundam em uma analítica existencial do movimento. É por isso que se pode consultar uma biblioteca inteira sobre a teoria heideggeriana da temporalidade e da historicidade — a ontocronologia —, alguns tratados sobre sua teoria da mobilidade, ou ontocinética, mas nada — exceto algumas paráfrases pietistas que não merecem ser citadas — sobre suas abordagens de uma teoria da organização primitiva do espaço, ou ontotopologia.

A analítica heideggeriana da espacialidade existencial consegue reproduzir positivamente a espacialidade do *Dasein* como *aproximação* e *orientação*, através de dois passos destrutivos. De fato, é preciso pôr de lado os conceitos espaciais da física e da metafísica vulgares para que a analítica existencial do ser-em possa entrar em ação.

> Que quer dizer *ser-em* [*In-Sein*]? Quando completamos a expressão como "ser no mundo", inclinamo-nos a entendê-la à maneira

---

1. Martin Heidegger, *Sein und Zeit*, Tübingen, 1967, p. 105. [Ed. bras.: *Ser e tempo*, 14. ed., Petrópolis/RJ, Vozes, 2005, 2 vol.]

> desse complemento. Com esse termo se nomeia o modo de ser de um ente que está "em" outro, como a água "no" copo, o vestido "no" armário [...]. Água e copo, vestido e armário estão ambos da mesma maneira "no" espaço e "em" um lugar. Essas relações de ser podem ser expandidas; por exemplo, o banco no auditório, o auditório na Universidade, a Universidade na cidade, e assim por diante, até: o banco "no Universo". Esses entes, cujo ser uns "nos" outros pode ser assim determinado, têm todos a mesma forma de ser, o de existirem diante de nós [*Vorhandensein*], enquanto coisas que aparecem "no interior" do mundo.
>
> Ser-em, ao contrário, significa uma constituição do ser do *Dasein*, e é um *existencial*. Nesse caso, não cabe pensar o ser diante de nós de um ente corpóreo (o corpo humano) como estando "em" um outro ente. [...] "*in*" deriva de *innan*-, morar, habitar, frequentar; "*an*" significa "estou habituado", "tenho familiaridade", "cultivo algo"; tem o significado da palavra latina *colo*, no sentido de *habito*, *diligo* [...]. Ser, enquanto infinitivo de "eu sou", isto é, entendido existencialmente, significa "moro em...", "estou familiarizado com..."[2]

Ao se referir ao verbo do antigo alemão *innan*, "habitar", Heidegger já revela, num estágio inicial de seu estudo, o ápice da análise existencial da espacialidade; aquilo que ele denomina "ser-no-mundo" não significa outra coisa que "habitar" (*innen*) o mundo, num sentido transitivo verbal: habitá-lo no gozo de sua abertura por meio de ajustes e avanços preparatórios. Como o *Dasein* já é sempre um ato consumado de moradia — resultado de um salto originário na habitação —, a espacialidade pertence de modo essencial à existência. Quando se fala de um habitar no mundo não se quer dizer, simplesmente, prover seres já existentes de uma domesticidade na vastidão: pois o que está em jogo é exatamente esse poder estar em casa no mundo, e tomá-la como dado seria já cair na física dos recipientes, que deve ser aqui ultrapassada — o erro fundamental do pensamento que, de resto, é cometido em todas as representações holísticas do mundo e teorias da imanência uterina, e que se apresenta consolidado em pias reflexões inconclusas. Mas a casa do Ser não é tampouco uma construção na qual e da qual os seres existentes

---

2. *Sein und Zeit*, 1967, op. cit. (ver Nota 1 da Digressão 4), p. 53-54.

entram e saem. Sua estrutura equivale, antes, a uma esfera de cuidado na qual o *Dasein* se estendeu a um ser-fora-de-si original. A radical atenção fenomenológica de Heidegger abala os milenares reinados da física dos recipientes e da metafísica: o homem não é um ser vivo em seu ambiente global, nem um ser racional na abóbada celeste, nem um ser receptivo no interior de Deus. Por conseguinte, também o discurso sobre o ambiente que aparece após os anos 1920 incorre na crítica fenomenológica: a biologia não pensa, não mais que qualquer outra ciência padrão. "A frase hoje muito empregada, 'o homem tem seu ambiente', não diz ontologicamente nada enquanto esse 'tem' permanecer indeterminado".[3] Que significa, então, esse caráter circundante do mundo ambiente?

> Segundo o que foi dito, o ser-em não é uma "qualidade" que ele [o *Dasein*] às vezes tem e às vezes não tem, e *sem* a qual ele pudesse *ser* tanto quanto com ela. Não ocorre que o homem "seja" e mantenha, além disso, com o "mundo", uma relação de ser da qual se serve quando é oportuno. O *Dasein* nunca é, "no início", como um ente desobrigado de ser-em e que, ocasionalmente, escolhe estabelecer uma "relação" com o mundo. Tal estabelecimento de relações com o mundo é possível apenas *porque* é enquanto ser-no-mundo que o *Dasein* é como é. Essa constituição de ser não decorre de que fora do ente caracterizado como *Dasein* houvesse ainda um outro ente simplesmente existente que viesse reunir-se com o primeiro. Esse outro ente não pode "reunir-se" com o *Dasein* a menos que seja capaz de mostrar-se, por si mesmo, como dentro de um *mundo*.[4]

A cegueira existencial quanto ao espaço, típica do pensamento tradicional manifesta-se na maneira como as antigas imagens do mundo integram o homem, sem muitas cerimônias, em uma natureza inclusiva à maneira de cosmos.[5] No pensamento moderno, a bipartição cartesiana

---

3. Ibidem, p. 57.

4. Ibidem, p. 57.

5. Em sua analítica do lugar, Aristóteles já havia realizado uma abordagem magnificamente explícita da problemática de uma topologia "existencial", mesmo se, para ele, o ser de "alguma coisa em alguma coisa" não pudesse propriamente apresentar interesse do ponto de vista existencial. No quarto livro da *Física*, encontra-se a

Banco escolar no espaço. Fotomontagem. Concepção: Andréas Leo Findeisen; realização: David Rych.

das substâncias em uma substância pensante e uma substância extensa fornece o mais sólido exemplo da recusa de considerar como digno de investigação o lugar dessa "reunião". Como tudo o que Descartes tem a dizer sobre o tema da espacialidade refere-se ao complexo corpo-e-coisa como os únicos portadores de extensão, ele não se questiona sobre onde o pensamento e a extensão se encontram. A coisa pensante permanece uma instância sem mundo que, de maneira muito estranha, parece algumas vezes poder entregar-se ao capricho de reatar uma relação com as coisas extensas, e outras vezes não. A *res cogitans* tem os traços de um caçador fantasmagórico que se anima a realizar pilhagens na extensão cognoscível para retirar-se em seguida à sua fortaleza sem mundo, situada no inextenso. A isto Heidegger opõe o ser-em original do *Dasein*, no sentido de ser-no-mundo. O próprio conhecimento é apenas um modo originário de estadia na vastidão do mundo explorado por um cuidado atento:

> Ao dirigir-se a [...] e ao apreender, não é como se o *Dasein* começasse por sair de sua esfera interior, na qual estaria de início encapsulado; ao contrário, por seu modo primordial de ser, ele já está sempre "fora", no encontro com entes do mundo que, em cada caso, já está desvelado. E a permanência determinadora junto ao ente que se busca conhecer não é, por assim dizer,

seguinte exposição sobre os oito sentidos de "em": "A seguir, é preciso investigar em quantos sentidos uma coisa é dita existir em outra (*állo en állo*). (1) De uma primeira maneira, será como se diz que o dedo está 'na mão' e, em geral, a parte 'no todo'. (2) De uma outra, como o todo está 'em suas partes', pois para além de suas partes o todo não existe. (3) De outra maneira, ainda, como 'homem' está (conceitualmente) em 'ser vivo' e, em geral, a espécie no gênero. (4) De uma outra, como a determinação genérica (*génos*) está 'na determinação específica' (*eídos*) e, em geral, a parcela da determinação específica em sua explicação conceitual (*lógos*). (5) Ou, ainda, como a saúde está 'em' (uma determinada relação com) coisas quentes e coisas frias e, em geral, a forma na matéria. (6) Além disso, os destinos dos Helenos estão 'no' (nas mãos do) Grande Rei e, em geral, no primeiro motor. (7) Ainda, (o sentido das ações está) 'em um bem' e, em geral, 'em um fim', mas isto é um 'porque'. (8) Mas o sentido principal dentre todos é 'em um vaso' (*en aggeio*) e, em geral, 'em um lugar' (*en tópo*). Poder-se-ia agora colocar a difícil questão de se alguma coisa, enquanto ela mesma, pode estar *em si mesma*, ou se nada pode, mas tudo deve estar ou *em lugar nenhum* ou *em uma outra coisa*" (*Física*, IV, 3). [Ed. bras.: Campinas, IFCH/Unicamp, 1999.]

um abandono da esfera interior; mas mesmo neste "estar-fora" junto ao objeto o *Dasein* está, no sentido correto, "dentro", isto é, ele próprio é, enquanto ser-no-mundo, o que conhece. E, repetindo, perceber o que se conhece não é retornar de uma expedição de captura ao "casulo" da consciência com o botim conquistado; mas, mesmo ao perceber, conservar e reter, o *Dasein* cognoscente permanece, *enquanto Dasein, fora*.[6]

Em suas propostas positivas sobre a espacialidade do *Dasein*, Heidegger destaca principalmente duas características: desafastamento (*Ent-fernung*) e orientação (*Ausrichtung*).

> "Desafastar" significa fazer desaparecer o afastamento de algo, aproximar. O *Dasein* é essencialmente des-afastador [...]. O desafastamento revela a condição de estar afastado [...]. Desafastar é, em primeiro lugar e principalmente, uma atenta aproximação; trazer para perto enquanto provimento, disposição, pôr à mão. [...] *No* Dasein *há uma tendência essencial à proximidade*.
> [...] O *Dasein*, por sua espacialidade, nunca está de imediato aqui, mas ali, e desse Ali retorna para seu Aqui [...].
> O *Dasein*, enquanto ser-em desafastador, tem também o caráter de *orientação*. Toda aproximação já assumiu antecipadamente uma direção para um lugar a partir do qual o que é desafastado se aproxima [...]. O cuidado atento é o desafastamento orientador. O encontro do ente no interior do mundo é constitutivo do ser-no-mundo, e permitir esse encontro é "dar um espaço". Essa doação de espaço, que também chamamos *instalação* [*Einräumen*], equivale a franquear a espacialidade ao que está à mão [...]. Se o *Dasein*, enquanto cuidado atento do mundo, pode instalar, mudar ou retirar de um lugar, é tão-somente porque a instalação — entendida como existencial — pertence a seu ser-no-mundo. [...] o "sujeito" ontologicamente bem entendido, o *Dasein*, é espacial.[7]

Quem quer que acreditasse que, a esses imponentes compassos introdutórios, deveria seguir-se a própria peça teria suas expectativas

---

6. Ibidem, p. 96-97.
7. Ibidem, p. 105, 107, 108 e 111.

frustradas. A análise existencial do Onde passa de um só golpe à análise do Quem, sem que se gaste uma única palavra para se admitir que apenas uma pequena ponta do fio foi puxada, e a maior parte continua na meada. Se Heidegger tivesse continuado a desenrolá-lo, teria inevitavelmente aberto os polissêmicos universos da espacialidade existencial, dos quais voltamos aqui a tratar sob a rubrica das esferas. Mas é impossível explicar detalhadamente a habitação nas esferas enquanto o *Dasein* for concebido de um impulso essencial para a solidão.[8] A analítica do Onde existencial exige, consequentemente, que se coloquem entre parênteses todas as sugestões e sentimentos de uma solidão essencial para se certificar das estruturas profundas do *Dasein* acompanhado e completo. Ante essa missão, o primeiro Heidegger permaneceu um existencialista, no sentido problemático do termo. Ao voltar-se apressadamente para a questão do Quem, ele deixa para trás um sujeito existencial solitário, fraco e histericamente heroico, o qual julga que deve ser o primeiro a morrer e vive no lastimável desconhecimento dos motivos mais ocultos de sua integração às intimidades e solidariedades. Um "Quem" superestendido em um "Onde" confuso pode trazer más surpresas para si mesmo quando pretende, ocasionalmente, ancorar-se no primeiro povo que aparece. Quando Heidegger, durante a revolução nacional, quis, como grande personalidade, aproveitar-se da maré imperial, ele apenas mostrou que a especificidade existencial, desacompanhada de uma clarificação radical de sua situação no espaço da política, produz o ofuscamento. A partir de 1934, Heidegger sabia, ainda que apenas implicitamente, que sua mobilização no levante nacional-socialista constituíra um caso de "ser-sugado": o tempo, aqui, se tornara espaço. Quem se deixa sugar pelo turbilhão, embora pareça estar aqui, vive em outra esfera, em um cenário distante, em um "Lá" interior impenetrável. A obra posterior de Heidegger extrai discretamente as consequências desse lapso. Da história passada, o iludido revolucionário nacionalista

---

8. É o que ainda faz Heidegger, na mais importante conferência que ministrou em Freiburg no semestre de inverno de 1929-1930: *Grundbegriffe der Metaphysik. Welt — Endlichkeit — Einsamkeit [Conceitos fundamentais da Metafísica. Mundo — Finitude — Solidão]*. No anúncio no quadro-negro do Instituto de Freiburg figurava "isolamento" (*Vereinzelung*) em lugar de "solidão" (*Einsamkeit*).

espera para si pouca coisa; retirou-se das empreitadas das potências. Buscará futuramente sua salvação em exercícios de proximidade cada vez mais intimistas. Aferra-se obstinadamente à sua província anárquica e organiza visitas guiadas à casa do Ser — a linguagem —, qual um porteiro mágico equipado de pesadas chaves e sempre pronto a fazer um aceno cheio de sentido. Nos momentos mais agitados, ele invoca a sagrada esfera parmenídica do Ser, como se tivesse retornado ao eleata, cansado da historicidade como de um espectro funesto. A obra tardia de Heidegger não cessa de reencenar, do começo ao fim, as figuras de resignação de um aprofundamento regenerativo do pensamento, sem jamais alcançar o ponto desde o qual se poderia retomar a questão da instalação original do mundo.

O presente projeto "Esferas" pode também ser entendido como uma tentativa de resgatar — ao menos em um aspecto essencial — o projeto *Ser e espaço* do subterrâneo em que ficou secundariamente confinado na obra inicial de Heidegger. Somos da opinião de que o interesse de Heidegger pelo enraizamento, na medida em que se pode salvar algo dele, só terá suas legítimas pretensões atendidas mediante uma teoria dos pares, dos gênios, da existência completada. Ter tomado pé na dualidade existente: é essa a medida de autoctonia ou de ancoragem no real que deve ser preservada, mesmo se a filosofia continua a levar a cabo aplicadamente sua obra irrenunciável de desacoplamento da comunidade empírica. Para o pensamento, trata-se agora de reexaminar a tensão entre autoctonia (*ab ovo* e desde a comunidade) e libertação (em face da morte ou do infinito).

Capítulo 5

O acompanhante originário
Réquiem para um órgão rejeitado

Que farò senza Euridice?
Dove andrò senza il mio ben?
Christoph W. Gluck, *Orfeo ed Euridice*

We cannot let our angels go. We do not see that they
only go out, that archangels may come in.
Ralph Waldo Emerson, *Compensation*

A pupila do olho deve dilatar-se para que continuemos a ver na obscuridade. Se a escuridão for tão profunda como na noite que escolhemos explorar, seria útil que a pupila se tornasse tão grande quanto o próprio olho. Talvez um olho-esfera como esse estivesse preparado para o que nos aguarda — a viagem através de uma negra monocromia. Se o sujeito na escuridão se tornasse inteiramente pupila, a pupila, inteiramente órgão tátil, e o órgão tátil, inteiramente corpo sonoro, o maciço homogêneo da bola de negrume poderia revelar paisagens insuspeitadas. De súbito, um mundo começaria a insinuar-se à frente do mundo; um vago universo pairando diante de nós assumiria contornos, como um sopro indistinto. A noite salgada ainda permaneceria protegida por sua inexprimível espessura, seu círculo continuaria, como antes, hermeticamente cerrado; no entanto, em sua escuridão, alguma coisa orgânica começaria a destacar-se, como uma escultura de mercúrio negro sobre

Odilon Redon, *A omnisciência divina*, litografia, em *Dans le rêve*, 1879.

fundo negro. Na massa indistinta, separam-se os traços de diferentes regiões, e na proximidade íntima um primeiro Ali se polariza, através do qual um Aqui incipiente volta-se sobre si mesmo.

Como preparar-se para essas mudas expedições na noite monocrômica? Em quais outros cenários — ou bastidores obscuros — se deveria exercitar o olho para a viagem ao país negro? Seria útil sentar-se na posição de lótus e, de olhos fechados, dissociar-se provisoriamente de tudo que é visível e presente? Mas quantos não embarcaram no navio da meditação apenas para serem arrastados à não objetividade, lá onde a exploração desemboca na indiferença? Deveríamos então experimentar drogas e, como psiconautas curiosos, viajar pelos cosmos alternativos? Mas a maioria dessas viagens interiores apenas suscita, em vez de imagens cotidianas, imagens excêntricas que, como filmes de ação endógenos, bruxuleiam através da caverna; essa quimera somente proporciona uma superexposição do espaço escuro enquanto tal, mas a arte de ler as figuras no monocromo negro não se alcança de um momento para outro. Se passarmos os olhos sobre os relatos de sessões de LSD redigidos pelos pacientes do terapeuta psicodélico Stanislav Grof, durante as chamadas "regressões amnióticas", temos a forte impressão de que essas pessoas vivenciam apenas aquilo que leram, e que elas reproduzem as persuasivas imagens do *hortus conclusus* como uma fantasia uterina; incursões educacionais no atlas ginecológico são reapresentadas como experiências pessoais; figurinhas do paraíso provindas do catecismo infantil misturam-se a lembranças espaciais arcaicas; e, diante de seus olhos, pairam representações visuais inapropriadas de campos celestiais e coros luminosos ao redor do trono divino, tais como nenhum habitante do útero seguramente jamais teve diante de si. Temos de concluir que mesmo a milagrosa droga psicognóstica, o LSD, produz, na melhor das hipóteses, apenas conglomerados sintéticos de experiências, nos quais a cena originária está de tal forma imbricada com elementos verbais e imagéticos tardios que dificilmente se pode falar de um retorno a um estado primário autêntico. Que fazer, então, se mesmo as chamadas "drogas da verdade" produzem desinformação? Não seria preferível acompanhar os mineiros em sua descida ao fundo do poço e, seguindo seus rastros, penetrar nas galerias, sem lanterna e sem mapa, para se deter em algum lugar das profundezas e medir quanto a espessura da montanha se estende por todos os lados em torno do centro vital de respiração? Mas fazer tal exercício seria apenas se submeter a uma prova desportiva, e terminaria quando o candidato, imerso na silenciosa cavidade pétrea, ficasse à mercê de seus próprios batimentos cardíacos, tendo de pôr um freio à imaginação levada a um estado pré-pânico. Tampouco essa empreitada conduz à cena que precede todas as cenas; nada se ganha com ela para o estudo da única caverna noturna que nos interessa. No fundo monocromático incomparavelmente negro, diante do qual nossa vida outrora começou a se destacar como uma figura vibrante, as descidas aos poços exóticos não nos levam ao caminho de volta. A visão na única escuridão que nos concerne não pode ser exercitada em outro tipo de penumbra. Não há outro caminho senão o que principia por seu próprio monocromo negro. Quem chega a lidar com isso compreende bem rápido que a vida é mais profunda que a autobiografia. A escrita jamais penetra o suficiente no próprio negrume, e não podemos tomar notas sobre o que somos no princípio.

O primeiro Onde — mas ele continua desprovido do mínimo traço de estrutura e de conteúdo. Mesmo se eu soubesse que esta é a minha caverna, isso a princípio significaria apenas: cá estou em minha noite, como a vaca escura de Hegel, e não me distingo de nada nem de ninguém. Meu ser é ainda uma massa sem dobras. Como uma bola de basalto negro, repouso em mim, incubo-me em meu meio como em uma noite de pedra. E, contudo, tanto quanto isso depende de mim, é preciso que, na sombra maciça onde vivo e teço, já tenha brotado um pressentimento da distinção. Se eu fosse apenas um negrume de basalto, como poderia ter germinado em mim algum vago sentimento de ser-em? Para onde se dirige essa sensação, essa intumescência flutuante? Se meu negrume se unisse sem nenhuma fissura com o interior igualmente negro, mas eternamente morto da montanha, como se faria sentir em mim essa rápida palpitação e, para além dela, esse tambor mais compassado a distância? Se eu me fundisse indistintamente com a substância negra, como poderia, então, já ser alguma coisa que adivinha um espaço e se move para dentro dele nos primeiros alongamentos?

5. O acompanhante originário: Réquiem para um órgão rejeitado

Kazimir Malevitch, *O círculo negro*, 1915.

É possível que uma substância seja ao mesmo tempo uma sensação? Haveria uma montanha prenhe de algo que não seja rocha? Já se ouviu falar de um basalto desenvolvendo-se como animação e consciência de si? Estranhos pensamentos, exalações de abóbadas sombrias — eles parecem ser o tipo de problemas que os faraós mortos ruminam infrutiferamente por milênios em suas câmaras. Meditações de múmias, lampejos minerais, ruminações sem sujeito. Pode-se conceber um incidente que as tornasse em indagações de um ser vivo?

De início, porém, será preciso que procuremos o apoio do exterior — mas certamente não o dos ginecologistas, que percorrem o interior das mulheres com seus diagramas anatômicos sem retirar os sapatos que usam na rua, como turistas vindos de longe que percorrem os

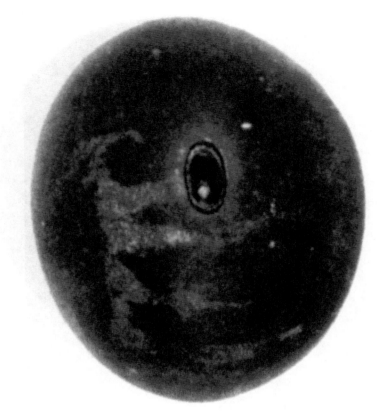

Salagrama (pedra de meditação para os peregrinos indianos), pedra perfurada contendo amonites, 90 mm de comprimento. A perfuração representa o início da Criação, por uma abertura para o exterior.

os estabelecimentos orientais pensando apenas em seus interesses pré--agendados. Mas não, o observador situado à entrada, cuja assistência é preciso agora solicitar, pode ser qualquer um, exceto, por enquanto, alguém que utilize expressões anatômicas. Ele deveria, antes, assemelhar--se a um velho psicanalista ou a um eremita que as pessoas procuram com preocupações que temem expressar verbalmente; talvez alguém dedicado ao que denominamos antes como as práticas de proximidade magnetopáticas, uma pessoa, em todo o caso, que saiba estar presente sem efetuar outras incursões na existência de seu interlocutor, além daquelas dadas por sua própria presença discreta e atenta. Como já se anunciou, para progredir na observação interior devemos agora pôr em jogo uma visão suplementar exterior, cuja ligação com o que ocorre resulte não da intromissão, mas do simples testemunho. Combinemos, então, com o auxiliar à porta da caverna e confiemo-lhe a missão de levar adiante a hesitante elucidação da noite esférica.

O psicanalista Béla Grunberger publicou, em seus estudos sobre o que denomina a comunhão "monádica", um exemplo tão arriscado quanto digno de reflexão sobre um encontro ocorrido no núcleo do espaço íntimo bipessoal:

> Trata-se de um jovem que procurou a análise em razão de diversas dificuldades de relacionamento, alguns sintomas somáticos, distúrbios sexuais, etc. Depois de ter ouvido a regra fundamental, comunicada pelo terapeuta, deitou-se no divã e calou-se pelo restante de sua hora. Retornou à sessão seguinte e comportou-se por alguns meses da mesma maneira. Em determinada sessão, expressou-se, finalmente, dizendo: "Ainda não é isso, mas já está melhorando." Mergulhou, a seguir, de novo no silêncio e, após alguns meses durante os quais permaneceu absolutamente mudo, levantou-se, por fim, explicou que agora se sentia bem, deu-se por curado, agradeceu seu terapeuta e foi embora.[1]

Esse estranho relato de caso — quase uma lenda, por seu tom e seu conteúdo — jamais teria vindo à tona se não fosse pela conjunção de várias circunstâncias que motivaram sua publicação. Primeiro, trata-se de um narrador que goza de tamanho prestígio em seu círculo que pode enveredar por zonas problemáticas sem se colocar imediatamente em risco; assim, sob a capa de sua integridade, o idílio terapêutico descrito pôde prosseguir imune a qualquer censura. Em segundo lugar, o acontecimento deu-se, aparentemente, no consultório de um colega, de modo que, caso a participação do analista no dueto silencioso com o paciente configurasse um erro profissional — algo que não se pode excluir sem conhecer o contexto —, esse erro seria imputado ao colega, não ao autor. Em terceiro lugar, o autor está propondo o que considera um novo tratamento teórico da comunicação originária entre a mãe e a criança, em cujo âmbito o estranho relato pode apresentar-se como um

---

1. Béla Grunberger, 1998, *Narziß und Anubis*, op. cit. (ver Nota 2 do Cap. 3), vol. 2, p. 195.

casus eloquente. De fato, a ambição de Grunberger é estabelecer o teorema que ele denomina o "narcisismo *puro*", capaz de conduzir a uma concepção da psicanálise que vai "além da teoria das pulsões". Entre as características do narcisismo *puro*, encontra-se, para Grunberger, a liberdade do sujeito em face das tensões pulsionais, bem como sua busca de uma homeostasia caracterizada por uma esplêndida onipotência e uma bem-aventurança hostil a qualquer perturbação. Por isso mesmo, essa tendência *pura* só poderia se desenvolver sob a proteção de uma forma que ponha à disposição do sujeito uma incubadeira psíquica suficientemente estanque — da qual a cena descrita oferece, do ponto de vista do autor, um exemplo tão audacioso quanto brilhante. Grunberger denomina essa forma protetora ideal de "mônada" — modificando, de um modo sem dúvida consciente, o termo leibniziano e deixando intencionalmente de lado o fato de que o conteúdo dessa mônada corresponde justamente ao que outros psicanalistas denominam a "díada". A razão objetiva para preferir a expressão "mônada" consiste em que a mônada designa uma *forma* que exerce a função unificadora de um recipiente: o Um funciona como uma cápsula formal que abriga o Dois. A mônada seria, portanto, uma matriz bipolar ou uma forma psicoesférica simples, exatamente no sentido da microsfera primária cujo conceito desenvolvemos aqui. Como são grandezas formais, as mônadas, para Grunberger, podem obter seu conteúdo de várias maneiras; assim, elas se manifestam no original mãe-criança tão bem como nos novos preenchimentos e substituições alcançados na história de vida. Sempre que os indivíduos gozam de sua perfeição imaginária em uma comunidade íntima de espaço psíquico com o Outro ideal, o motivo monádico se impõe. A união primária é representável por relações de tipo Romeu-e--Julieta, bem como por simbioses do tipo Filemon-e-Baucis; e aparece também como comunidade lúdica entre a criança e o animal, ou entre a criança e a boneca. De fato, o pacto monádico pode estabelecer-se até mesmo com bichinhos virtuais e heróis de *videogames*; em sua forma mais madura, pode se apresentar como uma relação de veneração entre um adulto e uma personalidade carismática; e, por fim, pode encenar--se como contrato terapêutico entre o analista e o paciente. Essa grande variabilidade cênica confirma que a mônada é de fato um conceito formal que, como uma fórmula algébrica, admite empregos arbitrários dentro de certos limites. Como observa Grunberger, "a mônada consiste de conteúdo e recipiente"[2], isto é, de uma forma biunitária estável e de uma grande variedade de preenchimentos oriundos de modelos bipolares concretos de proximidade, na medida em que estes estejam em condições de apoiar a fantasia do sereno poder do gozo de si no espaço interior comum.

Que pode ter efetivamente ocorrido, durante esses meses de sessões mudas, entre o jovem e o analista silencioso? Pode-se interpretar essa espera comum em silêncio, que parece, afinal, ter conduzido a uma espécie de cura, como a constituição de uma forma monádica no sentido de Grunberger? Esgota-se efetivamente a cena no mergulho do paciente nessa dualidade curativa que não exige outras premissas além da pura permissão de permanecer em um espaço impregnado pela proximidade de um benevolente testemunho íntimo? Dever-se-ia perguntar de onde o jovem tira a petulante certeza de dominar a situação com sua obstinação em manter-se calado, quando, em geral, sobretudo na França, as psicanálises têm a reputação de serem curas de linguagem — para não dizer exercícios de verbosidade e propedêuticas do romance? Para que espécie de cumplicidade o paciente atraiu seu analista ao lhe impor seu silêncio durante dois períodos de vários meses cada um? Seja qual for a resposta, uma coisa parece evidente: a relação entre o jovem e o analista, pela própria descrição cênica, não pode ser equiparada à relação simbiótica pré-edipiana entre a mãe e a criança. Se o cliente tivesse vindo ao analista da maneira como um lactente com problemas vai à sua mãe substituta, haveria, nessa aproximação, o germe de evoluções dramáticas que deveriam reencenar-se na relação analítica como um tenso movimento de vai-e-vem. Mas quem passa meses calado com seu analista e depois vai para casa declarando-se curado pode ser tudo, menos um paciente consciente de suas queixas contra uma mãe relapsa e disposto a reencená-las com o analista. Ao contrário, no caso presente, o analista teria sido privado da função que lhe dá seu título. Ele abdica de sua competência interpretativa e de sua capacidade de fazer

---

2. Grunberger, 1998, op. cit, p. 196.

distinções, assumindo as funções de um ser que, por sua mera existência contígua silenciosa, deve prover condições para uma autointegração curativa. Mas, enquanto quem ou o quê, a presença do analista — que aqui seria mais apropriadamente chamado integrador ou monitor — consegue produzir esse efeito? Em qual antigo cenário se desenrola essa silenciosa reunião de um homem sobre o divã e outro em uma poltrona? Só se percebe plenamente quão enigmática é essa questão quando se recorda que, no repertório de formas primitivas de proximidade entre a criança e a mãe, não existe uma única cena que pudesse ter servido, mesmo de longe, como modelo a essa fusão duelística de dois homens calados por meses a fio. Seja o que for que possa ocorrer entre mães e crianças, em nenhum momento elas formam, em seu processo de interação, um grupo silencioso de meditação. Que jogo, então, jogam os personagens no relato de caso de Grunberger? Que representam um para o outro — em que cena, em que ponto cego se encontram? Onde está o Ali desde o qual esses dois seres que mantêm o silêncio mútuo retornam a seu Aqui?

Nossa suspeita parece bem fundada: poderíamos estar lidando com um equivalente cênico da noite fetal. No consultório do analista, encontramo-nos, por esta única vez, no centro do monocromo terapêutico. O campo monádico recorda aqui, ao que parece, a negra cena primitiva na qual o sujeito sem linguagem está pré-linguisticamente contido e estimulado por um meio envolvente. É verdade que nada sucede nessa cena que mereça o nome de acontecimento, contudo, nela se realiza — supondo-se que a declaração de cura do jovem esteja, afinal, bem fundamentada — uma comunhão integradora que tem consequências concretas para a prática de vida. No vazio verbal compartilhado, alguma coisa já não perfaz um movimento de ida e volta, furtando-se à observação exterior? Essa questão permanece para nós naturalmente indecidível, mas é certo que o espaço homogêneo obscuro e desprovido de sinais articulou-se em uma bipolaridade arcaica. Um primeiro face a face amorfo apareceu, do qual não fazem parte nem o olho, nem a voz. Suponhamos que o jovem do exemplo seja nosso espeleólogo místico; quem é, então, o outro, esse que permanece sentado na poltrona de analista e que, hora após hora, opõe sua presença silenciosa à do paciente?

Que oponente representa esse incerto face a face? A qual existência perdida ele empresta seu corpo presente? Que papel ele desempenha aqui ao se manter quieto em seu assento, ao lado do paciente, de maneira tão humilde e obstinada, renunciando a toda expressão própria? Qual é e de que passado provém essa missão que exige do analista que ele abandone sua própria vida, seu temperamento, seu saber, até não restar nada mais que uma esponja absorvendo em si o silêncio do paciente e nutrindo-o com seu silêncio recíproco?

O analista não representa, então, a mãe no sentido habitual, embora faça parte da mônada terapêutica e, por isso, da forma imunitária metaforicamente associada ao útero. Dever-se-ia supor que é ele o próprio útero, o órgão ou meio desprovido de um Eu no interior do qual se processa a individuação de um novo organismo? Seria ele a parede aveludada em cuja superfície o ovo outrora se alojou ao fim de sua primeira viagem? Mantém-se ele à disposição, como a mucosa materna em que o ovo, qual um parasita agradecido, se alojou como certos cogumelos se alojam nos troncos de velhas árvores para neles crescer tranquilamente? Por um momento, essa suposição pode parecer convincente, mas perde logo sua plausibilidade assim que se transfere à cena terapêutica considerada: dois homens defrontando-se obstinadamente durante vários meses em um espaço fechado, entregues a um inaudível combate não combativo, cada um deles estendendo ao redor de si sua redoma de silêncio e opondo provocativamente sua própria mudez à do outro. Este traço pré-dialógico, quase duelístico, em sua oposição de silêncio ao silêncio e de ouvido ao ouvido, é algo bem diferente do simples aninhamento em uma parede viva; e é mais, também, que a simples capacidade despreocupada de pairar em uma bolha que nada exige e concede toda a liberdade. Pois o calar-se recíproco já forja uma estrutura pré-confrontativa dual: o calar-se de um não é idêntico ao calar-se do outro, e as duas redomas de silêncio se chocam formando uma dissonância muda, com as características de uma estrutura Aqui--Ali primitiva.

Nessa cena, quem — ou o que — é o analista? Ele parece representar um órgão primitivo, não muito conhecido, cuja função é estar à disposição do pré-sujeito fetal como parceiro na penumbra. Do ponto de vista fisiológico, esse órgão do primeiro enfrentamento e da coexistência original é absolutamente real: quem quisesse penetrar no útero por um procedimento endoscópico poderia vê-lo com seus olhos e tocá-lo com suas mãos; poderia fotografá-lo e transcrevê-lo em diagramas anatômicos; poderia dissertar sobre o sistema circulatório e a pilosidade desse notável tecido, e ainda descrever com precisão sua função na troca sanguínea entre a mãe e o feto. Mas, como estamos comprometidos aqui com a forma de proceder da ginecologia negativa, não faz nenhum sentido, pelo momento, designar por seu nome anatômico o órgão que, na coexistência interna original, se encontra *ali*. Se esse nome fosse prematuramente pronunciado, nosso estudo tombaria em uma exterioridade desajuizada, renovando a confusão entre a representação anatômica e a psicologia primeira. A disciplina da psicologia perinatal, tão recente, mas já tão rapidamente envelhecida desse ponto de vista, permite mostrar a que velocidade isso pode se produzir. Também nela os homens, com seus sapatos de rua, adentram o domínio pré-objetivo e, com o uso de terminologias reificantes, fazem da noite um falso dia. Para não nos extraviarmos na teoria da relação com o objeto, daremos ao órgão com o qual o pré-sujeito plana de modo comunicativo em sua caverna um nome pré-objetivo: vamos chamá-lo o *Com* [*das Mit*]. Se fosse possível eliminar o termo "feto", substituindo-o por outro termo igualmente desreificante, também aqui seria preferível o retorno ao anonimato; mas, para infelicidade do sujeito pré-natal, seu nome médico já está muito solidamente ligado a ele, e qualquer açougueiro diplomado é capaz de falar de fetos como objetos públicos. Se fôssemos cunhar um novo nome para esse ser, deveríamos chamá-lo o *Também* [*das Auch*], porque o Si fetal se produz apenas quando o Com, situado ali, retorna ao Aqui, ao "também-aqui". Quanto ao Com, ele não é, por sua qualidade presente, nem pessoa, nem sujeito, mas um Isso vivo e doador de vida, que está sempre ali, nas proximidades. Estar de frente ao Com significa, portanto, retornar do Lá, que marca um primeiro lugar, para o Aqui, onde cresce o Também. O Com funciona, assim, como um guia íntimo para o Também-Si. Ele é a primeira dimensão próxima que partilha o espaço inicial com o Também, encorajando-o e servindo-lhe de fundamento. Por isso, o Com existe apenas no singular — aquilo que é o Com para um outro não pode, precisamente por isso, ser o meu Com. Por essa razão, o Com também poderia se chamar, apropriadamente, o Co-migo [*das Mit-Mir*] — pois ele me acompanha, e só a mim, como uma sombra nutriz e um irmão anônimo. Essa sombra não pode, por certo, me seguir — em boa medida porque eu não saberia como fazer para me deslocar —, mas, por estar próxima e pairar à minha frente, ela me proporciona constantemente meu lugar no espaço diante de todos os espaços. Por estar *ali*, sempre confiável e reconfortantemente próxima, ela provê um primeiro sentido para meu Aqui imutável. O que um dia será meu Eu falante é um desdobramento desse tenro lugar para o qual aprendi a retornar enquanto o Com estava próximo. Em certo sentido, o que sombreia precede o que fica à sombra; na medida em que ele existe, também eu existo. O Com é o primeiro a existir e a fazer existir. Se tenho em mim os meios para deixar de ser um Também e tornar-me um Eu, é em boa medida porque o Com me fez sentir o lugar em que comecei a tomar pé enquanto um ser capaz de complemento, sensorialmente expandido e polarmente aberto. Como um imperceptível clarão estendido iluminando a paisagem noturna, o Com introduz no monocromo homogêneo uma inexaurível diferença, na medida em que grava, na esfera reanimada do Aqui-Ali, os primeiros rudimentos de um ir e vir. Dele fluem para mim as energias que me dão forma. O Com está unido a nós de uma maneira tão natural que é muito difícil formar, na consciência pessoal ou geral, uma ideia prévia de sua indispensabilidade. Na condição da coisa mais humilde e silenciosa que jamais se aproximará de nós, o Com se retira tão logo pretendemos segui-lo com um olhar destinado a retê-lo. Ele é como um obscuro irmãozinho posto a nosso lado para que a noite fetal não seja tão solitária, uma irmãzinha que, à primeira vista, existe apenas para dormir contigo no mesmo quarto. Poder-se-ia acreditar que ele não tem outra missão senão dividir sua tranquilidade com a tua. Como um mordomo intrauterino, ele se mantém próximo e a distância, discreto e provedor, comprometido com nosso segredo a dois, que ninguém além dele e de ti jamais conhecerá. É verdade que o Com apresenta características de um órgão físico, mas para ti — pois ainda és um ser sem órgãos — ele não é justamente uma coisa corporal real, e, mesmo que fosse, seria apenas uma coisa feita inteiramente para te acompanhar, um órgão-anjo e um agente secreto enviado em missão por essa Cara Mulher que tu habitas, porque ela te convidou a vir. O Com é um supervisor intrauterino de liberdade condicional, designado para ti e apenas para ti, a despreocupada criança-problema da noite alquímica. Assim como o peticionário de Kafka se obstina em permanecer até seu próprio fim diante da porta da Justiça, que se mantivera aberta só para ele, o órgão relacional mais íntimo e mais geral, o Com, relaciona-se apenas contigo e desaparece do mundo no instante em que surges como personagem principal; deixas então de ser um Também, porque tão logo apareces no exterior recebes um nome próprio que prepara tua transformação em um indivíduo — o Com, ao contrário, não é batizado e desaparece do campo de visão dos vivos e do teu próprio. Embora o Com tenha sido teu reagente privado, que partilhava contigo teu balão de alambique, teu catalisador e teu mediador, ele está condenado a ser apenas teu excedente perdido. O *Opus One* és tu, o Com vai desaparecer. Estás para sempre dispensado de pensar nele — e, na falta de um pensamento sobre o que foi perdido, não há nenhum motivo para olhar para trás e agradecer. Justamente porque teu Com, em sua existência *qua* órgão-para-ti, consome-se e desaparece tão logo cumpriu sua função, é justo, de certo modo, que não o conheças, nem saibas sequer como fazer para obter notícias dele. Se ele te reencontrasse à luz do dia, quem poderia garantir que não te afastarias com um sentimento de repulsa? Pois poderias reconhecer uma esponja sanguinolenta, uma galantina marrom avermelhada achatada, como teu irmão espiritual dos primeiros tempos? Pode-se jurar que, se os ginecologistas ou as parteiras o chamassem diante de ti por seu nome anatômico, ele continuaria sendo mesmo assim para ti o Isso mais distante, com o qual jamais te ocorreria ter mantido alguma vez uma relação. Por isso é importante conceber o Com, até o último momento, como algo essencialmente anônimo e sem aparência — saltaríamos para trás refreando provavelmente a náusea se essa coisa esponjosa, tal como aparece aos olhos, nos surgisse à vista — esse miserável Fantasma da Ópera das entranhas. Lembraríamos a análise que Sartre faz do viscoso, ao contato do qual, diferentemente do que ocorre quando mergulhamos em águas claras,

Pendente em forma de figura humana, cerâmica do período neolítico, quinto milênio a.C.

experimentamos uma aderência que nos aparece como uma agressão obscena contra nossa liberdade.[3] Deveríamos suspeitar que nós próprios somos abortos se sentíssemos essa exigência inadmissível de desenvolver um sentimento de parentesco com essa massa coagulada que é o Com tal como é visualmente percebido. O Com exterior, visto com olhos reais, nos abalaria "como um líquido visto num pesadelo, do qual todas as qualidades se animariam de uma espécie de vida e se voltariam contra mim".[4] Mas os motivos da negação não podem abolir totalmente a verdade histórica e a realidade genética: em sua época essencial, o Com era nossa fonte larvar privada e nosso gênio conjurado; ele estava ligado a ti de uma maneira mais fraterna que qualquer irmã ou irmão exterior jamais poderia estar. O que ele significava para nós, certos sonhos arquetípicos e projeções simbólicas e imagéticas mostram sem dúvida melhor que qualquer representação anatômica; e mesmo aquele que se enrola agradecido sob seu edredom por alguns instantes, antes de dormir, já tem mais experiência sobre o Com do que jamais poderia se obter por olhares exteriores. De fato, os leitos e seus apetrechos, em particular os travesseiros, cobertores, acolchoados e edredons, têm uma relação tão clara quanto discreta com o órgão-para-ti dos primeiros tempos. Com amável simplicidade, esses objetos cotidianos prolongam a função do Com enquanto complemento original e criador de espaço íntimo, mesmo para sujeitos adultos. Tão logo nos aprontamos para a noite, deslizamos quase sempre para dentro de um hábito no qual não podemos fazer outra coisa além de nos prepararmos para uma auto-complementação na penumbra, na qual um moderno sucedâneo do Com desempenhará seu papel. Mesmo quem não acredita em anjos ou duplos pode se exercitar, com os auxiliares mais imediatos do sono, nos mistérios da amizade pré-pessoal; quem não tem nenhum amigo pode, ainda assim, ter uma coberta. Em boa medida, a teoria das projeções do Com permitirá uma dedução psico-histórica das culturas do leito.

Assim, na medida em que o Com aparece e circula no espaço cultural sob essas livres figuras anônimas, não é impossível nem raro

---

3. Cf. Jean-Paul Sartre, *L'Être et le néant*, op. cit. (ver Nota 6 do Cap. 4), p. 646 ss.
4. Ibidem, p. 1042.

Camas francesas com baldaquim, dos séculos XVIII e XIX.

reencontrá-lo de forma sublimada e envolta em símbolos. O jovem que, durante vários meses, se exercitou no silêncio com seu analista, ele também parece fazer parte dos que compreenderam como se poderia, fora do leito, chamar para um encontro seu Com perdido. Se essa suposição for procedente, a resposta à questão sobre qual o papel desempenhado pelo analista na anedota de Grunberger seria que ele encarnava o Com perdido e redescoberto de seu cliente. Durante alguns meses de exercícios mudos de Co-sentimento, o "analisado" teria a tal ponto se assegurado da Co-presença que teria descoberto, um dia, que estava doravante em condições, "sozinho", de manter seu complemento junto de si, mesmo fora da forma monádica da terapia. Em seu caso, portanto, a cura não teria significado nada mais que o tranquilizado reatamento com a visão interna da umbrosa presença não mais tão facilmente perdível do acompanhante interior. Quem quiser evitar desfigurar o Com por falsas projeções exteriorizantes, rebaixando-o ao nível da objetividade anatômica — o que costuma produzir mais cegueira que a atitude ordinária de nunca pensar nisso —, deve ocupar-se com projeções imagéticas nas quais o nobjeto Com apareça no nível adequado de sublimação. A elevação do Com à sublimidade não anatômica seria atingida quando a representação imagética fizesse justiça à energia polarizadora originariamente constitutiva de espaço da esfera Com-Também. Há, para isso, na história dos símbolos das culturas primitivas e avançadas, inúmeros documentos que se encontram em boa medida no campo dos simbolismos de integração, particularmente no amplo círculo figurativo das árvores da vida (cf. Digressão 5) e das figuras da mandala. A simbolização mais atual da dualidade psíquica primária ocorre, porém, nas mitologias dos duplos, dos gêmeos, das almas irmãs, às quais vamos dedicar, a seguir, um estudo específico.[5] Para marcar os extremos desse simbolismo do Com, vamos comentar, antes de tudo, dois destacados modelos da criação fetal do espaço, dos quais o primeiro abre um acesso teológico, e o segundo, um acesso artístico, ao Com enquanto fenômeno.

Em uma visão de Santa Hildegarda de Bingen, descrita na primeira parte de *Scivias*, anotações de suas visões místicas compiladas em 1147, encontra-se uma comunhão simbólica intrauterina de sublimidade sem precedentes. Hildegarda, como se sabe, primeiramente anotava ela própria suas intuições audiovisionárias em uma paráfrase verbal, depois as comentava em interpretações pictóricas complementares; por fim, suas visões eram transpostas em iluminuras por um ilustrador de manuscritos. A legenda da quarta visão do primeiro ciclo de *Scivias* é a seguinte:

> E então eu vi um brilho extremamente forte e muito luminoso, que era como numerosos olhos ardentes. Seus quatro cantos apontavam os quatro pontos cardeais (*perates mundi*), o que designa um segredo do Criador celeste que me foi revelado em um grande mistério. Apareceu lá também outro brilho, à maneira da aurora, com a claridade de um relâmpago púrpura. E vi lá sobre a terra pessoas que carregavam leite em suas vasilhas e faziam queijo com ele. O leite era às vezes espesso, produzindo um queijo robusto, às vezes ralo, coando-se em um queijo magro, às vezes coalhado [...], e dele resultava um queijo amargo. Vi também uma mulher que carregava em seu ventre um ser humano já quase totalmente formado. E subitamente, segundo a ordem oculta do Criador celeste, essa figura ergueu-se com um

---

5. Cf., à frente, Cap. 6: "Compartilhadores do espaço espiritual. Anjos — Gêmeos — Duplos".

movimento tão vivo que parecia que uma bola de fogo tivesse se apossado de seu coração. Ela não tinha contornos corporais humanos, tocou seu cérebro e espalhou-se por todos seus membros. Mas quando essa forma humana animada saiu do ventre da mulher, ela mudou de cor conforme o movimento que essa bola executava nela. E eu vi quantas tempestades se abatiam sobre tal bola em um corpo humano e a empurravam para baixo até a terra. Mas ela reuniu suas forças, levantou-se virilmente e resistiu corajosamente a elas.[6]

A ilustração dessa visão no *Rupertsberger Kodex* transpõe traços essenciais do que vimos antes para a linguagem da visualidade externa. Em seu eixo longitudinal, a imagem é atravessada por uma haste ou uma corda que, com singular ou perturbadora concretude, sai do ventre do feto no interior da mãe, deitada no campo inferior oval da imagem, e sobe até o losango flutuante salpicado de olhos, no campo superior. Se houve alguma vez uma representação do Com imune à dessublimação anatômica, ela está aqui, concretamente, sob nossos olhos. O *vis-à-vis* vivificador da criança no útero parece elevar-se exatamente até o quadrilátero mágico no espaço celeste; por esse excêntrico cordão umbilical, o feto se liga sensivelmente à esfera da espiritualidade divina; esta se manifesta como uma aglomeração de inteligências puras e de olhos fundadores de mundo na esfera superior. Que esse cruzeiro sobrecarregado de olhos simboliza efetivamente uma emanação muito próxima de Deus, isso é testemunhado pela primeira das visões de *Scivias*, na qual Hildegarda, em extrema proximidade com a figura resplandecente do Altíssimo, percebeu uma aparição "totalmente coberta de olhos. Diante de tantos olhos, eu não podia reconhecer uma forma humana".[7] A visão que Hildegarda tem da Criação do ser humano e de sua alma não concebe o Com, portanto, como um fenômeno intrauterino, mas como

---

6. Hildegard von Bingen, *Scivias. Wisse die Wege. Eine Schau von Gott und Mensch in Schöpfung und Zeit* [*Scivias* (Scito vias Domini). *Conhecei os caminhos. Uma visão de Deus e do homem na criação e no tempo*], trad. e org. de Walburga Storch OSB, Feiburg/Basileia/Viena, Herder, 1992, p. 58. [Ed. fr.: *Scivias "Sache les voies" ou Livre des visions*, trad. de Pierre Monat, Paris, Ed. du Cerf, 1996.]

7. Ibidem, p. 10.

Hildegarda de Bingen, *Scivias, a criação da alma*, ilustração do *Rupertsberger Codex*.

um corpo de subjetividade celestial, que se liga de longe ao feto através de um hipercordão umbilical ou um cabo angélico. Por esse cordão, num dado momento, uma alma individual em forma de bola desce do Com elevado até a criança — exatamente como se um dos olhos lá em cima se destacasse de seu conjunto celestial e entrasse através do umbigo no coração do feto. Com isso, fica evidente o caráter psicognóstico da quarta visão de *Scivias*: ela oferece uma visão de conjunto da ontogênese humana. Enquanto o excêntrico cordão umbilical torna visível a ligação interna e distante do feto com seu Com vivificador no espaço próximo a Deus, os seres humanos situados na oval, carregando nas vasilhas suas bolas de queijo, representam a criação física do ser humano. Para compreender as bolas de queijo como símbolos do corpo humano, é preciso lembrar a antiquíssima concepção, que o Livro de Jó tornou onipresente no cristianismo, de que o corpo humano, no ventre materno, forma-se da mesma maneira que o queijo em meio ao leite fermentado, a saber, por espessamento e coagulação. Assim como na fabricação do queijo, um corpo sólido se forma por concreção do material líquido, a forma humana surge no interior do útero pela coagulação do sangue.[8] Por essa razão, Jó, em suas recriminações contra Deus, pôde levantar a questão:

> Não me derramaste como leite
> e me coalhaste como queijo?
> [...]
> Então, por que me tiraste do ventre?
> Poderia ter morrido sem que olho algum me visse, [...].
> (Jó 10:10,18)[9]

Mas assim como nem todas as coagulações de leite produzem bons resultados, nem todas as concreções que se formam no ventre da mãe levam a corpos humanos sólidos. Por sofrer ela própria de uma doença crônica, Hildegarda sabia quão precária pode ser a situação corporal das criaturas humanas; ela própria era um produto típico do "queijo magro" — com o que é preciso reconhecer que, sem dúvida, este tem seu valor

---

8. Cf., sobre isto, a Digressão 10 "*Matris in gremio*. Um capricho mariológico".

9. *Bíblia de Jerusalém*, op. cit. (ver Nota 8 da Introd.)

próprio e não deve ser considerado de antemão como fracassado; mesmo o queijo magro é um resultado legítimo de procedimentos seguidos na oficina de criação; de fato, do ponto de vista dos psicólogos esotéricos, o primeiro produtor tem frequentemente projetos específicos para ele, na medida em que os magros são os melhores meios; só do amargor devem os homens guardar-se como da danação. Segundo o modelo de Hildegarda, a gravidez repete a criação de Adão: fisicamente, como formação de um corpo pela concreção do sólido a partir do líquido; psíquica e espiritualmente, como insuflação da alma pela descida de uma bola de espírito vinda do espaço angélico para dentro do corpo fetal. Essa descida, na visão tradicional, ocorre no meio da gravidez — isto é, em um momento que, nas antigas sabedorias femininas, era identificado ao início dos movimentos perceptíveis da criança. A bola vinda da proximidade de Deus e absorvida pelo corpo da criança é, na visão de Hildegarda, aquilo que constitui o centro do destino do ser humano também depois de seu nascimento; ela é convocada a triunfar sobre as tentações do mundo.

Diante da visão teológica de Hildegarda da estrutura do Com, todas as concepções psicológicas ou endoscópicas do parceiro intrauterino parecem prosaicas e triviais. Os intérpretes contemporâneos, mesmo que não possam se conectar imediatamente ao universo de representações religiosas de Hildegarda, encontrarão aqui um documento que atesta a altura em que os antigos discursos visionários situaram a misteriosa reunião do feto com uma figura vivificante à sua frente. O cordão umbilical é mais que uma artéria entre a criança e uma esponja sangrenta vizinha — ele constitui o monumento físico de uma ligação real entre a vida que está por vir e uma força complementar que flui para dentro dela. Em razão de sua exaltação religiosa, esses conceitos podem hoje ser postos entre parênteses; por seu tom e sua forma, eles protegem até mesmo o moderno explorador desses temas contra a debilidade fisiológica característica do conhecimento sobre as mulheres, com sua vanguarda ginecológica e sua retaguarda assentada na psicologia popular. Eles indicam o plano no qual os discursos sobre a bipolaridade intrauterina deveriam situar-se, se quisermos afastar o risco de uma dessublimação inapropriada.

Em nossa época, formulações de valor equivalente encontram-se, antes, no domínio da arte pictórica fantástica, em que os simbolismos psíquicos profundos assumiram a forma de figurações visuais. Um importante exemplo recente disso é oferecido por algumas misteriosas representações de árvores pelo pintor surrealista René Magritte, especialmente uma obra de 1964, intitulada *O reconhecimento infinito*. O quadro de Magritte, um guache em tamanho pequeno, mostra uma árvore alta em forma de coração, com uma folhagem densa e dotada de finas veias, como uma esponja, tendo em seu centro dois pequenos cavalheiros de chapéu e longo fraque escuro, vistos de costas, como dois gêmeos que, no terço superior da folhagem, estão posicionados, por assim dizer, na região cardíaca da árvore. Sua presença na árvore desperta uma impressão de grande naturalidade, ainda que as duas figuras pareçam ali pequenas e um pouco perdidas. O quadro se lê como um tratado hermético sobre a correspondência: o que esses dois homens tão semelhantes pousados na árvore como miniaturas de Carlitos têm a ver um com o outro permanece tão inexplicável quanto a razão de sua associação à árvore — e, contudo, essas duas obscuridades ligam-se uma à outra: o primeiro desconhecimento é um comentário ao segundo. O título do quadro deixa em aberto se o reconhecimento infinito — que também pode significar gratidão infinita — é um reconhecimento entre os dois homens, ou se este se refere à posição de ambos no interior da árvore. Nos dois casos, o agradecimento reconhecido ou o pensamento reconhecedor relaciona-se à própria árvore: em um caso, como descoberta da semelhança entre os dois personagens — eles se encontrariam então em uma árvore do reconhecimento; no outro caso, como atestado do pertencimento de ambos à árvore enquanto tal, que se deveria conceber, então, como árvore da vida. Assim, o discurso simbólico visual de Magritte, embora inteiramente ancorado no valor pictórico próprio das formas representadas, retoma assim a conversação com antigas tradições míticas judaico-cristãs. Se admitirmos que o motivo da árvore da vida representa um símbolo original do Com, então o enigmático quadro de Magritte conduz imediatamente ao campo da bipolaridade arcaica: o lugar na árvore é, de fato, de onde fluem tanto o reconhecimento infinito como a gratidão sem limites. O símbolo da árvore preserva, ao

René Magritte, *O reconhecimento infinito*, 1946.

mesmo tempo, de forma discreta e sublime, o anonimato do Com, e o torna presente à intuição sem relegá-lo à trivialidade anatômica.

Isso vale ainda em maior grau para a célebre série de pinturas intitulada *A voz do sangue*, na qual, entre 1948 e o início dos anos 1960, Magritte meditou sobre o tema da árvore mágica. Em um quadro dominado por um azul-marinho e um verde-escuro profundos, que desdobra uma sugestiva presença, num formato de 90 × 110 centímetros, os motivos míticos da árvore da vida e da árvore do conhecimento se unificam. A própria imagem parece prescrever uma apreensão por três olhares sucessivos. Saltam à vista, em primeiro lugar, no meio do quadro, as duas aberturas no tronco da árvore. Os compartimentos se abrem como as janelas de um calendário do Advento[10], revelando cândidos símbolos de felicidade — a bola branca confinada e a promissora casa com o interior iluminado. Não parece excluído que, nessa árvore do Advento, acima da janela com a bola, uma terceira janela, já entrevista na folhagem, possa ainda se abrir. Tão logo o primeiro olhar se liberta das atrações visuais no meio do quadro, ele é atraído, em um segundo ato, à ramada arquetípica da árvore gigantesca, que preenche toda a metade superior do quadro com sua autoridade sombria e incontestável. A folhagem que deixa entrever o plano de fundo azul, através das minúsculas partes que compõem sua estrutura esférica esponjosa, constitui uma antítese orgânica das figuras geometricamente artificiais no interior do tronco. Embora o quadro pareça desprovido de qualquer presença humana, ele discorre, por assim dizer, sobre uma oposição humanamente significativa: aquela entre a forma orgânica da ramificação e da folhagem, de um lado, e as figuras intelectualmente idealizadas e construídas da casa e da bola, de outro. Mas como soa a voz do sangue? Surge como o chamado da própria árvore da vida; ela é o que serve de intermediário entre os fetos geométricos no tronco da árvore e a esfera nutritiva da folhagem. A árvore que traz em seu "ventre" a bola e a casa não se interessa, evidentemente, pelos frutos de sua própria espécie. Sendo árvore da vida e do conhecimento reunidas em uma só, ela não produz o que lhe é próprio e

---

10. Na Alemanha e na Áustria, calendário para crianças, contendo 24 figuras ocultas atrás de janelinhas fechadas, que são abertas uma por dia nas quatro semanas que precedem o Natal. [N.T.]

René Magritte, *A voz do sangue*, 1959.

René Magritte, *A voz do sangue*, detalhe.

organicamente semelhante, mas seu oposto, as formas intelectuais anorgânicas, que são significativas para os sujeitos pensantes porque atestam sua própria construtividade. A árvore de Magritte representa, portanto, um "Com", que, enquanto natureza vegetativa, auxilia os habitantes providos de espírito. A árvore da vida está grávida de casas, de bolas e de subjetividade humana. Por isso, no interior da árvore do Advento, os polos intrauterinos contrastam-se nitidamente: no tronco, o Também, os fetos-imagens geométricos; na folhagem orgânica, o Com, o ser próximo vivificante. Quanto ao terceiro olhar sobre a pintura, este só se revela quando a observação se resignou ante os mistérios impenetravelmente abertos da árvore da vida. Num dado momento, o olhar passa ao largo da esfera íntima da árvore e segue para a região ao longe, que surpreendentemente se revela de fato como uma zona liberada: uma profunda passagem fluvial se abre, à esquerda com cadeias de montanhas, à direita com um plano aberto. É uma paisagem desprovida de carga simbólica e peso enigmático, e pode ser alcançada por qualquer um que se liberte do círculo sonoro do primeiro plano, em que a voz do sangue domina todas as coisas. Seria, então, totalmente errado supor que o próprio artista se esconde nesse espaço azul e distante e, de lá, um pouco brejeiro e descrente de seus símbolos, exibe as figuras de primeiro plano como falsos enigmas a seus observadores?

Que conclusões podemos tirar dessas representações simbólicas do Com, sobre sua estrutura e seu modo de ser? Seguramente, nessas imagens, atribui-se ao parceiro espacial íntimo uma significativa posição na realidade. Seja como um cruzeiro celestial cheio de olhos e globos espirituais, seja como árvore adventícia da vida e do conhecimento, em ambas as representações o Com aparece como uma poderosa instância complementar, fornecendo ao Eu a base de uma grata recordação íntima. Não obstante, continua justificado perguntar se o Com, de fato, só pode se tornar visível através dessas projeções sublimes e manifestações indiretas. É realmente preciso recordar o "outro órgão" exclusivamente na forma de paráfrases elevadas? Só se poderia falar dele como se fala do monarca invisível de um Estado vizinho, de cuja boa vontade nossa própria felicidade depende, sem que jamais nos seja permitido recebê-lo em visita oficial? Não há nenhum meio de receber o Outro íntimo como hóspede sem o subestimar ou sem o perder de vista elevando-o a alturas inconvenientes? Se ele foi um parceiro indispensável de nossa vida na caverna, o que nos impede, ao sairmos de lá, de verificar se o Outro saiu junto conosco? Se o Com partilhou contigo a caverna mais pessoal, não como fantasma e excrescência noturna imaginária, mas como duplo real, indispensável, corporal, então ele não pode deixar de sair da caverna contigo tão logo chegue para ti o momento de realizar a mudança.

Nessa circunstância, o arranjo acertado acima com o duplo observador no interior e diante da caverna parece capaz de prestar bons serviços: a testemunha exterior deveria estar em condições de indicar sem rodeios se, ao mesmo tempo que eu, o recém-chegado de primeira categoria, meu Com, também saiu ao ar livre. Nesse caso, não precisamos temer sucumbir a um falso discurso ginecológico de sobrevoo; não se trataria, agora, de puxar abusivamente para fora realidades interiores, dessublimando-as por uma classificação rasa. O observador exterior não teria mais nada a atestar além daquilo que, por ocasião do drama sempre violento e sublime do nascimento, deve vir por si mesmo à luz na saída da caverna. O que vai relatar, então, o observador exterior sobre esse que veio contigo? Dirá ele em tua cara: Tu estavas só? Ou, ao contrário, confirmaria: Havia dois? Mas, justo nesse momento decisivo, o observador, no qual depositamos nossas esperanças, vai geralmente nos enganar. Só agora se percebe toda a extensão de nossa perplexidade: de fato, dentre todos nossos conhecidos, quem jamais teve a oportunidade de consultar sua parteira ou seu médico de família? E como parece natural que, dentre milhões de pessoas, nenhuma interrogue sua própria mãe sobre tais coisas. De antemão, abstemo-nos de levantar questões, como que convencidos da impossibilidade de obter uma resposta. Quanto mais certo que um observador exterior deveria ter visto, como testemunha ocular, o recém-nascido e seu Com, se ambos tivessem vindo ao mundo um após o outro, tanto mais se dificultam as verificações posteriores, porque as testemunhas quase nunca estão aí para serem ouvidas. Ainda que o Com tivesse vindo ao mundo junto comigo, eu não poderia mais me assegurar de sua existência, a menos que encontrasse meios de romper esse muro de silêncio que desde minha primeira hora se edificou em torno de mim e de meu complemento. Ainda que o Com tivesse alguma vez existido, eu sou, evidentemente, aquele que deve ser mantido separado dele de maneira absoluta.

Um muro de silêncio — de fato: quanto mais o monocromo intrauterino se esclarece ou assume contornos, mais obstinadas se mostram as resistências que se opõem à sua descrição. Mesmo se me deixo levar cada vez mais pela suposição de que, outrora, em minha seleta caverna, sempre fomos dois, todos os meus traços biográficos remetem, entretanto, apenas a mim mesmo. Fui então enganado desde o início? Teria sido o meu Com secretamente arrebatado e trocado, como um Kaspar Hauser entre os órgãos? Vive ele, ainda hoje, prisioneiro em algum lugar, sob a terra, abandonado e solitário, como o infeliz Kaspar, o fantasma de Karlsruhe, a criança da Europa em seu calabouço na Francônia? E se estivesse morto, e eu fosse órfão, por que não foi enterrado formalmente, ainda que em um cemitério para órgãos que nos são aparentados? Quem decidiu que não devemos procurar sequer visitar nosso Com perdido, nem no nosso aniversário, nem no dia de Todos os Santos? Qual o sentido dessa falta do Com à qual cada um de nós está hoje condenado como por um acordo universal? Que se poderia fazer para minar essa contínua aliança de silêncio que soube fazer do Com um assunto incondicionalmente banido?

Apesar de tudo, há um detalhe que, escapando do cochicho da parteira, penetra no conhecimento geral: só se pode considerar que um nascimento concluiu-se com êxito quando também a placenta tiver deixado inteiramente o útero. A conspiração do silêncio contra o Com tem aqui seu ponto fraco. De fato, os que auxiliam os partos sabem que são sempre duas unidades que vêm ao mundo nos nascimentos bem-sucedidos. A criança, a quem cabe naturalmente a maior parte da atenção, nunca sai sozinha da caverna — a ela se segue um inevitável suplemento orgânico, que na velha França se chamava o *arrière-faix* ou a *délivrance*, e, em alemão, a *Nachgeburt*[11], "o que se

---

11. A palavra alemã *Nachgeburt* significa tanto o processo de expulsão da placenta e outras membranas internas como o produto dessa expulsão, que em obstetrícia se denomina as páreas ou secundinas. [N.T.]

segue ao nascimento". Só o conjunto desses dois acontecimentos cumpre as condições de um parto completo. Por volta de 1700, começou a se disseminar, em alemão e nas outras línguas nacionais europeias, o emprego do termo médico "placenta" para designar a *Nachgeburt*. A expressão é um empréstimo erudito da palavra latina *placenta*, que designa um bolo ou um pão achatado, a qual, por sua vez, remonta a um termo grego com o mesmo significado, *plakous*, no acusativo, *plakounta*. Este, por sua vez, é aparentado à expressão austro-húngara *palatschinke*, que significa panqueca. As raízes metafóricas da expressão residem manifestamente no campo de representação da antiga arte da panificação; e seu uso na vida cotidiana deriva da cozinha campal das legiões romanas. Aristóteles, de fato, já havia comparado a relação entre o útero e a criança com a que se dá entre o forno e a massa de pão. Para ele, a estadia da criança no interior da mãe significava uma criação por concreção ou solidificação do mole. Segundo as antigas tradições das parteiras, entretanto, o pão da mãe não seria tanto a própria criança quanto esse misterioso bolo materno do qual a criança *in utero* parecia ter se alimentado até estar em condições de perceber a luz e beber o leite do mundo. Desse modo, nos tempos antigos, o ventre prenhe era sempre representado, pelas mães e parteiras, como uma dupla oficina: uma padaria de placenta e uma cozinha interna de crianças. Enquanto a criança propriamente dita é preparada na marmita uterina, a segunda obra da mãe, o bolo chato, garante a nutrição apropriada a essa longa noite. Por isso ele aparece, por ocasião do nascimento, como uma segunda entrega, que a ginecologia recente ainda denominava "secundinas da mulher" (*secundinae mulieris*). Quando ainda eram dominantes as representações de uma cozinha uterina mágica, é compreensível que a placenta, enquanto *opus secundum* da mãe e cofenômeno essencial de todo nascimento, fosse recebida com grande consideração e mesmo com um temor respeitoso. A cada recém-nascido, era dada, na figura da placenta, alguma coisa inexprimível que, especialmente para a comunidade de mulheres envolvidas na assistência aos nascimentos, parecia ter uma fatídica relação com a vida da criança. Muitas vezes a placenta aparecia como seu duplo, razão pela qual era impossível ser indiferente à maneira como era tratada. Ela devia ser guardada como um presságio e protegida como um irmão simbólico do recém-nascido. Era preciso sobretudo impedir que animais ou pessoas desconhecidas dela se apoderassem. Frequentemente, o pai da criança a enterrava no porão ou sob as escadas da casa, para que o lar se beneficiasse de sua força fecunda; às vezes, enterravam-na também nas granjas ou nos estábulos.[12] Ocasionalmente, a placenta também era enterrada no jardim ou em um campo, para ali se decompor sob a terra da forma mais tranquila possível. Era generalizado o hábito de inumá-la sob mudas de árvores frutíferas — procedimento no qual o parentesco morfológico entre o tecido placentário e as raízes das árvores pode ter desempenhado o papel motivador de uma magia analógica. Também o hábito de enterrar o cordão umbilical sob roseiras é fruto de considerações ligadas à magia analógica.[13] Na Alemanha, escolhia-se uma pereira para as placentas de meninos, uma macieira para as de meninas. Quando árvores frutíferas eram plantadas sobre placentas enterradas, essas manteriam uma relação simpática com a criança por toda a sua vida; acreditava-se, da criança e de sua árvore, que cresciam juntas, ficavam doentes juntas e morriam juntas. Em outras tradições, a placenta era pendurada para secar em um canto escondido da casa, por exemplo, na chaminé — um costume que supostamente subsiste até hoje, de maneira esporádica, no norte de Portugal. Em muitas regiões da Europa, a matéria placentária seca e moída era considerada um remédio imbatível para diversos males; ela já é mencionada no *Corpus Hippocraticum* e, desde os médicos da escola de Salerno até o século XVII, foi louvada por médicos e farmacêuticos, particularmente como remédio contra manchas hepáticas, verrugas e tumores agudos, e também contra epilepsia e ataques apopléticos. No caso das doenças femininas e problemas de fertilidade, a utilização de pó de placenta parecia obrigatória. Atribuía-se ainda extraordinária importância à placenta quando da reanimação de recém-nascidos inertes; esperava-se que o bolo materno, aplicado

---

12. Cf. Jacques Gélis, *L'Arbre et le fruit. La Naissance dans l'Occident moderne, XVIe--XIXe siècles*, Paris, Fayard, 1984, em especial o capítulo sobre a placenta como duplo da criança.

13. Cf. Françoise Loux, *Le Jeune Enfant et son corps dans la médecine traditionnelle*, Paris, Flammarion, 1978.

O túmulo da placenta de um príncipe, o futuro oitavo rei da dinastia Yi (1468-1469). Encontra-se diante do Museu da Pátria da cidade de Chonju, na província de Cholla Pukdo. Os sinais sobre a estela em forma de tartaruga (símbolo de vida longa) estão explicados ao lado.

em compressa quente, tivesse por uma última vez efeitos tonificantes para as infelizes criaturas saídas aparentemente mortas do combate do nascimento. Os viajantes do século XVI jamais deixavam de observar, espantados ou chocados, que entre alguns povos, como, por exemplo, entre os índios do Brasil, havia o costume de consumir a placenta logo após o nascimento — igual se observa na maior parte dos mamíferos. Entre os Iacutos, a ceia da placenta constitui um ritual que o pai da criança deve a seus amigos e parentes. Também na Europa, até o século XVIII, era muito difundida a concepção de que era bom para as mães que amamentavam consumir ao menos um pequeno pedaço da placenta fresca. Um livro de receitas de Hildegarda de Binge transmite indicações para preparar enrolados de carne recheados de placenta. Ainda em 1786, encontram-se, em um manual de partos, comentários apaixonados se perguntando se Adão, após o nascimento de seus descendentes, havia comido ele próprio a placenta.[14] No Egito faraônico, atribuía-se à placenta uma elevada posição no culto religioso, sobretudo nos partos da realeza. Considerava-se a placenta do faraó como a encarnação de sua alma exterior; ela era descrita como seu "auxiliar secreto" e ocasionalmente representada em imagens. Notáveis

---

14. Cf. Gélis, *L'Arbre et le fruit*, op. cit. (ver Nota 12 deste Cap. 5).

pormenores nos foram transmitidos sobre as complexas instituições do culto da placenta no Egito antigo.[15] Não era incomum que a placenta do faraó fosse mumificada logo após seu nascimento e conservada por toda sua vida como talismã; dessa "trouxa da vida" provinham efeitos protetores e sustentadores que faziam dela o aliado místico do rei. A múmia da placenta era conservada e guardada com grandes honras pelos sacerdotes do templo. O costume egípcio de conduzir a placenta do faraó nas procissões diante do soberano manteve-se desde o quarto milênio a.C. até a época ptolomaica; dele derivam os cultos posteriores da bandeira.[16] Sob as quarta, quinta e sexta dinastias, havia um gabinete especial cujos funcionários atuavam como "abridores da placenta real". Sua tarefa, supõe-se, era abrir simbolicamente, após a morte do faraó, sua "trouxa da vida", libertando com isso a alma exterior para sua viagem subterrânea; esse rito de despedida abria ao mesmo tempo o caminho para o sucessor do trono. A múmia da placenta era, então, ou inumada em sua própria urna de alabastro ou colocada no túmulo junto com o corpo embalsamado do rei, a quem servia de boné ou travesseiro. A radiografia de uma múmia real no Museu Britânico mostra uma placenta fixada por bandagens à parte traseira do crânio do morto. Em algumas regiões do norte da África, o costume de portar, por toda a vida, amuletos de placenta ou cordão umbilical em pequenos sacos de couro parece ainda vigorar. Também no Antigo Testamento se encontram traços da ideia de que a placenta, como bolsa da vida, abriga uma segunda alma ou um alter ego do ser humano:

---

15. Quanto ao que se segue, cf. Reimar Hartge, "Zur Geburtshilfe uns Säuglingsfürsorge im Spiegel der Geschichte Afrikas" ["Sobre o auxílio ao parto e cuidados com o recém-nascido no quadro da história da África"], *Curare, Zeitschrifft für Ethnomedizin*, número especial 1 (1983), p. 95-108.

16. À luz desse contexto histórico-cultural, é particularmente curioso o que Harold Bloom observa em seu estudo sobre a teosofia nacional americana da atualidade, que ele denomina *American Orphism*: o fato de que ela tem na bandeira e no feto seus símbolos centrais. Cf. Harold Bloom, *The American Religion. The Emergence of the Post-Christian Nation*, Nova York, Simon & Schuster, 1992, p. 45: *"The flag and the fetus together symbolize the American religion, the partly concealed but scarcely repressed national faith."*

Procissão faraônica com estandartes placentários.

> E se alguém se levantar para te perseguir e para atentar contra a tua vida, a vida do meu senhor estará guardada no bornal da vida com Iahweh teu Deus, ao passo que a vida de teus inimigos, ele a lançará fora como a pedra de uma funda." (I Samuel 25:29)[17]

Era comum, na tradição coreana, lançar a placenta ao mar ou queimá-la com arroz e espigas de milho, dispersando suas cinzas sobre as estradas para trazer boa sorte. Numerosas culturas têm o costume de pendurar as placentas nas árvores; ocasionalmente, a placenta era vestida com uma camisa de algodão, cingida de uma corda e, provida de um chapéu, como um ser humano, fixada nos ramos das árvores. Os quatro métodos principais de tratar a placenta — enterro, suspensão, incineração e imersão — correspondem aos elementos[18] aos quais, como forças da criação, deve ser dado o que lhes pertence. Entre os povos do Norte, a cinza da placenta era considerada um instrumento mágico poderoso. Se, ao contrário, a placenta for lançada à latrina, a

---

17. *Bíblia de Jerusalém*, op. cit. (ver Nota 8 da Introd.).
18. Respectivamente, terra, ar, fogo e água. [N.T.]

consequência, segundo uma crença popular difundida sobretudo na antiga França, é a mulher contrair um câncer após a menopausa e sofrer uma morte terrível.

Quaisquer que sejam os tratamentos rituais e religiosos dados à placenta, não se põe em dúvida, em quase todas as culturas antigas, a íntima correspondência entre o nascimento e o órgão que em seguida vem à luz. Um manejo descuidado do duplo placentário da criança teria sido entendido, em toda parte, como uma funesta negligência quanto a algo essencial. Parece que só com a medicina helenística surgem tentativas de desencantamento de todo o campo perinatal e, junto com isso, de profanação da consciência da placenta. Mas mesmo essas tendências — como mostra o exemplo da visão de Hildegarda — não conseguem desencadear uma completa dessublimação da aliança entre o feto e a placenta nas práticas obstetrícias europeias pós-helenísticas.

É somente no final do século XVIII que tem início uma desvalorização radical da placenta, partindo do círculo da corte e da grande burguesia e seus médicos. Desde então, a literatura obstétrica prescreve tanto à parturiente como às testemunhas uma atitude marcada por aversão e constrangimento ante esse objeto macabro que sai da mãe "depois". Num treinamento de repugnância que marcou época, as mulheres burguesas, mas também os poetas e os pais da sociedade esclarecida, desaprenderam de manter aberto um lugar para a placenta no imaginário cultural. Para o Com íntimo, começa uma era de exclusão incondicional. A placenta torna-se agora o órgão que não existe. Aquilo que na penumbra foi o exemplo de um primeiro Existir, torna-se na claridade algo que não tem, ele próprio, estritamente nenhuma existência. Nosso Segundo mais íntimo torna-se o completo desaparecido, o repulsivo rejeitado *par excellence*. E, de fato, expande-se nas cidades, desde essa época, nos nascimentos tanto em clínicas como em casa, o hábito de tratar a placenta como um dejeto. Ela é agora cada vez mais frequentemente eliminada como carniça, "tratada" como lixo, ou seja, destruída. No século XX, as indústrias de cosméticos e farmacêutica começaram a se interessar pelo tecido placentário, porque ele pode ser utilizado como matéria-prima para tratamentos e máscaras regeneradoras de pele; esse interesse conflui, além disso, no moderno consenso

5. O ACOMPANHANTE ORIGINÁRIO: RÉQUIEM PARA UM ÓRGÃO REJEITADO

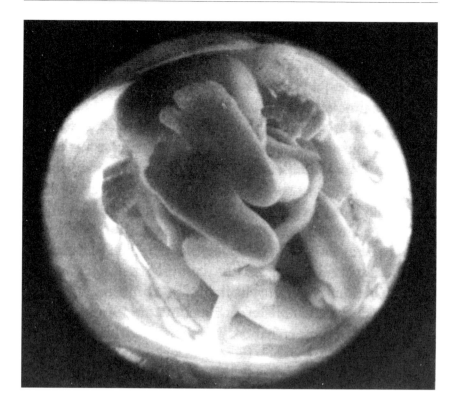

mais ou menos cego de que as clínicas são o lugar correto para o nascimento, pois onde, senão nelas, é possível instalar esses pontos de coleta? Se as placentas não são aproveitadas para fins farmacêuticos, pode ocorrer que sejam processadas, junto com os fetos natimortos, em um granulado que se emprega como acelerador de combustão nos centros de incineração de lixo — tal é o presente estado da técnica na capital alemã após a unificação.

Dizer que nos tempos modernos a placenta foi para a lata de lixo, ainda que seja a do lixo reciclável, já seria, entretanto, ir longe demais. No novo mundo dos indivíduos desacompanhados, o órgão que nos instruiu a contar a partir de dois e a vir de lá para cá, não teria jamais existido de fato. Mesmo retroativamente, o sujeito é isolado e preparado, mesmo em sua existência pré-natal, como um Primeiro sem um Segundo. Há elementos em favor da ideia de que o individualismo moderno só pôde ingressar em sua fase fervorosa quando, na segunda metade do século XVIII, teve início a excomunhão clínica e cultural da placenta. A corporação médica constituída chamou para si, à maneira de uma inquisição ginecológica, a tarefa de fazer que a fé ortodoxa no nascimento solitário se ancorasse firmemente em todos os discursos e em todos os estados da alma. O positivismo individualista burguês — vencendo as fracas resistências do romantismo da parceria espiritual — impôs a toda a sociedade a unidade radical imaginária dos indivíduos nos ventres maternos, nos berços e em sua própria pele. Despojados de seu Segundo, todos os indivíduos estão agora ligados imediatamente a suas mães e, logo a seguir, à nação totalitária, que, com suas escolas e seus exércitos, se apodera das crianças isoladas. Com o estabelecimento da sociedade burguesa, começa uma era das falsas alternativas, na qual os indivíduos parecem ter apenas uma escolha: regalar-se solitários no seio da natureza ou lançar-se em aventuras de poder potencialmente mortais em fusões coletivas com seus povos. Não é por acaso que se encontra o mestre-pensador da regressão na natureza absorvente e no Estado-nação patético, Jean-Jacques Rousseau, como encantadora e grotesca figura de portal à entrada do mundo estruturalmente moderno, individualista e holista. Rousseau foi o inventor do homem sem amigo, que só podia pensar o outro complementar na forma de uma natureza maternal imediata ou de uma imediata totalidade nacional.[19] Com ele, começa a era dos últimos homens, que não se envergonham de aparecer como produtos de seu ambiente e como casos particulares de leis sociopsicológicas. Por isso, desde Rousseau, a psicologia social é a forma científica do desprezo do ser humano.[20]

Onde, em contrapartida, como na Antiguidade e nas tradições populares, deixava-se aberto no imaginário cultural um lugar para o duplo da alma, os homens, até o limiar da modernidade, podiam se assegurar

---

19. De forma curiosa, é precisamente Rousseau que figura como patrono da tentativa de Tzvetan Todorov de fundamentar uma ética eurocomunitária. Cf. *La Vie commune. Essai d'anthropologie générale*, Paris, Seuil, 1995.

20. Talvez aqui nos seja permitido observar que, além dos dois extremos identificados por Sloterdijk, Rousseau explorou de forma profunda e original, em obras menos abstratas como as *Confissões* e a *Nova Heloísa*, modelos intermediários de integração socioafetiva dos seres humanos, como os pequenos círculos e as comunidades autônomas. [N.T.]

de que não estariam imediatamente associados nem às mães, nem à "sociedade", nem a seu "próprio" povo, mas permaneceriam, antes, ligados por toda a vida a um Segundo muito íntimo, o verdadeiro aliado e gênio de sua existência particular. A formulação mais elevada disso aparece no mandamento cristão de que se deve obedecer mais a Deus que aos homens, o que significa que nenhum homem é um "caso", porque cada indivíduo é um mistério — o mistério de uma solidão completada. Nos tempos antigos, o duplo placentário podia também, sem esforço, encontrar refúgio junto aos ancestrais e espíritos da casa. O intermediário arcaico íntimo de si mesmo franqueia ao sujeito uma distância em relação às duas potências obsessivas primárias que se manifestam nos tempos modernos: as mães sem distância e os coletivos totalitários. Mas onde, como no período moderno mais recente, o Co-espaço (*der Mit-Raum*) é anulado e confiscado desde o início pela destruição da placenta, o indivíduo regressa cada vez mais aos coletivos maníacos e às mães totais — e, na falta desses, à depressão. A partir daí, o indivíduo, sobretudo masculino, tende a mergulhar cada vez mais fundo na alternativa fatal entre o desafio autístico do isolamento e o deixar-se engolir pelas comunidades obsessivas — a dois ou a muitos. No caminho que leva à aparente opinião própria, surge o homem sem espírito protetor, o indivíduo sem amuleto, o Si sem espaço. Se o indivíduo não consegue se completar e se estabilizar por meio de aplicações bem-sucedidas das técnicas de solidão[21] — por exemplo, nos exercícios artísticos e solilóquios escritos —, ele está destinado a ser absorvido pelos coletivos totalitários. Pois o indivíduo cujo duplo foi jogado fora está sempre motivado a provar para si mesmo que tinha direito de sobreviver sem seu Com e de não fazer companhia ao Outro íntimo na lata de lixo.

De fato, desde que o Com íntimo deixou de ser enterrado na casa ou, ainda, sob árvores e roseiras, todos os indivíduos são traidores latentes que devem negar uma culpa à qual nenhum conceito corresponde. Ao levar com determinação sua própria vida, eles recusam o fato de

---

21. O termo "técnica de solidão" foi introduzido, tanto quanto sabemos, por Thomas Macho, em uma aula sobre a história cultural da fuga da cultura, sob o título "Ideen der Einsamkeit" ["Ideias da solidão"], no semestre de inverno de 1995--1996, na Universidade Humboldt de Berlim.

que, em sua existência autônoma e sem remorsos, continuem a repetir a traição cometida contra seu acompanhante mais íntimo. Acreditam, por vezes, descobrir uma profundidade própria quando se sentem sós, mas desconhecem com isso que mesmo sua solidão só lhes pertence pela metade, sendo apenas a parcela menor de uma solidão cuja maior parte foi levada pelo Com desaparecido no lixo. O sujeito solitário moderno não é o resultado de sua própria escolha, mas um produto fracionário da rude separação do nascimento e da placenta. Uma mancha inconfessável marca sua existência positivamente independente: a de que ela se funda na aniquilação do pré-objeto mais íntimo. Seu próprio valor singular é comprado com a descida do Segundo ao lixo. Como seu aliado desapareceu entre os dejetos, o sujeito é um Eu sem duplo, um meteorito independente e irrepetível. Diante de seu umbigo, o indivíduo libertado encontra, em vez do espaço do Com, não uma abertura sondável, mas ocupações que distraem, e o nada. Se o sujeito praticasse essa atividade, que no Ocidente se chama com desprezo "contemplar o umbigo", só encontraria seu próprio nó, desprovido de toda referência. Jamais compreenderia que o fio cortado, tanto no imaginário, como no âmbito psicossonoro, aponta implacavelmente, por toda sua vida, para um Co-espaço. Por sua origem psicodinâmica, o individualismo moderno é um niilismo placentário.

Nos modernos ritos urbanos do nascimento, sejam eles clínicos ou domésticos, a equivalência imaginária e prática entre a placenta e o nada está amplamente estabelecida; fora dessa tendência geral, sobram apenas pequenas ilhas tradicionalistas, nas quais sobreviveram, quase despercebidos, traços da psicologia das gerações e da velha sabedoria das mulheres; desde essas ilhas, formou-se, nos últimos tempos, uma resistência ao positivismo clínico e à sua superestrutura cultural, particularmente na forma de uma renovação das antigas práticas de assistência ao parto. Nestas, é sobretudo o corte do cordão umbilical que recebe de volta um certo significado ritual e uma ênfase simbólica. Onde isso não ocorre, considera-se em geral o outro polo do cordão umbilical, a placenta, como um dejeto; e separar-se dela não pode ter nenhum significado especial para o sujeito. É possível até mesmo supor que, para a grande maioria de mães modernas, não há nenhuma clareza nas expressões fisiológicas acerca do que, exatamente, é separado quando se corta o cordão umbilical — o que domina, em geral, é apenas uma vaga ideia de que a criança está de um lado e a mãe, de outro.[22] Na verdade, o feto e sua placenta, subindo juntos desde o mundo subterrâneo, estão ligados um ao outro como Orfeu a Eurídice, e, embora Eurídice esteja obrigada a desaparecer por motivos de força maior, não são indiferentes os modos de efetuar sua separação. Obstetras e parteiras sabem que, quando efetuam o corte constitutivo do sujeito, eles devem, como adultos que outorgam a separação, se dirigir à criança para explicar e interpretar o que fizeram. Devem se conceber como os oficiantes da cultura, que transmitem a cesura na forma de um dom simbólico original, e mesmo de uma iniciação ao próprio mundo simbólico.

O que se chama geralmente o corte do cordão é, por seu conteúdo dramático, a introdução da criança n esfera da clareza constitutiva do Eu. Cortar é afirmar a individualidade com a faca. Aquele que efetua o corte é, na história do sujeito, o primeiro doador de separação: com o dom da separação, ele transmite à criança o impulso para existir no meio exterior. Mas o parteiro só pode atuar como doador de separação se ele próprio, em uma visão de conjunto madura, mantiver no seu campo de visão os dois polos daquilo que se deve separar. Se Orfeu deve ser desligado de uma maneira verdadeira e adulta, é preciso também pedir permissão a Eurídice de uma maneira sensível e adulta. Poder agir como adulto para com a criança não significa, no fundo, nada mais que estar em condições de efetuar, no momento correto, a correta separação.

---

22. Que a criança *in utero* não esteja ligada diretamente à mãe, mas viva junto com o duplo placentário em um mundo intermediário independente, isto tem, entre outras, implicações imunológicas dramáticas. Pesquisas recentes parecem ter mostrado que mulheres grávidas HIV-positivas transmitem a doença à criança em apenas 30% dos casos, ao passo que a maioria dos fetos, de uma maneira muito pouco compreendida, beneficia-se, por assim dizer, da ajuda de um anjo da guarda placentário. Do ponto de vista ginecológico e obstétrico, continua aberta a questão de se a placenta deve ser considerada um órgão da mãe ou da criança — mas cada vez se tende mais para esta segunda solução. [Cf. Laing: "A placenta, o saco amniótico, o cordão umbilical (todas as "membranas" fetais) são celular, biológica, física, geneticamente *eu*. Todo esse *eu* foi deixado para trás no útero ou desligado para sempre quando cortaram meu cordão umbilical." In: *Fatos da vida*, op. cit., p. 70. [Ver Nota 29 do Cap. 4.]

Deusa sentada ao trono e Onfalo (pedra com umbigo), na Gruta das Ninfas, perto de Vari, Ática.

Indivíduos modernos que já cresceram no regime do niilismo placentário perderam, contudo, a competência que lhes permitia executar gestos adultos. Onde deveriam proceder de maneira clara à primeira separação, refugiam-se, na maioria das vezes, de maneira infantil e niilista, em gestos de infame espoliação e desvencilhamento apressado. Agem como os lixeiros de Eurídice. Precipitados, brutos e desatentos, aniquilam a placenta e destroem em Orfeu o princípio da melodia que jorraria de sua livre indagação pela outra parte. A cena original da musa é escamoteada entre os sujeitos mal nascidos da modernidade; a liberdade de lamentar o outro perdido submerge na estupidez e na grosseria. Com isso, a cultura pôs a perder, no indivíduo, sua primeira cena. De onde a criança irá aprender, agora, que os anjos se vão apenas para permitir a chegada dos arcanjos?

Naturalmente, mesmo nos tempos modernos, corta-se por toda parte o cordão umbilical segundo as regras da técnica; ainda hoje, o umbigo forma sobre o corpo do sujeito o hieróglifo do drama de sua individuação. Mas o umbigo perdeu seu pensamento, sua melodia, sua questão. O umbigo moderno é um nó de resignação, e seus proprietários não sabem como lidar com ele. Não compreendem que ele é o rastro de Eurídice, o monumento de sua retirada e de seu desaparecimento. Dele decorre, na origem, tudo o que se fala ou se entoa com decisão. Sobre o corpo simbolicamente vivo, ele atesta a possibilidade de se apartar das comunhões de sangue para ingressar no mundo da respiração, das bebidas e das palavras — em uma esfera, portanto, que um dia se desdobrará, no caso mais favorável, em comunidades de mesa e sociedades reconciliadas. Na modernidade, os próprios poetas ignoram que toda a linguagem é uma música da separação: falar é cantar através do cordão umbilical. Só Rilke parece, na época recente, ter tocado o polo profundo da linguagem:

> Sê morto sempre em Eurídice — alça-te, mais hinos
> e mais louvores cantando, à pura relação.
> (*Sonetos a Orfeu*, Parte II, 13)[23]

---

23. In: Rilke, *Poemas*, op. cit. (ver Nota 25 da Introd.), p. 161. [N.T.]

Nosso réquiem para o órgão perdido começa, portanto, com uma exigência de clareza. Pensar o Com significa, em primeiro lugar, decifrar o hieróglifo de sua separação, o umbigo. Caso tenha sucesso em renovar a psicologia por meios filosóficos, seu primeiro projeto deveria ser uma hermenêutica do umbigo — ou, para falar um pouco de grego e de metafísica, uma onfalodiceia. Do mesmo modo que a teodiceia era a justificação de Deus em face das desgraças do mundo, a onfalodiceia é a justificação da linguagem que quer constantemente alcançar o outro, ante o cordão umbilical rompido e de seu rastro no próprio corpo.

Dentre os raros autores que comentaram o umbigo como engrama existencial, a psicanalista Françoise Dolto, com sua teoria da castração umbilical (*castration ombilicale*), merece especial atenção. Dolto mostrou que adquirir um umbigo é muito mais que um simples episódio cirúrgico ocorrido em uma fase preliminar e despercebida da vida humana. Ao falar de castração umbilical, ela sublinha a tese de que a ablação do cordão umbilical significa um primeiro gesto instaurador de cultura sobre o corpo da criança. Dolto fala do corpo da criança como se fosse um passaporte no qual, sob a rubrica "sinais particulares", deveria figurar a menção "submetido à castração umbilical". Essa maneira de falar torna-se mais compreensível se levarmos em conta que o termo "castração", na psicanálise de linha francesa, é utilizado para designar separações, recusas e interdições constitutivas da personalidade. A expressão deriva, obviamente, da teoria do complexo de Édipo, na qual a criança, segundo a concepção analítica ortodoxa, deve aprender — através de uma renúncia bem interiorizada ao proibido objeto amoroso intrafamiliar, isto é, antes de mais nada, à mãe ou ao pai — a se tornar livre para futuros parceiros amorosos de sua própria geração. Através da castração simbólica genital — em suma, a interdição do incesto —, o futuro sujeito genital é separado de seu desejo imediato e indistinto pelo primeiro e mais próximo parceiro amoroso. Só por meio da castração bem interiorizada, os sujeitos genitais, agora por assim dizer amputados de seu desejo, aprendem a manter-se distantes daquele objetivo amoroso estritamente interdito; sua libido é dirigida para o exterior, para fora da família, e ela se liberta da obsessão cômoda, mas insuportavelmente maçante, pelo primeiro objeto amoroso à mão.

Assim, a renúncia ao incondicionalmente proibido seria o começo da futura disponibilidade erótica; ela cria a condição para que os sujeitos, em dias mais maduros, possam escolher uma não-mãe ou um não-pai como parceiros amorosos. Mas, mesmo que se conceda alguma plausibilidade a esse modelo certamente muito simples e muito otimista, por que deveria o corte do cordão umbilical ter uma significação castradora? Como outros psicanalistas da escola francesa, Dolto utiliza a palavra castração — ainda que às vezes de uma forma um pouco encabulada — como sinônimo técnico de processos graduais de desabituação, exatamente no campo pré- e extragenital. De vez em quando, ela coloca o termo entre aspas, sem dúvida com a consciência de que ele pode aparecer estranho e até mesmo repulsivo para os ouvintes e leitores desavisados. Mas como a autora, apesar de toda sua maestria, parece mais ligada a sua escola que à esfera pública da comunicação social, ela repete a fórmula de castração como um juramento de fidelidade em relação à escolástica analítica, embora outras expressões técnicas menos ofensivas para o fato em questão — a emancipação simbolicamente criadora da criança de seu superado parceiro original de prazeres — poderiam ser facilmente construídas.

Não se trata, aqui, de zombar das velharias terminológicas de uma psicanálise despropositadamente escolástica e submissa. De fato, subjaz a essa regulamentação terminológica um sério motivo religioso, embora mascarado pela ciência e pela secularização: assim como o rito judaico da circuncisão, o termo "castração" recorda que os homens, na medida em que devem viver de maneira autônoma, com uma capacidade cultural e uma obediência à regra, não devem ouvir apenas os impulsos de sua libido, mas se distanciar do gozo circunscrito e apressado dos bens primitivos para ascender a uma alegria sem limites e tolerante em relação aos objetos de uma participação mais amadurecida. Isso corresponde exatamente à ideia constitutiva da religião judaica de liberdade sob a lei. É só através de uma série de bem-sucedidas separações, de sublimações ou, justamente, de "castrações" — respectivamente, nos patamares evolutivos específicos da oralidade, da analidade e da genitalidade — que a criança não deformada, e que leva sua vida adiante, conquista o livre uso do mundo. Para o sujeito bem separado, desejoso e fecundo, a terra é submissa, no bom sentido do termo. A psicanálise clássica, com suas esquisitices terminológicas, ainda se alinha a um conceito patético da vida adulta e bem desencantada. Sua crença é que o estado de pleno amadurecimento resulta de um currículo feito de renúncias que abrem o mundo à exploração. Na renúncia, sabedoria e liberdade coincidem; a abstenção torna o sujeito capaz de cultura e comunidade e, ainda, o ancora em jogos vivos de linguagem entre adultos capazes de cooperar. Com sua teoria da renúncia libertadora, a psicanálise em estilo francês criou, assim, uma sugestiva reformulação da espiritualidade judaica e de suas derivações cristãs — tão mais missionária quanto menos conscientes estiverem os atores da tradição em que pensam e operam.

Dolto está convencida de que as "castrações" separadoras não são somente ações simbólicas, mas, em si mesmas, atos criadores de símbolos, ou "simbologênicos", através dos quais os *infantes* são postos no caminho para a linguagem. As formações de símbolos servem à defascinação do sujeito e à sua abertura para o mundo mais vasto; elas o emancipam do caráter obsessivamente direto da ligação com o primeiro meio e seus conteúdos libidinosos. Se, em consequência, o corte do cordão umbilical já deve ser entendido como uma espécie de castração, é porque, para a criança, ele está ligado à absurda exigência de renunciar à confortável comunicação sanguínea imediata com a mãe, além de se dispor às situações mais arriscadas e mutáveis da nutrição oral e dos abraços exteriores. Beber, seja em um seio, seja em um de seus equivalentes, é uma comunhão que substitui outra comunhão. Nesse sentido, e apenas nesse, tal ato representa um passo em direção ao simbólico. De qualquer modo, quem bebe em uma fonte exterior já está liberto do desejo de trocar o sangue — a não ser que beba, como fazem alguns alcoólatras, até à dissolução de si mesmo e dos contornos do mundo. O leite e as bebidas equivalentes substituem a velha comunhão sanguínea. Como faz parte da essência do simbólico trocar o mais antigo pelo mais recente, assim como os meios materiais pelos meios mais sutis, a despedida infantil da imediaticidade uterina pode ser efetivamente concebida como uma castração no sentido técnico preciso — tanto mais porque Françoise Dolto não deixa nenhuma dúvida de que é preciso atribuir ao próprio lactente uma espécie de "compreensão" da necessidade dessas transições progressivas. Isso se torna ainda mais plausível quando se considera que o recém-nascido, com o ar que recebe em troca da comunhão sanguínea, não conquista apenas a respiração, mas também um uso pós-uterino da voz, e através dela ele exerce seu poder de tornar-se, em caso de necessidade, insistentemente audível por sua mãe. A voz garante a possibilidade de renunciar à comunidade do sangue, na medida em que ela "significa" o meio de chamar para si o leite. Estar no exterior é poder chamar; eu chamo, logo existo. A partir desse momento, existir significa situar-se no espaço de atuação de sua própria voz. A gênese dos símbolos, bem como a formação do Eu, inauguram-se, assim, com a "formação" vocal; com razão, Thomaz Macho e outros atribuíram à voz que chega ao ouvido da mãe as qualidades de um cordão umbilical vocal.[24] De fato, o liame umbilical físico deve ter um sucessor que garanta que a vida nascida permaneça sob o signo da ligação.[25] A formação das competências simbólicas pressupõe, portanto, um princípio de continuidade; este articula a exigência de que, no processo de substituição, o antigo não se perca simplesmente, mas seja, no estágio seguinte, conservado em suas funções e substituído de forma ampliada. A constituição bem-sucedida de símbolos no processo psíquico ocorre através de compromissos entre conservadorismo e progressismo.

Se em troca dos antigos e perdidos equilíbrios de prazer forem todavia oferecidos outros novos não aceitáveis, o sujeito choca-se com uma resistência insuperável e se despedaça em seu desprazer. Então, o bom mundo se torna inalcançável. Não há mais progressão para o sujeito frustrado, e sua vida, que até então se tinha arriscado no exterior, cai na armadilha: é demasiado tarde para voltar atrás, e não se avistam mais suficientes apoios na travessia para ir em frente. Com isso, seu organismo é marcado por uma rígida descontinuidade; surge uma região em branco no campo simbólico, a dor permanece prisioneira de processos corporais afastados da linguagem; a pressão da vida não consegue se transformar em libido da expressão. Sob esse ângulo, está

---

24. Cf. Digressão 2: "Nobjetos e não-relações".

25. Cf. Boris Cyrulnik, *Sous le Signe du lien. Une Histoire naturelle de l'attachement*, Paris, Hachette, 1989.

bem fundamentada a concepção de Dolto de que a separação umbilical falha ou mal comunicada pode conduzir a uma prematura catástrofe na formação simbólica. O sujeito não se convencerá, então, da vantagem de ter nascido através de bons jogos de ressonância com sua mãe. A expressão "castração umbilical" não representa, consequentemente, apenas o ato que produz, com a faca ou a tesoura, a cisão libertadora entre a mãe e a criança, mas todo o esforço para convertê-la à crença de que é vantajoso para ela ter nascido.[26] "Castrar" com sucesso significa, nesse nível, constituir uma provisão, utilizável por toda a vida, de boas experiências de ressonância extramundanas. Nesse tesouro pré-verbal de impressões primárias que atestam que o mundo é alcançável, funda-se a capacidade de acreditar nas promessas; o que se chama geralmente crença é apenas uma outra palavra para designar uma confiança na linguagem exercitada antes da linguagem. Essa confiança só se desenvolve na estufa das comunicações bem-sucedidas; quem vive nessa estufa convence-se, continuamente, da vantagem de falar e de ouvir o que lhe falam. Será que a linguagem só pôde se tornar a dimensão antropológica determinante de toda a espécie porque ela articula, em toda parte, a força sirênica que liga à vida? Que recomendação seria mais forte para a vida humana que a transmissão da vantajosa capacidade de falar a seres que não possuem a linguagem e estão a caminho de adquiri-la? Onde fracassa o trabalho de convencimento por parte daquele que fala sobre quem ainda não fala, instalam-se no sujeito abandonado tendências à greve geral contra o exterior enganoso e seus signos obtusos, pesados e supérfluos; aqueles a quem não se saudou, seduziu ou animou, estes serão — com razão, poderíamos dizer — agnósticos quanto à linguagem e cínicos quanto à ideia de comunhão. Eles sequer se instalam na Casa do Ser. Consideram que linguagem continua sendo a quintessência da moeda falsa, e que a comunicação significa apenas a tentativa dos falsários de fazer circular suas próprias cédulas junto com todas as demais.

---

26. Sobre o complexo da cooperação incerta com o *status quo*, cf. Peter Sloterdijk, "Was heisst: sich übennehmen? Versuch über die Bejahung" ["Que significa responsabilizar-se? Investigação sobre a afirmação"], in: *Weltfremdheit*, op. cit. (ver Nota 22 do Cap. 2), p. 267-293, esp. p. 286 ss.

Digressão 5

A plantação negra
Nota sobre as árvores da vida e as máquinas de animação

> *...e as folhas das árvores são os remédios dos povos.*
> Apocalipse de João 22:2

Como indivíduos, os seres humanos são constituídos por um corte separador que, regra geral, não os distancia tanto da mãe, mas, antes, e para sempre, do gêmeo anônimo. É de esperar, portanto, que se constitua no indivíduo, como sujeito residual desconectado, desirmanado, desenraizado, além do umbigo físico, um umbigo psíquico e simbólico, ou, mais exatamente, um campo umbilical onde permanecem gravados os rastros de lembrança que datam da fase formativa do suplemento placentário. Ao que parece, o sujeito por vir só pode se desenvolver integralmente, como o que ele próprio é, se for possível relacioná-lo com o substrato de uma vida paralela que lhe esteja intimamente ligada e da qual lhe afluam sinais revigorantes, protetores e proféticos, que lhe prometam uma prosperidade na comunhão e na liberdade. A engenhosa ideia de Plutarco, que consiste em apresentar as biografias de grandes gregos e romanos na forma de percursos biográficos paralelos[1], encerra, por conseguinte, para além da espirituosi-

---

1. Plutarco, em *Vidas paralelas*, apresentou 23 pares de biografias, dentre elas Péricles/Fabius Maximus, Alcebíades/Coriolano, Pirro/Marius, Alexandre/César, Dion/Bruto.

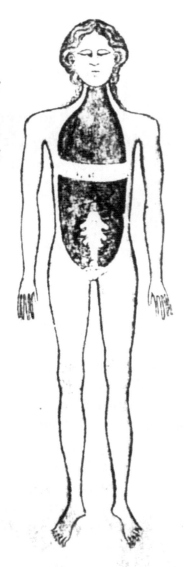

O útero de sete câmaras da ginecologia medieval como árvore híbrida oculta. Guido de Vigevano, *Anatomia designata per figuras*, Paris, 1345.

dade historiográfica, um grande potencial na perspectiva da filosofia da religião e da psicologia profunda. Esse potencial se revela tão logo o princípio das *bíoi parálleloi* seja entendido como atuando não entre duas vidas humanas análogas, mas entre a vida manifesta de um indivíduo e a vida oculta ou virtual de seu acompanhante original. Sob inúmeras variantes, aparece nas representações populares a ideia de que deve existir, para cada indivíduo, um duplo espiritual ou uma vida paralela mágica e vegetativa, notadamente essas árvores da vida das quais falamos mais acima em relação aos trabalhos de René Magritte. O plantio dessas árvores ocorre, regra geral, logo após o nascimento de uma criança, mais frequentemente na forma de árvores frutíferas, e sempre no lugar onde se enterrou o cordão umbilical ou a placenta da criança — normalmente, nas proximidades da casa natal. Mesmo a famosa frase de Martinho Lutero sobre o pequeno pomar que é preciso plantar, ainda que se soubesse que o mundo vai desaparecer amanhã, ela só é compreensível mediante esse pensamento de aliança: o homem, em qualquer circunstância, está ligado mais estreitamente à sua árvore da vida do que a árvore e o homem em conjunto estão ligados ao resto do mundo.

A mitologia da árvore da vida oferece a saída mais convincente e mais difundida ao dilema constitutivo de todas as culturas: o fato de que, tanto para os indivíduos, como para os grupos, o duplo placentário não aparece e não pode deixar de aparecer. Seu particular estatuto existencial, entre a ocultação necessária e a igualmente necessária apresentação, lhe confere o brilho obscuro de uma (não) coisa protorreligiosa. Caso se deixasse ver sem muita dificuldade, concebido como uma simples coisa orgânica, ele atrairia o perigo de uma crise niilista, porque não se pode, de início, exigir dos homens que pensem as condições de sua integridade existencial desde esse monte de tecidos supérfluos e abjetos; além disso, no caso de seu distanciamento total, os indivíduos estariam entregues ao isolamento individualista. Seria possível classificar as culturas segundo sua maneira de resolver o problema da placentofania, a manifestação simultaneamente interdita e ordenada da placenta, seja por hipóstases da força vital nas plantas aliadas, seja pela representação do princípio de vida em animais específicos, notadamente os

Árvore da vida do altar da igreja do monastério de Stams, Tirol.

DIGRESSÃO 5. A PLANTAÇÃO NEGRA: NOTA SOBRE AS ÁRVORES DA VIDA E AS MÁQUINAS DE ANIMAÇÃO

pássaros da alma[2], ou, ainda, pela coordenação de espíritos protetores e duplos espirituais invisíveis que podem, além disso, ser estendidos para se tornarem espíritos comunitários integradores, deuses da cidade e gênios de um grupo. Através da relação com um amuleto poderoso ou um condutor espiritual, como um guru ou um grande mestre, também é possível elevar a aliança placentofânica com o Outro alimentador a uma forma simbólica experienciável. O que denominamos religiões são, essencialmente, sistemas simbólicos para transformar o aliado íntimo dos indivíduos em um supervisor interior.

O caso da modernidade permite reconhecer, entretanto, a possibilidade de climas culturais em que o dilema placentofânico enquanto tal não pode mais ser exprimido (embora, de forma latente, ele se torne mais poderoso que nunca), pois os indivíduos são apresentados ou como seres livres que não necessitam substancialmente de complemento, ou como um feixe de energias parciais pré-pessoais em que a relação com um Segundo integrador não mais aparece à vista. Além disso, as formas de vida modernas autossuplementadoras realizaram a passagem para os meios técnicos, inaugurando assim um real horizonte pós-humano. Andy Warhol exprimiu isso de maneira clássica:

> So in the late 50's I started an affair with my television which has continued to the present... But I didn't get married until 1964 when I got my first tape recorder. My wife... When I say 'we' I mean my tape recorder and me. A lot of people don't understand that.[3]

As culturas pré-niilistas — poder-se-ia dizer também: as sociedades que não possuem meios *técnicos* de complementação do sujeito

---

2. Cf. Thomas Macho, "Himmlisches Geflügel. Beobachtungen zu einer Motivgeschichte der Engel" ["Pássaros celestiais. Observações para uma história temática dos anjos"], in: Cathrin Pichler (Org.), :Engel :Engel. *Legenden der Gegenwart* [:*Anjos :Anjos. Lendas do presente*], Viena/Nova York, Springer, 1997, p. 83-100.

3. Andy Warhol, *The Philosophy of Andy Warhol. From A to B and Back Again*, Nova York, Harcourt Brace Jovanovich, 1975, p. 26: "Assim, no final dos anos 1950, comecei um caso com minha televisão que continuou até agora... Mas não me casei até 1964, quando obtive meu primeiro gravador de fita. Minha mulher... Quando digo 'nós' quero dizer meu gravador e eu. Muita gente não entende isso."

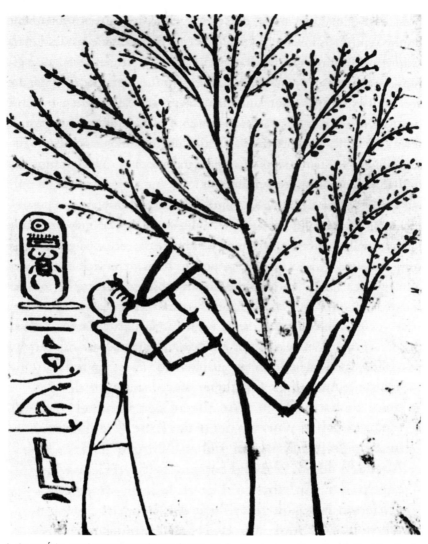

A deusa Ísis, aqui representada em forma de árvore, amamenta o faraó. Do túmulo de Tutmósis III, Tebas, Vale dos Reis, 18ª dinastia, século XV a.C.

DIGRESSÃO 5. A PLANTAÇÃO NEGRA: NOTA SOBRE AS ÁRVORES DA VIDA E AS MÁQUINAS DE ANIMAÇÃO

— estavam condenadas a encontrar, em quaisquer circunstâncias, uma resposta mítica à questão de saber em quais alianças fundadoras devem estar integradas as almas dos indivíduos e dos povos: nenhuma psicologia religiosa ou metafísica alcançava seus objetivos se não pudesse oferecer um conceito para o imperativo da duplicação placentária. Em vista dessa tarefa, os mitologemas babilônios e, mais tarde, os essênios, da árvore da vida, estão entre os mais impressionantes arranjos simbólicos, porque neles o lugar da vida paralela transcendente já aparece ocupado por projeções duplicadas. Sobre um baixo-relevo de personagens do palácio de Assurbanipal II, do século IX a.C., em Kalhu, distingue-se uma série de homens-pássaros à maneira de querubins ou de gênios guerreiros alados, cada um dos quais parece encarregado de cuidar de uma árvore da vida. Evidentemente, o campo integral da alma dupla é posto aqui em imagens, e com isso a aliança entre a alma espiritual--antrópica e a alma vegetativa aparece de forma particularmente clara.[4] Mas em parte alguma a ligação entre a ciência dos anjos e o modelo da árvore da vida parece ter sido tão estreita como no culto dos essênios, que o angelólogo Malcolm Godwin resume como se segue:

> O centro de sua fé era a árvore da vida. Ela tinha sete ramos que alcançavam o céu, e sete raízes profundas na terra. Estas se relacionavam às sete manhãs e sete tardes da semana, e correspondiam aos sete arcanjos da hierarquia cristã. Em uma cosmologia complexa [...], a posição do ser humano situa-se no meio da árvore que paira entre o Céu e a Terra.[5]

Aqui, a árvore da vida não é apenas elevada ao papel de símbolo integrador da seita, ela se estende além disso para se tornar a quintessência das forças do mundo; a contrassociedade espiritual precisa notoriamente, mais ainda que a imperialista, se consolidar em um poderoso símbolo de integração psicocosmológica — no caso, em uma imagem

---

4. Cf. Heinz Mode, *Fabeltiere und Dämonen in der Kunst. Die fantastische Welt der Mischwesen* [*Animais fabulosos e demônios na arte. O mundo fantástico dos seres mistos*], Stuttgart/Berlim/Colônia/Mainz, Kohlhammer, 1974, p. 52.

5. Malcolm Godwin, *Angels. An Endangered Species*, Nova York, Simon & Schuster, 1990.

Árvore da vida assíria. Relevo em alabastro de Nimrod, século IX a.C.

da *arbor vitae* que funcione ao mesmo tempo como espaço interior do mundo e caverna comunicante. Não há dúvida que uma sociologia dos delírios constitutivos de comunidades encontraria suas mais fortes justificações em doutrinas desse tipo.

Quando Bonifácio, em sua ofensiva missionária, em 724, destruiu o carvalho de Donar em Geismar, ou quando os agentes de Carlos Magno, sob influência do bispo Lúlio de Mainz em sua campanha contra contra os saxões, destruíram a Irminsula, o santuário saxão sobre o Eresburg representado como uma árvore do mundo, esses gestos foram mais que expressões da costumeira polêmica cristã contra os símbolos pagãos. Essa guerra contra as árvores envolvia ataques frontais às figuras de integração placentofânicas da sociedade estrangeira e, portanto, ataques aos recursos imaginários e participativos dos quais o grupo rival havia extraído a possibilidade de sua coerência simbólica e esférica. Quem quer introduzir outras relações de autoridade deve substituir os

O freixo Yggdrasil como árvore da vida, de *Northern Antiquities*.

antigos *tape recorders* coletivos. Isso se torna claro também pelo fato de que os cristãos, em lugar dos símbolos arbóreos pagãos abatidos, costumavam erigir sua própria *arbor vitae*: a cruz, como a madeira falante sobre a qual a morte havia sido vencida. A história dessas federações sagradas combatentes, que se apresentam como povos religiosos e Estados ideologicamente virulentos, é sempre, também, uma guerra das árvores da vida. Seria falso considerá-las apenas como uma característica das sociedades arcaicas e pré-modernas, pois é precisamente a modernidade dos *mass-media* que produziu os meios para levar populações gigantescas a espumar em delírios polêmicos sincronizados e fantasias violentas de regeneração. Já não havia um dos pais fundadores da democracia americana, Thomas Jefferson, formalmente decretado que a árvore da liberdade exige ser regada, a cada geração, com o sangue dos patriotas? A convocação de todos para regar a árvore da comunidade supõe um sistema escolar, postal, militar e midiático dotado de grande energia e eficiência; a nacionalização das massas sob as revolucionárias árvores da liberdade ou sob as tílias patrióticas é um grande projeto psicopolítico que mantém ocupadas as populações da Europa desde a fundação dos Estados-nações. Quem quisesse escapar da sombra da árvore totalitária, não poderia salvar-se senão pelo refúgio nas contramídias: só as impenetráveis simbioses do indivíduo com a literatura subversiva protegem da comunidade total do povo; nestes últimos tempos, o mergulho na idiotia dos próprios *tape recorders* se revela também como um exílio efetivo. O efeito totalitário das mídias de arrebatamento só pode ser interrompido pelas mídias de impermeabilização.

Pouco antes que as imemoriais árvores da vida do folclore agrário se metamorfoseassem nas árvores da liberdade da Dostoiévski, teve lugar, sob o estímulo do médico vienense Mesmer e do marquês de Puységur, a metamorfose da árvore da vida em emblema desse primeiro movimento moderno de psicoterapia, do qual falamos anteriormente sob a rubrica "práticas intersubjetivas de proximidade".[6] Henry F. Ellenberg,

---

6. Cf. Cap. 3: "Homens no círculo mágico. Para uma história das ideias da fascinação pela proximidade".

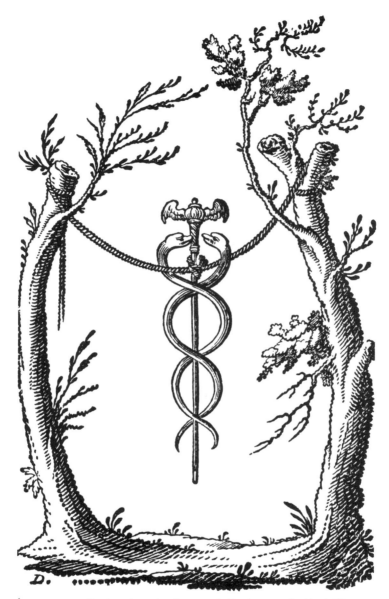
Árvores magnetizadas, desenho de capa de *Bockmanns Archiv*, 1787.

em seu estudo *Die Entdeckung des Unbewußten*[7] [*A descoberta do inconsciente*], estabeleceu a cena primitiva do novo procedimento sob a "árvore mágica":

> A praça pública da pequena aldeia de Buzancy, rodeada de cabanas de tetos de sapé e de árvores, não era longe do majestoso castelo de Puységur. No meio dessa praça, se erguia um belo, grande e velho olmo, ao pé do qual uma fonte fazia brotar suas águas claras. Ela estava cercada de bancos de pedra sobre os quais se sentavam os camponeses; nos ramos principais da árvore e em torno do tronco, cordas estavam penduradas; os pacientes enfaixavam com suas extremidades as partes enfermas de seus corpos. O procedimento começava com os pacientes formando uma corrente, segurando-se pelos polegares, e sentindo, com maior ou menor intensidade, que o fluido os atravessava. Depois de um tempo, o mestre ordenava que desatassem as cordas e que os pacientes esfregassem as mãos. Então ele escolhia alguns e, tocando-os com seu bastão de ferro, mergulhava-os em uma "crise completa" [...]. Para "desencantá-los", Puységur lhes ordenava beijar a árvore, com o que despertavam, sem se lembrar de nada que havia ocorrido.[8]

Com todos os seus traços primitivos e bucólicos, a cena encarna, de certa maneira, o instante decisivo na separação psicológica de Puységur em relação ao fisicalismo doutrinário da filosofia da natureza de Mesmer. Pois, na medida que este conduziu à descoberta e à utilização sistemática daquilo que mais tarde veio a se chamar a hipnose, esse estranho arranjo sob a árvore da vida, com suas ligações umbilicais, significava um avanço rumo ao princípio cênico da cura psicoterapêutica e, com isso, rumo a essa historicização do espaço espiritual, cujos princípios filosóficos foram desenvolvidos por Schelling e Hufeland, enquanto o substrato biográfico e fisiológico foi elaborado pela psicanálise freudiana. É, de resto, mais que provável que a ideia de Puységur, de pôr seus pacientes em relação com o olmo magnetizado por meio de

---

7. H. F. Ellenberg, *Die Entdeckung des Unbewußten* Berna/Stuttgart/Viena, Huber, 1973, vol. 1, p. 115 ss.

8. Cf. a ilustração do olmo magnético de Buzancy, p. 214.

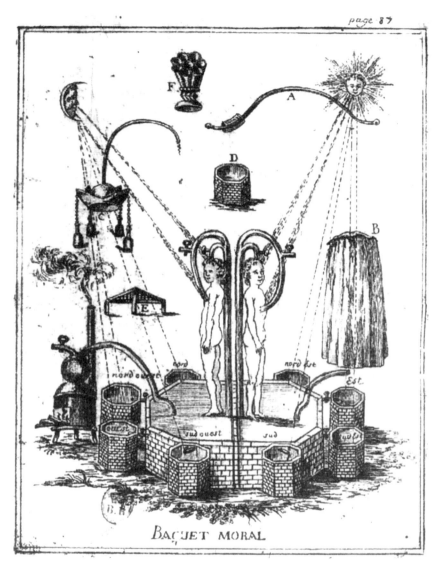

Franz Anton Mesmer, *Correspondência de M. Mesmer sobre as novas descobertas do tina octogonal, do homem-tina e da tina moral, podendo servir de continuação aos aforismas*, Paris, 1785.

Tina de Franz Anton Mesmer, 1784.

cordas, tenha sido despertada pelo modelo da tina magnético, a cujos cabos Mesmer havia ligado seus pacientes em sua clínica parisiense. É razoável entender o olmo e a tina como dois meios de encenação do mesmo motivo da magia de contato, a regressão terapêutica profunda, de tal modo que a árvore da vida de Buzancy representasse uma máquina de magnetização vegetal e, reciprocamente, a tina, uma árvore da vida mecanizada. Nos dois arranjos, as cordas e os cabos sugerem um cordão umbilical metafórico, através do qual o indivíduo é posto em uma relação de fusão com seu acompanhante reaproximado. As duas construções representam a dificuldade da psicologia moderna para recordar-se do perdido, desconhecido e incômodo duplo, como condição de possibilidade de uma completude psíquica. Pois, enquanto as frações progressistas da sociedade burguesa se põem a caminho para construir uma humanidade sem pecado original, na qual cada um, por si só, é potencialmente capaz de completar-se, os mais radicais dentre os psicólogos modernos se preparam para uma reformulação da *conditio humana*, em que o pecado original retorna como separação primitiva. Quanto a ti, pessoalmente, basta apenas "não ter feito nada" para que já compartilhes da faculdade universalmente humana de desesperar-se. Ninguém conceituou isso mais claramente que Franz Kafka, que anotou em seus diários, na época da Primeira Guerra Mundial:

> Por que nos queixamos do pecado de Adão? Não é por causa dele que fomos desterrados do Paraíso, mas por causa da árvore da vida, para que não comamos dela.
> Não somos pecadores apenas porque comemos da árvore do conhecimento, mas também porque ainda não comemos da árvore da vida. Pecaminosa é o estado em que nos encontramos, independentemente da falta.[9]

Se interpretamos o termo religioso "pecado" segundo o conceito psicológico de separação, caímos em cheio na não analisabilidade. Sobre a insistência na separação, que pretenderia se esquivar de ser compreendia por seus meros próximos, Kafka, algumas linhas abaixo, lançou o lema: "À psicologia, pela última vez!"[10]

---

9. F. Kafka, *Observações sobre o pecado, o sofrimento, a esperança e o verdadeiro caminho*, n. 83, 84.

10. Pode-se tentar modelar essa frase de Kafka nas linhas finais dos *Cadernos de Malte Laurids Brigge*, de Rilke: "Era agora terrivelmente difícil de amar, e sentia que só Um era capaz de o fazer. Mas esse ainda não queria." [Ed. bras.: R. M. Rilke, *Os cadernos de Malte Laurids Brigge*, trad. Lya Luft, São Paulo, Mandarim, 1996.]

Capítulo 6

Compartilhadores do espaço espiritual
Anjos — Gêmeos — Duplos

E disse a seguir João Damasceno:
"Onde o anjo atua, lá ele está."
Tomás de Aquino, *Das substâncias separadas*
ou da natureza dos anjos

Nosso inconsciente está aquartelado. Nossa alma é
uma morada. [...] Já se vê agora, as imagens da casa
movem-se em duas direções: elas estão em nós do mesmo
modo que estamos nelas.
Gaston Bachelard, *Poética do espaço*

Diz-me agora em qual companhia ou perto *de quem*
vives, e te direi quem és; descreve teu duplo, teu anjo da
guarda, teu parasita, e saberei tua identidade.
Michel Serres, *Atlas*

Todos os nascimentos são nascimentos de gêmeos; ninguém vem ao mundo desacompanhado e sem escolta. A cada recém-chegado que vem à luz, segue-se uma Eurídice, anônima, muda, que não foi criada para ser vista. O que permanecerá, o indivíduo, o que não se pode dividir mais uma vez, já é o resultado de uma cisão que separa os indivisíveis de outrora em uma criança e seu resíduo. Eurídice submerge, mas é ilusório supor que seu desaparecimento não deixe traços,

Miniatura de 1461, Bruxelas, Biblioteca Real.

pois, além do umbigo — essa memória carnal de uma ligação perdida — ela deixa um lugar esférico vazio no espaço ao redor da criança, sua protegida e irmã gêmea. A acompanhante que originalmente estava *ali*, na máxima proximidade, despede-se com discrição, deixando aberto o lugar de sua ausência. O primeiro Ali, após sua evacuação, deixa o contorno de uma primeira partida. Durante um instante, enquanto o Com é eliminado, a criança é exposta a um sopro de desacompanhamento — mas esse perigoso momento é, regra geral, fugidio e "esquecido", porque, na situação extrauterina, novas presenças logo impõem suas demandas. A criança exposta e remanescente tem a sensação de que Eurídice perdeu-se no turbilhão e logo vai reaparecer: e de fato, a coisa que ela era reaparece de algum modo, mas como outra coisa. Tão logo um novo equilíbrio se instaura, outras instâncias se apoderaram do lugar de Eurídice. A grande transformação, por mais dramáticas que sejam suas formas e consequências, apresenta-se como algo natural e regulamentar; tudo se tornou totalmente diferente e, no entanto, tudo continua vagamente o mesmo que antes. Assim, cada recém-nascido experimenta sua revolução; de certa maneira, o totalmente Diferente continua se assemelhando às situações que ele subverte. Isso tem consequências para tudo que vem a seguir. Não são justamente as transições essenciais e as revoluções bem-sucedidas que estabelecem uma continuidade composta do contínuo e do descontínuo? A revolução bem-sucedida é a transição ao totalmente Diferente que consegue estabelecer uma ligação com os bons velhos tempos.

O começo do estar-fora, como o da filosofia, é o espanto. O presente de despedida de Eurídice a Orfeu é o espaço no qual são possíveis as substituições. Sua partida abre uma esfera livre para novos meios. Eurídice oferece a Orfeu sua singular liberdade; graças à sua retirada, ele pode dedicar à sua companheira de outrora sua eterna infidelidade. A substitutibilidade é o traço inextinguível de Eurídice, que permite a seu ex-companheiro engajar-se continuamente em novas relações com outros que, sob rostos mutáveis, surgem sempre no mesmo "lugar". A "mãe" será a primeira desses outros seres que emergem nesse lugar determinado. Suas radiações corporais, suas secreções, as qualidades de almofada do seio materno são os substitutos em primeira instância do Com; e introduzem novos níveis de ressonância na bolha órfica. Orfeu está agora morto para sempre em Eurídice, mas ela sobrevive nele naquilo que a substitui. Ao contracenar com substitutos sempre novos de Eurídice, Orfeu está constantemente ensaiando para peças mais complexas. Se a psique é uma dimensão histórica é porque, através de progressivas redistribuições e enriquecimentos da dualidade esférica primitiva, ela tem em si mesma uma tendência para o que se denomina, de maneira irrefletida, o tornar-se adulto.

Nas doutrinas da Antiguidade europeia sobre deuses e espíritos, ainda se revelam abertamente traços de uma consciência dual relativamente descomplicada. O reitor Censurinus apresentou, por volta do ano 238 d.C. — em um pomposo e erudito discurso intitulado *De die natali*, composto para o 49º aniversário de seu benfeitor Cærelius —, uma súmula formal do saber de sua época relativo ao dia do nascimento. Lá se encontra uma reflexão sobre "quem seria afinal esse gênio", que se supõe acompanhar a vida de cada ser humano, "e por que o homenageamos exatamente no dia do nosso aniversário".

Gênio é o deus sob cuja proteção [*tutela*] cada um vive desde que nasce. Seu nome, "gênio", provém certamente de *geno* (gerar), seja porque ele vela para que sejamos gerados, seja porque ele mesmo é gerado conosco, seja, ainda, porque ele se apodera [*suscipi*] de nós enquanto seres gerados e nos protege. Que o gênio e os *lares* são idênticos é algo que nos foi transmitido por muitos autores antigos [...]. Essa divindade, acreditava-se, tem sobre nós o máximo poder, até mesmo todo o poder. Alguns eruditos defenderam a opinião de que é preciso venerar dois gênios, embora apenas nas casas habitadas por casais. O discípulo de Sócrates, Euclides, afirma, por seu turno, que a cada um de nós foi atribuído [*adpositus*] um duplo gênio [...]. Em regra geral, é como se sacrificássemos ao gênio, anualmente, toda a nossa vida [...]. Mas o gênio nos foi atribuído [*adpositus*] como assíduo protetor [*adsiduus observator*], de modo que não se afaste de nós um único instante [*longius abscedati*], mas nos acompanhe [*comitetur*] desde nossa saída do ventre até o último dia de nossa vida.[1]

O documento deixa claro que, para os romanos, não existe um dia de aniversário do indivíduo — precisamente porque, entre os seres humanos, jamais se pode falar de nascimentos solitários. Cada aniversário é um duplo aniversário; nele se rememora não apenas o suposto feliz acontecimento, mas, sobretudo, a ligação indissolúvel entre o indivíduo e seu espírito protetor, que, a partir desse dia, subsiste aos olhos do público (*coram populo*). Os aniversários romanos são, portanto, festas de aliança — são celebrados como jubileus de fundação ou de tratados; nesses dias, os indivíduos se recordam da aliança com o espírito acompanhante que lhes é atribuído como uma alma externa, em uma aliança esférica indissolúvel. O indivíduo, por conseguinte, tem uma relação menos direta com seus genitores, mesmo com sua mãe, do que aquela que o liga a seu gênio (a menos que se queira identificar esta, como ainda o fazia Hegel, com o verdadeiro gênio da criança[2]); só há relação imediata com o Deus íntimo que, por todo o percurso de sua

---

1. Censurinus, *De die natali*, na tradução alemã de Klaus Sallsmann, *Betrachtungen zum Tag der Geburt*, Weinheim, VCH/Acta Humaniora, 1988, p. 15-17.

2. Ver Nota 20 deste Cap. 6 e Nota 17 do Cap. 3.

6. Compartilhadores do espaço espiritual: Anjos — Gêmeos — Duplos

existência, levará uma vida paralela na máxima proximidade e no nível mais íntimo. É por isso que se pode — com a simples adição do predicado "assíduo" — classificá-lo como *observator*. Mas o observador é ao mesmo tempo um preservador — um deus especializado cujo domínio de atenção e proteção estende-se apenas a essa vida individual. Embora o homem, em relação com as pessoas e as coisas, certamente possa ser, por sua parte, um observador, no *tandem* existencial com o gênio, ele é exclusivamente o observado — parceiro e receptor de uma atenção dedicada apenas a ele. Assim, para os romanos, o princípio da filosofia dos tempos modernos, *cogito ergo sum*, teria permanecido totalmente incompreensível, porque só poderiam esperar o emprego passivo: sou pensado, logo existo.[3] (É somente em épocas muito mais tardias, quando o gênio-observador estiver totalmente interiorizado, que poderá surgir o conceito ainda hoje dominante de um indivíduo que pensa a si mesmo, ocupa-se a si mesmo e se concebe como um globo autônomo e transparente para si mesmo; nesse globo, efetivamente, toda representação deve poder ser acompanhada simultaneamente por um "eu penso", e toda ação por um "eu sei o que faço"; tempo da consciência, tempo da escrita, tempo do gênio transferido do exterior para o interior.[4]) Os aniversários servem para selar o pacto de acompa-

---

3. A fórmula *cogitor ergo sum* [sou pensado, logo existo] surge pela primeira vez, segundo sabemos, na *Metafísica do conhecimento* de Franz von Baader: *cogitor a Deo, ergo cogito, ergo sum*. Cf. *Werke*, 16 vol., Leipzig, 1851-1860, I, p. 370, e p. 395, XII, p. 238 e 324. Para motivos afins, o teólogo da história cristã e filósofo da linguagem Eugen Rosenstock-Huessy desenvolveu uma metafísica processual da existência interrogada e denominada. Cf. *Die Sprache des Menschengeschlechts. Eine leibhafte Grammatik in vier Teilen* [*A linguagem da espécie humana. Uma gramática pessoal em quatro partes*], Heidelberg, Schneider, 1963-1964. Também sobre isso, cf. *Esferas II*, Cap. 7: "Como, pelos meios puros, o centro da esfera age a distância. Contribuição à metafísica da telecomunicação".

4. A formulação técnica desse axioma do autopreenchimento potencial por meio da auto-observação é dada por Kant em seu teorema da apercepção transcendental. Cf. *Crítica da razão pura*, B 132-133. [Ed. bras.: São Paulo, Nova Cultural, 1987--1988.] Thomas Macho, em seu estudo "Himmlisches Geflügel. Beobachtungen zu einer Motivgeschichte der Engel" ["Pássaros celestiais. Observações para uma história temática dos anjos"], in: Cathrin Pichler (Org.), *:Engel :Engel. Legenden der Gegenwart*, op. cit. (ver Nota 2 da Digressão 5), p. 94, sublinhou a qualidade de "anjo autoprotetor" do "eu penso" kantiano, bem como da "intuição intelectual"

Apoteose de Antonio Pio e Faustina, ano 162. O gênio do imperador, com a *sphaira* imperial na mão, conduz ao céu o casal de soberanos.

nhamento entre o indivíduo e o gênio, bem como para fundamentá-lo sobre a reciprocidade. Isso não significa, de maneira alguma, que o sujeito guardado pelo gênio pudesse agora, de sua parte, observar o observador: se, no dia do seu aniversário, o homem se dirige explicitamente a seu gênio, isso se faz de uma maneira tal que ele, por devoção e como sinal de reconhecimento, dedica a este um pensamento ritualmente ordenado. O indivíduo comemora seu pacto de animação com o gênio na medida em que, mediante sacrifícios bem definidos, ele dá satisfação à divindade que lhe é atribuída com exclusividade. Pertencem a essa categoria sobretudo as oferendas de bebidas com vinho não diluído. Em nenhuma circunstância se deve oferecer vítimas de imolação, pois no dia em que se viu a luz do mundo não se pode tirar a vida de nenhuma outra criatura. Parece particularmente importante a prescrição de que ninguém pode provar da oferenda feita ao gênio antes do próprio oferecedor, a criança que faz aniversário. Entre o sujeito e seu gênio, nem mesmo um pontífice pode servir de intermediário, pois, em relação a seu próprio espírito vital, cada indivíduo romano é, por assim dizer, um protestante *ante litteram* e, portanto, uma vez por ano, deve tornar-se o sacerdote de sua própria causa. Mesmo assim, sua comemoração pessoal é também um evento social, e não é por acaso que os parentes e familiares celebram o aniversário ao mesmo tempo que o aniversariante. Quanto ao resto, Censurinus deixa em aberto as condições mais precisas da aliança entre a criança e o gênio. Se o próprio gênio efetua a geração, ou se é de sua parte gerado simultaneamente, ou se, por fim, ele se junta após a geração para se encarregar da criança, essas são questões que podemos deixar para mais tarde. Neste último caso, o gênio seria uma espécie de precursor paterno divino, porque, segundo a concepção romana, são os pais que conferem aos descendentes um *status* na vida ao tomá-los em seus braços (*infantem suscipere*), reconhecendo-os, assim, como seus filhos legítimos.[5] Não é por acaso que, na concepção

---

fichteana; para uma versão filosófico-meditativa "oriental" do postulado da observação de si, cf. a obra do mestre espiritual Jiddu Krishnamurti.

5. Cf. Dieter Lenzen, *Vaterschaft. Vom Patriarchat zur Alimentation* [*Paternidade. Do patriarcado à alimentação*], Reinbek, Rowohlt, 1991; sobre o conceito da paternidade suscitada entre os romanos, cf. p. 91 ss.

romana usual, designa-se antes de tudo como *genius* a força vital específica do homem, ao passo que as mulheres recebem sua vida de Juno. Nada se aprende em Censurinus sobre as formalidades dos aniversários femininos entre os romanos. A identidade dos gênios e dos lares, que o autor parece considerar como certa, parece todavia reconhecer aos espíritos protetores uma certa competência doméstica e uma *stabilitas loci*, pois desde sempre os espíritos da casa, os lares, aparecem como presenças que se fixam em um lugar e preenchem um espaço, e que são, regra geral, os espíritos dos antepassados. Elas são as divindades de proximidade *par excellence*. Se, no entanto, os ancestrais continuam presos às casas, é porque estas, nos tempos antigos, quase sempre são também túmulos, com urnas e caixões conservados em lugares determinados, no canto dos ancestrais ou no larário. Aquilo que mais tarde será percebido como uma aparição fantasmagórica não é, inicialmente, nada mais que a ocupação do espaço doméstico íntimo pelos espíritos dos mortos, uma coisa aceita como completamente natural em numerosas culturas dos tempos do sedentarismo. A ligação aqui atestada pelos lares entre casa e espírito mantém-se em vigor, por toda parte, durante todo o processo da civilização, até um período bem recente; ela sobrevive nas modernas histórias de fantasmas que reafirmam continuamente a ligação entre a casa e a animação.

Quando o narrador de *The Jolly Corner*, a magnífica novela de Henry James sobre os duplos, rastreia seu perverso e degenerado alter ego, isso ocorre, por uma necessidade psicotopológica, no interior de uma grande casa vazia, que serve como um providencial teatro para o drama de uma estranha autocomplementação. Em James, o acompanhante transmutou-se em *genius malignus*, tornando-se um perseguidor paranógeno, mas o teatro exterior, a casa ao mesmo tempo familiar e inquietante no coração da metrópole nova-iorquina, ainda fornece a forma esférica exata na qual o sujeito dividido pode ser devolvido ao duplo que o persegue.[6]

---

6. De maneira semelhante, Guy de Maupassant, em sua narrativa *Le Horla* (*le hors--là*, o lá-fora), descreveu a infestação de uma casa na Normandia por um demônio vindo de um longínquo país da América do Sul [Paris, Gallimard, 1986]. As implicações espácio-filosóficas dessa narrativa foram desenvolvidas por Michel

De fato, não há domesticidade sem que os sujeitos domésticos se estendam e se estabeleçam no espaço de maneira cada vez mais peculiar. Com a construção das casas, principiam as criações da interioridade, cuja importância psicoesférica é imediata. Desde o início, a poética do espaço doméstico corresponde às divisões do espaço entre os polos do campo da subjetividade íntima. Morar em recintos em forma de casa tem sempre, desde o início, um duplo caráter, significando tanto a coexistência do ser humano com outros seres humanos, quanto a coabitação dos seres humanos com seus acompanhantes invisíveis. De certo ponto de vista, foram os espíritos da casa que deram pela primeira vez dignidade e significação a uma construção habitada, pois o interior nasce da ligação entre a arquitetura e os habitantes invisíveis. De fato, não é improvável que as mais antigas representações mesopotâmicas dos espíritos protetores tenham se referido a construções, particularmente templos e palácios, e só a partir daí tenham sido transferidas a indivíduos e instâncias pessoais. Diante dos palácios assírios velavam, inicialmente, os famosos touros alados, os colossos de Kerub, cuja imagem, após longas perambulações através das etapas judaicas e helênicas, supõe-se ter penetrado na iconologia cristã dos anjos. Esses espíritos vigilantes não eram ainda mensageiros divinos alados, mas guardiães fixos de uma monarco-esfera no sentido estrito, isto é, de um interior régio que representa um tipo particular de "interioridade garantida pelo poder". O espaço que o príncipe partilha com os seus deve estar arquitetonicamente consolidado antes que possam ser instituídas as rotineiras comunicações a distância que se irradiam desde o palácio. O que vale para a casa vale para o reino: se o reino lá fora é abalado, o soberano não pode mais se retirar para o palácio, a central de irradiação do poder em tempos tranquilos, mas deve ele próprio atuar como mensageiro do poder que lhe compete, dando-lhe presença nos cenários críticos e arriscando-se a sofrer violência física. O que caracteriza o monarca é que ele concebe não apenas o palácio, mas todo o domínio de seu reino como uma extensão de si mesmo; se o reino não estivesse presente no

---

Serres em uma inspirada interpretação: "Être hors là", in: *Atlas*, Paris, Juilliard, 1996, p. 61-85.

interior dos que o conduzem enquanto representação espacial e objeto de cuidado, ele não poderia ser exteriormente mantido. Mas tão logo se tenha consolidado um mundo interno com a extensão de um reino e um interior de palácio, surge a necessidade de seres intermediários voláteis e velozes, que garantam o rápido acesso a todos os pontos do grande espaço interior. Por isso a era dos reinos estabelecidos se torna a idade de ouro dos mensageiros alados e não alados. Estes são os novos meios da comunicação régia celeste e terrestre — seu ofício se denomina *angelia*, mensagem senhorial, seja ela boa ou má. De resto, os teólogos políticos das primeiras grandes civilizações não hesitaram em colocar mesmo impérios inteiros — à maneira de casas animadas — sob a proteção de espíritos e de deuses do reino; e os reinos cristãos raramente se furtaram a essa regra. A pedido de Carlos Magno, Urbano VI erigiu como patrono do reino carolíngio o arcanjo São Miguel, que se distinguiu em transcendentes campanhas como comandante militar das legiões celestiais; a Igreja Católica celebra sua festa em 29 de setembro. Não se pode afirmar que o arcanjo militante da Europa não tenha estado à altura de sua tarefa; sob a bandeira de São Miguel, no ano 955, o exército imperial de Otão I rechaçou em Lechfeld o ataque da cavalaria magiar. Pode-se lembrar esse episódio se quisermos (pela última vez) exprimir a diferença entre uma Europa substancial, unificada por seu anjo, e uma Europa funcional, que buscará em um sistema monetário comum o motivo de sua unidade.

O gênio dos romanos é um representante do imenso universo figurativo dos acompanhantes espirituais e espíritos protetores, testemunhados pelas mitologias dos povos e das grandes religiões. Na perspectiva da tipologia das religiões, ele faz parte do círculo formal das almas exteriores que, como o *ka* egípcio ou os espíritos protetores mesopotâmicos *ilu, ishtaru, sedu* e *lamassu*, associavam-se às forças vitais internas dos indivíduos como suplementos externos.[7] Também o *daimonion* socrático — mesmo que já fosse costume articulá-lo na forma de espírito protetor interiorizado, como um argumento preliminar da consciência — ainda

---

7. Cf. Bernard Lafont e Henri de Saint-Blanquat, "Figures de notre absence", in: Olivier Abel (Org.), *Le Réveil des anges, messagers des peurs et des consolations*, Paris, Autrement, 1996, p. 92 (Col. "Mutations", n. 162).

Figura de um guerreiro com a clava e o "segundo eu", Parque Arqueológico de San Agustín, Colômbia.

pertence tipologicamente, enquanto figura-limite, à série de formas das almas exteriores ou suplementares. Sócrates fala desse convidado sutil, que intervém em seu diálogo consigo mesmo, como se proviesse de um espaço de proximidade exterior. Qualidades da alma externa também se encontram no *daimon* do caráter, que, no grande mito do Além no Livro X da *República* de Platão (620 d-e), é atribuído como guia e guardião a cada alma que escolheu um novo destino terrestre, por Lachesis, a Parca do Destino.

Como a maioria das figuras desse tipo, o gênio romano aparece como uma grandeza fixa e inteiriça que acompanha os assuntos vitais de seu protegido, tal um sócio dócil e silencioso que não se arroga nenhuma pretensão de valor ou de desenvolver-se; sua constância provém do fato de que é um espírito com poucas qualidades. Com uma forma invariável, e na condição de misteriosa unidade obtida do maravilhoso e do fidedigno, ele cuida para que o espaço psíquico habitado pelo sujeito antigo esteja em contato, de forma discreta e contínua, com uma transcendência próxima. Por conseguinte, entre os antigos, a vida do indivíduo nunca pode ser apresentada apenas como um ponto singular da alma, uma centelha fechada ou uma chama isolada: a existência (*Dasein*) já tem, desde sempre, uma estrutura esférica e medial, pois o sujeito está sempre situado em um campo semidivino de proteção e de atenção. Cada indivíduo paira em um ambiente espiritual, quer se conceba o espírito protetor como um acompanhante pessoal residente em um invisível *vis-à-vis*, quer como um "meio divino" que se desloca com o sujeito como uma aura envolvente. Em ambos os casos, a presença do gênio garante que o indivíduo não encerre em si seu princípio psíquico apenas como um ponto de força isolado, mas que carregue seu Outro mais íntimo como um campo de forças ao redor de si — e, ao mesmo tempo, seja carregado e envolvido por este. O campo cria desde si mesmo uma proximidade, porque é característico do gênio não se afastar muito de seu protegido. (Nisso, a ideia romana do espírito protetor desvia-se essencialmente daquela de muitos povos da Antiguidade que acreditavam que as almas exteriores poderiam se retirar e se perder ao longe; aquilo que se denomina xamanismo é, entre outras coisas, uma técnica que permite recuperar o rastro de almas soltas que se perderam e trazê-las de volta a seus hospedeiros — o protótipo histórico de todos os tratamentos da depressão.[8])

No que se refere à estrutura do campo dual nos discursos e nos simbolismos psico-históricos da Antiguidade, é evidente que este não sofre modificações significativas no interior da dualidade; ele é rígido em essência e não tolera praticamente nenhuma evolução condicionada pela biografia. Estamos ainda longe de um conceito não teológico, dinâmico, de esfera. Não é por acaso que Censurinus se expressa dizendo que o espírito protetor é "aposto", *adpositus*, ao indivíduo. Nessa aposição não intervém obviamente nenhuma modulação interna e, menos ainda, uma redistribuição ou um escalonamento dos registros de ressonância. Em todo caso, na breve alusão à doutrina de Euclides, um discípulo de Sócrates, acerca dos dois gênios (*binos genios*), vislumbra-se o princípio de uma concepção dialética dos espíritos acompanhantes; Euclides poderia ter tido em mente que há uma divisão de trabalho, senão mesmo um conflito entre os gênios, na medida em que se pode talvez conceber um como um bom *daimon*, e o outro, como mau.[9] Mas, mesmo com o duplo acompanhamento, a estrutura do espaço dual representado pela metafísica permanece inalteravelmente rígida. Uma perspectiva dinâmica e psicológica só será possível com o moderno conceito das variáveis de complemento, que descreve os polos separados e ligados do dual em patamares sempre novos, por meio de volumes alterados e conteúdos mais ricos. Com isso, dispõe-se agora de meios para analisar as mudanças de distribuição imanentes às esferas — e só assim uma fenomenologia do espírito adulto pode ser desenvolvida: uma subjetividade se torna propriamente adulta quando tiver desenvolvido seus gênios, levando-os das funções microesféricas para funções macroesféricas, sem romper a continuidade. A nova microes-

---

8. Cf. Ioan Couliano, *Jenseitsreisen von Gilgamesch bis Einstein* [*Viagem ao Além, de Gilgamesh a Einstein*], Munique, Diederichs, 1995, p. 58 ss.

9. No tratado pré-cristão da revelação *O pastor de Hermas*, datado do século II, encontra-se uma transposição da teoria dos dois gênios para o campo das representações cristãs: "Dois anjos estão ao lado do homem", diz o pastor, "um da justiça, outro do mal [...] confia-te ao anjo da justiça; afasta-te do anjo do mal [...]", *O pastor de Hermas*, Cap. 36. Citação extraída de Alfons Heilmann e Heinrich Kraft, *Texte der Kirchenväter*, Munique, Kösel, 5 vol., 1963-1966, vol. 1, p. 254-255.

ferologia cria com isso as condições para que o discurso sobre o espaço dual possa se emancipar da linguagem religiosa sem subtrair desta seu conteúdo virtual de verdade. É somente por meio de expressões esferológicas que se pode repetir o que os discursos míticos e religiosos preservaram do saber psicoesférico das primeiras culturas, impedindo sua corrupção por formulações conceituais errôneas.

Que a coordenação entre o indivíduo e seu espírito acompanhante não pode ser pensada sem grandes complicações lógicas no quadro de representações religiosas e metafísicas, isso é algo atestado por numerosas testemunhas do mundo antigo. Pois tão logo os protetores sutis deixam de ser representados, como na teoria romana do gênio, na forma de presenças discretas e permanentes no círculo vital do indivíduo, mas se aproximam dele mais como delegados que aparecem episodicamente — como é a regra no mundo bíblico —, estabelece-se entre o sujeito e seu acompanhante uma relação de conhecimento precário; na maior parte dos casos, o sujeito não o reconhece imediatamente como "seu" o anjo manifesto, porque não há *nenhuma* familiaridade entre eles. É por isso que a fórmula bíblica estereotipada pela qual o anjo se dirige inicialmente aos homens é: "Nada temas!" — *Et dic ne timeas*.[10] Antes do medo de Deus, vem o medo do anjo e sua abolição pelo próprio mensageiro. Ao ser libertado das masmorras de Herodes Agripa, Pedro, o apóstolo, não tem *a menor* consciência de que se trata de uma intervenção angélica "real", e não de uma visão onírica (Atos dos Apóstolos 12:7-10). Inversamente, vários angelólogos de orientação neoplatônica defenderam a tese segundo a qual os anjos, de sua parte, como puros espíritos que são, poderiam não conhecer os indivíduos, pois só os conheceriam por conceitos gerais, e não como seres isolados, os *singularia*. Assim, os anjos poderiam dirigir seu pensamento para os povos, as comunidades ou o gênero humano em seu todo, mas não poderiam ter conhecimentos singulares sobre os indivíduos, e muito menos manter

---

10. Petrus Abelardus, "In Annuntiatione Beatae Virginis", in: *Lauda Sion*, Stuttgart, Cotta, 1868. Deve-se, aliás, sublinhar que o "Nada temas!" não exprime aqui o usual aspecto atemorizador dos encontros entre o homem e o divino, mas deve ser entendido como expressão da incerta relação de conhecimento entre o sujeito e seu informante.

"Não temas", Mathias Grünewald, altar de Isenheim, face interior da aba externa, 1512-1516.

O mistério da tangibilidade, Carlo Crivelli, *Anunciação*, 1486, pintura a óleo.

Serafim em uma pintura mural da igreja de São Clemente, em Tahull, Catalunha, século XIII.

relações próximas com estes. Essa tese pode remeter-se à autoridade mística do pseudo-Dionísio, cujo texto *Sobre a hierarquia celeste* tem sido por vezes entendido como se os anjos atuassem apenas sobre o geral, e não sobre o individual. Em seu tratado sobre a natureza dos anjos, Tomás de Aquino busca refutar essa concepção excessivamente platonizante, que destrói o sopro pessoal dos encontros bíblicos entre o anjo e o homem, e o faz através da autoridade da escritura e invocando o consenso da maioria dos sábios e do povo. Para o filósofo, é certo que a onipotência de Deus lhe faculta, pelas causas secundárias angélicas, um poder de atuação e uma presciência que chega até o indivíduo.[11]

Para contornar as tensões que devem necessariamente se originar dessa cisão entre os espíritos incorporais e os espíritos incorporados, ou, como também se poderia dizer, da diferença ontológica entre os anjos e os homens, muitos dos devotos autores de histórias de anjos individuais encontraram uma saída astuta: fizeram o anjo personalizado aparecer na forma do gêmeo. O modelo disso é oferecido nos *Apophtegmata Patrum Aegyptiorum*, na primeira lenda de Antonio.

> Quando o patriarca Antonio se encontrava no deserto, com um humor pesaroso e afligido por pensamentos sombrios, disse a Deus: "Senhor, quero ser salvo, mas meus pensamentos não o permitem. Que devo fazer nesta minha aflição? Como posso alcançar a salvação?" Ergueu-se logo a seguir, saiu ao ar livre e viu um homem *que se parecia com ele*.[12] Esse homem estava sentado e trabalhava, depois interrompeu o trabalho e orou, sentou-se novamente e teceu uma corda, levantou-se então mais uma vez para rezar; e eis que era um anjo do Senhor, enviado para dar a Antonio instrução e confiança. E ele ouviu o anjo dizer: "Faze assim e alcançarás a salvação." Ao ouvir isso, Antonio foi tomado de grande alegria e coragem, e, agindo dessa maneira, encontrou a salvação.[13]

---

11. Cf. Tomás de Aquino, *De substantiis separatis seu de angelorum natura*, trad. alemã com introd. e notas de Wolf-Erich Klünker, Stuttgart, Freies Geistesleben, 1989, p. 97-116.

12. Grifos nossos.

13. Cf. *Apophtegmata Patrum*, também chamado *Gerontikon* ou *Alphabeticum*, citado segundo a tradução alemã *Weisung der Väter*, de Bonifaz Miller, com introdução de Wilhelm Nyssen, Trier, Paulinus, 3. ed., 1986, p. 15.

Esta edificante pantomima do gêmeo desarma de antemão um problema epistemológico que poderia turvar a relação entre o homem e o anjo. O homem que "se parecia com ele" já é, em definitivo, uma aparição imanente e transcendente que visa de maneira inequívoca Antonio; entre o patriarca do deserto e seu duplo, cria-se um espaço de reflexão no qual a comunhão informativa se instala incondicionalmente. O anjo benevolente é a resposta ao descontentamento humano; o gêmeo aparece como um *simile* angélico exatamente dosado para seu correspondente humano; ele o cura por um procedimento que oferece um modelo — um caso de homeopatia monástica. Para o nosso contexto, não importa que tenhamos diante de nós a cena original do *ora et labora* (ora e exercita-te); é muito mais decisivo o giro para a angeologia individual, que aqui parece realizar-se de maneira tão ingênua quanto enérgica. No momento em que o anjo assume os traços de um gêmeo, cria-se, por assim dizer, uma microespécie de dois indivíduos. O par de gêmeos, homem e anjo, compõe-se de duas singularidades que formam conjuntamente uma espécie, um universal biunitário. No caso apresentado, o lado angélico já seria, por si, universal individual, pois ele fundamenta, como espécie, algo que é único, a dimensão formal de Antonio. Por isso ele possui, miraculosamente, um conhecimento *a priori* do indivíduo.[14] Também o lado humano se beneficia, na perspectiva ontológica, desse complemento e desse encontro; pois, embora seja singular enquanto indivíduo, ele se integra a um conjunto biunitário e sagrado no qual se estabiliza metafisicamente; e, ao observar o anjo, pode compreender que ele próprio é uma ideia de Deus. Na perspectiva da teologia da cognição, há muito em favor da tese de que só esses agregados biunitários homem-anjo poderiam ser percebidos por um intelecto divino; os puros homens isolados seriam invisíveis para ele e escapariam, por seu autismo singular, a todo cossaber. Assim, o anjo individual é como se fosse a lente através da qual o intelecto divino enxerga o indivíduo. Se o anjo desaparece, extingue-se também o indivíduo inteligível; daí em diante ele poderia apenas ser apreendido, mas não mais reconhecido. O

---

14. Cf. Jean-Louis Chrétien, "La Connaissance angélique", in: *Le Réveil des anges*, op. cit. (ver Nota 7 deste Cap. 6), p. 138 ss.

sujeito sem anjo ainda poderiaser descrito exteriormente, é certo, como faz a psicologia com os chamados inanalisáveis, mas ele não poderia mais ser alcançado, de maneira alguma, por intenções comunicativas.

As fantasias de gêmeos e de anjos do final da Antiguidade atingem seu ponto alto nos relatos sobre Mani (216-277 d.C.), fundador da religião gnóstica e semicristã dos dois princípios, o mal-afamado "maniqueísmo" ou o movimento "Mani vive", cujo nome, graças a uma bem-sucedida propaganda de denunciação católica, é ainda utilizado como termo injurioso na cultura secular atual.

> [...] quando completou-se o décimo segundo ano de sua vida, ele foi tomado [...] pela inspiração provinda do rei do paraíso da luz [...]. O nome do anjo que lhe trouxe a mensagem da revelação era at-Tom, um termo nabateu que, em nossa língua, significa "o acompanhante" [...]. E quando completou-se seu vigésimo quarto ano, at-Tom veio a ele (de novo) e disse: "Agora é o momento de vires a público" [...].
> [...] E Mani afirmou ser o Paracleto que Jesus havia prometido.[15]

O parentesco do nome *at-Tom* com o aramaico *toma*, o gêmeo, salta naturalmente aos olhos. Que o "acompanhante" ou *syzygos* de Mani tenha efetivamente qualidades de um gêmeo transfigurado, isto se segue, inequivocamente, dos relatos sobre a vocação de Mani, tanto segundo o Códex Mani, de Colônia, como também de fontes do Irã médio:

> Das águas apareceu-me uma (forma) humana que, com a mão, fez-me sinal para que me mantivesse calmo, para que não pecasse e lhe trouxesse aflições. Dessa maneira, desde os quatro anos até chegar à minha maturidade física, fui protegido [...] pelas mãos do mais santo dos anjos.
> [...] Na época em que meu corpo atingira seu pleno desenvolvimento, esse reflexo poderoso e bem formado de minha pessoa veio e apareceu diante de mim.

---

15. *Die Gnosis* [*A Gnose*], vol. 3: *Der Manichäismus* [*O Maniqueísmo*], introd., trad. e comentários de Alexander Bühling com a colaboração de Jens Peeter Asmussen, Zurique/Munique, Artemis, 1980. p. 76.

[...] Mesmo agora ele me acompanha, guarda e protege. Com sua força, luto contra Az e Ahrmen, ensino a sabedoria aos homens. E essa obra dos deuses, e a sabedoria, e o conhecimento da reunião das almas que recebi do gêmeo [...].

O caso de Mani é instrutivo, sobretudo porque mostra como a suplementação psíquica íntima pode se acoplar, através do gêmeo, a uma função missionária de implicações cósmicas. O fato de que o gêmeo — se lemos corretamente — tenha falado a Mani inicialmente valendo-se de um reflexo na água oferece uma variante do mito de Narciso, com a diferença de que não se produz nenhuma confusão fatal entre o sujeito e sua própria imagem, assim como, em geral, nenhuma significação de infelicidade e de morte parece aqui associada à aparição do duplo, contrariamente ao que muitas vezes ocorre na mitologia dos *Doppelgänger*. O que o indivíduo encontra é antes um alter ego intensificado, no qual ele reconhece seu ideal do Eu e o instrutor de seu programa de vida. De resto, variantes ilustradas do mito, desde o fim da Antiguidade, já puseram ao lado de Narciso uma irmã gêmea que ele ama acima de todas as coisas, que lhe é inteiramente semelhante e veste-se da mesma forma, e cuja morte lhe trouxe uma mágoa inconsolável que ele procurou aliviar pela contemplação de seu próprio reflexo na superfície da água.[16] Nessa versão, o motivo do complemento gemelar ganha proeminência sobre a confusa duplicação que leva à morte, embora seja agora a irmã gêmea perdida que deve pagar pela patológica identidade entre o fenômeno do duplo e a morte. Quanto ao gêmeo de Mani, que pertence ao grupo dos complementos luminosos, ele não mais apresenta os modestos contornos do gênio romano. É verdade que também o duplo do instituidor da religião, Mani, liga-se à existência deste à maneira de um gênio, em uma aliança microesférica íntima; ao mesmo tempo, está carregado do impulso expansivo da religiosidade missionária do Oriente Próximo e embebido das pretensões cósmicas da teologia universal judaico--cristã e helenística. Mani, por conseguinte, não é apenas sutilmente provido por seu gêmeo, mas também incitado por este a lançar-se em

---

16. Cf. Otto Rank, *Der Doppelgänger. Eine psychoanalitische Studie* [*O Duplo. Um estudo psicanalítico*], Viena, Turia und Kant, 1993, p. 94 e 96.

empreendimentos de alcance mundial. Na perspectiva tipológica, a ligação gemelar de Mani exibe paralelos com a aliança entre Maomé e o arcanjo Gabriel, que ditará o Corão. Encontramo-nos manifestamente no cerne da mediunidade monoteísta: aqui, ser sujeito significa *eo ipso* portar uma carga profética. Nesse sentido, pode-se dizer que a profetologia é a ciência fundamental do sujeito no monoteísmo expansivo de tipo pós-judaico.[17] O caso de Mani atesta — como já o de Jesus — uma posição no mundo na qual as estruturas microesféricas e macroesféricas podem ser eficazmente encaixadas uma na outra. A partir dessa virada histórica, a religião íntima torna-se capaz de falar também o idioma da religião universal. Atingimos a era dos indivíduos ameaçados de alienação, que só contra o curso do mundo e à margem das coerções do império podem encontrar o caminho interiorizante para sua salvação. Mas antes que se possa falar, no maniqueísmo, de um robusto e cosmologicamente relevante combate de princípio entre o Bem e o Mal, é preciso de início extrair da própria história da formação de Mani a sutil ideia de uma forma dual íntegra. Só assim a religiosidade íntima da fé no espírito gemelar pode ligar-se a programas universalistas e expansionistas. A religião responde à irrupção da política rumo à ideia de reino mundial ao postular também para o espírito divino o edifício da igreja universal. Falaremos mais adiante como isso ocorreu no caso do cristianismo.[18] Não é por acaso que Mani, ao morrer em 276 — após ser submetido por 26 dias ao martírio das correntes —, deixou atrás de si uma Igreja que se estendia de Roma à China. O centro calorífico desse império evangélico paracristão não foi nada mais que o calmo encontro do jovem Mani com a imagem de seu gêmeo na água. O modo como, do ponto de vista estrutural e psico-histórico, essas díadas microesféricas — Mani e seu gêmeo, Jesus e seu *abba* — puderam expandir-se em direção a igrejas mundiais, esse será um dos temas do segundo volume.

O gênio, o gêmeo, o anjo da guarda e a alma exterior constituem um grupo de conceitos elementares e duradouros para o segundo polo

---

17. Sobre a transformação da estrutura profética do sujeito em um "pacto apostólico", cf. *Esferas II*, Cap. 7: "Como, por meios puros, o centro das esferas age a distância. Contribuição à metafísica da telecomunicação".

18. Ibidem.

do duo psicoesférico. Todas essas figuras resultam da redistribuição do primeiro Ali, que deixou no indivíduo um lugar para um acompanhante próximo estimulador. Mas, enquanto o Ali e o Com fetais primitivos são essencialmente anônimos e inconscientes, os acompanhantes posteriores devem ser apresentados por seus nomes públicos e mediante conceitos intuitivamente apreensíveis — seja por analogia com pessoas naturais, como no caso do gêmeo, seja segundo o modelo de representações de sujeitos energéticos invisíveis ou espíritos, tal como ocorrem no imaginário de todas as culturas. Esses conceitos de acompanhantes espirituais, na medida em que aparecem como sucessores e substitutos de um anônimo arcaico, podem ser chamados figurações do duplo placentário; de fato, essas entidades não poderiam exercer as qualidades de garantidores do espaço espiritual se já não encontrassem de antemão, na bolha intrauterina, uma estrutura do Ali-Aqui na qual pudessem ingressar como figurações do Ali e aliados de um nível mais alto. Deve-se notar, é claro, que os sutis compartilhadores do espaço espiritual representam, de um ponto de vista psicológico, figuras de acompanhamento arcaicas e supostamente imaturas. Quando essas formas se mantêm por muito tempo, ameaçam bloquear sua substituição por seu sucessor previsto na evolução, em especial por aquelas imagens parentais que devem estabelecer no sujeito um duplo modelo interno de vida fecunda em uma adequada tensão entre os sexos. Por isso, segundo a ortodoxia analítica, também as imagens de anjos e gêmeos devem desaparecer para que seu lugar, após uma nova redistribuição, seja finalmente ocupado pelos modelos da maturidade sexual — e, para além desta, pelos modelos culturais. O indivíduo não deve permanecer para sempre o companheiro indissociável de seu alter ego íntimo primitivo, mas deve desenvolver-se para se tornar o polo de um casal psíquica e fisicamente fecundo. Em sua peça *Nathan, o sábio*, Lessing mostrou muito bem como a imagem do anjo salvador deve desaparecer da alma de uma moça para que a do homem real possa emergir em seu lugar. O casal heterossexual no centro de um lar muito terreno seria — segundo a vulgata psicanalítica — o objetivo mínimo de toda história de maturação psíquica. Logicamente falando, a maturidade não significa nada mais que a crescente disposição a contar até três, quatro e cinco;

ela seria o estágio final de um processo de redistribuição de múltiplas etapas e envolvendo vários sujeitos e objetos de transição.

Quanto ao duplo placentário, seu aparecimento já testemunha a constituição de um espaço psíquico com marcadas qualidades de um microcosmo. O Eu e seu alter ego, o indivíduo e seu gênio, a criança e seu anjo, todos eles constituem pequenas bolhas cósmicas nas quais a profunda falta de mundo da situação intrauterina, com sua estrutura Ali-Aqui apenas esboçada, já foi um pouco clareada e transformada para tornar-se a falta de mundo temperada do duo primitivo ego-alter ego, no qual já se anunciam realidades posteriores mais complexas.

Esse pequeno cosmos apresenta cinco elementos estruturais constitutivos: os dois primeiros consistem trivialmente dos ocupantes do polo Aqui e do polo Ali, isto é, o Si e o Consigo, que, como mostramos, estão sempre ligados um ao outro em uma complementação primitiva e, além disso, se enriquecem e se diferenciam por meio de separações e novas ligações. O terceiro elemento é fornecido pela própria forma envolvente, na qual o campo Aqui-Ali está inserido. O quarto traço é a livre acessibilidade mútua dos dois polos, e é característico que o gêmeo, bem como o anjo e suas contrapartidas, não tenha nenhum problema de acesso a seu parceiro — os acompanhantes estão sempre ao seu lado. O anjo, como o gênio, não procura: ele encontra; para ele, o ser próximo que está de antemão *ali*, sendo o outro polo deduzido *a priori* por ressonância. Contrariamente, para o sujeito, na medida em que este se volta para o acompanhante, uma certa atitude resguardada de estar-fora-de-si constitui a regra. No interior da bolha, o êxtase, o estar ao lado de outro, é a situação normal; como a bolha é o lugar absoluto, ao estar nela — e, nela, no outro polo —, sempre estou em meu lugar. Mostraremos no próximo capítulo que esta é, de início e antes de tudo, uma relação psicoacústica, aberta pelo êxtase da escuta antecipatória.

O quinto elemento estrutural do microcosmo são as funções de membrana que desde o início fazem parte do acompanhante. Enquanto complemento originário, este elemento é responsável tanto pela formação e abertura do espaço, como por sua conservação e seu fechamento. Nessa medida, "ventura e infelicidade do sujeito" dependem inteiramente da qualidade da membrana psíquica que ao mesmo tempo lhe faculta e lhe veda o acesso ao mundo. O gêmeo é como uma eclusa através da qual se realiza o metabolismo entre o sujeito e o mundo. O grau de sua abertura determina a seca ou a inundação. Se a membrana do acompanhante não é porosa o bastante para deixar passar volumes crescentes de mundo, ela pode se tornar uma prisão para o sujeito, separando-o do chamado mundo exterior ou, melhor dizendo, das esferas extrassimbióticas. Se o acompanhante, ao contrário, é perdido muito cedo em consequência de um incidente traumático, se permanece por muito tempo indiferente ou ausente, o sujeito sofre um choque de abertura e tomba "para fora" no êxtase maligno da angústia de aniquilação, dando-se conta de um exterior exosférico no qual ele próprio não se suporta. Os dois extremos — o autismo do gêmeo e o medo patológico do exterior como lugar de destruição — fornecem consequências características do fracasso do acompanhante em seu funcionamento como membrana. Nelas se observa o que uma excessiva ou insuficiente proteção do espaço pode provocar nos primeiros processos psíquicos. O caso das irmãs gêmeas inglesas, June e Jennifer Gibbons, que por muitos anos se protegeram do mundo exterior por um obstinado silêncio para viver em seu "próprio mundo" em uma simbiose radical, chamou a atenção até da imprensa sensacionalista.[19] Elas atestam o risco de que o acompanhante íntimo, caso apareça numa forma demasiado real, obsessiva e impermeável, torne a bolha de tal modo estanque ao exterior que uma vida interior hermética começa a florescer como um autismo a dois. Mesmo assim, esses casos apresentam a vantagem de provar de forma palpável, mesmo aos olhos dos leigos ou dos opositores da psicologia profunda, a realidade da relação psicosférica interna. Reciprocamente, numerosos casos de autismo da primeira infância, tratados pelos psicólogos René A. Spitz e Bruno Bettelheim em alguns estudos clássicos, podem ser interpretados como os rastros de invasões de uma infinidade maligna no espaço íntimo primitivo. As fortalezas vazias do autismo são, em primeiro lugar, instalações defensivas que garantem o sujeito contra o pânico espacial e a morte por abandono. Nelas a des-

---

19. Cf. Marjorie Wallace, *The Silent Twins*, Nova York, Ballantine Books, 1987. [Ed. bras.: *Gêmeas silenciosas*, São Paulo, Melhoramentos, 1988.]

Jennifer e June trocam seu sinal secreto, extraído de Marjorie Wallace, *The Silent Twins*, 1986.

truição do espaço psicológico se mostra em seu extremo oposto, pois, enquanto a alma superacompanhada ameaça permanecer prisioneira de comunhões herméticas, a alma subacompanhada recolhe-se em uma rigidez defensiva incomunicativa, colocando-se fora do alcance de todas as ofertas do mundo exterior. O destino das crianças autistas revela que a angústia da morte provém do mesmo lugar onde deveria aparecer o acompanhante íntegro — pelo que a terapia do autismo só progride ao construir uma segunda confiança e exercitar novos círculos de ressonância ao longo da cicatriz da destruição. Mas, quando os acompanhantes discretos preenchem bem suas funções de membranas, o sujeito cresce no campo de vibração dessa protegida abertura que proporciona o ponto ótimo para o ser humano no êxtase bem temperado.

A alma exterior como membrana: com esse conceito compreende-se que só através desse meio, dessa eclusa, desse permutador, pode ocorrer algo como a construção do mundo no campo subjetivo, e, portanto, na esfera simbiótica e nos espaços que a sucedem. Enquanto forma de duas faces, a membrana assegura, de um lado, que é só através do "gêmeo" — que, antes de tudo, apresenta-se provisoriamente na figura da mãe — que o mundo pode, por assim dizer, chegar ao sujeito; de outro lado, ela faz com que o sujeito já esteja sempre fora, ao lado de seu duplo. O sujeito e seu complemento formam de início, conjuntamente, uma célula de intimidade desprovida de mundo, ou que é seu próprio mundo; mas como o sujeito, numa dada cultura, é informado sobre o volume do "mundo" por seu duplo, e, inicialmente, *apenas* por ele, o acesso ao exterior, para o sujeito em devir, depende por completo das qualidades de membrana do Outro interior. Ao voar ao encontro do outro íntimo, ele se estende a si próprio para esse mundo mais amplo. A abertura do mundo é a dádiva do duplo enquanto membrana.

É só quando o sujeito se constituiu inicialmente em uma estrutura de dualidade protetora e permeável — e o primeiro esboço dessa dualidade começa, como mostramos, no espaço pré-natal — que o enriquecimento do campo subjetivo pelos polos adicionais pode efetuar-se até adquirir uma serventia para a comunidade: a mãe suficientemente boa não ocupa, ela própria, o imediato segundo lugar, mas o terceiro, na aliança dos gêmeos, dos quais o Eu é a parte manifesta e o acompanhante primitivo é a parte latente. Assim, mãe e criança formam já sempre um trio, do qual participa o parceiro invisível da criança. Prosseguindo-se a construção do campo, a figura do pai constitui o quarto polo, enquanto a dos irmãos e das irmãs (como os estranhos próximos) constituem o quinto. A subjetividade adulta é, por conseguinte, uma mobilidade comunicativa em um campo de cinco polos. Ela é a capacidade de entrar em ressonâncias diferenciadas com o gênio, com a mãe, com o pai, com irmãos, irmãs ou amigos, e ainda com desconhecidos. Em termos musicais, o desenvolvimento elementar leva do dueto ao quinteto. A cada degrau, é o acompanhante que formata e libera seu sujeito; um gênio discreto evoca um indivíduo discreto em um mundo suficientemente definido.

Nas culturas tradicionais, as crianças devem atingir ao menos a mesma amplitude psíquica que seus pais para poder ingressar na casa ou no mundo de sua tribo. Nas culturas avançadas, surgem adicionalmente espíritos profissionais provocadores e engrandecedores de alma, um processo que conduziu, entre os gregos, à descoberta da escola e à transformação dos demônios em professores. (Historicamente, o professor entra em cena como um segundo pai, realizando a delicada transição do nível do quarteto, que continua limitado à família, ao do quinteto — isto é, à forma mínima de sociedade. Desde que há professores, os pais acompanham com o olhar os filhos que não se assemelham a eles.)

Observa-se, na história do desenvolvimento da pedagogia, que em todas as civilizações avançadas o monopólio psicocrático das mães sobre as crianças é retirado no momento em que se passa da criação à educação. Ao dizer, em sua preleção sobre a psicologia, que "a mãe é o gênio da criança"[20], Hegel descreve — insuficientemente — o ponto de partida da educação no nível da alma sensitiva e da subjetividade investigativa, ainda desprovida de conceitos. É certo que o indivíduo, após suas primeiras impressões acústicas placentárias e fetais, deve inicialmente ser inspirado pela alma da mãe e, na expressão de Hegel, "tomado de tremores (*durchzittert*)"; mas, uma vez concluída sua formação, o indivíduo, segundo o esquema idealista, deve ser inspirado unicamente pelo conceito consciente de si, que não mais faz tremer.[21]

O modo pelo qual se experimenta de início a presença do acompanhante é, antes de tudo, predominantemente não óptico, pois a história arcaica subjetiva cai por completo no domínio do pré-visual e do pré-imaginário. Isso é óbvio para a existência (*In-Existenz*) na noite uterina, mas, também para os recém-nascidos — abstraindo-se o contato visual fascinogênico e pleno de significação elementar com a mãe —, predominam amplamente os meios de contato e de relacionamento não visuais. Mesmo um irmão gêmeo corpóreo não seria durante muito tempo, na primeiríssima apreensão da criança, uma visão; seria muito mais uma presença sentida, um centro de ruídos, uma sensação tátil,

---

20. G. F. W. Hegel, *Enzyklopädie der philosophischen Wissenschaften*, vol. 3, in: *Werke*, vol. 30, Frankfurt, Suhrkamp, p. 124.

21. Como é possível rejeitar essa mortificante exigência formativa em favor de uma forma de sujeito "tremente" e comovível até o final é algo que procurei explicar em uma investigação musical-filosófica: "Wo sind wir, wenn wir Musik hören? ["Onde estamos quando ouvimos música?"], in: Peter Sloterdjik, *Weltfremdheit*, op. cit. (ver Nota 22 do Cap. 2), p. 294-325, em especial p. 317 s.

Joseph Beuys, *A guardiã do sono*.

um pulso, uma aura, uma fonte de efeitos de pressão, e só em último lugar também uma visibilidade. Isso vale com maior razão para os conceitos primordiais de estar diante de uma presença ou ausência, que se formam na criança pela convivência com o rosto e o corpo da mãe, em lugar do Com arcaico. Por isso, a presença do gênio e a experiência de proximidade são, em primeiro e último lugar, um caso de sensação; é só de forma secundária e complementar que uma evidência óptica pode vir a se acrescentar ao cenário das sensações de si. Mesmo a pretensa "imagem" de si mesma da criança é, na verdade, menos um caso de representação imagética, ou de *imago*[22], que um fato no campo da autopercepção. Para grande prejuízo da teoria e da prática, já a psicanálise clássica quis colocar o Eu primitivo em uma dependência fundamental das imagens ópticas de si mesmo, e isso contra toda mínima verossimilhança, pois embora seja certo que o *infans* adquire, nas trocas experimentadas com sua mãe, numerosas experiências sobre si mesmo e sobre sua integridade ou dissolução, ele só absorve um número relativamente reduzido de informações autoeidéticas de importância. Mesmo sua própria imagem, eventualmente percebida em um espelho e reconhecida como tal, será inevitavelmente interpretada à luz interior da precedente sensação de si mesmo. A informação marcante sobre o Como do Si está sempre presente como complexo vago e íntegro de sensações no campo sentido, e é somente enquanto suplemento visual ao prejulgamento vivido da sensação de Si que a imagem especular do Eu pode ganhar seu estatuto enquanto fenômeno no espaço óptico recém-inaugurado.[23]

---

22. O conceito de *imago* foi introduzido na terminologia psicanalítica por Carl Gustav Jung em seu texto *Wandlungen und Symbole der Libido* [*Metamorfoses e símbolos da libido*] em 1912 [Leipzig/Viena, Franz Deuticke], inicialmente como um instrumento discreto de determinação de relações interiorizadas e, depois, como categoria psico-ontológica acoplada a uma visão de mundo.

23. Apresentamos anteriormente (na seção final do Cap. 2: "Entre rostos") argumentos para a tese de que é apenas na época das grandes civilizações que os espelhos aparecem como meios de relação consigo mesmo entre os ricos, os poderosos e os sábios (na metade do primeiro milênio a.C.), e que só no século XIX, simultaneamente à alfabetização e à disseminação das práticas da higiene, as populações modernas tiveram acesso a um suprimento uniforme de espelhos. Nesse ponto, o argumento lacaniano de uma "fase do espelho", pretensamente constitutiva e pré-social, exibe um ponto fraco do ponto de vista da história dos meios e das técnicas. É muito

Para o indivíduo comum, cujo cordão umbilical foi mais ou menos bem cortado, constitui um dos fatos triviais de sua existência de indivíduo entre indivíduos que o lugar à frente de seu umbigo — que, no espaço fetal, era ocupado pelo liame ao Com — deva de agora em diante permanecer para sempre livre, ainda que não vazio. Por isso os seres humanos reconhecem uma nítida diferença entre sua sensação da parte traseira e sua consciência das partes frontais; a frente é a face do rosto, dos órgãos genitais, mas também, e sobretudo, a do umbigo. Nessa frente estão não apenas os principais orifícios e sensores; é ali também que a cicatriz da separação está gravada no corpo. O umbigo situa-se na parte dianteira do ser humano como um monumento ao impensável; ele evoca aquilo de que ninguém mais *se* lembra. É o signo puro daquilo que, para a consciência, jaz do outro lado do cognoscível — e é por isso que, refletindo bem, quem não quiser falar do umbigo deve também se calar sobre o inconsciente. Ele indica o conhecimento de um evento que diz respeito a mim mais do que a qualquer outro, embora eu não figure como sujeito presente desse conhecimento. O proprietário do umbigo olha de relance, por toda a sua vida, o monumento situado no centro de seu corpo, do mesmo modo que um passante olha uma estátua equestre diante da qual passa todos os dias sem que jamais lhe ocorra querer saber quem ela representa. Esse desinteresse pela sua própria história primitiva é culturalmente consistente, pois os europeus são educados desde tempos remotos sob uma interdição de olhar o próprio umbigo; eles devem se envergonhar até mesmo de considerar possível relacionar-se consigo mesmos nesse local. Ordenou-se que a discreta depressão no meio de seu próprio corpo refira-se sempre, e sem exceção, a outros que não a si mesmo. O umbigo é o signo de nosso dever de extroversão. Ele simplesmente aponta para diante no panorama das coisas e dos sujeitos que estão aí para nós e conosco. O mundo deve se tornar tudo o que existe diante do umbigo.

Em um conto intitulado "Cenas da vida de um monstro duplo", Vladimir Nabokov descreveu o caso de um par de gêmeos siameses

---

incerto que se possa reformular a tese de Lacan em termos de reflexos na água ou da sombra do *infans*; o que é seguro é que seria um engodo semântico ter de oferecer o olho da mãe como um "espelho" orgânico dado a todo instante.

nascidos em Karaz, no Mar Negro, ligados à altura do cordão umbilical por uma "faixa carnuda de cartilagem" — "*omphalopagus diaphragmo-xiphodidymus,* como Pancoast denominou um caso similar".[24] O fascínio desse tipo de gêmeos malformados parece consistir sobretudo no fato de que eles exibem ocupado o lugar ordinariamente livre diante do umbigo. Por isso, a curiosidade despertada por esses monstros — no sentido de criaturas para mostrar e servir de advertência — não é apenas uma variante da curiosidade genérica que se dirige para toda coisa desviante, curiosa, anedótica, surpreendente. Nas feiras e nos circos, os visitantes que afluem de longe para ver o monstro duplo pressentem uma ligação com seus próprios mistérios da individuação. A fome de obscenidade siamesa oculta a inexprimível questão do duplo que acompanha invisivelmente todos os indivíduos, sem que sua relação com o próprio umbigo jamais possa lhes aparecer de forma explícita. No caso dos gêmeos siameses, o acompanhante íntimo tomou ao mesmo tempo todas as três figuras que podem convir ao sucessor do Com, aliás, complemento placentário: ele é duplo, gênio e perseguidor reunidos em um só. Como duplo, o gêmeo encarna o Dois enquanto número primo do espaço psíquico; como gênio, ele atesta a bondade egoformadora do complemento positivo; como perseguidor, ele encarna o risco fundamental da animação: que o acesso mais íntimo a ti mesmo possa pertencer ao teu negador. (Nesse sentido, inimigos políticos mortais seriam também gêmeos siameses no plano das sinartroses psico-históricas — e sua separação mútua ocorre ainda preferencialmente na guerra cirúrgica, à qual se sucede um tratado de paz. Carl Schmidt/Theodor Däubler: "O inimigo é nossa própria questão assumindo forma.")

Os gêmeos russos de Nabokov, Lloyd e Floyd — estes já são, na verdade, seus pseudônimos de teatro de revista americano —, são inseparáveis; para eles, a sombra arcaica se materializou em um irmão

---

24. Cf. *Doppelgänger. Phantastische Geschichten* [*Duplos. Histórias fantásticas*], org. de Renate Böschenstein, Munique, Winkler, 1987, p. 279-290 [para o original em inglês, ver "Scenes from the Life of a Double Monster", in: *The Stories of Vladimir Nabokov,* org. de Dmitri Nabokov, Nova York, Alfred A. Knopf, 1995]. O cirurgião norte-americano William P. Pancoast redigiu um notável relato sobre a dissecção dos irmãos siameses Chang e Eng, mortos em 1874.

corporalmente presente. Neles, o impensável tornou-se carne e habita entre nós, e o mundo não reluta em reconhecê-lo — de modo algum, porém, como um aspecto de sua própria verdade, mas como sensação exterior e parte da comédia natural. Onde quer que os gêmeos tenham que se expor aos olhares embasbacados, surge uma zona macabra e maldita na qual o sagrado aparece como objeto de curiosidade. Dado que se considera o liame místico como um cruel gracejo da natureza, aparece aqui como um mero fato zoológico aquilo que de outro modo permanece oculto entre os santos e seu deus. Para as crianças interligadas exibidas em público, a tortura de sua situação decorre particularmente de que se exige delas que brinquem juntas e se comuniquem como se fossem criaturas separadas normais:

> Nossos familiares nos forçavam a atender a esses desejos, e não podiam compreender o que havia neles de tão penoso. Poderíamos ter alegado timidez; mas a verdade é que, de fato, jamais *falávamos* um com o outro, mesmo quando estávamos a sós, pois os breves grunhidos entrecortados e os raros protestos que trocávamos [...] dificilmente poderiam valer como um diálogo. Nossa comunicação de sensações simples e essenciais se efetuava sem palavras, como folhas soltas que a corrente de nosso sangue comum carregava consigo. Mesmo pensamentos rarefeitos conseguiam infiltrar-se e circular entre nós. Quanto aos pensamentos mais densos, cada um os guardava para si, mas mesmo então fenômenos estranhos ocorriam [...]. Os médicos supuseram que, quando sonhávamos, uníamos ocasionalmente nossos espíritos. Em uma manhã acinzentada, ele apanhou um graveto e desenhou na poeira um barco de três mastros. Na noite anterior, eu tinha visto a mim mesmo desenhando um barco igual na poeira de meu sonho.[25]

A sutileza da história de Nabokov decorre da técnica narrativa escolhida: ele a desenvolve do ponto de vista de um dos gêmeos, de modo que a condição existencial de monstro duplo seja apreendida pelo leitor desde o interior, como se se tratasse de uma individualidade normal. Os

---

25. Nabokov, op. cit., p. 284-287.

próprios gêmeos, durante os primeiros anos de suas vidas, não tinham — no relato de Nabokov — a menor ideia do caráter inusitado de sua existência. Floyd, o narrador, considerava-se um habitante normal deste planeta, com um companheiro permanentemente presente ao seu lado, e só mais tarde chegou a perceber sua extraordinária situação.

> Cada um deles, em si próprio, era completamente normal, mas em conjunto formavam um monstro. É de fato estranho imaginar que a presença de uma simples tira de tecido, uma língua de carne não maior que um fígado de cordeiro, pudesse transformar a alegria, a altivez, a delicadeza, a admiração, a gratidão para com Deus em horror e desespero. (Ibidem, p. 281)

Com isso, Floyd explica posteriormente a morte de sua mãe, abatida pelo desgosto diante desse monstruoso nascimento. A cena primitiva da tomada de consciência ocorreu, para Floyd, em um encontro com uma criança de sua idade, sete ou oito anos, que um dia se deparou com ele e seu irmão sob uma figueira e ficou espreitando-os:

> [...] pude (então), como me recordo, avaliar plenamente a diferença essencial entre o recém-chegado e eu. Ele projetava uma curta sombra azul no solo; eu também, mas além desse companheiro achatado, inconstante e apenas esboçado que ele e eu devíamos ao Sol e que desaparecia em tempo nublado, eu possuía ainda uma outra sombra, um reflexo palpável de meu Eu corpóreo que eu trazia constantemente à minha esquerda, ao passo que meu visitante, de algum modo, tinha perdido a sua ou a havia desenganchado e deixado em casa. Lloyd e Floyd, assim ligados um ao outro, eram completos e normais, mas ele não era nem uma coisa, nem outra. (Ibidem, p. 281)

Nabokov examina o critério da normalidade espiritual segundo o ponto de vista do gêmeo siamês que supunha que sua fusão com o outro era a situação original. Provido dessa perspectiva, ele desvela a natureza dos outros separada em dois: é preciso ser um monstro de completude para perceber que os indivíduos normais são aqueles capazes de se desacoplar de seu acompanhante. Na perspectiva de Floyd,

6. Compartilhadores do espaço espiritual: Anjos — Gêmeos — Duplos

Teologia de circo: Chang e Eng — ou: o complemento aprisionado.

o pequeno desconhecido representa um monstro de isolamento, e será preciso ainda algum tempo até que ele entenda que a monstruosidade está do seu lado, e não do lado dos seres separados que deixaram seu complemento em casa ou em qualquer outro lugar. Os irmãos siameses encarnam a "castração umbilical" não realizada, a fracassada libertação física do outro. Ao contrário dos indivíduos comuns, não puderam estabelecer em seu campo umbilical os acompanhantes invisíveis e as intenções oníricas do anseio por eles. Para os gêmeos, o duplo permanece conservado numa forma carnal, demasiado carnal; e é precisamente por isso que os irmãos siameses podem ser exibidos nas feiras; eles aparecem para a multidão fascinada como indivíduos que capturaram seu anjo em uma armadilha: seu acompanhante está condenado a se tornar visível, seu gênio deve suportar conjuntamente a queda na corporeidade. Diante dessa monstruosa exceção, o mais estúpido basbaque pressente a lei do devir humano: onde havia uma ligação corporal, deve surgir

411

uma aliança simbólica. Quem vê os siameses respira aliviado e alegra-se de que Deus, se ele existe, mantém-se, no seu caso, em segundo plano. Em nenhum templo essa verdade se deixa apreender tão expressamente como no teatro de variedades: nenhum espelho, nenhuma lente, nenhuma ilusão de óptica, apenas a pura natureza obscena. Aqui, o gêmeo real instalou-se no campo umbilical e afirma obstinadamente sua presença ante as substituições libertadoras. Sem véu que dissimule, o observador tem sob seus olhos a sagrada falta de liberdade dos eleitos. Para os que cresceram colados, permanece fechada a saída para a banalidade psíquica, que se abre a todos os indivíduos normais; eles estão condenados ao acompanhamento permanente, assim como o místico está cronicamente indefeso contra o Deus que o inunda e resseca à vontade. É monstruosa uma vida sob a posse de um gênio que não guarda sua distância. E não representa, esse Segundo arraigado, aquilo que nunca deveria ter sido visível, nem aqui, nem agora, nem de uma forma tão insubordinadamente corporal? Ele concretiza a placentofania, na forma de um irmão cambaleante ao seu próprio lado. Ainda assim, o cômico macabro dessa visão serve ao indizível como incógnito protetor, "pois bem parecíamos um par de anões bêbados apoiando-se um no outro" (ibidem, p. 281).

Na terceira e quarta partes de seu romance *O homem sem qualidades*, Robert Musil retomou o motivo dos irmãos siameses enquanto metáfora para o Eros fusional. Mas aqui o liame siamês aparece totalmente desmaterializado e interiorizado, servindo como uma marca simbólica em uma épica exploração das condições de possibilidade de uma intimidade entre parceiros que se seduzem mutuamente a uma excessiva abertura recíproca. A circunstância de que Musil tenha apresentado um irmão e uma irmã — Agathe e Ulrich — como polos de sua fusão experimental tem apenas uma necessidade literária, não psicológica. Musil não se esquece de dissociar ao máximo os pontos de partida do processo de fusão. Os dois irmãos, que de resto não têm a mesma idade justamente porque não são gêmeos físicos, viviam em lugares separados e tinham se perdido de vista por muitos anos, tanto interiormente como exteriormente. Só a morte do pai ofereceu a oportunidade de

6. Compartilhadores do espaço espiritual: Anjos — Gêmeos — Duplos

Leonardo da Vinci, *Leda e o cisne*, 1510-1515 (detalhe). Seus quatro filhos [Pólux, Clitemnestra, Castor e Helena] saem dos dois ovos.

um reencontro que se tornaria o início de uma ligação magnetopática incestuosa friamente construída. A relação de fraternidade entre Ulrich e Agathe é necessária para a organização narrativa de Musil por duas razões: de um lado, para fornecer a motivação mais simples e mais plausível à atração *a priori* entre ambos, ao mesmo tempo erótica e simbiótica; de outro lado, para investigar a questão dos limites do erotismo em um caso excepcional e ilegítimo de amor entre irmãos. Com isso, a busca de um reino milenário a dois aparece como um crime

413

contra a lei fundamental de todas as constituições sociais. Não é por acaso que o ciclo de capítulos dedicados aos irmãos na obra-prima de Musil traz o título "Os criminosos". É preciso que Agathe e Ulrich sejam irmãos para que a equivalência entre incesto e comunhão mística salte aos olhos. Pois, assim como a ordem genealógica da sociedade enquanto sistema de distâncias e diferenças não poderia subsistir se as mães se relacionassem sexualmente com seus filhos, os pais com as filhas, os irmãos com as irmãs, do mesmo modo a realidade não poderia se afirmar como instituição simbólica total caso se impusesse a tentação mística que aspira liquidar a distância institucionalizada entre sujeito e objeto, e entre coisa e signo. O indiscernimento, ou recusa da distinção, é o crime ontológico contra o qual todas as construções universais da realidade e, portanto, as visões éticas do mundo erguem um protesto. Por mais que os indivíduos frequentemente anseiem, em certo nível, pela dissolução em uma ausência de opostos, a cultura se fundamenta no imperativo categórico da discriminação: Deves distinguir! E deves observar as distinções primárias como leis incondicionalmente válidas mesmo se te parece que a lei, como o rei do conto, está nua — ou, o que dá no mesmo, que ela é arbitrária e indiferente. Todas as imagens constituídas do mundo são recusas da indistinção. Ao mesmo tempo, é preciso contar, em numerosos indivíduos, com uma anárquica tendência à indiferenciação. A indiferença em relação a tudo já é mais que a metade da mística. Não é somente uma peculiaridade do caráter social austríaco considerar, com um "pouco me importa", o fim do mundo como uma solução sempre atual para todos os problemas da realidade. O anarquismo ontológico constitui uma tentação que, pelo menos em seus indícios, é conhecida por todas as altas civilizações e todo ambiente que demanda realizações. A arte ensaísta de Musil se apresenta como um método de pesquisa para pôr à prova a diferença entre, por um lado, uma existência vivida de maneira tímida e protegida em meio a distinções válidas e, por outro, aquela em que as diferenças constitutivas são levadas à dissolução. Isso deve conduzir a um permanente conflito entre o estado normal e o outro estado. O grande assunto de Musil é a rivalidade entre o modo de existência realista e o modo místico. No universo do romance, como se sabe, Ulrich, o "homem sem qualidades", figura como ponto de intersecção vivo entre os modos de ser discriminativo e não discriminativo. Sua suposta falta de qualidades marca a posição, impossível de se manter na prática, na fronteira entre a pura observação e a participação absoluta. Em sua ideia do amor entre irmãos, reflete-se a utópica coincidência entre *epoché* e fusão:

> (Ulrich) [...] — Basta que queiras estar inteiramente no centro de alguma coisa para já te veres arrojado de novo para as bordas; essa é, hoje, a experiência em todas as experiências!
>
> (Agathe) — Segundo tua experiência, portanto, não se pode nunca agir realmente por convicção, e nunca se poderá. Não entendo por convicção — precisou ela — uma ciência qualquer, nem tampouco o adestramento moral que nos foi imposto, mas o fato de se sentir inteiramente presente em si mesmo e também se sentir presente em todos os outros, o fato de que alguma coisa que permanece agora vazia é saturada; entendo alguma coisa da qual se parte e à qual se retorna [...].
>
> — Queres dizer exatamente aquilo de que falamos — respondeu suavemente Ulrich. E és o único ser no mundo com quem posso falar sobre isso dessa forma [...]. Devo dizer, antes, que é provavelmente impossível exigir em sã consciência um "estar no centro das coisas", um estado de "intimidade" intacta da vida (entendendo-se essa palavra não no sentido sentimental). — Ele havia se inclinado para a frente, tocou o braço de Agathe e olhou-a longamente nos olhos. — A única verdade é que sentimos dolorosamente tua falta! Pois a isso se liga sem dúvida nosso desejo de amor fraterno, que é uma adição ao amor comum, na direção imaginária de um amor que não seja sem mescla de estranhamento, nem não amor. [...]
>
> — Seria preciso ser um par de gêmeos siameses, acrescentou Agathe.[26]

---

26. Robert Musil, *Der Mann ohne Eigenschaften* [*O homem sem qualidades*], Hamburgo, Reinbeck, 1952, p. 907-908.

Digressão 6

O luto das esferas
Sobre a perda do nobjeto e a dificuldade de dizer o que falta

> *Eu a possuí, porém, uma vez*
> *O que é tão precioso!*
> *Que, para sua grande dor,*
> *Nunca mais se esquece!*
> J. W. von Goethe, *An den Mond*, última versão

Se ainda fosse permitido aos psicólogos falar abertamente em termos mitológicos — pois, em formas codificadas, jamais deixaram de fazê-lo —, eles poderiam, para exprimir a dificuldade teórica e terapêutica da disposição depressiva ou melancólica, buscar refúgio na seguinte formulação: a melancolia é o rastro psíquico de um crepúsculo dos deuses em um caso individual. Essa expressão ofereceria a vantagem de explicar o distúrbio melancólico-depressivo como um genuíno caso de luto ocorrido na mais estreita proximidade do sujeito, com o que a suposta diferença estrutural entre o luto e a melancolia — da qual Sigmund Freud, em seu muito estudado artigo de 1916, *Luto e melancolia*, havia tanto considerado — perderia a maior parte de seu brilho teórico. O melancólico seria, então, em primeiro lugar, uma pessoa enlutada como qualquer outra, com a única diferença de que a perda que o atingiu ultrapassa as separações inter-humanas ordinárias. Seria o gênio, ou o deus íntimo, que se teria perdido em um crepúsculo de deuses individual, e não apenas um parente ou um amante profanos; o luto por um ser humano amado que se perdeu só assumiria os traços da melancolia quando se tratasse do gênio do indivíduo abandonado. Na perda do gênio, como na perda de um parceiro íntimo, incluem-se casos de luto psicologicamente reais e, nessa medida, objetivos; e longe de jogar a realidade de um caso contra a irrealidade do outro, a missão de uma psicologia que sabe algo das leis das esferas é fundar de forma psicodinâmica a equivalência subjetiva entre a perda de um parceiro de vida e a perda de um gênio. A psicologia só pode se afirmar como ciência da repartição da subjetividade por sua competência em descrever situações interiores mediante suas características nomológicas específicas. Se ela definisse a melancolia — com todas as reservas metodológicas e ideológicas que se podem oferecer — como uma forma crônica do luto por um gênio perdido, teria determinado a essência da disposição depressivo-melancólica quase como uma crise ateísta individualizada: em uma cultura religiosa, o melancólico seria um indivíduo que teria acrescentado à doutrina oficial, "Deus existe", a representação suplementar privada, subversiva e rebelde: "mas ele não está em condições de *me* animar". Por essa razão, na tradição metafísica da velha Europa, imagens problemáticas da retirada do gênio para zonas afastadas do mundo e de Deus podiam se tornar sugestivas; não é por acaso que Dante e Milton, com seus retratos de um Satã tristonho, desenvolveram, por assim dizer, visões oficiais da doença mental original: ser de uma opinião diferente da de Deus. Em uma cultura ateísta, ao contrário, o indivíduo melancólico seria alguém que tivesse completado a tese oficialmente autorizada, "Deus está morto", por uma proposta suplementar: "e também está morto meu aliado pessoal" — com o que, num primeiro momento, seria quase indiferente saber se esses pensamentos privados atuam no sujeito de forma consciente ou inconsciente. O empobrecimento depressivo é a exata reprodução do não-ter-mais-nada-a-dizer após a retirada do mais importante complemento; é exatamente por isso que, no mundo antigo, a melancolia real era sobretudo a doença dos banidos e desenraizados que, após as guerras e as epidemias, haviam perdido suas famílias e seus contextos rituais. Mas pouco importa que um indivíduo tenha tido que renunciar ao culto de seus deuses ou a seus parceiros íntimos: em qualquer caso, o sujeito depressivo-melancólico encarna a convicção de que seu gênio deixou de existir. Sucumbir à melancolia não significa nada mais que se entregar com uma intensidade de fé sem reserva à afirmação consciente ou inconsciente de que aquele que me encorajava e motivava intimamente, o meu cúmplice, me abandonou. A melancolia representa a patologia do exílio em estado puro — o empobrecimento do mundo interior pela retirada do campo de proximidade vivificador. Nesse sentido, o homem melancólico seria um herético da crença em sua boa estrela — um ateu em relação a seu próprio gênio ou o duplo invisível que deveria tê-lo convencido da insuperável vantagem de ser ele próprio e ninguém mais. A melancolia é a forma maciça da crença de ter sido abandonado pela divindade complementar íntima, por cuja presença inicial a própria existência tinha principiado seu movimento natal. O sujeito abandonado responde, com o mais profundo descontentamento, à experiência de um engano metafísico: o de ter sido atraído à vida pelo grande Outro íntimo, e ser, então, abandonado por ele a meio-caminho. Diante do luto melancólico pelo vivificador perdido, a terapia — para continuar a falar em termos mitológicos — deveria consistir em reforçar no sujeito isolado os princípios de uma fé renovada na possibilidade de uma complementação psíquica. Isso pode ser feito, essencialmente, por três caminhos — seja com o terapeuta colocando-se a si próprio à disposição de seu paciente como sucedâneo temporário do gênio, o que ocorre necessariamente nas relações de transferência exigidas nas chamadas grandes análises, seja atraindo a atenção da pessoa enlutada para um deus imortal de nível mais elevado, como ocorre comumente nos aconselhamentos teológico-pastorais e proclamações das seitas.[1] A terceira variante consiste em o sujeito deixar-se iniciar no uso das técnicas não religiosas e não íntimas de autocomplementação. Os marcos dessa terceira via foram apresentados por Andy Warhol:

> Com a compra de meu gravador (em 1964), aquilo que eu poderia ter tido de vida sentimental chegou definitivamente ao fim, e fiquei feliz com isso. Nada mais foi um problema, pois

---

1. O modelo clássico do "trabalho de luto" religioso é fornecido por Agostinho no livro IV de suas *Confissões*, op. cit. (ver Nota 7 da Introd.). Cf. *Esferas II*, Cap. 1: "Retirada do próximo-distante. O espaço tanatológico, a paranoia, a paz do reino".

> agora um problema não passava de uma boa fita magnética, e
> quando um problema se converte em uma boa fita magnética
> não é mais um problema. Um problema interessante era uma
> fita magnética interessante. Todo mundo sabia disso [...].[2]

Nem todo mundo, na verdade. Enquanto a reformulação de problemas psíquicos em problemas midiáticos não for aceita de maneira geral como regra autoterapêutica, os dois caminhos mais antigos, de caráter individual-teológico, impõem-se no tratamento da inquietação melancólica, com a inevitável consequência de que aqui, em vez de aparelhos técnicos de gravação, devem necessariamente entrar em jogo ouvintes humanos. Mas, em uma civilização integralmente psicologizada, também a tutela dos padres se torna cada vez mais obsoleta ou se transforma, por sua vez, em um serviço psicoterapêutico disfarçado de religião, de modo que esse serviço permanece, de fato, a única forma de cuidado pessoal da melancolia. Mas o problema metodológico na abordagem genuinamente psicológica é que suas teorias fundamentais, em particular as freudianas, operam sob a maciça proibição de empregar termos mitológicos; daí, o que está fora de questão, elas definirem o tratamento da melancolia como a restauração da fé no gênio ou em um representante mais elevado de Deus — ou, ainda, como esforço de dotar de sentido espiritual o abandono empírico. Ela deve então glosar, em linguagem não mitológica, a perda da qual sofrem os pacientes melancólicos; e está condenada a conceber uma representação psicológica da cura sem recorrer ao conceito da fé recobrada no gênio — com o resultado de que, num primeiro momento, e, no balanço final, até o último momento, ela não pode mais absolutamente dizer em que deve consistir o bem perdido do melancólico. Essa inevitável mistificação de uma situação psíquica fundamental, outrora enunciável de forma muito simples, ainda que de modo algum fácil de analisar, é apresentada por Freud com notável circunspecção em seu famoso ensaio sobre o luto e a melancolia:

---

2. Andy Warhol, *Die Philosophie des Andy Warhol. Von A bis B und zurück* [*A filosofia de Andy Warhol, de A a B e de volta*], Munique, Knaur, 1991, p. 35. [Ver Nota 3 da Digressão 5.]

> Em uma série de casos, é evidente que também ela (a melancolia) pode ser uma reação à perda de um objeto amado. Em outras ocasiões, pode-se reconhecer que a perda tem uma natureza mais ideal. [...] Em outros casos, ainda, crê-se que se deve continuar a supor uma perda dessa espécie, embora não se possa ver claramente o que foi perdido, e é plausível supor, com mais razão, que nem mesmo o paciente seja capaz de perceber conscientemente o que perdeu. De resto, isso poderia ainda ocorrer quando o paciente reconhece a perda que desencadeia a melancolia, no sentido de que ele realmente sabe *quem* ele perdeu, mas não *o que* perdeu com isso. Isso nos sugeriria que a melancolia está de alguma forma relacionada a uma perda objetal que escapa à consciência [...].[3]

A excomunhão das expressões mitológicas e poéticas força o discurso psicanalítico sobre a psique melancólica a uma interessante manobra semântica que consiste em traduzir a ruptura da relação com o Outro constitutivo em termos de uma perda do objeto pelo paciente. Essa operação é instrutiva, porque está condenada ao fracasso sem por isso se tornar absurda: seu sucesso relativo será medido por sua capacidade de deslocar para cada vez mais longe o momento do malogro, de modo que, antes de sua interrupção, uma quantidade de ligações jamais vistas ou enunciadas dessa forma emergirá do campo das cossubjetividades cruzadas. O próprio Freud desencadeou esse processo no ensaio citado, no qual apresentou graves hipóteses sobre a intrincada natureza da dependência melancólica pelo objeto perdido. O decisivo, aqui, é que o analista se volta para a ideia de que o melancólico, como toda pessoa enlutada, realiza, em primeiro lugar, um movimento pelo qual sua "libido", representada como um capital privado de energia vital de matiz sexual, é "recolhida" de volta para o Eu desde o objeto perdido; e ele não o faz, porém, para investi-la em um novo objeto de amor, mas para se ligar de uma maneira ainda mais radical — embora não se perceba bem, pelas premissas de Freud, como isso se deve produzir — ao velho objeto perdido. A consequência disso é, forçosamente, a

---

3. Sigmund Freud, "Trauer und Melancholie", 1916, *Gesammte Werke*, vol. 10, Frankfurt, 6. ed., 1973, p. 430-431.

bancarrota emocional e o extremo empobrecimento psíquico. A fórmula para isso é, agora, a seguinte: "*Identificação* do Eu com o objeto abandonado".[4] O apego absurdo ao investimento ruinoso da libido é explicado, a título de tentativa, como a seguir: "A sombra do objeto tombou desse modo sobre o Eu, que pôde agora, por um instante particular, ser julgado como um objeto, como o objeto abandonado. Dessa maneira, a perda do objeto se transformou em uma perda do Eu [...]."[5]

Tendo em vista que se fala, aqui, da silenciosa tragédia que demarcamos com a expressão mitológico-poética da perda do gênio, o que se observa em primeiro lugar nessas formulações é sua tendência reificadora. Pode-se julgar, entretanto, que o risco de reificação que surge nesse tipo de discurso é amplamente compensado pelo ganho em diferenciação na interpretação da relação consigo mesmo no sujeito melancólico. Este aparece agora sob uma luz na qual a relação de parceria com o Segundo íntimo se apresenta duplicada no nível interno: aquilo que o Outro real significa para o sujeito repete-se no sujeito para consigo mesmo. Consequentemente, o sujeito é, ao mesmo tempo, ele próprio *mais* o rastro de todas as suas experiências de convívio com o Outro. Se o outro real se perde de fato, sua "sombra", retomando a misteriosa formulação de Freud, tomba sobre o Eu. Os detalhes de como ocorre esse ensombrecimento do Eu são descritos nos discursos técnicos da psicanálise, acompanhados de interpretações mais ou menos fabulosas e frequentemente muito complexas; como núcleo sólido, essas interpretações apenas defendem a tese de que o sujeito, em seu próprio prejuízo, exige continuar vivendo em uma proximidade exagerada, ilusória, equívoca, e talvez até rancorosa e culpada, mas em todo caso imatura, com o objeto do qual não pode se privar. Sob tais premissas, o Outro essencial não pode, ao que parece, se perder sem que se despoje o sujeito de traços essenciais de sua própria vida — a menos que, de antemão, ele se tenha exercitado a tal ponto na perda do Outro que a perda do Eu não se siga também imediatamente ao seu desaparecimento. O problema que a melancolia coloca para a construção de uma teoria

---

4. Ibidem, p. 435.

5. Ibidem.

psicanalítica e para o dogmatismo individualista, impregnado por uma ontologia reificadora, que a sustenta, consiste em que, na perda melancólica, perde-se incontestavelmente um Algo que, segundo o modelo teórico, não poderia de modo algum existir: um objeto que jamais poderia ter sido de fato um objeto, porque está em uma proximidade tão íntima com o sujeito que a persistência isolada e integral deste último, após a perda do primeiro, revela-se uma impossibilidade psicológica. O melancólico, portanto, não perde o objeto da maneira como deveria perdê-lo, segundo as regras da ciência: ou seja, de modo que, *in fine*, ele próprio perdurasse vitorioso após a separação — existencialmente livre para novos investimentos da libido e simbolicamente inspirado para um lamento criativo —, mas antes perderia, junto com o "objeto", a maior parte de sua competência comunicativa e erótico-musical. Mas com isso fica claro por que o conceito da perda do objeto não é aqui apropriado. Em um conceito corretamente compreendido de objeto já deve estar pensada sua correta delimitação ante um sujeito, de tal modo que uma real perda de objeto, no sentido preciso da palavra, não poderia em nenhuma circunstância pôr em questão a persistência do Eu. Em um dueto objetivo, o primeiro violino pode encontrar um substituto para o segundo violino, caso este se perdesse em um acidente. Nos duetos da vida pré-objetivos ou constitutivos, entretanto, a execução de um é sempre a execução do outro, e, caso se oculte do sujeito por vir seu parceiro de execução, a música morre nesse mesmo instante, porque nem as peças se distinguiram até chegar a objetividade, nem os instrumentos se cristalizaram até atingir uma tangibilidade autônoma. Pois o indivíduo arrancado aos ensaios não pode continuar tocando sua parte de modo descontextualizado, em qualquer lugar que seja. Uma teoria psicológica sensata dessa relação sugere, portanto, compreender o melancólico como um solista involuntário que, após a separação de seu parceiro constitutivo no dueto, fica sem peça, sem instrumento e sem exercício capaz de animá-lo. Falar em perda do objeto revela que os psicólogos, em suas primeiras tentativas de expressar-se no vago domínio das dualidades arcaicas, não podiam, eles próprios, compreender o que diziam, porque só pode existir objeto no sentido psicológico quando é possível separar as peças e os instrumentos dos intérpretes sem que estes percam seu potencial de execução. Se faz sentido conceber a existência de objetos psicológicos, é apenas na medida em que estes se definem como polos de relações que podem ser substituídas e transpostas pelo Eu sem um empobrecimento agudo de si mesmo. Objeto é apenas o que pode ser ocupado *e* abandonado. O que se denomina objetividade psicológica nasce da cristalização da competência dialógica, formando um repertório que se pode também continuar a tocar com outros parceiros. O traço característico forte do objeto psicológico é sua possibilidade de ser perdido ou, o que aqui dá no mesmo, sua substitutibilidade e a repetibilidade da execução da peça ensaiada com outros parceiros. Inversamente, um objeto que não está ou ainda não está cristalizado como um sujeito suscetível de ser perdido, abandonado, substituído, transposto, não pode constituir nenhum objeto no sentido psicológico do termo.

Esse Algo íntimo, inacessível, em cuja presença e sob cuja ressonância, apenas, o sujeito está completo, nós o denominamos aqui, tomando de empréstimo a expressão cunhada por Thomas Macho, o nobjeto.[6] Nobjetos são coisas, meios ou pessoas que assumem para os sujeitos a função de gênio vivente ou de complemento íntimo. Essas entidades, que na tradição pré-psicológica foram frequentemente apresentadas como almas exteriores, não podem de maneira alguma, mesmo em uma cultura psicologizada, ser concebidas na forma de coisas, pois com isso se estaria postulando ou pressupondo uma separabilidade do sujeito ou, antes, do pré-sujeito, que, de um ponto de vista psicológico, precisamente não pode ser atingida enquanto o sujeito se encontra em sua fase formativa. Ele só aprenderá suas peças intercambiáveis quando tiver se tornado um virtuose de sua própria parte nos duetos formadores e trios constitutivos (de quartetos e quintetos ainda não se deve falar aqui). Se, entretanto, os complementos nobjetais são arrancados precocemente do coração do indivíduo, pela força maior ou pela violação maior que está em ação por toda parte na miséria trivial, então o estado de ânimo depressivo-melancólico é a resposta adequada do indivíduo amputado do nobjeto à atrofia de seu campo psíquico. O componente funda-

---

6. Cf. Digressão 2: "Nobjetos e não-relações".

Marcel Duchamp e Eve Babitz posam para o fotógrafo Julian Wasser no Museu de Arte de Pasadena, 1963 (detalhe).

mental da cossubjetividade, que seria preciso reconstruir nos termos da teoria psicológica, não aparece, portanto, nem nas relações objetivas entre sujeito e objeto, nem nas transações afetivas entre sujeito e sujeito, mas apenas naquelas unidades sujeito-nobjeto que, enquanto células de ressonância do metabolismo psíquico, preexistem a todas as outras atividades materiais e comunicativas. De resto, como se indicou, seria preciso substituir, por sua vez, a expressão "sujeito" ou "Eu" por uma expressão negativa correspondente, porque também nela está inscrito o falso postulado de sua separabilidade de seus complementos e aliados — seria preciso, portanto, falar de um pré-sujeito ou de um (N)Ego, uma tendência terminológica que de fato se observa nos discursos psicanalíticos maduros da última geração.

Uma parcela daquilo que o conceito de nobjeto traz ao pensamento já foi examinada por Jacques Lacan em sua famosa preleção sobre *A ética da psicanálise*, de 1959 a 1960, em que, sob a epígrafe *la Chose*, ele buscou exprimir um objeto psicológico pré-objetivo. Sobre este, seria preciso antes de tudo observar, de um lado, que ele deve ser sempre considerado como perdido, mas que sua subtração, por outro lado,

Digressão 6. O luto das esferas: Sobre a perda do nobjeto e a dificuldade de dizer...

sempre atende ao maior bem do sujeito. As geniais exposições de Lacan sobre *La Chose* — em cujo conceito ressoa uma série harmônica que se estende desde a ideia de Deus em Meister Eckart até a coisa em si kantiana — são marcadas por ambiguidades insolúveis, de modo que fica impossível extrair dela seletivamente o que se dirige para uma análise das comunhões nobjetais e o que visa à edificante doutrina paulina, revista pela psicanálise e pela higiene psíquica, da interdição que torna possível o desejo. Permanece inaceitável, contudo, a maneira abusiva pela qual a corroboração da proibição do incesto por Lacan (cuja apresentação revela imediatamente seu catolicismo) desemboca em uma trágica antropologia idiossincrática, em que a "perda da mãe" — seja o que for que isto signifique — é proclamada já no plano arcaico como um destino universalmente humano. Todos os homens aparecem como seres que teriam razões igualmente boas para ficarem melancólicos — pois amputados da mãe, não nos deixemos enganar, estamos todos nós. Perante a inatingibilidade da *Chose*, todos os homens são iguais. Julgas que foste mais roubado que os outros? De modo algum; olha em volta de ti: somos todos órfãos da *Chose*. E, enquanto espíritos fortes, seria apropriado nos conformarmos com a ideia de que a solidão começa no berço! Com essa nivelação dos sofrimentos psicóticos e neuróticos para uma classe de pacientes que abrange todo o gênero humano, a psicanálise *à la parisienne* renuncia à sua orientação para o sofrimento psíquico e a procura de auxílio, e transforma-se em uma escola filosófica de tipo neoantigo. A ética estoico-surrealista de Lacan tem por objetivo a refutação da esperança terapêutica: não és ajudado antes que compreendas que ninguém pode te ajudar. Quando se tiram as consequências dessa mensagem, também a terceira via, a da psicoterapia, apresenta-se como um beco sem saída para o tratamento da disposição melancólica. Meu gênio está morto, e o que eu considerava como meu auxiliar, aquele que devia substituí-lo provisoriamente, revela-se um manequim falante. Haveria razão para se desesperar? À saída do consultório de Lacan, Warhol aguarda com seu *tape recorder*. "Quando um problema se converte em uma boa fita magnética, não é mais um problema [...]. Todo mundo sabia disso." A notícia se espalha. No lugar da inconsolabilidade deve surgir a *performance* midiática.

425

Digressão 7

Sobre a diferença entre um idiota e um anjo

É o mérito comum de Dostoiévski e Nietzsche ter introduzido o conceito de idiota no moderno discurso sobre a religião. O que se ganha com essa expressão torna-se compreensível logo que a distinguimos daquela do anjo, assumindo seu valor como oposto e contraste deste. O que é uma aparição angélica e como ela intervém na vida profana, isso é algo que tradição religiosa da velha Europa elaborou nos múltiplos meandros de sua busca por novidades e imagens; mas perceber que a vida humana também é afetada pela aparição de um idiota, isso coube ao maior romancista-psicólogo do século XIX e ao autor de *O Anticristo*. Para ambos, a palavra "idiota" traz consigo uma carga "cristológica", pois ambos se lançam à arriscada tentativa de alcançar, com o predicado "idiótico" — mesmo sendo os indícios contraditórios —, o segredo tipológico do redentor. Há aí um material explosivo para a psicologia da religião, pois todas as tentativas tradicionais de aduzir o surgimento de figuras de redentores orientavam-se inevitavelmente para o modelo dos anjos ou mensageiros, ou seja, para a ideia de que um enviado portador de uma mensagem transcendente apresenta-se aos mortais e, como um herói salvador, liberta-os da miséria física e da perdição moral. O redentor é, portanto, em primeiro lugar, apenas uma forma intensificada do mensageiro — notando-se que só a cristologia helenizada introduziu o salto categorial de que o mensageiro não mais apenas *traz* a mensagem, mas *é* a própria mensagem. Em sua florescência, o esquema dos mensageiros ou anjos foi, evidentemente, poderoso o bastante para dar suporte à teoria do redentor. Apesar disso, para estabelecer o redentor como mensageiro de todos os mensageiros, os teólogos cristãos tiveram de fazer dele o filho da substância e proclamá-lo como o único signo perfeitamente adequado do Ser.[1] Fala em favor da viabilidade do modelo angelético[2] o fato de que ele esteve à altura dessa exigência. A cristologia clássica mostra a metafísica dos enviados e mensageiros no ápice de seu poder. Ela pertence a um estado do mundo e da teoria que se caracteriza pelo dogma do emissor poderoso. E talvez até mesmo a estrutura discursiva que nos acostumamos a denominar metafísica não seja mais que um reflexo da submissão do pensamento à imagem de um Ser que, como emissor absoluto, monopoliza todos os tronos, todas potências e forças, juntamente com seus eflúvios de signos e de transmissores. Nesse Estado-emissor incondicional, o Deus da Bíblia e o Deus dos filósofos poderiam convergir.

Se nos pusermos de acordo, em seguida, sobre a fórmula de que a modernidade é um processo de informação que força a crise da metafísica do emissor, já teremos em mãos o meio de compreender por que uma teologia sensata em sua época não consegue mais, após Gutenberg, ter sucesso com uma teoria angelética do redentor como enviado. Com a moderna multiplicação das potências emissoras e com a inflação de mensageiros no mercado livre da informação, um hipermensageiro do tipo de um Deus redentor representado por seus apóstolos não pode mais afirmar sua primazia feudal. Quem quisesse exercer sobre os homens uma ação libertadora, num sentido específico, não deveria, no futuro, ser um mensageiro encarregado de uma *mensagem* transcendente, senão antes um ser humano cuja diferença imediatamente perceptível na realidade presente substituiria completamente o portador de uma mensagem do Além. É característico da genialidade de Dostoiévski, no domínio da filosofia da religião, que tenha sido ele o primeiro a reconhecer e a pensar até o limite a oportunidade de transferir a cristologia

---

1. Sobre signos do Ser, cf. *Esferas II*, Cap. 7: "Como, por meios puros, o centro da esfera age a distância. Contribuição à metafísica da telecomunicação".

2. Devemos o termo "angelético" a Rafael Capurro; para a história conceitual dos *angelia*, cf. seu livro *Leben im Informationszeitalter* [*Vida na era da informação*], Berlim, Akademie, 1995, Cap. 7: "Genealogie der Information" ["Genealogia da informação"].

do âmbito do angelético para o do idiótico.[3] É exatamente porque o mundo moderno está tomado pelo ruído dos mensageiros do partido do poder, bem como da algazarra artística dos gênios que chamam a atenção para suas obras e seus sistemas tresloucados, que a diferença religiosa não se deixa mais marcar, de modo convincente, como um sistema de difusão de mensagens. Não é na forma de mensageiro que o homem-deus do presente pode alcançar os mortais, mas apenas como idiota. O idiota é um anjo sem mensagem — um complemento íntimo e imediato de todos os seres que por acaso encontra. Mesmo sua entrada tem o caráter de uma aparição — não porque ele representasse neste mundo um clarão transcendente, mas porque, no centro de uma sociedade de fazedores de papéis e de estrategistas do ego, ele encarna uma inesperada ingenuidade e uma desarmadora benevolência. Quando ele fala, não é jamais com autoridade, mas unicamente com a força de sua franqueza. Ainda que seja um príncipe por sua linhagem, é um homem sem signos de *status* — nisso ele pertence incondicionalmente ao mundo moderno, pois, se a hierarquia pertence ao anjo, o traço igualitário é próprio do idiota. (Hierarquias de anjos compreendem-se sem dificuldade, enquanto hierarquias de idiotas espantam.) Ele se movimenta entre pessoas da alta e da baixa sociedade como uma criança grande que jamais tivesse aprendido a avaliar sua própria vantagem.

Desse moderno diagnóstico religioso e estético — não esqueçamos que Dostoiévski havia construído o personagem do idiota como uma tentativa de representar "o ser humano perfeitamente *belo*" e seu inevitável naufrágio nos escolhos da feiura humana —, Nietzsche extraiu, em seu belicoso escrito *O Anticristo*, de 1888, as consequências religiosas e psicológicas. Para ele, já o próprio Jesus histórico pode ser tipologicamente conduzido ao denominador dostoievskiano — ele é, na terminologia de Nietzsche, a encarnação de um *décadent ante litteram*. "Deveríamos lamentar que alguém como Dostoiévski não tenha vivido na companhia do mais interessante de todos os *décadents*, quero dizer,

---

3. Herman Melville poderia pretender, em todo caso, ter antecipado, em seu conto "Bartleby", publicado em 1856, a passagem do angelético ao idiótico que o romance de Dostoiévski, de 1868-1869, concluiu espetacularmente.

alguém que soubesse sentir o encanto pungente de uma tal mistura de traços sublimes, mórbidos e pueris [...]."[4]

São inadequadas, por conseguinte, todas as caracterizações que pretendem projetar sobre o Jesus histórico a linguagem do heroísmo e da cultura do gênio — tanto quanto a linguagem do fanatismo e da arrogância apostólica apologética. Em tudo isso só se expressa a cólera do substituto e as ambições do herdeiro. Quanto ao que concerne ao tipo concreto do redentor evangélico, seria preciso, enfim, abordá-lo com a única categoria médica apropriada: "Para falar com a severidade do fisiologista, o que antes conviria aqui é uma palavra muito diferente: a palavra 'idiota'."[5]

O sublime, o pueril, o mórbido — como seria possível que esses aspectos se juntassem em um único qualificativo, "idiótico"? Em sua turbulenta polêmica contra o cristianismo, Nietzsche não se preocupa em esclarecer esse enigma, para grande prejuízo das ciências da religião e da psicologia geral. Se quiséssemos reunir pacientemente as intuições de Dostoiévski e de Nietzsche sobre a equivalência entre a idiotologia e a teoria do redentor, o resultado seria uma profunda revisão das concepções tradicionais do processo religioso.

Nos demais sistemas angeléticos, o redentor se apresenta aos homens como um informante metafísico e, na postura de uma força que tem a garantia do emissor, move-os com sua mensagem penetrante. No sistema idiótico, ao contrário, o redentor é alguém que não tem atrás de si nenhum mandante elevado. Suas manifestações são percebidas pelas pessoas presentes como futilidades pueris, enquanto sua presença é como um incidente que não impõe nenhuma obrigação. Dostoiévski não deixa nenhuma dúvida quanto a esse aspecto. Sobre Gania, um dos personagens do romance, o autor escreve: "Diante do príncipe, não fazia a menor cerimônia, como se estivesse sozinho no aposento, pois não lhe tinha a mínima consideração."[6] Apesar disso, a presença do príncipe Myschkin é a condição desencadeadora de todos os acontecimentos que

---

4. F. Nietzsche, *O Anticristo*, §31. [Ed. bras.: São Paulo, Martin Claret, 2003.]

5. Ibidem, §29.

6. Fiódor M. Dostoiévski, *O idiota* [Ed. bras.: São Paulo, Ed. 34, 2003.]

se desenrolam ao seu redor; ele catalisa de maneira decisiva os caracteres e os destinos dos que o encontram. É justamente como não mensageiro que ele resolve, por um método impenetrável, o problema do acesso ao interior de seu parceiro. Nem sereia nem anjo, ele abre os ouvidos e os centros de excitação psíquica de seus interlocutores. Tampouco é sua puerilidade, no sentido normal da palavra, que lhe faculta seu particular acesso aos seres humanos, a menos que se dê à expressão "pueril" um sentido heterodoxo: a puerilidade poderia ser a prontidão a não pôr em cena seu próprio eu ao se relacionar com os outros, mas manter-se à disposição como complemento do outro. Quando a possibilidade de ser pueril nesse sentido se cristaliza em uma atitude, tem-se o que Dostoiévski articulou com a palavra idiotia — uma expressão que evidentemente só em seu uso mais superficial poderia soar pejorativa.

Com o título *O idiota*, Dostoiévski assinala, como filósofo da religião e crítico da subjetividade, uma colocação do Eu que lhe parece nobre e — ao menos em relação aos outros — salutar, embora não possa de nenhum modo ser referida a uma capacidade angelética. O sujeito idiótico é manifestamente aquele que pode se comportar como se fosse menos ele próprio que o duplo de si mesmo e, potencialmente, o complemento íntimo de todo outro que venha a encontrar. Há, em alguns cantões suíços, esta indelicada locução: "Em teu caso é certo que criaram a placenta em vez da criança." E há muitas indicações para que se tome isso como uma descoberta psicológica. O idiota faz a si próprio de placenta, na medida em que oferece a todos que cruzam seu caminho, à maneira de um travesseiro intrauterino, uma inexplicável experiência da proximidade — uma espécie de ligação imemorial que cria, entre pessoas que se veem pela primeira vez, uma abertura como só pode existir no Juízo Final ou na troca silenciosa entre o feto e a placenta. Na presença do idiota, a benevolência inofensiva torna-se uma força transformadora; sua missão parece ser não ter nenhuma mensagem, mas criar uma proximidade na qual os sujeitos bem demarcados podem dissolver seus limites e se reconstituir. Sua moral é sua incapacidade de golpear de volta. Esse é o traço que deveria interessar Nietzsche na suposta idiotia de Jesus, porque ele encarna, de maneira pueril, o ideal da vida elevada e sem ressentimento — não, é claro, do lado do

Eu ativo, mas do acompanhante, do que encoraja e completa. Haveria, portanto, uma idiotia elevada que se exprimiria na forma de uma disponibilidade e de uma prontidão a servir pré-humanas e sobre-humanas. O redentor idiótico seria aquele que não levaria sua vida como personagem principal de sua própria história, mas tivesse trocado de lugar com sua placenta e arranjado um estar-no-mundo para ela enquanto ela mesma. Um excesso doentio de lealdade? Um caso pré-natal de *Nibelungentreue*?[7] Um delírio de travesseiro e gema do ovo, pelo qual o sujeito se confunde com seu protetor arcaico e seu espírito de proximidade? Será, talvez, a sabedoria do idiota que ele, em sua perda, desça até seu resíduo íntimo, sua irmã placentária? Prefere ele, antes, levar a vida dela do que trair seus inícios comuns em um nado conjunto complementar? "Se não vos tornardes como as crianças...?"[8] Talvez se devesse dizer: "Se não vos tornardes como esta coisa idioticamente amável..."

---

7. A expressão, que significa "lealdade dos Nibelungos", foi cunhada pelo chanceler alemão Bernhard von Büllow, em 1909, para designar a aliança dos impérios germânico e austro-húngaro antes da Primeira Guerra Mundial. Ela ingressou na linguagem corrente com o significado de uma fidelidade acrítica e incondicional. [N.T.]

8. Mateus 18:1-5. [N.T.]

Capítulo 7

O estágio das sereias
Sobre a primeira aliança sonosférica

[...] de fato só uma delgada lâmina em mim se enrijeceu;
se ao menos soubessem como permaneci macio no fundo.
Um gongo eu sou, e algodão e canto nevado,
Digo isso e sei do que falo.
Henri Michaux, *Mes Proprietés*

Para onde, então, deveria chamar-vos, se estou em vós,
ou de onde deveríeis vir até meu interior? [...] Correrei
atrás de vossa voz até vos alcançar.
Agostinho, *Confissões*, Livro I, 2 e 5

No princípio, os animais acompanhados, os homens, estão cercados por algo que jamais pode aparecer como uma coisa. Eles são, antes de tudo, os invisivelmente completados, os correspondentes, os abrangidos e, em caso de desarranjo, aqueles que foram abandonados por todos os bons acompanhantes. Por isso, interrogar-se filosoficamente sobre o ser humano significa, em primeiro lugar, estudar os ordenamentos de pares, tanto aqueles óbvios quanto os não que não se veem tão facilmente, aqueles que vivem com parceiros afáveis e aqueles que criam alianças com Outros problemáticos e inacessíveis. Quanto ao indivíduo desacompanhado, só a *ideologia perennis*, derivada da corrente principal da abstração individualista, continua a falar dele. A psicologia pode cultivar sua pesquisa sobre os gêmeos, e as ciências sociais podem continuar a perseguir sua quimera, o *homo sociologicus*; mas, para a ciência do homem filosoficamente reformulada, é a pesquisa dos pares e a teoria do espaço dual que são fundamentais. Até mesmo o que os filósofos recentes denominaram o existir humano não deve mais ser entendido como a saída do indivíduo solitário para um espaço aberto indeterminado, tampouco como a estadia privada do mortal no nada. Existir é pairar em dupla com o Segundo, por cuja proximidade a microsfera assegura sua tensão. Faz parte de minha existência pairar em meio a algo pré-objetivo, destinado a permitir e estimular minha existência. Não sou, portanto, como querem me fazer crer os atuais teóricos de sistemas e ideólogos da vida, um ser vivo em seu ambiente; sou um ser que plana, com o qual os gênios constroem os espaços: "Se ao menos soubessem como permaneci macio no fundo."[1]

Como compreender a natureza dessa maciez? Como pode a mesma voz dizer de si própria que é o algodão e o canto nevado, mas também o gongo que ecoa o insuportável? Parece que, em nosso caminho pelas zonas nobjetais, o anel mais interno continua intocado. Pois ainda que se possa cogitar que os homens — tanto em suas antigas formações em hordas como no tempo dos impérios clássicos e das modernas culturas planificadas — são seres esferais que só em interação com seus complementos acompanhantes e seguidores dominam os riscos vitais na abertura do mundo, ainda não se enunciou o mistério de sua acessibilidade ao encorajamento do ente que lhe está próximo. Podemos admitir: o gênio não busca, ele já encontrou; o anjo não bate à porta, ele está dentro; o *daimonion* não se faz anunciar, ele já possui o ouvido do sujeito! Mas como, nessas relações íntimas de compartilhamento do espaço, pode um dos lados assegurar-se de antemão da abertura do outro? De que fundo brotam as intimidades pré-estabelecidas que garantem uma suave transmissão de estímulos entre seres inseparavelmente unidos? Como é possível que, para milhões de mensagens, eu seja uma rocha contra a qual elas se quebram como ondas sem suscitar eco, ao passo que certas vozes e instruções me abrem e me fazem estremecer, como se eu fosse o instrumento escolhido de sua ressonância, um meio, uma embocadura feita para soar apenas sob sua pressão? Não resta aqui um

---

1. [Henri Michaux, "Je suis gong", in *La Nuit remue*, Paris, Gallimard, 1935.]

enigma de acesso sobre o qual é preciso refletir? Minha capacidade de ser alcançado por certas mensagens irrecusáveis não teria, porventura, um obscuro "fundamento" em uma faculdade de ressonância da qual até agora não se falou suficientemente? De onde vem a possibilidade quase *a priori* dessa postura aberta, graças à qual Sócrates ouve seu demônio intervir dissuasivamente em suas conversas consigo mesmo? Que se passa com essa reciprocidade atenciosa, dita imaculada, que permite ao anjo da Anunciação — que na maioria das vezes aparece pelo lado esquerdo — dizer o impossível aos ouvidos de Maria sem que sua resignação se transforme em recusa? Em qual onda se propaga o discurso que ressoa incondicionalmente em nós e a cuja escuta o ouvido se abre e se dilata como que envolvido de repente no canto comum de um hino no qual ressoam suas primeiras e últimas expectativas?

Quem se pergunta sobre as camadas mais elementares e mais profundas da acessibilidade psíquica deve procurar saber, antes de tudo, como se faz para sensibilizar novamente uma escuta que se tornou rígida, desconfiada e estreita. De fato, na constituição psicoacústica, a transição para a escuta interior sempre se liga a uma mudança de atitude, passando de uma audição unidimensional, atenta ao alarme e à distância, para uma audição de sobrevoo, apreendida de maneira polimorfa. Essa mudança inverte a tendência geral da evolução, que progride da escuta mágica protomusical para a escuta do alarme e a do cuidado — ou, ainda, como se costuma dizer, à maneira iluminista, da participação não crítica à atenção crítica. Talvez a história seja, ela própria, um combate de titãs pela escuta humana; nesta, as vozes próximas lutam contra as vozes distantes para obter o acesso privilegiado à emoção; as vozes dos ancestrais contra as vozes dos vivos, as vozes dos que detêm o poder contra as dos que exercem o poder oposto. Sob os gestos que reivindicam o direito a comover, há muito tempo o poder se apresenta como verdade; mas na recusa a deixar-se comover manifesta-se uma inteligência estratégica laboriosamente conquistada, que sabe que ouvidos crédulos também deixam passar as mentiras. Quem se torna inteligente guarda distância de cretenses, padres, políticos, deputados.

Ao resistir, o sujeito se coloca como ponto fulcral de uma impassibilidade. Segundo os padrões psico-históricos dos últimos 2.500 anos,

Vaso de Volci, século V a.C. As sereias voam em torno de Ulisses como mulheres em forma de pássaro.

um adulto é, antes de tudo, aquele que se submeteu a um extenso programa de treinamento para tornar-se imune ao fascínio. Nesse programa, o sujeito deve ser trazido até o ponto em que adquire a capacidade de não se deixar comover em sua relação com as apresentações retóricas e musicais que fazem apelo à sua concordância. No fato de que também o ouvido é educado para separar os espíritos e os obséquios revela-se a tensão que as culturas elevadas devem manter em seus portadores para combinar uma abertura superior para o mundo com uma forte resistência à sedução. A subjetivação crítica repousa na desfascinação, enquanto contenção da tendência a comover-se. Desde que a cultura da escrita impôs sua lei, ser sujeito significa, sobretudo, ser capaz de resistir, de início e na maior parte dos casos, a imagens, textos, falas e músicas com os quais se depara, excetuando-se aqueles cujo direito a forçar minha aprovação e concordância é, por alguma razão, de antemão admitido — nós os denominamos ícones, livros sagrados, textos dos patriarcas, hinos e clássicos, nos quais reconhecemos os potenciais culturais de convencimento que sobreviveram tantas vezes ao exame da crítica a ponto de poderem, em certa medida, desarmar até mesmo a nós, os atuais portadores da negação. O convencimento é apenas um nome para a comoção pós-crítica — ele significa o giro do juízo aprovador por sobre as alturas da consciência reflexiva. Mas não só os dogmas oficiais da convicção madura e compartilhada dispõem de alvará para franquear nossas barreiras de distanciamento: também encantamentos provenientes de fontes duvidosas ou proscritas podem *de facto* suspender nosso direito fundamental de escutar ao mesmo tempo que recusamos dar nosso acordo, fazendo de nós ouvintes que sucumbem. Deveríamos dar de ombros e permitir o que se quiser? Mas talvez fosse útil lembrar-se de que a cultura desenvolvida só existe enquanto conseguir produzir um número suficiente de indivíduos animados pela necessidade de defender a distinção entre hipóteses e encantamentos.

No décimo segundo canto da *Odisseia*, Homero apresentou a cena primitiva da antiga subjugação pela música e uma nova maneira de resistir a ela. Ulisses, que pela vontade dos deuses deveria finalmente concluir sua viagem de retorno, recebeu da feiticeira Circe, sua amante por um ano, o conselho de proteger-se, em sua travessia marítima, da sedução mortal do canto das sereias. Durante a viagem, Ulisses informa seus companheiros sobre o assunto:

> Amigos! O que a sublime Circe, a deusa, contou-me,
> Essa esplêndida notícia não é para um ou dois apenas,
> Por isso vou dizer-vos, para que, bem informados,
> Pereçamos ou escapemos à morte e ao fatídico destino.
> Ela ordenou, em primeiro lugar, fugir das sereias,
> De seu fascinante canto, de seus prados floridos.
> Só eu, ela disse, poderei ouvi-las. Deveis, pois, amarrar-me,
> Para que eu permaneça imóvel no lugar,
> Suspenso à meia-altura do mastro.
> Enlacem as pontas à sua base, e se eu pedir ou ordenar
> Que me soltem, apertem ainda mais fortemente o laço.
> (*Odisseia*, Canto XII, v. 154-164)

Em que se baseia essa convicção de Homero de que as sereias, com seu canto, podem levar todos os homens — "quem quer que as encontre" — à morte? De onde o poeta conhece, afinal, a existência dessas fascinantes criaturas (elas são, inicialmente, apenas duas[2]) e por quais encantamentos conseguem seduzir os desavisados? Que atrativos utilizam esses mortíferos pássaros canoros em forma feminina para fazer quem quer que as escute perder a cabeça? Que sabem as sereias sobre suas vítimas para conseguir aproximar-se tanto delas? Como fazem essas duas aprazíveis cantoras para insinuar-se tão profundamente no ouvido de seus ouvintes a ponto de envolvê-los em seu chamado? Pois quem se aproxima demasiadamente e escuta o que elas cantam jamais retorna ao lar e jamais volta a ver "sua esposa e seus filhos balbuciantes vindo felizes a seu encontro". E por que raios empilham-se próximos às sereias montes de carne humana putrefata, "junto com ossos aos quais aderem restos de pele encarquilhada" (Canto XII, v. 40-46)? Que medo, que experiência, que imaginação permitiram aos contadores de mitos gregos criar essa associação entre canto e destruição?

Mesmo que a maioria dessas questões não possa ser respondida ao certo à luz das concepções de Homero e suas fontes, o episódio das sereias na *Odisseia* fornece ainda assim uma certeza: o mundo homérico patriarcal havia aprendido a temer um determinado tipo de enfeitiçamento auditivo. Nem tudo que chega aos ouvidos dos viajantes marítimos pode ser percebido por eles como uma música que consola ou conduz à casa. Tão logo se tornaram mais numerosos os homens que viajam para longe e escutam muitas coisas, o mundo entrou em uma fase na qual as próprias orelhas devem estar preparadas para as ilusões fatais. O ouvido, que em si mesmo representa o órgão da devoção confiante à língua materna, ao patriótico, às musas domésticas, pode ser desencaminhado por cantos que soam mais atraentes do que aquele que lhes é mais próprio e que são, entretanto, ao que parece, a música de um princípio hostil. Com as vozes das sereias, começa a soar um sorvedouro que desarma inoportunamente homens experimentados

---

2. Em Homero, o emprego do dual permite concluir que existem duas sereias; versões mais tardias, como a de *Argonautica* de Apollonios Rhodos, falam de três ou quatro figuras e dão até mesmo seus nomes: Telxíope, a que perturba o coração; Telxínoe, a que atordoa os sentidos; Molpe, a que dança enquanto canta; Agláope, a de voz sublime. Em outros tercetos de sereias, surgem nomes adicionais, como Aglaofeme, a magnificamente célebre, e Lígia, a de voz estridente.

em combates e viajantes conhecedores do mundo, ao lhes propor um simulacro de pátria e de vivência doméstica ao qual, antes de Ulisses, mais bem aconselhado quanto a esses feitiços sonoros, ninguém havia conseguido escapar. Há uma música estranha no mundo, contra a qual justamente os mais hábeis devem se guardar; pois, como dão a entender as mitologias, esses sons não conduzem o ouvinte a si mesmo, para seu próprio bem, mas à morte longe de sua pátria. Ainda assim, a morte trazida pelas sereias não surge em uma forma aterrorizante, mas como uma irresistível insinuação na audição mais íntima de cada um dos esporádicos ouvintes. É como se lá fora, em alto-mar, perto das costas floridas das sereias, se tivesse instalado uma armadilha nostálgica na qual os homens anseiam por cair, tão logo adentram o domínio sonoro das duas vozes femininas que recitam em uníssono. Homero se esforça para delimitar precisamente o campo de poder dessas estranhas musicistas: onde as sereias cantam, os ventos cessam de soprar, os navios deslizam silenciosamente através do mar, movidos apenas pela força dos remos; nem um som da natureza, nem um murmúrio do mar, nem um bater de asas competem com as vozes mágicas pelo ouvido das vítimas. O mar se transforma em uma distante sala de concerto, os ouvintes remam sem ruído para o interior da divina redoma sonora, e as cantoras aladas derramam o leite de suas vozes nos ouvidos abertos e ávidos de prazer dos homens — a menos que estes tenham sido preventivamente vedados com cera, como ocorreu com a tripulação da nau de Ulisses.

Que espécie de música é essa, que melodia, que ritmo, o que concede às sereias tanto poder sobre o ouvido dos mortais? Logo que investigamos mais detidamente o concerto das sereias, vemos de imediato que não são as cantoras elas próprias que guardam o mistério do sucesso de sua sedução. É verdade que o adjetivo "sedutor" se liga ao nome "sereia" de forma tão estereotipada quanto o atributo "todo-poderoso" ao do deus monoteísta, e a capacidade de seduzir é considerada uma qualidade permanente dessas fatais musicistas. Sucumbir às sereias seria, portanto, a consequência normal de percebê-las; e o desejo de chegar a elas e morrer a seus pés armados de garras seria a resposta mais adequada aos atrativos dessas *soubrettes* gregas. Pois não permitem elas que os marinheiros lancem olhares profundos a seus

O ar pleno de sons, mosaico de Thugga, c. 300 d.C.

colos decotados? Mas, na verdade, a sedução da música das sereias não brota de uma sensualidade natural desses seres, como ainda supunha erroneamente Adorno. Parece, antes, que é da natureza dessas cantoras não exibir nenhum de seus atrativos próprios: seu concerto não é a apresentação de um programa lascivo que tivesse tido até agora a sorte de agradar a todos passantes — e que já amanhã poderia esbarrar no primeiro ouvinte crítico ou indiferente. A irresistibilidade das sereias tem seu misterioso fundamento na circunstância de que, com uma peculiar falta de escrúpulos, elas nunca apresentam seu próprio repertório, mas apenas a música dos passantes. De fato, a ideia de

7. O ESTÁGIO DAS SEREIAS: SOBRE A PRIMEIRA ALIANÇA SONOSFÉRICA

uma melodia própria lhes é estranha; mesmo a doçura de suas vozes não é nenhuma qualidade musical que fizesse parte indissoluvelmente de sua apresentação, e a tradição classifica suas vozes mais frequentemente como estridentes do que como belas. Se as sereias até agora encontraram em todos os ouvintes até Ulisses — e nele, em particular — vítimas que se deixaram atrair entusiasticamente, é porque elas cantam desde a posição daquele que escuta. Seu segredo é apresentar exatamente os cantos nos quais o ouvido do passante anseia por precipitar-se. Escutar as sereias significa, assim, adentrar o núcleo central de uma tonalidade que se dirige intimamente a nós e querer, daí em diante, permanecer junto à fonte de emoção desse som indispensável. É no ouvido do ouvinte que as cantoras fatais compõem seus cantos; elas cantam pela laringe de outro. Sua música é aquela que resolve da maneira mais simples o problema de como atingir orelhas de ordinário fechadas. Elas realizam sem escrúpulos e com grande precisão os gestos sonoros que levam o sujeito que as escuta a se desprender e caminhar para a frente. Para um Aquiles, se este não tivesse tombado diante de Troia, as cantoras emplumadas teriam recitado versos a Aquiles, cuja magnificência teria tornado o herói indefeso contra seu próprio canto. Para um Agamenon, se este por lá tivesse passado, teriam naturalmente feito soar sobre as águas hinos a Agamenon, desavergonhadamente aprazíveis e irresistivelmente glorificadores. E como poderia o herói ameaçado desaprovar esse canto que desce da colina como que de seu próprio interior? A arte das sereias consiste em colocar na alma do sujeito sua excitação por si mesmo. O que se denomina sua irresistibilidade é a transposição do sujeito ao centro da exaltação hínica, que parece fluir dele mesmo e o coloca entre as estrelas. Não é de surpreender, portanto, que as sereias já tenham prontos hinos bem afinados que se destinam ao muito viajado Ulisses — uma odisseia dentro da *Odisseia*, um oásis musical em que o herói é convidado a descansar, como se, depois de tantas penas, já tivesse chegado à casa. Essas peças musicais são oferecidas ao seu ouvido modulado pelos sofrimentos e perigos com uma precisão tão maravilhosa que está fora de questão, para o celebrado viandante, não ser tomado por esses versos. O canto das sereias canta exatamente aquele que se aproxima, que desliza ao encontro de seu canto; ele junta sua voz espontaneamente, com aprovação, ao canto que escuta, como se nesse momento único de audição já estivesse contido o grito do canto de si próprio. A sedução consiste em despertar a fonte emocional da melodia que só eu, apenas, devo cantar. Homero não deixou escapar, no próprio relato de Ulisses, uma menção aos versos das sereias próprios a enfeitiçar o herói. Tais versos teriam infalivelmente causado sua perda nos campos das sereias se ele não tivesse sido conduzido, preso ao mastro de seu barco, através desse excitante megafone, pelos remos de seus companheiros que a cera tornara surdos.

> Vem, Ulisses, glória do mundo inteiro, orgulho dos Aqueus!
> Traze teu navio para a terra, pois deves primeiro ouvir nossa voz!
> Ninguém jamais passou por esta ilha em navios escuros,
> Sem ouvir de nossa boca sons doces como mel.
> Para casa ele retorna, contente e mais sábio.
> Conhecemos todos os males que, nos vastos campos de Troia,
> Os deuses infligiram aos troianos e argivos,
> E sabemos tudo que se passa sobre a terra dadivosa.
> (Canto XII, vs. 184-191)

A música das sereias baseia-se na possibilidade de ir um passo adiante do sujeito quanto à expressão de seu desejo. Talvez esse estar-à--frente constitua o fundamento antropológico do interesse que os não artistas sentem pelos artistas, interesse que atinge o auge nas sociedades modernas e se estende às pós-modernas. Desse modo, não é apenas ao arrebatá-lo desde fora que o canto das sereias age sobre o sujeito. Ele soa, antes, como se através dele se realizasse, integralmente e como que pela primeira vez, a emoção mais própria do sujeito, que então se eleva para se exprimir.

De uma maneira até aqui inexplicável, as cantoras resolveram o problema do acesso ao centro emotivo musical do sujeito; o que permanece misterioso é o fato de que elas não o conseguem apenas de vez em quando, no caso de um ou outro passante isolado, mas em relação a muitas vítimas diferentes, como se, para as sereias, a capacidade de infiltrar-se no ouvido de homens que sonham consigo mesmos não fosse uma intuição que conduzisse acidentalmente a seu objetivo, mas uma técnica psicológica dominada com virtuosismo. Para os gregos dos tempos homéricos, bem como para os posteriores, tal coisa seria inconcebível sem o exercício de privilégios semidivinos. Para eles, as sereias assemelham-se a videntes melodiosas; e, de fato, olhares divinatórios ao longe e cumplicidades divinas são necessárias, mesmo que apenas para adivinhar que, sobre esse escuro navio que passa pelas rochas das sereias, acha-se ninguém menos que o astuto herói retornando de Troia para seu país. Saber isso já basta para que o salto do canto ao interior do ouvido do herói deixe de ser tão completamente impossível; pois de que um herói dos mares retido por ventos funestos e ardis femininos quereria ouvir falar, em sua demorada viagem de volta, senão dos sofrimentos dos seus diante de Troia, de suas provações presentes e de seu destino futuro ainda oculto? Seguras em seu tom, as sereias entoam imediatamente a epopeia cujo herói se chama Ulisses — mas elas não cantam no estilo da musa educadora que soube fazer que esse nome se tornasse conhecido em toda a Grécia como símbolo de uma nova humanidade pós-heroica; é para Ulisses, e só para ele, que elas cantam Ulisses, a glória do mundo inteiro, como se este tivesse perdido seu horizonte e esquecido seu projeto. Elas o seduzem, como se quisessem dizer:

> Deixa o Egeu reduzir-se a tuas águas mais privadas! Se, no exterior, provaste ser um herói entre outros, se fizeste falar de teus atos entre atos de outros, aqui te espera um mar interior de sons no qual apenas tu chegarás à transfiguração! Renuncia ao burburinho do mundo e entra em tua própria música, que é a tua primeira e última!

Não nos esqueçamos de que, se Ulisses resiste a esse canto, não é porque tivesse sido capaz de mobilizar por si mesmo as forças para rejeitá-lo, mas porque, ao sorvo da música que o envolvia, ele opôs as cordas que o atavam ao mastro do navio. Será por acaso que essas cordas, em grego, têm quase o mesmo nome que as cantoras que puxam do outro lado? Já saberia Homero que, contra liames, só outros liames podem ajudar? Já estaria claro para ele que na cultura em geral, e na música em particular, nada mais ocorre além da divisão do trabalho de sedução?

Mesmo no caso de Ulisses, o canto das sereias também teve inegavelmente sucesso: ele se impõe ao ouvinte como uma força maior tornada música. Só por uma ardilosa repartição das forças de ligação pôde o herói escapar à atração das sereias. Todavia, não temos nenhuma razão para supor que já compreendemos corretamente a atração da música das sereias, pois ainda não está muito claro a que aspira o homem que, ao ouvir as sereias, não se mantém tranquilo como qualquer cidadão educado em uma sala de concertos, mas é tomado pela imperiosa necessidade de se aproximar fisicamente das cantoras. Qual é a natureza desse desejo de aproximação? Que cena original de proximidade pode ter servido de modelo para essa precipitação rumo às cantoras? De onde atua, no caso desse encantamento acústico, o princípio de transferência? Só na segunda audição se reconhece corretamente a particularidade da cena das sereias: se tal música deve ser irresistivelmente doce para cada um desses ouvintes que canta e é cantado, é porque ela representa ao herói seu desejo constitutivo como realizado. As cantoras possuem a chave para a subida aos céus do sujeito que as ouve, e sua maneira de seduzir dá a indicação decisiva sobre a zona íntima da audição que permanece aberta de bom grado a determinadas coisas que lhe são sussurradas. Aqui se pode retroagir dedutivamente da sedução bem-sucedida à própria tendência do desejo; ou, melhor ainda, à conclusão de que o canto das sereias, enquanto tal, é o meio em que se forma originalmente o desejo.

Canto, desejo e sujeito estão sempre juntos. De fato, a subjetividade da época heroica só se pode formar na escuta da epopeia e do discurso mítico glorificador. Nos aposentos infantis das altas civilizações, bem como já na maior parte das sociedades pré-letradas, o Eu se forma na promessa de tornar-se o tema de um canto: à sua própria existência antecipa-se um futuro de sons. Eu sou uma imagem sonora, um relâmpago em versos, um impulso ditirâmbico apanhado em uma alocução que, desde cedo, canta o que posso ser. O herói e a heroína serão aquilo que deles se ouve antecipar — pois a vida no tempo dos sujeitos heroicos está sempre a caminho de ser posta em versos. Cada sujeito, à medida que resiste ao desencorajamento, avança para sua atual musicalização. Só padres monoteístas regozijam-se com esse mal-entendido autorreferencial de que o homem quereria ser como Deus. Quando os padres não estão por perto, fica evidente que os homens não querem se tornar Deus, mas um *hit* musical. Estar a caminho de atingir o instante rapsódico dá à existência o sentimento de seu avanço e ascensão. Uma tendência imemorial a fervilhar na cantilena precede o Eu, sua frequência é sua substância. Por isso, até hoje, tenores e prima-donas conseguem mergulhar estádios inteiros na excitação e fazer estremecer grandes teatros, assim como indicam, para os mais pobres musicalmente, um acesso simples ao borbulhar do Eu nas paradas vocais. *Sursum — bum bum*, e durma quem puder.

Na antecipação: Werner Schroeter, *Willows Springs*, 1972.

Os astros *pop* descem ainda mais fundo no mundo subterrâneo dos orgasmos do Eu a preços módicos, interpretando sua irrupção com os maxilares contorcidos ao microfone. Mas a histeria dos tenores e a agitação *pop* não seriam tão atraentes se não estivessem sempre oferecendo projeções mais impressionantes desses poderes arcaicos que efetuam as formações do Eu através do ouvido. Elas seduzem seus ouvintes com a plausível promessa de um decisivo surgimento do sujeito no centro da canção. Do ponto de vista psicológico, há método nesse enlouquecimento primitivo inspirado pelas musas. O ouvinte, prestes a saltar, que aguarda a ebulição de seus gestos sonoros mais próprios, atesta a realidade de uma fase das sereias, uma fase arcaica da formação do Eu na qual o sujeito deve agarrar-se a uma expressão sonora, ao som de uma voz, a uma imagem musical para, a partir daí, esperar o retorno de seu instante musical.

Os elementos verdadeiros que Lacan forneceu a seu ilusório teorema do estágio do espelho apontam, na realidade, para uma relação que não é óptica, mas sim auditiva e audiovocal, do sujeito consigo mesmo. Na escuta antecipada do tema do Eu, o indivíduo firma o pacto com seu próprio futuro, do qual brota a alegria de viver para a sua realização. Todo sujeito não resignado vive na expectativa ortopédica do mais íntimo dos hinos, que será ao mesmo tempo seu triunfo e seu elogio fúnebre, e é isso que permite que tantos sonhem em subir aos palcos musicais e prorromper em declamações. Quem ouve seu hino é um vencedor. Para os que não foram cantados, a luta continua, ainda que Troia tenha caído há muito tempo. Eles ainda têm diante de si a verdade de que é na entonação que o sujeito chega mais perto de si mesmo. Quem sobe ao palco para apresentar seu gesto sonoro não lê uma partitura e, sobretudo, nada sabe de *imagens* de si; pois no mundo oral os sujeitos em formação não se olham no espelho, mas no canto — e, neste, buscam a passagem que me promete a mim mesmo: o tema de minha emoção, o compasso de meus hinos, minha própria fanfarra. Os primeiros seres humanos, como a maior parte dos de nossa época, não querem se parecer a algo, mas soar como algo; foi preciso o desencadeamento da moderna maquinaria de imagens que, desde o Barroco, imprime seus clichês na população para ocultar essa relação fundamental e submeter as massas ao encantamento do individualismo visual, com seus instantâneos, seus espelhos e suas revistas de moda. Não é por acaso que o videoclipe é o gênero sintomático da cultura contemporânea, ao promover a blindagem óptica da audição e a síntese global por meio de imagens. Os antigos cantos dos grandes homens e mulheres ainda pertencem, ao contrário, a um regime de uma comunidade sonosférica de espíritos: eles erigem monumentos acústicos, panteões ou túmulos sonoros de onde os heróis se elevam para continuar a soar nos ouvidos das sucessivas gerações. A partir da visitação auditiva, o sujeito é conduzido a si mesmo. Em sua primitiva memória acústica ou rapsódica reúnem-se alguns poucos ritmos e gestos sonoros mágicos que soam para o indivíduo como *leitmotiv* de um céu hínico — até agora ainda não tocados, sempre postergados, mas que, ao mesmo tempo, estão desde o início prestes a ser por fim executados. Assim eu soo — e

Promessa infinita.

assim eu serei, quando o for. Eu sou o borbulhar, o bloco de som, a figura libertada; sou a passagem bela e audaciosa, sou o salto à nota mais alta; o mundo ressoa à minha maneira quando me mostro tal como me prometi a mim mesmo.

    A súplica de Ulisses, atado ao mastro, para que o libertem não revela sua disposição a cooperar com a ilusão acústica de sua consumação? Tocado intimamente em seu centro de excitação, ele quer chegar até onde estão as vozes que o cantam. Não está o cosmos feito de tal modo que, ao circundá-lo, eu me ouço completo em um lugar providencial? Não é por acaso que as tradições gregas, além da *Odisseia*, relatam que as sereias entoavam habitualmente o lamento fúnebre. Seu poder lhes foi conferido pelo Inferno e por seus senhores, Hades e Fórcis; por isso suas vozes se prestam particularmente bem aos hinos de louvor e aos cantos fúnebres. Seu saber premonitório se estende aos destinos dos homens e ao seu fim oculto. As vozes das sereias foram descritas pelos autores da Antiguidade como ao mesmo tempo melífluas e estridentes — o que talvez recorde que a música antiga não provoca seus bem atestados efeitos mágicos por meio daquilo que, desde o Romantismo, os ouvintes modernos percebem como melodioso e harmonioso, mas se impõe, antes, por um tipo de inexorabilidade arrebatadora — magicamente sobrearticulada, pungente, prenhe e insistente até o esgotamento. O antigo canto falado impõe aos ouvidos das pessoas reunidas o estado de exceção de uma clareza que engrandece, excita e torna indefeso. A fala das musas inscreve-se no ouvido como que com maiúsculas; seus cantores avançam sobre os ouvintes como máquinas soporíferas de escrever versos; como tambores vivos, os rapsodos traçam seu círculo em torno da assembleia tomada pelo som. Sem tolerar qualquer discurso em contrário, a musa brada sua ruidosa e clara pretensão de conquistar, pretensão essa à qual o sujeito vulgar, que murmura em dialeto, nada tem a opor.

Esse fenômeno sonoro rompe o tempo ordinário. Quem o escuta deve encontrar um novo equilíbrio entre a paciência e a excitação; quem nele se dissolve não retorna tão cedo; quem finalmente retorna sabe que a vida daí em diante será uma espera pela repetição dos versos. Certos indícios permitem pensar que a música homérica das sereias apresentaria, para os ouvidos modernos, uma grande semelhança com a lamentação ondulante das carpideiras, perpetuada até nossos dias em alguns nichos culturais do mundo mediterrâneo oriental. (Nikos Kazantzakis não o lembrou em *Zorba, o grego*?) Apesar disso, os ouvintes das sereias encontram em suas ásperas estrofes seu próprio lugar de sobre-humana doçura, da mesma maneira que as sereias tocam nos ouvintes o ponto musical cuja excitação revela para o sujeito que sua hora chegou. Ulisses, preso ao mastro, lança a cabeça para trás e implora que o libertem ao ouvir os crepitantes hexâmetros que lhe chegam desde a costa: "Vem, Ulisses, glória do mundo inteiro..." — soa o ladrido sobre as águas, enquanto os companheiros surdos empunham os remos. Tais são, portanto, as notas celestiais que vêm buscar Ulisses em suas cordas. A declamação das sereias atravessa o ouvinte imobilizado, mas extremamente alerta, como um elogio vindo do além. Ouvi-la é reconhecer que o objetivo da existência está atingido, que o tornar-se canto se consuma. Ulisses não é nenhuma exceção a essa regra da metafísica do canto. Quem se ouve cantado dessa maneira pode até supor que sua própria vida é, agora, assunto de conversa à mesa dos deuses. É por essa razão, portanto, que o rochedo das sereias se torna o escolho em que naufragam todos aqueles que foram cantados prematuramente. Do túmulo do canto ao qual se chegou em vida não há mais nenhum caminho de volta à existência comum em que não se é cantado.

Ulisses foi o primeiro a escapar com vida de seu ingresso no canto, situando-se no início de uma história que, de heróis divinos, criou homens de volta à sua pátria. Monstros épicos dão finalmente lugar a ardilosos virtuoses, e a nomes que figuram em suplementos culturais. É por isso que os artistas de sucesso da nova era tinham boas razões para reconhecer nesse astuto marinheiro seu ancestral. Pois assim como o herói antigo adotou um expediente próprio de um embusteiro para conseguir sobreviver ao seu tornar-se canto, também os artistas modernos, tão logo obtêm sucesso, devem esgueirar-se para fora dos catálogos e das histórias da arte como escroques que preparam, incógnitos, seu próximo golpe. De resto, os comentadores pós-homéricos traçaram analogias tipológicas entre Ulisses e Édipo, atribuindo às sereias um destino calcado no fim da Esfinge de Tebas: furiosas com a fuga de Ulisses, elas teriam se precipitado para a morte. A lógica dessa ligação parece transparente: ou deve morrer Ulisses, ou então as sereias. Mas o mundo moderno, em sua doce confusão, sonha que todos devem viver, tanto os artistas como os críticos (cuja voz parece sempre mais estridente que suave). Quanto às antigas sereias, é notável que, durante um milênio — de Homero até seus comentadores do fim da época helenista —, não se encontre praticamente nenhuma palavra que ateste a causa material da morte dos homens na ilha das sereias. Todos os leitores sem dúvida tomam obscuramente como dada a ligação entre ser cantado e a necessidade de morrer. Parece-lhes certo, apenas, que as sereias de modo algum põem a mão em suas vítimas; a violência direta não é algo em que as cantoras se envolvam. Tudo indica de que suas vítimas morreram daquilo que, na Idade Média, se conhecia como estiolamento: os homens cantados prematuramente morrem de fome e sede na ilha extraterritorial porque, além da sedução rapsódica, esta não tem mais nada a oferecer.

Mas o belo não conhece, todavia, nada melhor que ser sepultado no canto, como ainda — ou melhor, novamente — recomendava Friedrich Schiller, tanatólogo nacional burguês, em 1800, como uma verdade superior: "Ser um canto de lamento na boca da amada é também sublime,/ Pois o vulgo desce sem pranto ao Hades."[3]

Em tais versos, a nova opinião pública burguesa arma-se tendo em vista sua missão: configurar para sua época a mortalidade e a memória coletiva em uma nascente cultura de massas. A partir de 1800, a história cultural torna-se o canto no qual as pessoas eminentes querem e devem encontrar seu lugar de transfiguração. As grandes narrativas que descrevem o cortejo de forças artísticas através das épocas estilísticas atraem as mais altas ambições, e os museus burgueses abrem seus portões a tudo que supostamente merece de fato sobreviver na coleção nacional. Para os demais, a administração municipal dos cemitérios reserva lugares de descanso sob tumbas modestamente gravadas. Quem tem a graça da fé pode continuar esperando que Deus, para quem não há problemas de armazenamento, possa lembrar-se dos homens melhor que as mídias mundanas. Sempre se deve contar, na época burguesa, com uma condenação prévia ao esquecimento de todos os que não se destacam suficientemente; só os sujeitos da história mundial, a quem Hegel concedeu a bênção pelo conceito, ou aqueles da história da arte, que foram alçados à honra dos altares na religião estética, escapam ao destino geral: desaparecer privados de canto em maior ou menor grau. Se não existisse ainda em muitos deles a faculdade de participar positivamente da transfiguração dos grandes, o desgastado dito de Andy

---

3. *"Auch ein Klaglied zu sein im Mund der Geliebten ist herrlich/ Denn das Gemeine geht klanglos zum Orkus hinab."* F. Schiller, *Nänie*, 1800. [N.T.]

Warhol sobre os quinze minutos de fama para todos descreveria efetivamente o último horizonte de uma civilização na qual, mais do que qualquer moeda, é o renome que se desvaloriza pela inflação.

O novelista Jean Paul, contemporâneo de Schiller experimentado nas exaltações reflexivas, viu essas coisas mais profundamente que o cínico moderno, ao escrever, em seu romance *Titan*, sobre seu herói: "Ele lia com volúpia os elogios a todos os grandes homens, como se fossem dirigidos a ele." Com essa observação, toca no mistério funcional psicodinâmico das sociedades burguesas, que não teriam podido subsistir sem esse "como se fossem dirigidos a ele". Desde a Antiguidade, as sociedades estratificadas são sistemas de repartição de fama, que sincronizam seus coros públicos com as expectativas íntimas alimentadas pelos indivíduos de serem cantados. Por sobre os povos históricos, o espaço da fama se arqueia como uma sala política de concertos; nela, a vida individual que atingiu o estágio de tornar-se canto se ouve entoada pela multidão. Ulisses, em seu mastro, é hoje o vencedor do prêmio artístico que, de cabeça inclinada, suporta seu elogio. Quando se consegue associar o efeito sereia ao efeito Panteão, a onda sonora da cultura se propaga discreta e irresistivelmente nos sujeitos. A cultura é a integral de todos os elogios esperados e pronunciados.

Expandimos nossa análise do encontro entre Ulisses e as sereias até chegar a algumas anotações para uma teoria da comunicação emotiva nas grandes sociedades. O que toca intimamente o ouvinte individual e lhe dá a certeza de ouvir o seu próprio canto é essa música personalizada das sereias, cuja recitação em público desperta nele uma emoção pessoal. As sereias homéricas mostram-se capazes de tocar o centro de estimulação audiovocal do outro, mas sua competência não se esgota na arte de enternecer os heróis que viajam pelos mares. As ossadas dos marinheiros seduzidos sobre a ilha das cantoras revelam apenas um efeito parcial da música sirênica e, como mostraremos a seguir, não o mais importante. Componentes sirênicos, na verdade, estão presentes sempre que os homens se entregam à escuta emocionada. Na escuta da voz exterior, como mostramos, irrompe a emoção própria mais peculiar do ouvinte. Assim, onde as sereias — isto é, sons que incondicionalmente nos tocam e granjeiam nossa aprovação — se tornam audíveis, aí começa o teste concreto do sentimento de si do sujeito. Escutar as sereias significa "se" escutar; ser chamado por elas significa mover-se em sua direção levado pelo mais "pessoal" dos impulsos. De resto, faz parte das autorrevelações mais típicas do século XX — e de suas atitudes mais caracteristicamente cínicas — o fato de que o nome "sereia" tenha sido dado às máquinas uivantes instaladas nos telhados das fábricas, e também, em tempo de guerra, aos dispositivos de alarme que mergulham no terror as cidades que sofrem ataques aéreos. Essa denominação joga com a ideia de que ouvir as sereias pode desencadear pulsões primitivas nos ouvintes, mas deforma essa referência com uma infame ironia ao associar a sereia ao alarme coercitivo. Com isso, a escuta mais aberta é entregue ao terror, como se o sujeito só estivesse próximo de sua verdade quando corre para se salvar. Ao mesmo tempo, renomear desse modo a voz da sereia é embrutecê-la excessivamente e instrumentalizá-la em proveito dos mais rudes signos de massa. Sereias desse tipo são os sinos da época das indústrias e das guerras mundiais. Elas não demarcam a sonosfera em que se poderia espalhar uma boa notícia. Seu som leva, a todos os ouvidos que pode atingir, apenas o consenso de que tudo é desesperado e perigoso.

Em contraste, quando se fala aqui de um efeito sereia, tem-se em mente a capacidade íntima dos indivíduos de serem alcançados pelas mensagens sonoras que transmitem um tipo hipnótico de felicidade, o sentimento de que chegou o instante de realização. O fato de que muitos ouvintes podem ser atingidos e despertados por certos sons não seria concebível se, ao som propriamente dito, não correspondesse, no ouvinte, uma disposição espontânea e urgente de ir ao seu encontro. Como mostraram nossas reflexões sobre os efeitos do recital das sereias em Ulisses, a irresistibilidade do canto não repousa em uma suavidade tipicamente musical, mas na ligação entre o som e a expectativa auditiva mais secreta do sujeito. O ouvido carrega consigo uma seletividade que aguarda, com obstinação, o tom que será inconfundivelmente o seu. Se este tarda, a espera sonora íntima passa para um segundo plano, e o indivíduo continua, literalmente intocado, a cuidar de sua vida, muitas vezes sem sequer pressentir a possibilidade de uma outra situação.

A pesquisa psicoacústica recente, em especial a do otorrinolaringologista e psicolinguista francês Alfred Tomatis e de sua escola, desenvolveu uma sugestiva proposta de explicação para a seletividade incomum da audição humana manifestada no efeito sereia. No curso dessas investigações sobre a audição humana e sua evolução, constou-se, além de qualquer dúvida, que as crianças já escutam notavelmente bem no interior do útero, graças ao desenvolvimento precoce do ouvido — talvez desde o estágio embrionário e, com toda certeza, durante a segunda metade da gestação. Além disso, observações impressionantes atestam que essa capacidade auditiva precoce não leva o feto a se entregar passivamente à vida sonora interior das mães, às vozes e aos ruídos externos filtrados pela água; ao contrário, o ouvido fetal já desenvolve a capacidade de orientar-se ativamente em um ambiente sonoro agressivo e incessante, por meio de uma escuta e de uma contraescuta ativas e autônomas. Como Tomatis não se cansa de enfatizar, a permanência da criança no útero seria insuportável sem a faculdade de desligar seletivamente a escuta e bloquear grandes domínios sonoros, pois os batimentos cardíacos e os ruídos digestivos da mãe, percebidos em máxima proximidade, equivalem ao barulho de um canteiro de obras funcionando dia e noite ou ao nível de ruído de uma animada conversação em um restaurante repleto. Se o ouvido não aprendesse desde cedo a interromper a audição, a vida em formação seria devastada pelo tormento do ruído contínuo.

Numerosos mitos pré-natais e perinatais nos recordam os riscos dos ruídos primordiais das cavernas e do inferno, como, por exemplo, o livro egípcio dos mortos, no qual se fala da travessia de um ruidoso deserto durante a viagem noturna da alma. Assim, se as crianças humanas vêm ao mundo sem serem abaladas pelo ruído interior, é porque uma das primeiras manifestações de seu poder é a capacidade de interromper a audição, o que contradiz a mitologia corrente da fatídica invedabilidade do ouvido. Suspender e exercer a audição são os modos originais do poder pré-subjetivo — na medida em que poder sempre envolve dispor de uma alternativa. Com auxílio dessa primitiva competência sensorial, introduz-se na noite intrauterina uma distinção de primeira ordem, que separa os sons que atingem o ouvinte, e aos quais ele é receptivo, dos que lhe são indiferentes ou desagradáveis, e que ele extingue. Com essa escolha originária entre a aceitação e a recusa, entra em vigor a primeira diferença no comportamento comunicativo. O ouvido decide, dentro de certos limites, se os estímulos acústicos são ou não são bem-vindos, uma distinção que precede aquela entre o que é significativo e o que não é. Um erro típico da semiótica contemporânea é considerar o significante como algo que se destaca do não significante por meio de uma seleção — como se o sujeito, ante uma oferta inicial indistinta de sons apreendidos de um só "golpe de vista", dispusesse de uma escolha arbitrária para chegar aos dados que lhe são pessoalmente significativos. Na verdade, o campo do não significante só surge, de sua parte, quando o ouvido afasta as presenças sonoras importunas, que desse modo são "marcadas" como não informativas ou indiferentes, sendo, em consequência, excluídas da percepção consciente. Não há, de início, um campo de ruídos do qual uma informação seria extraída posteriormente, mas o ruído emerge, antes, como correlato da suspensão da escuta do que não é bem-vindo. Inversamente, o ouvido se volta de forma especial para os tons dos quais espera sua animação peculiar. Na escuta aguçada, o ouvido realiza a primitiva ação do Eu: todos os posteriores "eu posso", "eu quero", "eu chego" ligam-se necessariamente a esse primeiro impulso de vivacidade espontânea. Ao ouvir com atenção, o sujeito em formação abre-se e vai ao encontro de uma determinada atmosfera na qual percebe, com admirável clareza, aquilo que lhe diz respeito. Naturalmente, essa audição atenta só pode se referir ao que é bem-vindo; e, para o sujeito, são bem-vindos, no sentido estrito, apenas os tons que lhe dão a entender que ele, de sua parte, também é bem-vindo.

Sabe-se que mulheres grávidas conscientes de sua condição começam a falar na presença da testemunha íntima que está em seu corpo e, de certo modo, também diretamente para ela. Quando a descoberta da gravidez tem, para a mulher, um caráter positivo, sua conduta desenvolve uma teia de ternas antecipações da coexistência com a nova vida, e as mães começam a se comportar como se estivessem, a partir daí, colocadas sob discreta observação. Diante dessa testemunha em seu interior, elas se mantêm um pouco mais controladas que de costume — ouvem-se falando mais claramente, sentem-se responsabilizadas por seus humores e seus êxitos na vida, assim como sabem que elas próprias não são uma condição secundária e indiferente para o sucesso da vida que está chegando. Em particular, elas percebem, ainda que de maneira discreta e implícita, o dever de serem felizes em consideração à criança. "Comporta-te de tal modo que teu próprio humor possa ser, a cada instante, um modelo aplicável a uma vida compartilhada": é esse o imperativo categórico em sua forma materna.

A lei da participação na felicidade e na infelicidade do parceiro da esfera íntima vai mais fundo que a lei moral, que se assenta na obediência às normas mais gerais. O dever de ser feliz é, por isso, mais moral que qualquer outro mandamento formal ou material; é a própria ética da criação que nele se exprime. No caso mais favorável, as grávidas se tornam, para a testemunha sem olhos em seu interior, animadas atrizes que representam a existência como uma pantomima sonora de felicidade. Aqui, apresentação e sedução [*Vorführung und Verführung*] se tornam uma coisa só. Mesmo que as mães tenham razões para serem infelizes, elas têm um motivo ainda mais forte para se mostrar mais felizes do que podem ser. Sua felicidade consiste em serem lembradas muito seriamente de seu dever de serem felizes, e seria totalmente inadequada a mãe que recusasse por completo querer aquilo que é o seu dever. O ser visado pela expectativa da mãe se transmite, por vias audiovocais, ao ouvido fetal, que, por seu lado, quando o som da saudação se faz ouvir, destranca-se completamente e vai ao encontro do convite sonoro. Revigorado pela escuta, o ouvido ativo e feliz se entrega a essa saudação que lhe dá as boas-vindas, e, nesse sentido, a entrega é o ato constitutivo *par excellence* do sujeito, pois entregar-se significa alçar-se ao estado de vigília exigido para abrir-se ao som que nos diz respeito.

Esse sair-de-si é, então, o primeiro gesto do sujeito. A protossubjetividade significa, acima de tudo, um movimento de receptividade e uma ressonância na saudação: ela só pode ser afável porque alguém foi afável para com ela. Ao aceitar dirigir sua escuta para algo, o pré-sujeito persuade-se da vantagem de escutar. Até aqui, ouvir significa estender-se ativamente em direção às mensagens amigáveis; e esse ato produz o nascimento da intencionalidade vindo da atitude de escuta de sons que saúdam e vivificam. Nesse tipo de escuta principia também o gozo como primeira intenção. O que a pesquisa fenomenológica descreveu como uma intencionalidade, ou tensão noética em direção a representações objetivas, provém, assim, em primeiro lugar, da boa disposição auditiva do ouvido fetal com relação aos sons de uma voz materna suficientemente boa. O raio de intencionalidade com que um sujeito se "refere" a alguma coisa dada tem, desde seus primeiros inícios, o caráter de um eco. É só por estar visado pela voz da mãe que ele pode, de sua parte, visar a voz que o anima. O pacto audiovocal produz um trânsito de dois sentidos na irradiação: responde-se a quem anima, preparando-se a si mesmo para a animação.

A teoria do efeito sereia desemboca, desse modo, em um estudo da primeira saudação. O que inicialmente parece mera sedução por algo que agrada de forma inespecífica — a magia sonora das sereias — revela-se, no horizonte final da investigação, como repetição de uma saudação constitutiva do ser humano em sua atmosfera original. O homem é o animal mais ou menos bem saudado, e, para se dirigir mais uma vez a seu centro de emoção, é preciso repetir a saudação praticada na origem, no momento de sua iniciação no mundo. A saudação correta, ou os corretos votos de boas-vindas, é a mais profunda resposta que um sujeito pode encontrar. Certamente, a canção das sereias, no Canto XII da *Odisseia*, também pode ser ouvida como um hino de saudação: a canção do herói já significava exatamente — sem que seu ouvinte sequer se desse conta disso — uma saudação de boas-vindas no Além, pois as fabulosas sereias, como os antigos sabiam, pertencem a esse outro lado. Seu canto conclui o relato de uma vida de herói com a observação *cantado e consumado*. Mas, enquanto as cantoras homéricas instilam no ouvido dos homens convites irresistíveis para que se consumam, as boas vozes maternas transmitem à testemunha no interior de seu corpo o convite para começar de maneira animada sua própria existência. O que há de notável no efeito sereia é, portanto, que ele cria uma espécie de intimidade evangélica ao engendrar uma boa-nova que, por sua natureza, só pode ser percebida por uma ou duas pessoas.[4]

---

4. Cf. o já citado discurso de Ulisses a seus companheiros sobre os conselhos da sábia Circe: "Essa esplêndida notícia não é para um ou dois apenas" [Canto XII, verso 155].

Se tomarmos como critério esse ato audiovocal íntimo, também a evangelização cristã participa, em muitos aspectos, do efeito sereia: pela saudação do anjo, a mãe da criança extraordinária fica obrigada a regozijar-se na mais alta frequência espiritual por esse ser que está por vir. Pela prece mística, o indivíduo é intimado a emprenhar-se da centelha divina e dar à luz o filho que está em si mesmo. Em suma, a mensagem cristã, em suas funções vitais, consiste na elevação do ânimo da vida oprimida: *evangelizo vobis gaudium magnum.*[5] O cristianismo, como potência cultural, distinguiu-se pelo seu permanente sucesso em alcançar um equilíbrio entre os componentes individualizantes e socializantes da comunicação evangélica, ou, como também se poderia dizer, um compromisso entre a musa e a sereia. Enquanto a religiosidade sirênica liberta as tendências intimistas e místicas — embora também, nos casos instáveis, o encantamento sectário e o delírio assuncionista — a *religio* das musas produz integrações comunitárias e a coerência da igreja popular, mas também, no extremo perigoso, psicoses de massa e agressivos ataques para estabelecer quem são os eleitos.

Se dermos crédito aos resultados das pesquisas mais recentes em psicoacústica, o feto recebe no útero um batismo auditivo que determina seu destino. Isso não ocorre tanto por estar mergulhado no Jordão intrauterino, mas pela imersão no delicioso som que se torna audível quando a voz materna, em suas frequências de saudação, se dirige à vida que chega. Há uma identidade entre batizar e saudar, pois em ambos os casos aplica-se um selo indelével ao ser que recebe as boas-vindas. Com essa aplicação, começa a pouco estudada história da faculdade afetiva de julgar, ou da capacidade de explicar situações totais partindo de tonalidades atmosféricas. Por sua capacidade de escuta, o ouvido fetal está em condições de distinguir seletivamente a voz aprovadora da mãe em meio ao permanente ruído intra-uterino. Nesse gesto, o sujeito em formação experimenta uma euforizante estimulação; segundo Tomatis, são especialmente os harmônicos mais

---

5. Cf. as palavras do anjo aos pastores na Vulgata (Lucas 2:10): *"et dixit illis angelus nolite timere ecce enim evangelizo vobis gaudium magnum quod erit omni populo"* ("O anjo, porém, disse-lhes: Não temais! Eis que vos anuncio uma grande alegria, que será para todo o povo"). [N.T.]

elevados da voz de soprano maternal que proporcionam ao ouvido um irresistível estímulo de felicidade. Para tornar plausível essa tese, Tomatis interpretou o corpo da mãe em seu conjunto com um instrumento musical, que não serve, é claro, para tocar uma peça a um ouvinte, mas para estabelecer a afinação originária do ouvido. A possibilidade de uma transmissão das frequências mais elevadas no meio corporal mole e acusticamente absorvente só é garantida, para Tomatis, pela condutibilidade e ressonância extraordinárias do esqueleto. Em particular, a bacia da mãe estaria em condições de transmitir, como um fundo de violoncelo, as mais finas oscilações de alta frequência da voz materna ao ouvido da criança, que está à escuta junto da base da bacia e da coluna vertebral da mãe como um visitante curioso diante de uma porta atrás da qual suspeita que há mistérios gratificantes. O que o pequeno hóspede ainda não pode saber é que essa escuta é sua própria recompensa, e que seria inútil querer chegar ao outro lado. Tudo o que pode trazer alegria já está contido nesse regozijo preliminar.

A moderna pesquisa psicoacústica conferiu, evidentemente, uma nova atualidade às tradições populares quanto aos efeitos produzidos pelas experiências das futuras mães sobre a criança por nascer, tendo lhes fornecido uma base fisiológica ao indicar seu canal específico de transmissão, a saber, o contato auditivo. Mas só é possível obter impregnações persistentes através do ouvido se existir na criança, já na fase fetal, um aparato neurológico capaz de registrar e fixar engramas acústicos. Esse tipo de "gravações" ou *imprintings* neuronais pré-estruturam — à semelhança dos universais acústicos adquiridos — tudo o que será ouvido a seguir, funcionando como efetivas ideias platônicas da audição. Através das audições pré-natais, o ouvido é dotado de um tesouro de pré-julgamentos acústicos celestiais que vão lhe facilitar a orientação e, sobretudo, a seleção, em sua atividade posterior no caldeirão sonoro da realidade. O ouvido admiravelmente predisposto estaria, assim, em condições de reconhecer seu modelo primitivo mesmo à máxima distância da origem; também para a audição, portanto, a lembrança seria tudo. E, assim como Platão falou, em seu discurso sobre os efeitos da bela visão, de torturantes perturbações e baforadas de calor, bem como da inclinação do amante a fazer oferendas à amada como a um deus[6], os novos audiopsicofonologistas falam dos efeitos perturbadores das vozes maternas preparadas (com o ouvido eletrônico) em seus pacientes. Estes experimentam, quase sem exceção e de maneira relativamente independente de sua idade, excursões súbitas a estados pré-natais, atingindo uma revolucionária consciência de sua capacidade original para existir de forma íntegra, coesa e bem-vinda. Alfred Tomatis, com sua acústica platônica, construiu um aparelho de recordações que permite à alma restabelecer sua ligação com estados que conheceu em um lugar supraceleste — que é, à primeira vista, mais confiável e mais eficaz que qualquer anamnese filosófica. Na regressão acústica profunda, ele proporciona aos ouvidos dos insensíveis, dos obsessivos e dos infelizes uma audiência junto da voz original.

Mostra-se, com isso, que os seres humanos provêm, sem exceção, de um matriarcado vocal, no qual o efeito sereia encontra seu fundamento psicológico. Mas, enquanto em Homero as sereias produzem doces elogios póstumos, a voz da sereia materna é antecipadora, ela prediz à criança um destino sonoro; ao escutá-la, o herói fetal parte em sua própria odisseia.[7] A voz insubstituível faz uma profecia que de imediato se autorrealiza: tu és bem-vindo, tu não és bem-vindo. Assim, a frequência vocal das mães torna-se um Juízo Final transposto para o começo da vida. De fato, as mães saúdam quem elas querem, e sua vontade de saudar não está garantida em todas as circunstâncias, ainda que seja raro que se recusem totalmente a dar as boas-vindas. Nessa medida, o Juízo Final do início é mais brando que o do fim — e também porque ele conhece uma segunda instância, a instância terapêutica.

Santo Agostinho, com grande coerência psicológica e lógica, havia julgado como muito tênues as possibilidades da alma decaída ser chamada de volta a Deus no momento do veredicto final; sua escatologia descreve uma economia divina na qual só poucos são poupados e retornam à casa, enquanto a maior parte se perde — prisioneiros da extensa massa da perdição (*massa perditionis*). Nela, permanecem cativas

---

6. Ver Cap. 2: "Entre rostos. Sobre o surgimento da esfera íntima interfacial".

7. Cf. Alfred Tomatis, *De la Communication intra-utérine au langage humain*, Paris, Editions Sociales Françaises, 1972.

as obscuras maiorias que não souberam fazer bom uso de sua segunda oportunidade, o evangelho da verdadeira religião; para elas, coloca-se, como condição final duradoura, a permanência em seu inferno próprio, distante de Deus. A protosacústica da psicologia profunda desenvolve uma teoria um pouco mais conciliadora, ao reformular o Juízo Final como um julgamento inicial sobre cada vida individual: o pré-julgamento da afinação inicial. Tal julgamento pode, agora, ser revisto com os métodos psicofonológicos. No processo de revisão terapêutica, há boas perspectivas de um renascimento acústico — supondo-se que se consiga persuadir as mães de indivíduos perturbados a gravar com suas vozes uma mensagem retroativa de amor à criança, que é depois processada para corresponder às condições acústicas do meio intrauterino. Se os relatos sobre os efeitos do procedimento não são enganosos, os resultados podem ser extraordinários, e não é raro que provoquem retornos quase mágicos aos inícios esquecidos da vida. Para inúmeras pessoas, parece ter-se aberto, por meio dessas imersões acústicas, um segundo acesso à boa vida. As manipulações psicofonológicas representam, por natureza, os primeiros passos em direção a um procedimento teotécnico; elas interpretam a segunda fase da criação de Adão, a animação pneumática, com os meios da mais avançada tecnologia audiofônica, e reencenam o primeiro amor no espaço virtual.

Dessa maneira, a psicoacústica se estabelece como a técnica das coisas primeiras. Ela define o protótipo da psicoterapia radicalmente transformadora, imersiva e regeneradora, que, em nossa época, deve substituir a debilitada religião da salvação. A psicotécnica audiofônica supera a diferença específica entre protomusicalidade e protorreligiosidade. Como Max Weber admitiu com tanta precisão em seu próprio caso, quem penetra nesse domínio não pode mais ser religiosamente amusical. Basta, aqui, ouvir os sons elevados que dão boas-vindas à vida para se tornar ambos, religioso e musical, e da forma mais livre e mais enérgica possível. Ao mesmo tempo, a fronteira entre a alma e a máquina é superada pela técnica audiovocal. Como já ocorre em muitas formas de música tradicional, também a comoção terapêutica íntima se revela como algo até certo ponto produtível. O círculo mais interior de técnicas de proximidade faz parte — mais ainda que a cura mesmérica e a hipnose — dos procedimentos psicoacústicos, neuromusicais e neurolinguísticos.

Em nossas investigações para descobrir o fundamento da receptividade dos indivíduos às mensagens de seus semelhantes, alcançamos agora a região dos mais sutis jogos de ressonância. Aquilo que, na linguagem das tradições imemoriais, denominamos a alma é, em seu núcleo mais sensível, um sistema de ressonância exercitado durante a comunicação audiovocal da esfera pré-natal mãe-criança. Aqui começa, literalmente, a propensão humana a escutar enquanto clarividência de escuta e dificuldade de escuta. A acessibilidade do ser humano aos apelos íntimos tem sua origem na sincronia entre a saudação e a escuta, e é essa relação recíproca que constitui a mais íntima bolha espiritual. Quando a futura mãe fala para o interior, ela adentra a cena primitiva da comunicação livre com o Outro interior. No caso de uma saudação suficientemente boa, o ouvido fetal extrai do meio materno uma medida suficiente de altas frequências animadoras; ele se estende em direção a esses sons e, com boa capacidade de escutar, experimenta o prazer de sentir-se no ramo ascendente de sua possibilidade de existência. Com isso, repete-se, como que por si mesma, a unidade original do despertar, da autoestimulação, da intencionalidade e da alegria antecipatória. Nessa quadruplicidade se distribuem as primeiras pétalas da subjetividade. E ao feliz ouvido submerso nada é dito apenas duas vezes: para que ele acredite na voz amada, esta deve repetir cem vezes sua mensagem, mas essas repetições, para as mães suficientemente boas, são tão fáceis quanto é fácil para um ouvido fetal suficientemente estimulado afinar-se a cada vez com a vibração repetida como se a ouvisse pela primeira vez. Ele nota a intenção, e isso o alegra; a repetição é, aqui, o ponto nevrálgico da felicidade. O brilho na voz da mãe, bem antes que reapareça em seus olhos, prepara a criança para sua recepção no mundo; é somente escutando a saudação mais íntima que ela pode concordar com a insuperável vantagem de ser ela própria.

A intimidade, portanto, em seu primeiro exercício, é uma relação de transferência. Seu modelo não é apreendido pela aliança simétrica entre gêmeos ou indivíduos de opiniões idênticas e que se refletem um ao outro, mas pela comunhão inexoravelmente assimétrica entre a voz materna e o ouvido fetal. Esta é o caso real absoluto do encontro, embora nela nenhum dos dois abandone seu próprio espaço ou situação para ir ao encontro do outro: a mãe é a situação da criança, e a situação desta está imbricada na da mãe. A comunhão acústica confere ao encontro primordial seu apoio na realidade. Entre essa voz e essa escuta não há nada que equivalha a um reflexo especular, e, no entanto, ambas estão indissociavelmente ligadas na união esférica. Em sua real diferença, elas estão realmente unidas uma à outra; a voz não fala para si mesma, e a audição não está reclusa na escuta de seus próprios sons. Ambas estão desde sempre fora-de-si-em-si: a voz que saúda, ao se dirigir para esse co-ouvinte íntimo, e a audição fetal, ao se aplicar à escuta desse canto euforizante. Não há, nessa relação, nenhum traço de narcisismo, nenhum gozo ilegítimo de si próprio por um enganoso curto-circuito na relação consigo mesmo. O que distingue essa relação extraordinária é uma entrega quase ilimitada de um ao outro, bem como o fato de que as duas fontes de estímulo se cruzam quase sem nenhuma fissura. É como se a voz e a audição estivessem dissolvidas em um plasma sonoro comum — a voz perfeitamente ajustada para seduzir, saudar e envolver cordialmente, e a audição inteiramente mobilizada para a recepção e a fusão animadora nesse som.

Nessas observações, quando se reflete bem, vê-se que nada de verdadeiramente novo está sendo dito, porque elas exprimem relações fundamentais que sempre foram necessariamente conhecidas e admitidas sob qualquer representação. O que aparece como novo só pode ser, nestes assuntos, a clareza crepitante, talvez demoníaca, da apresentação. Para que o desdobramento teórico se realize, é preciso que se ouça o estalido do papel de presente no qual alguma coisa quase conhecida, mas também quase olvidada, é entregue mais uma vez a seu proprietário como se fosse algo novo. Este é o típico ruído de acompanhamento dos presentes que têm de ser dados pela fenomenologia, pois presentear, do ponto de vista fenomenológico, significa dar de uma maneira inteiramente nova algo que nada tem de novo. É óbvio que, desde os tempos remotos, as parteiras, mães e avós vêm divulgando suas corretas intuições sobre esse campo de conhecimento, e foi só por meio das vitoriosas abstrações individualistas dos últimos séculos que a esfera das comunhões fetais foi empurrada para cada vez mais longe, tanto do sentimento, quanto do conhecimento dos indivíduos. Caracterizamos em linhas gerais, no terceiro capítulo, dedicado à história social das novas práticas de proximidade e particularmente ao mesmerismo e ao magnetismo animal, uma onda marcante de recentes técnicas de intimidade, cujas ramificações estão ainda ativas hoje, e tivemos oportunidade de mostrar como os autores mais lúcidos desse movimento interpretaram a peculiaridade da relação magnética como uma reconstituição e uma reativação diretas da posição fetal. Foram, sobretudo, Friedrich Hufeland e Hegel que, nesse ponto, alcançaram a maior expressividade, não apenas ao conceber o feto como uma planta que desabrocha para tornar-se um animal, esforçando-se para atingir a animalidade e a espiritualidade que lhe são próprias, mas, sobretudo, ao entender o sujeito em formação como uma espécie de psicoplasma moldável no qual as concepções intensas das mães são capazes de gravar seu selo.

O *locus* clássico da moderna teoria dos efeitos psicoplásticos da mãe sobre o feto precedera, todavia, por mais de cem anos, o psicomagnetismo e sua discussão pelo idealismo alemão; essa doutrina já se encontra em *De la Recherche de la vérité*, de Nicolas de Malebranche, publicado em 1674. Em sua teoria da imaginação, de extraordinário radicalismo, o autor desenvolve uma teoria decididamente medieval da maternidade, caracterizada pela possibilidade de uma tele-visão e de uma tele-sensação intrauterinas. Malebranche, monge oratoriano e psicólogo, concebe os ventres maternos como projetores através dos quais imagens boas ou más — como os pré-julgamentos originais sobre o mundo exterior — são lançados à tenra matriz da alma infantil:

> Assim, as crianças veem o que suas mães veem [...]. Pois, afinal, o corpo da criança constitui, com o de sua mãe, um mesmo corpo; o sangue e os espíritos são comuns a um e a outro [...]. Há mais ou menos sete ou oito anos podia-se ver, nos Incuráveis, um jovem nascido louco cujo corpo estava rompido nos mesmos lugares em que se rompem os criminosos. Ele tinha vivido quase vinte anos nesse estado; muitas pessoas o viram, e

a falecida rainha-mãe, ao visitar esse hospital, teve a curiosidade de vê-lo e até mesmo de tocar os braços e as pernas desse jovem nos locais em que estavam rompidos.

Segundo os princípios que acabo de estabelecer, a causa desse funesto acidente foi que sua mãe, tendo sabido que se ia romper um criminoso, foi ver sua execução. Todos os golpes dados a esse miserável atingiram com força a imaginação dessa mãe e, por uma espécie de contragolpe, o cérebro tenro e delicado de sua criança. As fibras do cérebro dessa mulher foram estranhamente abaladas e talvez rompidas em alguns lugares, pelo curso violento dos espíritos produzido pela visão de um ato tão terrível, mas tiveram consistência suficiente para impedir um transtorno completo. Ao contrário, as fibras do cérebro da criança, não podendo resistir à torrente desses espíritos, foram inteiramente desfeitas, e o dano foi grande o bastante para fazê-la perder para sempre o juízo, razão pela qual veio ao mundo desprovida de senso. Vejamos agora por que esse jovem estava rompido nas mesmas partes do corpo que o criminoso que sua mãe havia visto supliciar.

À vista dessa execução tão capaz de apavorar uma mulher, o curso violento dos espíritos animais da mãe rumou com força de seu cérebro em direção a todos os lugares de seu corpo que correspondiam aos do criminoso, e o mesmo se passou com a criança. Mas, como os ossos da mãe eram capazes de resistir à violência de seus espíritos, eles não foram feridos [...]. Mas esse curso rápido dos espíritos foi capaz de forçar as partes moles e tenras dos ossos da criança. [...]

Não faz um ano que uma mulher, tendo observado com demasiada atenção o quadro de São Pio, de quem se celebrava a festa de canonização, deu à luz uma criança que se assemelhava perfeitamente à representação desse santo [...]. Seus braços estavam cruzados sobre seu peito, seus olhos voltados para o céu [...]. Tinha uma espécie de mitra ao revés sobre seus ombros, com várias marcas redondas nos lugares em que as mitras são cobertas de pedrarias [...]. É algo que toda Paris pôde ver tão bem quanto eu, pois foi conservada por muito tempo em álcool.[8]

Esses extratos da exposição de Malebranche mostram em que medida as reflexões sobre a pré-natalidade já estavam marcadas pelos

---

8. Malebranche, *De la Recherche de la verité*, Paris, Vrin, 1965, p. 119, 122-123.

modelos ópticos nos inícios dos tempos modernos. A ideia bizarra de que *imagens* de terror podem se decalcar da alma da mãe para o corpo da criança prova que a comunhão íntima entre ambas estava pensada de maneira essencialmente gráfica ou eidética. Aqui, a natureza criativa é representada como um desenhista que, através das mães e com a mediação de espíritos animais ativos, foi capaz de gravar no plasma fetal os esboços de objetos e de cenas patológicas do mundo exterior.

Que haja ao lado dessa imaginação, entretanto, uma faculdade auditiva constitutiva que desempenha um papel ainda mais importante e mesmo decisivo para a integração da criança ao mundo, essa é uma ideia que, pelo que sabemos, só foi seriamente desenvolvida pelos psicólogos e otologistas do século XX. E não por acaso foi se afastando, em sua maioria, dos dogmas dos psicanalistas de Zurique e Viena, que, com sua orientação para a *imago* e seu prolongamento na teoria dos objetos internos e na doutrina dos arquétipos, pagaram de forma pouco crítica seu tributo aos preconceitos ópticos dominantes em seu ambiente. Os defensores do primado da força receptiva da audição podem invocar impressionantes provas evolucionárias que atribuem fundamentalmente ao ouvido um papel-chave na constituição de formas superiores de organização vital. Entre os pássaros canoros, já aparecem *in ovo* traços de impregnabilidade auditiva: experiências mostraram que o filhote, em seu ovo, recebe pelo canto da mãe uma espécie de educação musical própria da espécie; pássaros jovens chocados por mães mudas mostram-se vocalmente inseguros ou simplesmente não cantam; aqueles chocados por mães que cantam, mas de outra espécie, tendem a adotar o canto dessa outra espécie. Quem quisesse naturalizar Platão e buscasse provas de uma informação pré-natal da "alma" encontraria nessas observações os mais sugestivos auxílios para a sua argumentação. E, com maior razão, as relações auditivas pré-natais entre os mamíferos confirmam essas descobertas; aqui, a ligação entre o ouvido fetal e a voz da mãe chega até a individualização mais inequívoca; segundo informam os biólogos evolucionistas, leitões e cabritos recém-nascidos são capazes de distinguir com a máxima certeza a voz de sua mãe entre milhares de vozes semelhantes — um feito de impregnação que só pode ser explicado por uma espécie de *tuning* pré-natal. Entre os seres humanos, o processo de

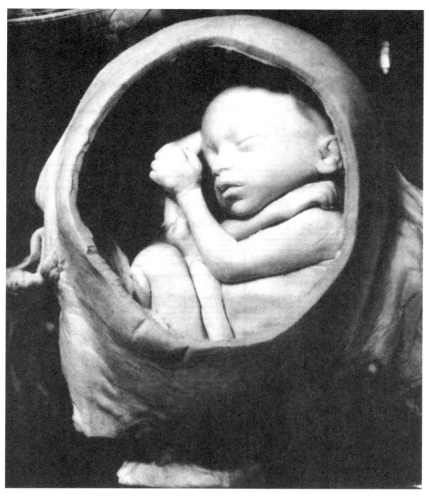

Anita Glatzer, *Pulcherrima*, de *Human Time Anatomy*. Fotografado no Museu Federal de Anatomia Patológica, Viena.

ajustes simbióticos finos no espaço de ressonância audiovocal é ainda mais altamente diferenciado e reagrupa tonalidades emocionais, acentos do canto falado, tipos de meio sonoro e, sobretudo, frequências individuais de saudação. Ao se ouvir repetidamente nesse espaço sonoro, que tomará mais tarde o nome de mãe, a audição fetal humana desenvolve os contornos decisivos da subjetividade motriz e musical. É através da música de câmara que os seres humanos vêm ao mundo; só nela aprendem que a escuta atenta da outra voz é a condição indispensável para

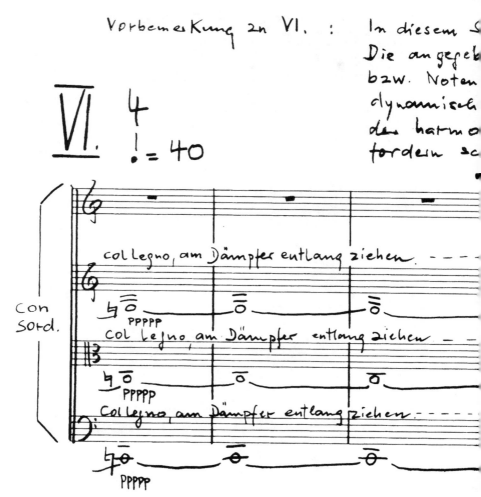

Wolgang Rihm, *Terceiro Quarteto de Cordas*, "No mais íntimo". Nota manuscrita do compositor: "Neste movimento, não há nem um único crescendo ou decrescendo. A dinâmica fornecida vale sempre para todo o valor da nota ou grupo de notas. Não deve haver nenhuma transição entre os valores dinâmicos das notas, nem mesmo onde, por exemplo, o contexto harmônico parece exigi-lo no sentido da execução tradicional."

...ein einziges crescendo und decrescendo.
...gilt immer für die ganzen Notenwerte
sollen keine Übergänge zwischen den
stattfinden, auch das nicht wo es z.B.
...text im Sinne traditionellen Spiels zu

que se possa tocar alguma coisa. Por isso é preciso dizer, do homem, que sua estadia no mundo, mais do que no caso de qualquer outro ser vivo, está determinada pela necessidade de se manter e de se estender em um contínuo psicoacústico, ou, de forma mais geral, semiosférico.

Como afirmamos e mostramos numerosas vezes ao longo de nossas reflexões, os seres humanos são, desde o início, habitantes de esferas, e, nesse sentido específico, são seres vivos que almejam a partilha de um mundo interior. Estamos agora em condições de caracterizar mais precisamente a trama central dessa interioridade constitutiva, a cooperação para produzir um fenômeno sonoro criador de intimidade: trata-se da comunidade auditiva constitutiva que integra os humanos em um anel não objetivo de mútua acessibilidade. A intimidade e a publicidade têm, na audição, o órgão que as interliga. Tudo o que pode se apresentar como vida social só se forma, inicialmente, na extensão específica de uma redoma acústica que cobre todo o grupo — uma redoma cujas presenças sonoras, particularmente nas culturas europeias, são capazes de receber uma escrita. Só na sonosfera social a música de câmara pode se tornar política coral; só aqui, no fluxo falado, o espaço mãe-criança se articula às cenas dos mitos adultos e à arena do debate político sobre o que é justo. Em um domínio de sinergia feito de impregnações de história natural e de história dos símbolos, os ouvidos humanos alçaram-se à posição de agentes condutores das associações étnicas. Só com base no grande desenvolvimento emotivo da audição foi possível à existência humana tornar-se estadia em uma estufa sonosférica. Mesmo que as línguas naturais tivessem se desenvolvido como sistemas sonoros sem nenhuma pretensão à referência e à significação — ou seja, se existissem apenas coros e não mais comunidades de trabalho —, os homens continuariam sendo, em todos os aspectos fundamentais, exatamente os mesmos de hoje, descontando-se os autismos dos trabalhadores. Na casa sem paredes dos sons, os homens se tornaram os animais que se ouvem uns aos outros.[9] O que quer que possam ser, além disso, eles são comunidades sonosféricas.

---

9. Sobre os temas da "parede" e "ausência de paredes", ver *Esferas II*, Cap. 2: "Recordações de receptáculo. Sobre o fundamento da solidariedade na forma inclusiva".

Digressão 8

Verdades de analfabetos
Nota sobre o fundamentalismo oral

Há, na história intelectual europeia, uma tradição à parte, e dotada de alguma influência, segundo a qual a verdade é algo que não se deixa articular pela fala e, menos ainda, pela escrita, mas apenas pelo canto e, mais frequentemente, pela alimentação. Nessa concepção, a verdade não consiste em apresentar ou representar uma coisa em outro meio, mas em incorporar ou integrar uma coisa em outra. É claro que aqui se contrapõem dois modelos de adequação radicalmente diferentes e que permitam à verdade enquanto na universalmente considerada e respeitada verdade de apresentação fala-se de adequação entre o intelecto e a coisa, ou entre a sentença e o fato, a relativamente desprezada verdade de incorporação visa a uma assimilação do conteúdo àquilo que contém, ou daquilo que devora ao que é devorado. Semióticos e teólogos já nos aborreceram suficientemente com seus correspondentes exemplos: a sentença "chove agora", quando a ouvimos, é verdadeira precisamente se e apenas se houver uma razão para assegurar que chove agora; em contrapartida, minha audição de uma peça musical é uma audição verdadeira precisamente quando, na presença dessa peça, eu próprio assumo uma forma musical; e minha consumação da hóstia, por sua vez, produz a salvação se e apenas se, ao engolir a oferenda, eu próprio assumo a forma do Cristo. O modo de adequação dos dois últimos exemplos constitui, claramente, um caso especial. É claro que não estamos lidando aqui apenas com diferentes conceitos de verdade e correspondência, mas entram em jogo dimensões totalmente incomparáveis de adequabilidade e possibilidade de exatidão. Se, no caso das verdades de apresentação, é possível na maioria das vezes indicar com suficiente precisão quando estão reunidos os pressupostos de sua ocorrência, nunca se pode dizer de forma muito precisa, no caso das verdades de incorporação, a partir de que momento elas podem ser consideradas como comprovadas. As correspondências que nascem de incorporações são constitutivamente vagas, mas essa vagueza não deve ser entendida como uma falha: ao contrário, é ela que constitui o particular modo de existência e possibilidade desse campo de verdade. Talvez eu possa dizer sem ser contestado que esta manga, se e porque ela serve neste braço, constitui uma verdadeira contrapartida deste. Mas eu não poderia determinar, sem incorrer em contradição, onde se encontra o ouvinte quando mergulha no espaço de experiência de uma peça musical tocada neste momento ou, ainda, onde está o Cristo quando a hóstia desaparece na garganta do comungante.

Absorver alguma coisa e deixar-se absorver em alguma coisa: com esses dois gestos, os seres humanos asseguram o que se pode chamar sua competência participativa. Ao consumir, eles absorvem alimentos e bebidas, e ao tomar seu lugar em uma roda de consumidores revelam sua admissão a uma comunidade de mesa. Todo ser humano que não seja louco ou pervertido tem a faculdade de julgar, em boa medida graças à sua capacidade de distinguir aquilo de que participa como absorvedor e como absorvido. Quem não perdeu totalmente a razão, ou seja, o sentido da correspondência, sempre saberá com suficiente precisão quando ele é o receptáculo e quando é o conteúdo; quando ele consome e quando ele próprio é o consumido. Poderíamos dizer que toda verdade oral repousa nessa diferença entre as mesas: para se tornar um ser suficientemente completo, é preciso aprender em que mesas somos os comensais e em quais nos tornamos o que é comido. As mesas às quais comemos chamam-se mesas de refeições; aquelas em que somos comidos chamam-se altares. Mas seríamos realmente, enquanto criaturas humanas, utilizáveis de algum modo diretamente sobre o altar? Seria possível e permissível descrever os seres humanos em termos de sua adequação para serem servidos à mesa? Todas as culturas concordam com o axioma de que os comungantes sentam-se à mesa, e não vão para cima dela. O homem que legitimamente se pusesse sobre a mesa não mais seria — na perspectiva cristã — um homem, mas o homem-deus que, pela comunhão oral, quer se tornar presente em nós e nos integrar em seu corpo imaginário. E a mesa preparada para isso não mais seria a mesa profana, mas propriamente o altar — isto é, a mesa do Senhor, sobre a qual pode ser servido este que se deixa consumir por nós, com a plena consciência de que, em outro lugar, ele vai ou nos consumir ou nos expelir. Essa outra mesa pertence unicamente ao deus que dá e toma sem nenhuma limitação. O deus comestível é o fundador da comunidade de mesa como a verdadeira comuna cujos membros se puseram de acordo quanto à exofagia: só pela renúncia às relações endofágicas os seres humanos se reconhecem mutuamente como iguais. Na verdadeira comunidade, todos são iguais, em última instância, apenas perante a lei que proíbe que se considerem uns aos outros como alimento. E, se comermos carne, esta deve ser sempre carne exógena, quer a dos animais autorizados que nos nutrem enquanto grupo profano, quer a do verdadeiro deus que nos une enquanto grupo sagrado.

O campo das verdades de incorporação é, portanto, de fundamental importância para a construção da razão humana, precisamente porque é nele que atua a diferença vital entre o verdadeiro e o falso. Como no campo das verdades representadas, também aqui — e sobretudo aqui — o falso carrega consigo, em última instância, a morte; reciprocamente, pode ser considerado como verdadeiro aquilo que possibilita e amplia a vida. Quem absorve veneno morrerá por causa dele, e, do mesmo modo, morrerá aquele que chega ao ventre da baleia falsa. Por isso, mesmo em uma cultura extremamente orientada para a verdade de representação, como a cultura moderna, a consciência das relações de incorporação ou participação, assim como de seus valores de verdade e de erro, não pode ser jamais abandonada. Há razões para afirmar que a crítica das relações de incorporação se encontra hoje em seu estado mais grave, em particular porque a filosofia, que era tradicionalmente competente nesse assunto, permite-se nesse campo, se fizermos o balanço dos dois últimos séculos, uma ingenuidade sem paralelos na história da cultura; e se as disciplinas psicológicas e mítico-críticas não tivessem preenchido, como substitutas, essa lacuna durante século XX, o campo de trabalho de uma crítica filosófica da razão participativa estaria ainda mais inculto do que se apresenta hoje. A fórmula "razão participativa" implica a tese de que há participações adequadas e inadequadas, que se relacionam umas às outras como o verdadeiro e o falso. Mas mesmo as formas adequadas ou racionais de participação não devem ser imaginadas apenas como associações voluntárias em projetos públicos, mas antes como inclusão em comunhões devoradoras — e, de fato, sob a premissa de que existem, mesmo entre não canibais, relações endofágicas necessárias, discretas e bem-vindas.

Os paradigmas positivos para isso se encontram, naturalmente, no mundo das primeiras relações mãe-criança: se pudéssemos caracterizar a gravidez normal como o processo pelo qual a mãe se oferece para ser consumida pelo corpo estranho em seu interior, o aleitamento seria a receptividade ativa do corpo feminino para a reivindicação canibal do lactente. Se nos fixarmos na perspectiva da criança, veremos que o sujeito em formação reivindica o direito incondicional de aninhar--se como consumidor absoluto no meio que encontrou — um meio que, evidentemente, existe desde os tempos primordiais e que, ao que parece, não tem outra função além da de satisfazer, em todas as circunstâncias, as necessidades do intruso. A ironia ontológica do meio materno consiste em que nenhum feto, nenhum lactente, nenhuma criança de colo e mesmo, por fim, nenhum ser humano pode saber de antemão que o mundo só apresenta o caráter de um meio magicamente disponível enquanto estiver disponível na forma de uma mãe habitável, canibalizável e invocável. E nada indica que esse meio poderia um dia ficar indisponível; não enquanto a mãe suficientemente boa, suficientemente comestível, continuar satisfazendo às exigências que lhe faz o antropófago. Ela lhe dá sinais de que ele tem razão, em todos os aspectos, de querer acima de tudo se nutrir sozinho dela e através dela. Assim, a função de verdade oral original, o acordo elementar da participação consumidora da criança na mãe, é confirmada pela parte consumida. O matrífago está sempre certo, e tem direito a estar certo; seu impulso de ingestão funda-se em uma relação veritativa biológica imemorial, no sentido de que sua exigência de ser alimentado pela mãe encontra em geral a receptividade do seio materno:

o inconfundível apetite sempre obtém seu inconfundível quinhão, e aqui se poderia falar de uma síntese *a priori* no somático. Uma criança que não sofreu demasiadas frustrações adquire, no meio materno, a crença protorreligiosa de que entre o chamado e a bebida vigora uma equivalência pragmática sempre válida. Essa convicção é o cerne da crença de que a magia é possível — uma crença sem a qual mesmo o contrário da magia, o trabalho, permanece no fundo absurdo, pois só se trabalha com sucesso na medida em que se continua a acreditar que o esforço chama a felicidade e, ainda, que esta vem com a conclusão do trabalho. Tornar-se adulto consiste, assim, em compreender que a equivalência mágica entre o chamado e o sucesso tende a empalidecer com o tempo, para finalmente se extinguir quase por completo. Mas que acontece quando quem busca não mais encontra, quando o que é chamado não vem mais? A mágica inicial dissolve-se gradualmente na luta e no trabalho, até chegar ao ponto em que o sujeito — beirando o limite da amargura — concede que quem não trabalha não deve comer, e que não é lícito usufruir se não se é capaz de renunciar. A palavra "trabalho" resume uma condição global na qual ninguém mais pode se contentar em lançar chamados ou empregar fórmulas mágicas para obter satisfação. Onde o trabalho assoma no horizonte, a experiência de que o chamado tem alguma serventia só pode ser defendida por meios religiosos ou estéticos. E a crença de que a felicidade invocada chegará em um prazo adequado só sobrevive porque se deixa em aberto quem se deve considerar, em última instância, como o provedor do pão de cada dia. A religião sobrevive como lembrança da época em que chamar servia ainda para alguma coisa.

Por mais antiga que seja a participação consumidora no meio materno pela voz peculiar do *infans*, esta não é a primeira forma da magia de incorporação. Antes que o sujeito se deparasse com a necessidade de chamar para comer, já lhe estava assegurada uma maneira ainda mais profunda de participação que, como comunhão fetal sanguínea endoacústica, proporcionava o máximo absoluto de vida incorporada. Para lá se esforçam em retornar os que não querem trabalhar, nem chamar, a fim de reencontrar a antiga homeostasia. Antes do *infans*, aquele que não fala, vem o *inclamans*, aquele que não chama. O que caracteriza a moderna cultura de massas é que, passando ao largo das mesas e dos altares da alta cultura, ela soube oferecer satisfações novas e diretas para essa exigência de comunhão homeostática. Esse é o sentido psicodinâmico da música *pop*, com todas as suas derivações. Para seus consumidores, ela encena a possibilidade de mergulhar em um corpo rítmico ruidoso no qual as funções críticas do Eu se tornam temporariamente dispensáveis. Quem observar, como testemunha imparcial, a gestualidade típica do comportamento em discotecas e *sound parades* chegará necessariamente ao diagnóstico de que o atual público da música de massa anseia por um autossacrifício entusiasta, ao se precipitar voluntariamente e por seu próprio risco na cratera do som. O que o público exige é que o Moloch acústico o puxe para o interior e, uma vez em suas entranhas, o transforme em alguma coisa ritmada, pré-subjetiva e desoxigenada. A música *pop* superou a ala mais arcaica das comunhões religiosas, especialmente das cristãs, ao ampliar as possibilidades de incorporação proporcionadas pelo altar ao oferecer uma conexão direta com as cavernas psicoacústicas corporais e com aos deuses do som[1] que passam naquele momento. Isso se observa especialmente nas *love parades* berlinenses dos anos 1990 e em suas réplicas nas cidades europeias, as quais, do ponto de vista da antropologia cultural, são interessantes enquanto encenações particularmente explícitas de "verdadeiras" relações de incorporação. Segundo o conceito que lhes é imanente, elas poderiam também se denominar *truth-parades*, porque nelas se trata de absorver grandes quantidades de pessoas — que, sem exceção, valorizam os atributos de sua individualidade — em sonosferas felizes, simbióticas, reversíveis e, nessa medida, "verdadeiras". Essas comunhões com os deuses do som ou os Molochs rítmicos fundam-se exatamente no mesmo modelo de verdade que a psicanálise pós-freudiana, com a diferença de que esta aconselha seus pacientes a desenvolver uma retórica estritamente individual do luto pelo objeto original perdido, enquanto a terapia musical integrista das ruas assenta-se em euforias grupais movidas a drogas, que, se é verdade que praticam momentaneamente o

---

1. Devemos esta expressão [*Ton-Götter*] a Andreas Leo Findeisen, do Instituto de Filosofia Cultural e Teoria Midiática da Academia de Artes Plásticas de Viena.

Digressão 8. Verdades de analfabetos: Nota sobre o fundamentalismo oral

No raio de um Moloch sonoro: *Love Parade* de 1998, em Berlim.

jogo da autoincorporação a um corpo esférico primitivo, não trazem muito proveito para a competência medial específica dos participantes no período de ressaca que se segue. Ainda assim, é possível discernir nas *love parades*, bem como nas inúmeras outras formas de encenação do êxtase coletivo, a maneira pela qual a modernidade trabalha para levar o integrismo psicoacústico, essa relação fundamental de todos os grupos humanos, a se tornar fabricável de forma cada vez mais direta, cada vez mais desprovida de pretexto e cada vez mais livre de qualquer religião.

Nessa medida, o divã e o êxtase das discotecas se relacionam como a face côncava e a convexa da mesma lente de verdade. Ambos têm a mesma referência teotécnica, na medida em que estabelecem relações com uma causa primitiva oculta, mas não totalmente extinta, uma coisa em si sonora divina. Sem essa ligação com o Absoluto íntimo, o

477

discurso expressivo humano estaria separado desse fundo ou desse referencial transcendente, e resvalaria para jogos de linguagem fechados e autorreferenciais. Mas a verdade inexprimível, segundo o esquema da psicanálise e da *love/truth-parade*, só se revela a um sujeito pré--verbal. Que este, paradoxalmente, tenha se recusado a aprender a ler, escrever e falar, como o fazem os místicos ou os extáticos, ou que, ao contrário, os pacientes da análise se precipitem na leitura, na escrita e no canto para dizer o indizível, trata-se apenas da escolha de diferentes estratégias que têm o mesmo modelo como plano de fundo. É por isso que o paciente ideal se esforça, com os refinados meios do discurso e da escrita, para capturar o grande objeto perdido, ao passo que o participante ideal do culto se entrega, na presença real do carro de som, à revelação do ruído estrondoso. Julia Kristeva mostrou, em uma lúcida reflexão, que, se o sujeito desejante não se orientasse para uma *coisa em si* psíquica — ou, como se poderia dizer também, para uma transcendência analfabética —, nenhuma cura psicanalítica seria em última análise possível:

> A obsessão do objeto originário, do objeto a ser traduzido, supõe que uma determinada adequação (por certo imperfeita) é possível entre o signo e, não o referente, mas sim a experiência não verbal do referente na interação com o outro. Posso nomear com verdade. O Ser que me extravasa — incluindo-se o ser do afeto — pode encontrar uma expressão adequada ou quase adequada. A aposta de tradutibilidade é também uma aposta de que o objeto originário pode ser dominado [...]. A metafísica, com sua obsessão de tradutibilidade, é um discurso da dor dita e aliviada por essa própria nomeação. Pode-se ignorar, negar a Coisa originária, pode-se ignorar a dor em favor da ligeireza de signos copiados e recopiados, sem interior e sem verdade. A vantagem das civilizações que operam com esse modelo consiste em torná-los aptos a marcar a imersão do sujeito no cosmos, sua imanência mística com o mundo. Mas, como me confessa um amigo chinês, uma tal cultura não tem meios para enfrentar a irrupção da dor. Essa falta de meios seria uma vantagem ou um defeito?
>
> O homem ocidental, ao contrário, está persuadido de poder traduzir sua mãe [...], mas apenas para traí-la, transpô-la,

libertar-se dela. Esse ser melancólico triunfa sobre sua tristeza de estar separado do objeto amado mediante um incrível esforço para dominar os signos, de modo a fazê-los corresponder a vivências originárias, inomináveis, traumáticas.

Além disso, e em definitivo, essa crença na tradutibilidade ("mamãe é nomeável, Deus é nomeável") leva a um discurso fortemente individualizado, que evita a estereotipia e o clichê, bem como à profusão de estilos pessoais. Mas exatamente por isso chegamos à *traição* por excelência da Coisa única e em si (da *Res divina*): se todas as maneiras de nomeá-la são permitidas, não deve então a Coisa que se postulou "em si" se dissolver nas mil e uma maneiras de nomeá-la? A postulada tradutibilidade conduz à multiplicidade de possíveis traduções. O melancólico potencial que é o sujeito ocidental, ao tornar-se fervoroso tradutor, ele termina por ser um jogador assumido ou um ateu em potencial. A crença inicial na tradução se transforma em uma crença no desempenho estilístico, para o qual o lado de cá do texto, seu outro, ainda que este fosse originário, conta menos que o sucesso do próprio texto.[2]

Mesmo que se elucidassem todos os problemas da representação e da autorreferência, as questões da incorporação, da participação e da imanência sequer teriam sido tocadas.

---

2. Julia Kristeva, *Soleil noir. Dépression et mélancholie*, Paris, Gallimard, 1987, p. 77-78.

Digressão 9

A partir de que ponto Lacan se engana

A sempre problemática orientação para a *imago* das teorias psicana-líticas relacionais foi levada ao extremo por Jacques Lacan com seu legendário teorema do "estágio do espelho como formador da função do eu"[1], de 1949. Supõe a existência de uma situação na primeira infância marcada desde o início pela impossibilidade de suportar a si próprio. Para Lacan, cada bebê está dilacerado por incuráveis situações de aniquilação. A psicose é sua verdade e sua realidade, desde o início e inevitavelmente. Ele se precipita no mundo, impotente e traído, como corpo já despedaçado que mal consegue manter juntos seus fragmentos. A verdade seria, então, que a fragmentação precede a integridade e que uma psicose originária teria, em toda parte, a última palavra. Para um ser tão fundamentalmente dissociado, agitado em seu extravio, é compreensível — se admitirmos por um momento as sugestões do analista — que a visão de sua própria imagem de contornos estáveis, ali do outro lado, no espelho, deva ser muito edificante, pois nesse Ali imaginário o sujeito poderia enfim se perceber, *pela primeira vez*, como uma forma inteira sem falhas nem lacunas. A imagem de si no espelho apareceria aqui como aquilo que liberta de um sentimento de si insuportável. Só essa imagem situada ali, no espaço do espelho, é capaz de me provar, contra o evidente sentimento que tenho de mim mesmo, que não sou nenhum monstro, mas uma criança humana bem formada nos belos limites de sua silhueta orgânica. Reconhecer-se no espelho como "esse aí sou eu" significaria, portanto, rir para a imagem que surge de uma

---

1. Cf. *Écrits*, Paris, Le Seuil, 1966, p. 93-100.

só vez, apreender sua integridade como uma mensagem de saudação e, festivamente liberto, elevar-se ao céu imaginário das imagens completas, no qual jamais seria preciso confessar o real e verdadeiro dilaceramento que precedera esse estado. Finalmente o *infans* poderia deixar para trás sua humilhante fragmentação e sua raivosa impotência. De um só golpe, teria recebido o poder de deslizar invulneravelmente através do vidro do espelho para dentro do espaço da imagem e, como um herói transfigurado, penetrar no reino de uma integridade fantasiosa — radiantemente libertado da miserável situação inicial para a qual, doravante, pretende jamais ter de retornar, supondo-se, é claro, que o escudo onírico da imagem incorruptível do eu se imponha contra todas as posteriores inquietações. Por conseguinte, o desenvolvimento do Eu deveria sempre e inevitavelmente começar por uma salvadora incompreensão de si mesmo: a aparência imaginária situada lá fora, do outro lado — minha imagem curada, inteira, salvadora —, me capturou na medida em que é *ela*, agora, que eu tomo radicalmente em lugar de mim, saindo do inferno sem imagem de minha primeira vida sensitiva, e ela 'me ofereceria a promessa miraculosamente enganadora de poder, no futuro, viver para sempre voltado para essa imagem, como que sob a proteção de uma ilusão. Minha imagem ilusória de mim mesmo, ali, na visibilidade exterior — no imaginário ou no visual transfigurado —, seria, por sua boa conformação e por sua integridade, uma espécie de evangelho composto apenas para mim, uma promessa que me antecipa e me consolida. Tão logo eu a tivesse absorvido, ela se alojaria no fundo de mim mesmo, como a boa-nova de minha ressurreição após a aniquilação inicial. Minha imagem, minha ilusão primitiva, meu anjo da guarda, minha loucura.

Pode-se mostrar facilmente que essa que é a mais célebre dentre as primeiras produções teóricas do corpo de doutrinas de Lacan representa uma construção brilhante, mas fracassada, à qual se chega pela má avaliação, arriscada e emotiva, da primitiva comunicação diádica entre a criança e seu acompanhante-complemento, que, deixando de lado os meios de suplementação pré-natais, é em geral a mãe. A própria imagem no espelho não pode, efetivamente, enquanto tal, trazer para o diagnóstico da criança "sobre si mesma" qualquer contribuição que nela já não estivesse há muito tempo instalada no plano dos jogos de ressonância vocais, táteis, interfaciais e emocionais, bem como de seus depósitos interiores. Antes de qualquer encontro com seu próprio reflexo especular, um *infans* bem cuidado "sabe" muito bem e com muita precisão o que significa levar uma vida incólume no interior de uma dualidade que o carrega e o envolve. Em uma estrutura de biunidade psíquica suficientemente bem formada, a autopercepção imagética aparece na criança que, por casualidade, nota seu reflexo em um meio de vidro, metal ou água, apenas como uma camada perceptiva suplementar capaz de divertir e despertar a curiosidade, sobreposta a um tecido de experiências de ressonância já espesso e assegurador.

A imagem no espelho não aparece, de modo algum, como o *primeiro* e mais poderoso indicador da própria capacidade de existir como um todo; o que ela fornece, eventualmente, é uma referência inicial à sua própria existência enquanto corpo coerente em meio a outros corpos coerentes no campo visual efetivo. Mas essa existência íntegra como imagem-corpo não significa quase nada ante as certezas pré-imaginárias e não eidéticas derivadas da dualidade sensório-emotiva integral. Uma criança que cresça em um contínuo de qualidade adequada já terá obtido há muito tempo, graças a outras fontes, suficientes informações sobre os motivos de sua permanência no interior de uma forma que a completa. Seu interesse pela coerência está razoavelmente satisfeito bem *antes* da informação eidética provida pelo espelho. Ao perceber nele a sua imagem, ela não descobre nenhuma possibilidade de felicidade e de existência radicalmente nova, que decorresse apenas do imaginário visual. É preciso estar atento, além disso, a algo que já fizemos notar[2]: antes do século XIX, a maioria das habitações europeias não possuía espelhos, de modo que, mesmo da simples perspectiva da história da cultura, o teorema de Lacan, que se pretende um dogma antropológico válido para qualquer época, parece não ter nenhum fundamento.

É verdade que, se o jogo de ressonâncias entre a criança e o *vis-à--vis* que a completa estiver carregado de ambivalências, negligências e

---

2. Cf. o último parágrafo do Cap. 2: "Entre rostos. Sobre o surgimento da esfera íntima interfacial".

sadismo, ela desenvolverá naturalmente uma tendência a se agarrar aos mais tênues momentos de experiência positiva de complementação — sejam estes as dúbias amabilidades das pessoas de referência, os sonhos de regressão autoerótica ou a identificação com os heróis invulneráveis dos contos e mitos. Se a primeira visão de sua própria imagem no espelho ajuda verdadeiramente crianças psicóticas saídas do estágio de aleitamento e ingressando na primeira infância a experimentar uma ressurreição imaginária por meio de fantasias visuais de integridade, essa é uma questão que está muito longe de ter sido empiricamente resolvida. O caso particular ao qual Lacan dá tanto destaque — em que o sujeito em formação sai de si mesmo e se lança à imagem para escapar ao desequilíbrio sentido na própria pele fragmentada e para se tornar um todo ilusório no mundo das imagens — representa, na verdade, supondo-se casuisticamente que tenha alguma realidade, apenas um valor limite de natureza patológica. Sua manifestação na vida ocorre somente em estruturas familiares pauperizadas e em ambientes em que há uma tendência crônica a negligenciar o cuidado dos bebês. Para toda fundamentação do Eu obtida, assim, pela fuga na ilusão imagética da integridade, seria possível predizer de fato essa instabilidade paranoica que Lacan, partindo de sua autoanálise, pretendeu erroneamente apresentar como característica universal da psique nas culturas de todos os tempos. De qualquer maneira, caso se pudesse encontrar realmente, por toda parte, um imaginário auto-ofuscante desse tipo na base constitutiva do *self*, também teria sido possível explicar por que, em um universo lacaniano, o sujeito só poderia encontrar no nível simbólico sua salvação, ou ao menos sua ordem.

Somente a submissão à lei simbólica permite escapar a uma psicose constitutiva. Mas o que é isso senão o prolongamento do catolicismo por meios aparentemente psicanalíticos? Com certeza, ninguém farejará as ofensas que chegam de toda parte com uma perspicácia tão fulminante quanto um sujeito para quem a própria capacidade de existir como um todo dependesse da defesa de brilhantes imagens fantasticamente distendidas de seu próprio eu. Mas que as formações básicas do eu no imaginário, na maneira descrita, seriam a regra universal, isso só pode ser afirmado por quem pretendesse consertar a primeira extravagância por meio de uma segunda; e significaria colocar a própria psicologia a serviço da psicose.

Lacan rendeu-se desde cedo a um dogmatismo da psicose original que, por seus motivos, estava comprometida com interesses que não eram psicanalíticos, mas sim criptocatólicos, surrealistas e parafilosóficos. Por sua tendência e seu tom, o chocante teorema do estágio do espelho, tal como formulado por Lacan, é uma paródia da teoria gnóstica da libertação pelo conhecimento de si. Seguindo um modelo problemático, o pecado original é aqui substituído pela ilusão original, sem que jamais ficasse claro se a ilusão é algo que seria melhor conservar que subjugar. É, em todo caso, o desconhecimento inicial de si mesmo que forneceria aos sujeitos essas tão indispensáveis quanto funestas imagens ilusórias de si mesmos — Lacan falava ocasionalmente da função "ortopédica" da imagem ilusória primária. Quem, então, poderia sobreviver como um sujeito psiquicamente íntegro sem a espinha dorsal da autoilusão — e quem teria algum interesse em destruí-la? Ao mesmo tempo, porém, a ilusão deve ser o que ela é: uma imagem enganosa que é preciso desmascarar, uma vez que lança seduções perigosas para o sujeito. Conhecer-se ou não se conhecer a si mesmo: eis aqui a questão. E a situação é ainda mais grave para aqueles que jamais receberam — de um imaginário assumido ou, menos ainda, de um amor real — a imagem crível de sua própria capacidade de existir como um todo.

Capítulo 8

Mais perto de mim que eu mesmo
Propedêutica teológica para a teoria do interior comum

> *[...] a constituição ontológica do Em [Inheit] deve ser*
> *ela própria explicada [...].*
> *Que quer dizer "ser-em" [In-sein]? [...] Ser-em [...] signi-*
> *fica uma constituição ontológica da existência (*Dasein*).*
> Martin Heidegger, *Ser e tempo*, § 12

> *— Que é esse Em? — perguntou Agathe incisivamente.*
> *Ulrich deu de ombros e fez algumas considerações.*
> *— [...] A lenda psicanalítica de que a alma humana*
> *se esforça para retornar à situação intrauterina cui-*
> *dadosamente protegida, anterior ao nascimento talvez*
> *seja uma má compreensão do Em, mas talvez não.*
> *Talvez o Em seja o reino pressentido de toda vida (de*
> *toda moral) de Deus. Talvez a explicação se encontre*
> *simplesmente na psicologia; pois todo afeto traz em si*
> *a pretensão totalizante de reinar sozinho e formar, por*
> *assim dizer, o Em onde todo o resto está mergulhado.*
> Robert Musil, *O homem sem qualidades*

Onde estamos, então, quando estamos em um pequeno interior? De que maneira um mundo, não obstante sua abertura para o não mensurável, pode ser um mundo redondo intimamente compartilhado? Onde estão esses que chegam ao mundo quando estão em esferas íntimas ou bolhas bipolares? Na passagem por muitas dobras e meandros do microcosmo dessa interioridade imbricada que forma o ser humano, distinguimos até agora sete camadas de uma resposta a essa questão.

Estamos em uma microesfera sempre que estamos:

— *em primeiro lugar*, no espaço intercordial;

— *em segundo*, na esfera interfacial;

— *em terceiro*, no campo de forças "mágicas" de ligação e de efeitos hipnóticos de proximidade;

— *em quarto*, na imanência, quer dizer, no espaço interior da mãe absoluta e de suas metaforizações pós-natais;

— *em quinto*, na Co-díade, ou na duplicação placentária e suas constituições posteriores;

— *em sexto*, sob a guarda do acompanhante inseparável e suas metamorfoses;

— *em sétimo*, no espaço de ressonância da voz materna que dá as boas-vindas e suas posteriores constituições messiânicas, evangélicas e musicais.

Notar-se-á que faltam nessa lista a relação intergenital e a união intermanual, como se fosse preciso sugerir que o coito e o aperto de mãos devam ser excluídos do campo esférico íntimo. De fato, os dois gestos, mesmo que representem na consciência cotidiana — especialmente o ato sexual —, protótipos de relações íntimas, constituem antes fenômenos marginais na perspectiva da análise microesférica; a sexualidade, sobretudo, embora liberte ocasionalmente sugestivas experiências de intimidade, não tem em si mesma nenhuma luz íntima, assim como o encontro de lutadores no interior de um ringue não cria por si mesmo contatos próprios da esfera íntima. Se a intimidade chega de fato a aparecer aqui, é apenas porque relações de proximidade provenientes de cenas íntimas reais, como as que enumeramos, são transferidas a duelos e duos genitais ou atléticos. É esse tipo de transferência que distingue a sexualidade humana da sexualidade animal: se os animais, no ato sexual, podem se contentar com o mero engate de seus órgãos reprodutivos, os seres humanos na mesma situação são motivados a produzir uma mais-valia de intimidade que só pode ser extraída do reservatório de lembranças de proximidade coletadas em outra parte e capazes de serem transferidas — até o abraço de Tristão, com qual os parceiros amorosos encenam mutuamente o retorno ao regaço originário. Nada mostra mais claramente que os homens estão condenados a um surrealismo da intimidade do que o fato de que, na maior parte das vezes, eles devem arranjar até mesmo as interações de seus órgãos genitais como um episódio em uma cena virtual do universo interior.

À primeira vista, as variantes das relações de intimidade acima tratadas têm apenas uma qualidade formal em comum: elas nunca separam o sujeito de seu ambiente, nem o confrontam com algo que exista objetivamente ou se apresente a ele como um fato, mas antes o integram em uma situação envolvente e o acolhem em um espaço relacional de duas ou mais posições, em que o lado do Eu forma apenas um polo. Então, o denominador comum dessa séptupla é — se essa expressão fosse permitida e usual — sua "estruturação" pelo Em [*Inheit*]. Esse termo técnico, que apareceu de modo fantasmagórico na obra inicial de Heidegger[1], exprime de forma bastante surpreendente que o sujeito, ou o *Dasein*, só pode estar *lá* [*da sein*] enquanto algo contido, circundado, apreendido, exposto, insuflado, sonorizado, afinado, interpelado. Antes que um *Dasein* assuma o caráter do ser-no-mundo, ele já tem a constituição do ser-em. Isto admitido, parece justo exigir que se reúnam em um padrão abrangente as variadas propostas sobre o fechamento e a abertura da esfera íntima. Busca-se, então, uma teoria da espacialidade existencial ou, como também se poderia dizer, uma teoria da interinteligência ou da estadia nas esferas de animação. Essa teoria do espaço relacional íntimo deveria elucidar como uma vida é sempre uma vida-em-meio-à-vida.[2] O ser-em deve ser pensado, então, como a coexistência de algo com algo no interior de algo. Aqui, consequentemente — para repetir nossa tese —, nós nos perguntamos sobre o que se denomina, em termos atuais, uma teoria dos meios de comunicação. Pois o que é a teoria da

---

1. *Sein und Zeit* [*Ser e tempo*], op. cit., §12 (ver Nota 1 da Digressão 4). Cf. também a Digressão 4: "No *Dasein* há uma tendência essencial à proximidade".

2. Em seu último texto, Gilles Deleuze deu um passo para o esclarecimento dessa questão: "L'Immanence, une vie...", *Philosophie*, n. 47, set. 1995, p. 3-7.

mídia senão propostas para explicar como e por que se obtém a ligação entre diferentes existências em meio a um éter comum?

Se procurarmos à nossa volta os modelos para esse empreendimento, seremos lançados, queiramos ou não, ao vasto território da antiga tradição teológica europeia. São sobretudo os autores da época dos padres e dos mestres gregos, além de, mais ainda, os latinos, que, em seus tratados sobre a Trindade, suas teologias místicas e suas doutrinas, se inclinaram, com base na imbricação das duas naturezas no homem-Deus, para questão de como se poderia conceber as naturezas engendradas e criadas como contidas *no* Deus único, e como se poderia conceber a própria relação de Deus consigo mesmo. Esses ramos da dogmática deveriam se tornar, inevitavelmente, uma escola de reflexão sobre o *Ser* das relações íntimas. Enquanto o pensamento moderno se caracteriza por principiar com o ser-no-mundo do *Dasein*, ou o estar-em-seu-ambiente do sistema, é próprio do monoteísmo cristão, e mais ainda do monoteísmo filosófico, que ele deva começar com o estar-em-Deus de todas as coisas e todas as almas.[3] Mas, como o Deus que tudo penetra e que está acima de todas as localizações finitas não pode estar em parte alguma senão *em si* mesmo por toda parte[4], não há aparentemente nenhuma alternativa a um pensamento teonômico sobre o ser-em: Deus está em si e o mundo está em Deus — onde poderia então repousar o mais ínfimo resto de ser, exceto no círculo mágico desse Em absoluto? Em um mundo que fosse a obra e a extensão de Deus, jamais se poderia falar seriamente de exterioridade. Não obstante, o interior totalizado de Deus é desafiado por um

---

3. Na medida em que a teologia bíblica professa a existência de um Deus retirado ou separado, a imanência de todo Ente *nele* é modificada para se tornar algo que aparece *sob* Deus, *em relação a* Deus ou *à margem de* Deus, mas jamais totalmente *fora de* Deus. De certa maneira, a teologia clássica foi a primeira *analysis situs*, pois todos os lugares no ente representam situações relacionadas ao meio absoluto. A ontologia radical só é possível, portanto, na forma de sitologia — uma situação que em lugar algum aparece mais claramente que no pensamento inicial de Heidegger. Cf. Digressão 4: "No *Dasein* há uma tendência essencial à proximidade" e também, mais adiante, o capítulo de transição: "Da imanência extática".

4. Do ponto de vista da metafísica clássica, isto é, da sitologia absoluta, Deus é a unidade do ser-junto-a-si e de seu ser-fora-de-si — uma característica que se pode também atribuir ao *Dasein* finito, se o considerarmos, à maneira de Heidegger, como insistente *e* extático.

exterior recalcitrante, cujo título teologicamente correto é "criação após a queda". Pois onde estão os homens que vivem no pecado, ou na independência, ou em sua liberdade, senão, em certa medida, no exterior ou, em todo caso, em uma exterioridade autorizada que, obrigada por seu *status* de criatura, não deve jamais negar inteiramente sua ligação com o criador? E onde, senão lá fora, lá longe, um redentor deveria visitar as almas caídas que devem ser trazidas de volta à casa?

O caso crítico da questão teológica sobre o Em é, portanto, desencadeado por duas situações inquietantes do ponto de vista lógico: de um lado, a problemática relação entre Deus e a alma humana, sobre a qual não é nada claro, no momento, como ela poderia continuar a estar *em Deus* ou junto dele após o pecado original; de outro lado, as relações excentricamente íntimas de Deus consigo mesmo, que, em vista de sua excursão ao exterior na forma do Redentor, fornecem assunto para as mais reflexivas pesquisas. Como então, e em que sentido, se poderia dizer do homem — ou da alma humana —, em seu estado corrompido, que ele ainda está contido em Deus? E como, e em que sentido, Deus, após sua processão no devir humano e na efusão de Pentecostes, pode continuar a ser pensado como inteiramente contido em si mesmo, sem nenhuma fissura? As duas questões desencadeiam duas poderosas ondas de reflexão teológica sobre as condições do ser-Um e do ser-em; a era cristã se manifesta na forte inclinação para refletir sobre Deus e sobre o espaço de forma teoricamente fundamentada; essa é a idade de ouro das topologias sutis que tratam de lugares situados no não-onde. Pois, se Deus fosse o vaso absoluto, como ficaria a vedação de suas paredes? Como foi possível sair dele para o exterior? Por que ele não tentou retomar em si incondicionalmente tudo o que foi criado? E por intermédio de quem retornaria eventualmente a ele tudo o que foi perdido? Enquanto a questão da relação entre Deus e a alma é respondida sobretudo na modalidade das teorias da biunidade, a questão sobre o tipo da habitação interior de Deus em si mesmo encontra sua resposta notadamente nas teorias da triunidade.

Não é por suas pretensões religiosas ou seu significado dogmático próprio que tais discursos são interessantes para a esferologia atual; nós não os visitamos como curiosidades da história intelectual. Eles só nos concernem verdadeiramente na medida em que, até há pouco tempo, possuíam um monopólio quase incontestável sobre a reflexão fundamental no campo da lógica da intimidade. Só a erotologia platônica, em suas adaptações contemporâneas, foi capaz de romper o domínio da teologia cristã no campo da teoria das relações íntimas. Quem quisesse, no século XVIII, antes do aparecimento das psicologias profundas modernas, conhecer mais de perto o espírito da proximidade e mais a fundo o espírito da intimidade, seria inevitavelmente remetido às mais herméticas regiões da tradição teológica. Nesta, no que se refere aos aspectos mais esotéricos das relações entre Deus e a alma, o legado místico era quase o único a ter a palavra; quem se interessasse pela dimensão interior da vida divina, tão rica e profundamente referida a si mesma, deveria ousar se aproximar do maciço assustador da especulação trinitária. Nesses campos sempre dificilmente acessíveis, armazenam-se os tesouros patinados de um saber pré-moderno das relações primárias. Muito daquilo que dá a pensar aos psicólogos e sociólogos modernos quanto aos conceitos de intersubjetividade e de interinteligência está prefigurado nos discursos teológicos que, em uma decantação milenar, tratam da cossubjetividade imbricada da díade Deus-alma, bem como da cointeligência, cooperação e codileção da tríade interna divina. Se o que importa, então, com o objetivo de esclarecer conceitos fundamentais, é discutir sobre o ser-um-no-outro e o ser-um-com-o-outro, que constituem fenômenos de participação e de estrutura, certas partes da tradição teológica podem se tornar uma fonte surpreendentemente instrutiva para o espírito livre. No surrealismo teológico oculta-se, como mostraremos, o primeiro realismo das esferas. Só através de sua reconstrução se poderá esclarecer suficientemente o que significa, afinal, a imanência.

Isso vale, em primeiro lugar e de forma especial, para o campo das relações entre Deus e a alma. Quem busca reconstituir os jogos de linguagem da teologia mística através da reintegração da alma à esfera divina tem de lidar, imediatamente, com uma teia sutil de propostas acerca das imbricações decorrentes de estar diante um do outro. Pois, quando se pergunta sobre a razão do direcionamento recíproco entre Deus e a alma, vê-se abrir o abismo de uma propensão à relação, que é mais profundo do que tudo que se pode ordinariamente supor sobre disposições parentais ou simpáticas entre pessoas ou seres que se encontram. A natureza da ligação que existe entre elas não se deixa de nenhum modo explicar por inclinações posteriores ou por encontros a meio caminho. Quanto ao amor humano, pode ser correto dizer, de certo ângulo, que ele não existe de nenhuma maneira antes de se produzir. O que precede o amor humano são — na perspectiva da modernidade individualista — duas solidões que se desenraízam pelo encontro. Portanto, o que Alain Badiou disse a propósito das meditações sobre o amor do Beckett tardio poderia ser válido: "O encontro funda o Dois enquanto tal."[5]

No que diz respeito a Deus e à alma, eles não se defrontam como partidos ou homens de negócios que percebem sua vantagem comum em coalizões circunstanciais; e tampouco formam um par amoroso que ocasionalmente, graças a um encontro fortuito, se entusiasmam um pelo outro. Se uma reação íntima chega a se produzir entre ambos, não é nunca apenas com base naquilo que a psicanálise — com uma expressão de sabedoria limitada — denomina uma escolha do objeto. Se Deus e a alma têm a ver um com o outro, é com base em uma raiz relacional mais antiga do que qualquer busca de parceiro ou encontro casual. E, se sua relação aparece por vezes apaixonada, é apenas porque entre eles, em certas circunstâncias, instala-se uma ressonância tão radical que não poderia se remeter apenas a um primeiro contato empírico entre ambos. Mas como se deveria pensar essa ressonância fundamental se ela tivesse de ser avaliada como algo original e constitutivo, já que a alma, no início e de forma geral, está "no mundo" e, por conseguinte, permanece em um lugar que — em poucas palavras — se distingue por um certo distanciamento em relação ao polo transcendente? Como se deve interpretar a faculdade de pertencimento e correspondência mútuos de Deus e da alma se não há nenhuma dúvida de que ambos, no estado em que se encontram, não podem se ligar pacificamente entre si, nem muito menos serem idênticos um ao outro? Não se cavou entre eles, desde o incidente do Paraíso, um doloroso fosso de estranhamento? É certo

---

5. Alain Badiou, *Conditions*, Paris, Ed. du Seuil, 1992, p. 358; não é preciso dizer que isso não corresponde à nossa concepção, pois a tese de Badiou, em nossa opinião, faz demasiadas concessões à ideologia da solidão precedente.

que a pregação religiosa não se cansa de repetir que entre esses polos afastados um reencontro é possível — ou melhor, que esse reencontro representava para a alma o máximo valor a ser buscado e descoberto, e que Deus não esperava outra coisa senão trazer de volta para si a alma extraviada. Mas esse mergulho da alma em uma renovada familiaridade com seu grande Outro perdido só pode se desenvolver a partir de um encontro fortuito. E a alma não pode tomar Deus "para si", do mesmo modo que não pode ser simplesmente levada por Deus. Pois onde cada um deles estaria a sós um com o outro exceto nesse seu encontro? Se eles chegam a se conhecer, é justamente porque a alma se apercebe de que há muito conhece esse que ela redescobre; esse conhecer-se implica, em certo sentido, que outrora eles trouxeram um ao outro para si ou foram trazidos um para o outro. De maneira muito pouco clara, eles já estão imbricados um no outro, pois não poderiam se conhecer novamente se não se tivessem afastado um do outro, mas não poderiam ter se afastado se não se conhecessem desde tempos remotos. ("Realmente, já vi seu rosto em algum lugar"— Dostoiévski faz sua heroína Nastasia Filippovna dizer a propósito do príncipe Myschkin, o idiota, após o *primeiro* encontro.) Sua imbricação abrange tanto a abertura recíproca mais antiga como a ruptura primordial. Mas, como só a ruptura possibilita a relação enquanto tal e a torna reconhecível, parece que a verdade sobre a relação integral só pode aparecer posteriormente à vista — e, como se poderia ressaltar: de antemão posteriormente. No momento posterior, o sempre-já deve aparecer, ao passo que, no fortuito, o que é válido desde sempre se impõe com violência retardada. A síntese dessas hesitações denomina-se história da Salvação, na medida em que esta trata da economia de Deus — isto é, de suas tentativas de reparar posteriormente as perdas da alma. Deus e a alma aprendem a se conhecer porque se conhecem, mas seu conhecimento de si é rapidamente — ou mesmo de antemão? — marcado por uma tendência ao desconhecimento, que se manifesta como resistência, ciúme, distanciamento e indiferença.

Foi Agostinho que, em suas *Confissões*, levou a um paroxismo exemplar a dialética do reconhecimento a partir do desconhecimento. Embora Agostinho, segundo o consenso dos historiadores da religião, não deva ser incluído na tradição mística em sentido estrito[6], ele pode ser considerado como o grande lógico da intimidade da teologia ocidental. Isso aparece de maneira marcante no primeiro e no décimo livro das *Confissões*, assim como nos livros de sua obra-mestra críptica, *De trinitate* (em particular os livros VIII e XIV), que tratam da acessibilidade de Deus através dos traços deixados no interior da alma. As *Confissões*, especialmente, constituem por seu estilo de escrita um histórico documento do discurso intimista. Por sua forma — a de uma prece narrativa monumental com dissertações enxertadas —, elas põem aos olhos do público uma situação íntima paradoxal: o que Agostinho relata a seu Deus, durante uma espécie de confissão auricular no tom de uma penosa renúncia a si mesmo, é um ato a um só tempo literário e psicagógico de publicidade eclesiástica. O autor se apoia nas formas discursivas estabelecidas da prece e da confissão, que desde os primeiros tempos do cristianismo participam da estruturação do espaço teológico-psíquico. A prece glorificante quer que o júbilo substitua o louvor subalterno ao Senhor, enquanto a confissão pretenderia superar o testemunho forçado pelo amparo reconfortante na declaração da verdade; com isso, as duas formas de discurso estão determinadas a constituir uma espécie de *fundamentum inconcussum* para o genuíno discurso de tipo cristão.

A análise cristã da linguagem deixa-se conduzir pela suposição de que a força reveladora do discurso confessional alcança mais fundo que a revelação forçada da verdade obtida pela antiga tortura de escravos diante do tribunal.[7] Quanto ao encorajamento à verdade, o testemunho religioso dado em confissão parece mais produtivo que a declaração forçada diante da justiça, porque ele pode ser pronunciado com a esperança de que será respondido com brandura; em contrapartida, sob a tortura, a motivação para calar-se ou desfigurar seus próprios atos ou de outros nunca pode ser abolida de forma duradoura e com a aprovação interior

---

6. Sobre a posição de Agostinho como figura de portal da mística cristã e ocidental, cf. Kurt Ruh, *Geschichte der abendländischen Mystik* [*História do misticismo ocidental*], vol. 1, *Die Grundlegung durch die Kirchenväter und die Mönschtheologie des 12. Jahrhunderts* [*A fundamentação através dos padres da Igreja e da teologia monástica do século XII*], Munique, Beck, 1990, p. 86-87.

7. Cf. Page Dubois, *Torture and Truth*, Nova York, Routledge, 1991.

dos declarantes. Quem resiste à dor da tortura pode negar até o último momento e fechar-se definitivamente na resistência contra os questionadores incômodos. Na confissão, ao contrário, a mentira seria um absurdo, porque a ideia da *confessio* repousa, ela própria, na percepção da vantagem de dizer a verdade. A recompensa da confissão é que quem diz a verdade entra "na verdade"[8]: é assim, justamente, que principia o drama da lógica da intimidade, que dá ao pensamento agostiniano sua vívida modulação. Porque, após a reviravolta rumo à "verdadeira religião", a verdade não pode mais ser considerada como apenas uma propriedade de sentenças e discursos, mas deve, por assim dizer, constituir o Em no qual todo discurso, assim como toda vida, quer ser mergulhado.[9]

A pedra de toque de que um confessante "se abre genuinamente" é a dor do testemunho que o move, o credencia, o purifica e o separa de seu passado. A confissão como que prenuncia para a alma sua fuga para a franqueza: é inegável que a confissão imprime à ideia grega de verdade — *aletheia*, ou não dissimulação — um direcionamento para o âmbito cristão e, portanto, para o elemento dialógico. A fala autêntica aparece agora, do lado humano, como testemunho e, do lado de Deus, como revelação — revelação e testemunho que têm em comum que, cada qual à sua maneira, produz *a posteriori* a reconciliadora reabertura (em termos cristãos, *ex gratia*) de um acesso perdido ao interior da outra parte. Isso conduz à repetição da catarse trágica por meios cristãos; quase não é preciso dizer que, com o jogo da verdade da testemunha confessional, um protótipo da psicoterapia na Europa antiga fez sua aparição na cena histórica.

Desse modelo tão sugestivo quanto condicionado de que já deve "encontrar-se na verdade" aquele que empreende dizer a verdade sobre si mesmo, Agostinho, em suas *Confissões*, extraiu as mais extremas consequências. Que um indivíduo *desejaria* reconhecer a verdade sobre sua

---

8. Sobre o tema do "estar-na-verdade" ou do retorno ao "seio da verdade", cf. o Cap. 4: "A clausura materna".

9. Cf. Nicolau de Cusa, *Dialogus de Deo abscondito*: "Pois não há verdade fora da verdade [...]. Por isso não se encontra nenhuma verdade fora da verdade, nem de uma maneira nem de outra" (*"Extra veritatem non est veritas... Non reperitur igitur veritas extra veritam nec aliter nec in alio"*), in: *Die philosophisch-theologischen Schriften*, op. cit. (ver Nota 23 da Introd.), vol. 1, p. 300-301.

conversão à verdade dá uma primeira indicação sobre seu estar-Nela; por fim, que o confessante *possa* dizer aquilo que lhe é dado dizer equivale a uma prova concludente ou a um julgamento divino passado através da pluma. A confissão diante de Deus e do público eclesiástico estaria, segundo esse modelo, já condenada ao fracasso se o próprio Deus não tivesse previsto, aprovado, inspirado e provocado a confissão. Por isso, a impossibilidade de dizer uma inverdade está registrada de antemão no discurso confessional exemplar. Assim como seria impossível que um profeta realmente inspirado dissesse uma inverdade, tampouco um autor que, à maneira de Agostinho, acusa a si próprio de ter pecado pode faltar com a verdade. Na medida em que, como subautor, ele se subordina ao controle verbal de Deus, Agostinho deixa, por assim dizer, que suas confissões lhe sejam postas na boca pela mais alta instância: o autor de todas as coisas dá a conhecer por escrito, através de seu bispo iluminado, salutares suplementos às autoproclamações que realizou até agora. Subautor é uma expressão analítica para designar aquilo que mais comumente se denomina um apóstolo, pois um apóstolo é alguém que fala ou escreve como representante do autor absoluto.[10] Consequentemente, Agostinho se expressa, na história de sua resistência a Deus, como um apóstolo terapêutico. As *Confissões* podem ser coerentemente lidas como um relato de doença *ex cathedra*; elas tratam possibilidade de curar, através de Deus, a descrença em Deus. Dessa maneira, o bispo de Hipona chega a minar discretamente a diferença entre a confissão humana dos pecados e a revelação divina: sua confissão provoca um prolongamento da revelação por outros meios. Quem relata dessa maneira sua própria vida de sofrimento superada pela Graça redige apócrifos evangélicos — boas-novas suplementares quanto à possibilidade de converter o recalcitrante à boa--nova; também dessa maneira a Santa Escritura continua a escrever-se a si mesma, na forma de história do sucesso de sua propagação.[11]

---

10. Sobre a interpretação macroesferológica do apostolado, cf. *Esferas II*, Cap. 7: "Como, por meios puros, o centro da esfera age a distância. Para uma a metafísica da telecomunicação".

11. Sobre o fenômeno da história da religião como continuação da escrita do processo evangélico através da história dos apóstolos, cf. Nota 17 do Cap. 6.

Ser-em designa, aqui, uma posição na corrente da verdadeira linguagem: quem fala de dentro dela integra de tal modo seu próprio discurso como subtexto no texto geral divino que (se possível) não permanece mais nenhum resto exterior. Mas, na *vita christiana*, não se trata apenas de dispor suas próprias palavras no interior da exposição das palavras do Senhor; toda a existência deve ser reformada, deve deixar de ser uma existência autônoma e se tornar uma existência contida *em Deus*. É certo que, para alguém tão obstinado como Agostinho, o sacrifício da autonomia tem grande importância; as *Confissões* anunciam, de forma tão discreta quanto possível e tão clara quanto necessário, que por esta única vez, com a ajuda de Deus, a redução de um gênio em um apóstolo foi bem-sucedida. Para Agostinho, sua própria conversão tem, portanto, um valor histórico exemplar. Ele próprio é a Antiguidade convertida ao cristianismo; é a Antiguidade como gênio ímpio e como agente de uma sociedade perplexa decomposta em átomos de ambição e cobiça; mas ele já é também a era cristã, enquanto coinventor de uma nova esfera divina que promete o infinito a incontáveis seres humanos. Como testemunha dessa diferença, Agostinho registra em suas *Confissões* a superação da exterioridade egoísta pagã por um milagre da esfera — pelo mundo interior sagrado tornado manifesto no homem-Deus e organizado por seus sucessores apostólicos, mundo que se manifesta de uma nova forma no interior dessa realidade degenerada de violência.

A alma outrora rebelde e agora readmitida em Deus deve, além disso, segundo Agostinho, reconhecer mais tarde que, a cada instante de seu percurso aparentemente voluntário, ela foi de antemão perscrutada e incluída em uma economia divina, e agora admite ter encontrado sua felicidade na supervisão constante e onividente de seu grande Outro.

> E que coisa poderia ocultar-vos, Senhor, ainda que não quisesse confessá-la, se vossos olhos desnudam o abismo da consciência humana? Com isso apenas vos ocultaria de mim, e não a mim de vós [...]. Mas, quando meus gemidos testemunham quanto sou desagradável a mim mesmo, vós reluzis em minha alma e sois agradável, amado e desejado, para que eu me enrubesça e renuncie a mim mesmo e vos escolha, e não agrade nem a mim nem a vós a não ser em vós [*et nec mihi nec tibi placeam nisi de te*].

[...] Estou aberto, portanto, para vós, Senhor, o que quer que eu seja. [...] Pois nada digo de verdadeiro aos homens que não tenhais antes ouvido de mim, e não ouvis nada de verdadeiro de mim que não me tivésseis dito antes.[12]

Assim como Agostinho articula aqui em termos clássicos sua transparência diante da inteligência absoluta e seu estatuto de mediador para a enunciação da verdade, em outra passagem ele exprime sua imbricação existencial com o ser que tudo abrange, por meio de expressões que apresentam a problematicamente relação com Deus, como um "estar-lá-em-um-englobante-e-penetrante":

Mas como invocarei meu Deus [...] se é de dentro de mim mesmo que o chamo? E que lugar há em mim em que meu Deus pudesse entrar? [*Et quis locus est in me, in quo veniat in me deus meus?*] Onde, em mim, entrará o Deus que fez o céu e a terra? Haveria verdadeiramente, Senhor meu Deus, algo em mim que vos contenha [*capiat te*]? Poderiam conter-vos os próprios céu e terra que criastes e nos quais me criastes? Ou porventura, dado que tudo que existe não existiria sem vós, não ocorreria que tudo que existe vos contém? Mas eu também existo, como posso, então, pedir-vos que entreis em mim, já que eu não existiria se não estivésseis em mim? [...] Eu não seria eu mesmo, meu Deus, não seria nada, se não estivésseis em mim ou, antes, se eu não estivesse em vós, a partir de quem, por quem e para quem todas as coisas existem [Romanos 11:36]. Ainda assim, Senhor, ainda assim. Para onde, então, deveria chamar-vos, se estou em vós, ou de onde deveríeis vir até meu interior? Para onde, de fato, eu deveria retirar-me, fora do céu e da terra, para

---

12. *Confissões*, X, 2. op. cit. (ver Nota 7 da Introd.). A passagem *"nec mihi* [...] *placeam nisi de te"* poderia ser melhor entendida como "e não me agrade a não ser a partir de vós". A fórmula *in te*, "em Ti", frequentemente utilizada por Agostinho, descreve antes a estrutura topológica ou situacional da relação Eu-Deus; aqui, porém, a expressão *de te* assinala a relação com seu próprio Eu de um ponto de vista dinâmico, como relação interna da relação com Deus: se sou alguma coisa para mim, é porque sou alguma coisa para Ti. [N.T.: Todas as traduções de Agostinho foram feitas por mim com base no original latino. Traduzi, entretanto, *de te* por "em vós", como na tradução alemã, para dar ensejo à correção realizada por Sloterdijk nesta nota.]

que de lá pudesse vir, para dentro de mim, o Deus meu que disse "eu preencho o céu e a terra"?[13]

Esse movimento de pensamento mostra uma consciência finita tendendo a abandonar a si própria em favor do infinito. Com isso, Agostinho adentra o terreno da metafísica grega, que aconselha à vida efêmera que desapareça na substância eterna. Se Deus é a verdade, e a verdade é a substância, então a instável subjetividade dos indivíduos, quando tomam a verdade a sério, deve arrancar-se de si própria e, abandonando seu próprio caráter inessencial e ilusório, buscar a salvação no que é essencial e real. Quem poderia negar que uma grande parte das teologias cristãs se acha constantemente em um acordo mais ou menos explícito com essa concepção fundamental da metafísica da substância? Onde dominam os conceitos metafísicos, a pesquisa da verdade é entendida como impulso para a conversão do Nada ao Ser, ou, em termos cristãos, como aspiração de sair da morte na aparência para a vida na verdade. Para essa salvação obtida pela passagem à substância, a tradição latina conhece a expressão "transcender" — uma palavra da qual se diz muito pouco quando se observa que ela fez história no pensamento e na sensibilidade da antiga Europa. O pensamento da transcendência, mesmo na forma da metafísica cristã, organiza de certo modo a fuga da existência diminuída rumo ao bom fundamento. O que é característico da inventividade da teologia agostiniana é que ela começou por equilibrar o inevitável descolamento metafísico de si mesmo por uma receptividade de Deus no Eu aparentemente decaído. Com Agostinho, a alma iluminada é exortada a mergulhar em sua própria complexidade para lá descobrir os traços do Deus três vezes dobrado sobre si mesmo. A saída de si mesmo do sujeito decaído e sua travessia para a substância são respondidas ou recompensadas por uma penetração da substância no sujeito: este, a partir de agora, é essencialmente utilizado para se familiarizar com Deus através da criatura e para consolidar essa familiaridade. Dessa maneira, atribui-se à subjetividade ou, em termos agostinianos, ao homem interior — elevado a partir de agora ao estatuto de portador

---

13. *Confissões*, I, 2, op. cit. (ver Nota 7 da Introd.).

da marca de Deus — uma dignidade excepcionalmente elevada. O espírito humano pode percorrer o universo dos objetos criados em todas as instâncias, mas jamais deparará, do lado de fora, com o que procura. Se Deus pode ser encontrado, é só depois que o explorador se volta para o seu próprio interior. Em sua própria faculdade intelectual o explorador bem-sucedido experimenta um reflexo daquilo que está buscando.

> Eis, Senhor, quanto vaguei em minha memória ao buscar-vos, e não vos encontrei fora dela.[14] Pois nada encontrei que vos diga respeito senão o que nela esteve presente desde que vos conheci, porque desde então não pude esquecer-vos. Onde encontrei a verdade, ali encontrei meu Deus, a própria verdade, que, uma vez conhecida, não mais esqueci. Desde que vos conheço, residis em minha memória [*manes in memoria mea*], e ali vos encontro quando me recordo de vós, e me deleito em vós (*in te*) [...].
>
> Mas em que lugar de minha memória residis, Senhor? Que alojamento [*cubile*] ali construístes e qual santuário ali consagrastes a vós? Certamente honrais minha memória ao residir nela, mas o que me pergunto é em que parte dela residis. [...] E por que busco em que lugar dela habitais, como se nela houvesse de fato lugares? Certamente habitais nela, porque me recordo de vós desde que vos conheci [*ex quo te didici*], e nela vos encontro sempre que me recordo de vós [...].
>
> Onde, então, vos encontrei, para que chegasse a conhecer-vos? [...] Onde pude conhecer-vos e encontrar-vos senão em vós mesmo, e acima de mim [*in te, supra me*]? E sem nenhum espaço [entre nós], afastamo-nos e aproximamo-nos, sem nenhum espaço [entre nós]. [...]
>
> Tarde demais vos amei, beleza tão antiga e tão nova, tarde demais vos amei! Estáveis dentro e eu estava fora. [...] Estáveis comigo e eu não estava convosco [...].[15]

Pode-se ver, agora, por que a alma, ao buscar esclarecer sua relação com Deus, precisa essencialmente de tempo para essa tarefa. Sem dúvida a relação de Deus para com a alma é supratemporal, mas a relação desta

---

14. *Extra eam*, i. e., Deus não pode ser encontrado fora da memória.

15. *Confissões* X, 24-27, op. cit. (ver Nota 7 da Introd.).

para com Deus, ao contrário, é temporal ou histórica, na medida em que a história, concebida na perspectiva cristã, significa um *affaire* do finito com o infinito.[16] Nesse *affaire*, o mais decisivo ocorre sempre tarde. A alma tem felicidade quando essa é uma felicidade tardia. Ter uma felicidade tardia significa justamente aprender a amar o que é certo da maneira certa e no tempo certo. No centro do acontecimento propriamente histórico assim concebido, situa-se o precário retorno da alma de fora de sua autoimposta exterioridade. O caráter de *affaire* da relação entre a alma e Deus está marcado em Agostinho pela expressão "chegar a conhecer" [*discere*]. Isso significa, como já mostramos, um conhecimento que tem de ser mais que simplesmente *a posteriori*; quando a alma chega (de novo) a conhecer a Deus, trata-se de um acaso que nada tem de casual; ele revela em seu desdobramento a imbricação *a priori* das duas situações de estar um no outro. No "chegar a conhecer" — e isto se refere em primeiro lugar à conversão de Agostinho e ao seu estudo da Bíblia —, aprofunda-se necessariamente a compreensão de um conhecer-a-si-mesmo original que remonta a antes do *affaire*, isto é, a antes do afastamento e do regresso. Em sua interpretação desse conhecimento originário, Agostinho põe as cartas católicas na mesa: quando a alma retorna àquilo que lhe é mais extremo, ela não atinge com isso sua completa autossuperação na substância, como se reivindica na transcendência metafísica, mas apenas ascende até o lugar misterioso em que ela, embora na mais íntima relação de encerramento, já começou a se dissociar de Deus por meio de uma pacífica diferenciação — trata-se do instante da Criação e da insuflação daquele hálito pelo qual o corpo de argila se tornou um ser humano.[17]

Por toda sua vida, Agostinho cercou com a máxima discrição a delicada diferenciação originária da alma no interior do âmbito geral da obra divina, e em parte alguma foi tentado a fazer declarações explícitas que inevitavelmente se tornariam embaraçosas. Ele deu uma grande volta em torno do mistério da gestação da alma em Deus e evitou, igualmente,

---

16. Se fosse aqui o lugar para repetir a dedução teológica da temporalidade, seria preciso desenvolver a diferença entre teodrama (o processo de Deus para com o mundo) e o *affaire* (o processo da alma para com Deus). Para nosso contexto, basta colocar o aspecto do *affaire* em primeiro plano.

17. Cf., na Introdução, a passagem sobre a teotécnica, p. 32-44.

fazer afirmações sobre uma *unio*. Para ele, só era certo que a diferenciação da alma a partir de Deus constitui um processo de criação no qual a identidade e a diferença recebem cada qual sua parte: na Bíblia, a palavra-chave para designar esse equilíbrio é "criação à imagem de si". Católico e ortodoxo em matéria de fé, Agostinho defende a teoria da alma como produto da criação. Não é mais admissível para ele compartilhar a exaltação neoplatônica e gnóstica que pretende que a alma espiritual tenha a mesma idade e a mesma dignidade que Deus. Em relação ao espírito supremo, Deus, a alma individual, concebida à maneira cristã, é irrevogavelmente mais jovem, mas esse seu caráter não viola a ligação de parentesco interior; mesmo tendo sido criada, e mesmo sendo mais jovem, a alma é espírito do Espírito. Antes do afastamento — portanto, antes da revolta egoísta e seu destrutivo rastro de violência —, não há nenhuma razão *a priori* que baste para explicar por que o mais jovem teria de se dissociar do mais velho. Por isso, em sua interpretação da Gênesis, Agostinho atribui grande valor à afortunada coexistência paradisíaca primordial — pois é ela que permite provar que a criação do ser humano não é algo de antemão destinado a fracassar. Sem a lua de mel da manhã da criação, o próprio fato de a alma individual dissociar-se de Deus já teria sido um infortúnio causado pelo Deus criador, e a própria criação teria que aparecer como uma armadilha inevitável para a alma. Mas então o Criador estaria comprometido, e um Deus redentor só poderia entrar em cena sob os traços do não idêntico; só ele, o Inteiramente-Outro, saberia o que é necessário à alma para a sua salvação. Diante de tais abominações gnósticas, a crença ortodoxa se afastaria horrorizada. Para que seja possível ser católico, é preciso apegar-se a um relacionamento originário feliz entre a alma criada e seu criador. Só então o fatídico *affaire* consegue explicar o restante — a queda proposital de Adão pela soberba e a época que lhe corresponde, a história do mundo (que é compensada pelo seu oposto, a história da Salvação). Se esse conhecimento originário for renovado, a alma pode deixar-se mergulhar novamente em seu lugar para além de todos os lugares físicos, na certeza de que o grande Outro habita nela mais profundamente que ela própria: *interior intimo meo*.[18]

---

18. *Confissões* III, 6, op. cit. (ver Nota 7 da Introd.): "*Tu autem eras interior intimo meo*

Percebe-se como, na teopsicologia e no teoerotismo do período latino dos padres da Igreja, elaborou-se uma analítica do ser-em que quase nada deixa a desejar em matéria de complexidade e detalhamento. Foi apenas pela radicalização de suas estruturas já completamente cristalizadas que a lógica agostiniana da intimidade pôde continuar a ser desenvolvida. Isso diz respeito, sobretudo, ao *hot spot* do campo de intimidade agostiniano — a relação protocognitiva latente atual de Deus e da alma. Que em sua interpretação subjaz de forma latente um potencial heterodoxo é algo que se compreende sem dificuldade, assim como se compreende que este tenha se desencadeado tão logo temperamentos místicos autênticos empreenderam a tentativa de radicalizar a relação entre a alma e Deus até chegar às uniões pré-relativas. Na maior parte das vezes, esse espetáculo de teorização ascética desenrolou-se de forma discreta, por trás da espessa cortina da mística cristã, a qual também se reflete, como mostrou Martin Buber, entre outros, no início do século XX, nos testemunhos místicos das demais tradições monoteístas e, para além destas, nas disciplinas extáticas das culturas do mundo.[19] Só ocasionalmente, em especial nos processos de heresia, essa cortina se levantou, oferecendo livremente ao público a visão desses combates no insondável.

Na literatura mística, a analítica do ser-em desdobra-se em um exercício de biunidade que produziu seus próprios virtuoses. Sob o patrocínio do misticismo teológico, o pensamento na forma de interações recíprocas desenvolveu-se até atingir esse nível extremamente explícito que ainda hoje confere a esse tipo de documento uma atraente aura de

---

et superior summo meo." Essa proposta, a mais elevada do surrealismo topológico cristão, será mais bem explicada por seus pressupostos na história da arquitetura em *Esferas II*, Cap. 3: "Arcos, muralhas, fronteiras do mundo, sistemas imunológicos. Sobre a ontologia do espaço entre muros". Com isso, o sentido comparativo do interior revela-se à luz da arquitetura palacial da Pérsia imperial. O interior é o que, em um sistema de espaços encaixados, não está apenas *intus*, mas *interior*, ou "mais para dentro".

19. Cf. *Ekstatische Konfessionen* [*Confissões extáticas*], reunidas por Martin Buber, Jena, Diederichs, 1909; 5. ed. Heidelberg, Schneider, 1985. Reedição e introdução de Peter Sloterdijk, sob o título *Mystische Zeugnisse aller Zeiten und Völker* [*Testemunhos místicos de todas as épocas e povos*], Munique, Diederichs, 1994.

relevância — se ao menos se soubesse para quê. Quando o *corpus* da literatura mística, mesmo no mundo moderno, não apenas exercia uma vaga fascinação sobre inúmeros leitores, mas parecia também dotado de relevância para as questões e as necessidades contemporâneas específicas, era sem dúvida porque o texto místico, em sua obscura clareza, irradiava um potencial conceitual e imagético para o qual não havia, até então, nenhum sucedâneo de mesmo valor: referimo-nos aqui a uma teoria dessa relação forte que só se pode compreender como uma bissubjetividade ou uma cossubjetividade — em nossa terminologia, como uma dualidade microesférica ou como bolha elíptica.

Que a relação com o semelhante não é algo que se produza *a posteriori* ou como um acréscimo interposto a substâncias monádicas ou indivíduos solitários, mas sim constitui, para algumas criaturas, seu modo de ser propriamente dito, esta é uma ideia que justamente não pôde ser de início esclarecida pelas inteligências condicionadas pela filosofia. Foi preciso elaborá-la, no curso de uma prática trabalhosa e arriscada, valendo-se do refratário material conceitual de fundamentação produzido na Grécia e na Europa antiga. Se ainda fosse lícito invocar uma astúcia da razão na história do espírito, seria possível afirmar que ela teria estado em ação quando se tratou de impor, com o auxílio de teologias místicas e trinitárias, a ideia da relação forte contra a gramática em vigor na cultura ocidental da racionalidade e, consequentemente, contra esse pensamento substancialista e essencialista que comandou o curso da razão europeia desde os gregos. Mesmo hoje, apesar das revoluções dialéticas, funcionalistas, cibernéticas e da filosofia dos meios de comunicação, a causa da relação forte está longe de ter sido ganha; a ideia da ressonância constitutiva, nas atuais ciências do homem, continua tão necessitada de esclarecimentos quanto, outrora, o *affaire* entre Deus e o homem na teologia mística. A dogmática de uma solidão primária do ser humano apresenta-se de maneira mais triunfal do que nunca justamente na modernidade, e em especial onde esta se pretende profunda ou radical. Não é apenas um acaso que, no uso popular da linguagem, denomine-se hoje "relação" aquilo que ocorre entre indivíduos que se conhecem casualmente e que, enquanto se frequentam, já se exercitam para um dia prescindirem mais uma vez um do outro. A tarefa mística, ao contrário, consistia em não conceber a relação como *a posteriori* e fortuita, mas como fundadora e imemorial. Se a mística religiosa tivesse recebido um mandato antropológico, este teria consistido em explicar, por meio de expressões gerais, por que é impossível definir em primeiro lugar os indivíduos pela sua inacessibilidade aos outros. Se a mística falasse com uma voz moralista, ela se exprimiria pela seguinte exigência: aquece tua vida pessoal acima do ponto de congelamento — e faze o que quiseres. Quando a alma se degela, quem poderia duvidar de sua propensão e aptidão a celebrar e trabalhar com outros?

Para avaliar a importância dessa ideia, será vantajoso para o espírito livre libertar-se do sentimento anticristão, dos últimos séculos, como de uma crispação não mais necessária. Quem quiser reconstituir hoje experiências fundamentais de comunhão e de comunidade precisa estar livre de reflexos antirreligiosos. Não tinha o cristianismo dos primeiros tempos encontrado sua força justamente em experiências fundamentais comunitárias? A interpretação que deram a si próprias incitou-as a elaborar uma nova teoria do espírito, que pudesse expressar o motivo da capacidade humana de coexistir em comunidades animadas. Na teoria paulina do espírito, e de modo particular na frase sobre o amor de Deus que teria se vertido em nosso coração através do Espírito Santo que nos foi dado (Romanos 5:5), conceitua-se de forma clássica o princípio da força unificadora que gera a solidariedade. É verdade que ele diz respeito, em primeiro lugar, ao acesso das almas a seus semelhantes; há um longo caminho entre o entusiasmo pneumático de experiências comunitárias paleocristãs e a pretensão de certos místicos medievais de simplesmente romper a barreira entre Deus e a alma individual.

No que concerne à dualidade mística em sentido estrito, uma imensa literatura elaborou, concisa e copiosamente, as aproximações íntimas da alma a Deus até a completa abolição da fronteira e a plena união. Se nesse campo, na perspectiva da crítica da linguagem, tem-se de lidar quase exclusivamente com estereótipos e variantes, é porque no espaço cristão da Europa antiga — como também no espaço islâmico — os estágios terminais do *affaire* entre Deus e a alma acham-se submetidos a um monopólio neoplatônico, por mais oculta que esteja a relação com

8. Mais perto de mim que eu mesmo: Propedêutica teológica para a teoria do interior comum

Sobre a visão exterior do ser-em: a seta do anjo e a chuva de raios vindo do alto associam-se em uma sinergia da penetração. Lorenzo Bernini, *O êxtase de Santa Teresa*, 1652, Santa Maria della Vittoria, Roma.

essa fonte. Para quaisquer documentos que se abram — entre os mais diversos autores e as mais variadas orientações e origens —, prevalece um único modelo para o *finale* místico; a linha neoplatônica de leitura impõe-se mesmo onde os próprios autores desconhecem sua dependência do modelo de Plotino e os leitores são iludidos pelo anonimato da fonte. O que, em incontáveis documentos de um sem-número de autores, se expressa com o ardor da confissão, reproduz sempre a mesma sucessão de cenas primitivas e cenas finais, que devem ser dirigidas para o regresso ascendente da alma ao Um. À luz dos movimentos místicos da Idade Média europeia, é inevitável observar que os mais excitantes dos nossos pensamentos são aqueles alheios que se utilizaram de nossas cabeças. Assim, ainda que as faculdades de teologia medievais mantivessem firmemente seu controle sobre a verdadeira doutrina, os mais dotados, não se sabe bem como, cursavam uma academia plotiniana por correspondência, que, sob pseudônimos cristãos, difundia um saber sobre a redenção e a ascensão das almas originado na Grécia tardia.

Como um testemunho dentre inúmeros outros, citemos uma passagem de um texto condenado como herético, *Le Miroir des âmes simples et anéanties*, escrito pouco antes de 1285 pela beguina Marguerite Porete, que nasceu em 1255 em Valenciennes e foi queimada publicamente em 1º de junho de 1310, na Place de Grève, em Paris, sob a acusação de ser uma herege reincidente. Seu livro relata — com violentos acentos antieclesiásticos — a busca de uma realização sem intermediários da união biunitária entre a alma e Deus:

> Esta alma tem seis asas, como os serafins. Ela não quer nada que venha por um intermediário, o que é o estado próprio dos serafins, já que não há nenhum intermediário entre o amor deles e o amor divino. Eles sempre recebem sua mensagem sem intermediário; e esta alma a recebe da mesma maneira, pois ela não busca a ciência divina entre os mestres deste século, mas com verdadeiro desprezo do mundo e dela própria. Meu Deus! Que grande diferença entre uma dádiva que o bem-amado faz à sua bem-amada por um intermediário e a que ele faz sem intermediário![20]

Fica claro que a recusa de um intermediário entre os parceiros da comunhão deve por fim eliminar todo terceiro elemento. O presente não pode, portanto, nem ter um transmissor, nem permanecer um puro dom material: ele se dissolve na autodoação do doador. Marguerite Porete fala explicitamente da necessidade, para a alma a caminho da simplicidade, de aniquilar-se até o ponto em que sua particularidade não mais impeça o dom do autodoador divino. Através da grande mudança de sujeito, ela pretende chegar ao ponto em que a vontade de Deus, daí em diante, queira para ela e através dela.

> Por isso a alma se retira desse querer, e o querer se retira dessa alma para se recolocar em Deus, para dar-se e entregar-se a ele lá onde foi tomado na origem, sem reter de si nada próprio, a fim de realizar a perfeita vontade divina. Sem essa devolução, a

---

20. Marguerite Porete, *Le Miroir des âmes simples et anéanties*, trad. do francês antigo de Max Huot de Longchamp, Paris, Albin Michel, 2. ed., 1997, p. 55.

> vontade não pode realizar-se na alma, que, nesse caso, está constantemente sujeita à morte ou à derrota. [...] Ela é agora tudo e também nada, pois seu bem-amado a fez una.[21]

O mais notável é o modo como, no texto de Marguerite, as figuras de ressonância bipolares teoeróticas são cada vez mais sobrepujadas pelo impulso metafísico de tornar-se um; este é tão poderoso nessa obstinada beguina que ela gasta pouco tempo com o trabalho ordinário dos graus e níveis da ascensão; as extensas etapas dos itinerários que colocam sob os olhos da alma, com saudável prolixidade, o caminho que leva a Deus não são o assunto de Marguerite Porete. De certa maneira, ela já está no ponto de chegada desde o início, e se o exercício místico só podia, de ordinário, ser realizado corretamente como elaboração paciente de uma pressa impaciente, então, nessa autora iluminada, a própria velocidade vem em sua ajuda como agente da iluminação. Mal se enunciou a impossível tarefa, já se afirma que foi cumprida. O que liberta o individualismo místico é a abolição dos limites de velocidade para o gozo de si em Deus. Com isso, a estrutura dual do *affaire* entre Deus e a alma é ao mesmo tempo tocada e deixada de lado. Tomada em seu valor nominal, a ambição neoplatônica de sair totalmente da dualidade para entregar-se ao Um deveria finalmente sufocar o jogo amoroso dos parceiros transportados um ao outro, se, ao mesmo tempo, o desenfreado impulso discursivo da beguina mística, por um efeito contrário, não cuidasse para que o *affaire* prosseguisse, de maneira expressiva e loquaz, até o ápice de seu acabamento. No auge da relação, a alma reconhece sua peculiar falta de relação; ela reivindica para si ter-se alçado até um espaço de imanência anterior a toda diferença.

> Tudo lhe é indiferente, sem uma razão, e ela própria não é nada nessa indiferença, tendo tão pouco a ver com Deus quanto Deus com ela. Por quê? Porque ele existe, mas ela não existe; ela, em seu nada, nada mais retém para si, pois lhe basta que ele exista, mesmo que ela não exista. Ela está aí desprovida de todas as coisas, pois não tem um ser lá onde estava antes de existir. E, pela

---

21. Ibidem, p. 198-200.

> transformação do amor, ela é o que Deus é lá onde ela estava antes de provir da bondade de Deus.[22]

Como inúmeros documentos aparentados, a exposição resolutamente neoplatônica de Marguerite Porete mostra que a linguagem do amor incondicional — ou da relação primordial — só se conquista a um preço muito elevado. O fato de que a alma pertence simplesmente a Deus e que ambos se pertencem uma ao outro, isto só pôde ser proclamado à custa de aniquilar-se o polo humano da relação para dar lugar à entrada do Grande Outro. Com isso, a própria relação é destruída por aquilo que deveria radicalizá-la. Se ainda houvesse dois, agora um deles deveria partir; onde havia alma, Deus deve tornar-se tudo. A ideia da habitação recíproca de um no outro, da qual Agostinho soubera tratar com um rico instrumental, passa para o segundo plano ante o superaquecido modelo de união do neoplatonismo. Em troca dessa perda de reciprocidade, ganha-se a oportunidade de antedatar a intimidade entre Deus e a alma até as regiões anteriores à criação. Em consequência, ao menos na superfície semântica da confissão mística, é preciso tornar irresistível o movimento de aspiração do sujeito para o autossacrifício em favor da substância. O que deveria ter sido um casamento místico transforma--se, aparentemente, em um autossepultamento do sujeito na substância. Mas estamos ouvindo corretamente? Essa chamativa abertura para um grande discurso da relação forte, não termina ela, com efeito, neste eco lamentavelmente paradoxal: em Deus não sou absolutamente nada, e Deus não pode ter relação com um nada? De fato, se nos ativermos apenas ao sentido literal, o esquema da transcendência faz emudecer a pretensão de ressonância — assim como as rotinas enraizadas da linguagem emprestam novas línguas ao não dito que assoma. Sob o domínio do código metafísico, os novos nomes para a relação forte só germinam timidamente, como uma linguagem estrangeira nunca ouvida. Mas o que se deve exprimir, de um ponto de vista semântico, sob a figura da autoaniquilação — a participação radical no Grande Outro e a impregnação estimulada por sua natureza — permite, na poética do texto

---

22. Ibidem, p. 231.

místico e em seu desenvolvimento performativo, a mais arrojada libertação do novo acontecimento discursivo: sob a fórmula da abdicação, a oradora floresce até a intensidade mais penetrante. Ela faz de si própria o corpo de ressonância privilegiado de seu Outro resplandecente. Naturalmente, Deus é, por toda parte, o Uno em todas as coisas, mas aqui ele também prorrompe em uma voz isolada e se apresenta através de sua vibração. É isso, pelo menos, que essa voz reivindica atualmente para si mesma. Se ao menos alguém pudesse agora distinguir as vozes! Quem fala? Quem é alguma coisa, quem não é nada? O leitor do texto místico reconhece, de sua perspectiva, que, em vez de alcançar o interior de Deus mediante uma retirada muda, o sujeito despossuído de si mesmo se lança ao desempenho mais arriscado, como se o inexprimível fosse ordenado a expressar-se através dele, sob a lei marcial da comoção. De Marguerite Porete, sabe-se que ela ocasionalmente percorria o país como uma atriz ambulante, recitando passagens de seu *Miroir de l'âme* diante de públicos muito diversos. Essa diva neoplatônica pretendia provar a seus contemporâneos que o gozo de Deus — que era simultaneamente a primeira forma legitimada de gozo de si — pode se libertar dos muros e dos homens da Igreja. Marguerite Porete conta-se entre as mães místicas da liberalidade. A mística seria, então, a matriz das artes performativas? Seria a *performance* o estímulo que liberta o sujeito? Seria o sujeito a face manifesta de uma apreensão biunitária? A apreensão seria uma espécie de saída do meio comum? E Deus seria o expressionista através da mulher?

Sugestões desse tipo podem ser relativizadas e controladas lançando-se um rápido olhar a um exemplo da teologia mística medieval iraniana. Também no ambiente dogmático do Islã, os impulsos neoplatônicos trouxeram frutos diversos, tanto ortodoxos como subversivos, e produziram um rico mundo de asceses e de jogos de linguagem próprios da mística biunitária. E também, nesse contexto, tornou-se urgente para os protagonistas místicos a questão sobre como encenar a palavra de Deus de forma presente e atual — e aqui igualmente é o carrasco que aparece em primeiro plano como o principal crítico do teatro divino. Entre os mais marcantes atores do teodrama islâmico, encontra-se o poeta e teólogo Shihâboddîn Yahyâ Sohravardî, também chamado Suhrwardi-Maqtul, "o Morto", nascido em 1155 na província de Jebal, no noroeste do Irã, que, sob a acusação de haver atentado contra a posição singular de Maomé na profetologia, foi executado por Saladino em Aleppo em 29 de julho de 1191. Esse homem, que seus discípulos também chamavam Sohravardî Shahid, "o Mártir", é lembrado na tradição iraniana como o *Shaikh al-Ishrâq*; tal expressão é entendida convencionalmente como "filosofia da iluminação", entretanto, como mostrou Henry Corbin, seria melhor traduzi-la por "doutrina do nascer da luz no Oriente". Na doutrina de Sohravardî, os princípios de teologia corânica confluem com argumentos neoplatônicos e traços da teosofia da luz da Pérsia antiga. Citamos aqui o nono capítulo da série de doze curtas narrativas intitulada "A linguagem das formigas" (*Lugath-i-muran*).

As perguntas feitas à Lua pelo poeta Idrîs[23]

As estrelas e os planetas começaram uma conversa com o profeta Idrîs — que Deus o abençoe! Idrîs fez à Lua as seguintes perguntas:

Idrîs: Por que a luz em ti às vezes cresce, às vezes decresce?

A Lua: Saiba que meu corpo é negro, mas liso e puro; por mim mesma não possuo nenhuma luz. Mas quando estou em oposição ao Sol, então, à medida que nosso face a face se torna mais perfeito, aparece neste espelho que é meu corpo uma imagem de sua luz, do mesmo modo que as formas de outros corpos aparecem nos espelhos. Quando nosso face a face chega à perfeição, é porque me elevei do nadir da Lua Nova ao zênite em que brilho com o clarão da Lua Cheia.

Idrîs: E o amor entre o Sol e ti, até que ponto ele chega?

A Lua: Até o ponto em que vejo o Sol ao contemplar-me no instante do perfeito face a face. Pois a imagem da luz do Sol que aparece em mim preenche-me completamente, sobretudo porque a extensão e o polimento de minha face cooperam com as dele para capturar sua luz. Qualquer olhar que dirija, então, para mim mesma, vejo tudo em mim como sendo o Sol. Não

---

23. Nas fontes islâmicas, o fundador mítico da filosofia, Hermes Trimegisto, é denominado Idris.

notas, porventura, que a forma do Sol mostra-se em um espelho, quando este é colocado diante do Sol? Suponha-se agora que o espelho tivesse olhos e se contemplasse no momento de seu face a face com o Sol: ele se veria por inteiro como o Sol, e mesmo assim continuaria a ser apenas um objeto de metal. "Eu sou o Sol (*Anâ'l-Shams*)", diria ele, porque não vê em si mesmo nada além do Sol. E se chegasse a dizer: "Eu sou Deus (*Anâ'l-Haqq*)", ou ainda: "Glória a mim! Quão sublime é minha posição", mesmo assim seria preciso aceitar sua desculpa: "Tu me aproximaste de ti a tal ponto que julguei que eras eu."[24]

O conto didático de Sohravardî oferece, sob imagens poéticas convencionais, as bem conhecidas figuras de pensamento da especulação neoplatônica sobre a biunidade, atenuadas de forma tipicamente islâmica pela alusão a distância categórica entre Deus e todas os outros seres. Na imagem do Sol e da Lua, essa tendência hierárquica aparece de forma suficientemente clara, num escalonamento que parece de início irreversível; não é por acaso que o Islã, em conformidade com seu nome, é uma religião de submissão nos moldes da ontologia antiga. Mas se concede subversivamente à Lua a autorização de, em sua exaltação, tomar-se pelo próprio Sol, bastando-lhe que respeite a relação originária que dá à primeira luz a primazia sobre seus reflexos. Assim, a segunda está ligada ao primeiro não apenas por uma participação reflexiva, mas tem ainda um direito original de entrar em uma comunicação exaltada com a própria origem. Por força de seu caráter imagético, a poesia mística árabe parece mais profundamente penetrada que qualquer outra pelo saber ressonante do erotismo dual — na tradição judaico-cristã, apenas o Cântico dos Cânticos [de Salomão] pode ser equiparado à teopoética árabe desse ponto de vista —, mas esse discurso poético ainda permanece controlado pela inexorável monarquia da substância, que é sobredeterminada pela monarquia de Alá. Mais rigorosamente ainda que a teologia cristã, a teologia islâmica é obrigada a repelir as pretensões da alma de ter o mesmo valor que o Altíssimo; mas, na medida em que ela os distancia em uma sobrelevação subordinadora, a linguagem islâmica

---

24. Sohravardî, *L'Archange empourpré. Quinze Traités et récits mystiques*, trad. do persa e do árabe de Henry Corbin, Paris, Fayard, 1976, p. 430-431.

do devotamento atiça a brasa teoerótica, a nostalgia bem-aventurada efetua o restante — e, por fim, ávidas de luz, as almas inflamadas sabem como proceder para forçar sua dissolução na substância ígnea. O que a Lua não pode, por sua discreta posição em relação ao Sol, a mariposa alcançará em relação à chama. O inseto alado que corre para a morte representa o espírito de exagero que aproxima a poesia e o caso crítico.

O voo ao redor do fogo de Sohravardî torna-se audível nas duas citações tiradas das sentenças de Al-Hallaj (858-922), o mártir sufi, de quem se dizia que também havia batido o "tambor da unidade". Com o mal-afamado *ana'l-haqq* e a frase final de nossa parábola, Sohravardî recolhe duas das mais bem-sucedidas e explosivas locuções do teoerotismo herético. De resto, Sohravardî, em sua angeologia — que não discutiremos aqui —, encontrou um caminho para harmonizar a relação entre a alma e Deus em uma região intermediária. As almas humanas não estão simplesmente ligadas de maneira imediata a Deus, mesmo quando tentam remontar à sua origem em direção a ele. Elas tiveram uma pré-existência no mundo dos anjos; cindiram-se, por um motivo qualquer, em duas partes, das quais uma permanece no alto, próxima a Deus, enquanto a outra desce à "cidadela do corpo".[25] A parte mundana, insatisfeita com seu destino, busca sua outra metade e, para recuperar sua perfeição, deve procurar reunir-se novamente a ela. Com essas figuras míticos que transpõem à esfera angélica o conto de fadas de Platão sobre o ser humano original, Sohravardî dissolve a aspiração à morte do monismo da substância e cria espaço para imagens que correspondem à tarefa inesgotável de levar adiante a reflexão sobre o complemento originário através de criações de formas e constituições simbólicas sempre novas. O elevado pensamento da *henosis* ou *unio* pode ter fundado e propagado o prestígio filosófico do neoplatonismo místico; mas, do ponto de vista psicológico, sua angeologia é muito mais fecunda, porque esta — sem fazer concessões às enganosas expressões unionistas de aniquilação —, se não conceituou, ao menos proveu uma imagem da possibilidade criativamente antecipatória e originária de completar a

---

25. Cf. Seyyed Hossein Nasr, *Three Muslim Sages*, Cambridge/Mass., Harvard Univesity Press, 1963, p. 75.

alma. Ela testemunha o poder — que exige simbolização — da boa separabilidade, manifestada como dualidade primordial. Seus traços não aparecem apenas no hemisfério islâmico, mas também no cristão. A doutrina dos anjos é um dos acessos historicamente inevitáveis à teoria das coisas mediais[26], e a teoria dos meios, por sua vez, abre perspectivas para uma antropologia situada além da aparência individualista.

Quanto à teologia mística do Ocidente latino, ela alcança sua culminação na obra de Nicolau de Cusa (1401-1464). Ali se encontram penetrantes análises sobre como o ser-em de inteligências finitas poderia ser pensado na inteligência infinita de Deus — uma expressão na qual estamos corretos ao reconhecer uma transformação escolástica da questão da relação entre a alma e Deus. No essencial, o discurso platonizante de inspiração agostiniana, segundo o qual Deus habita no interior de quem o reconhece e o cognoscente se dissolve no conhecido, já nos preparou, em linhas gerais, para toda explicação suficiente dessa relação; não obstante, Nicolau inscreveu, nesse esquema fundamental, nuances que podem ser registradas como ganhos explícitos para a teoria da relação forte. Em especial, em seu tratado *De visione Dei sive de icona* [*Da visão de Deus ou da imagem*], de 1453, Nicolau de Cusa acrescenta ao bem conhecido repositório de proposições sobre a interpenetração da alma e de Deus alguns inesquecíveis traços imagéticos e argumentativos. Isso vale notadamente para a esplêndida parábola sobre a pintura com a qual o tratado se abre. Nicolau fala de exemplos recentes da arte do retrato, que dão ao observador, em qualquer ponto do espaço, a sensação de que eles o fitam de uma maneira muito particular. A acreditar-se no texto, o autor enviou aos irmãos do monastério de Tegernsee, na Bavária, juntamente com seu tratado, uma dessas pinturas, como objeto para um exercício de devoção.

> [...] caros irmãos [...]. Ele representa um onividente, e eu o chamo uma imagem de Deus. Pendurai-o em qualquer lugar, digamos, em uma parede ao norte, e colocai-vos em seguida

---

26. Ao lado da cristologia, da profetologia, da pneumatologia e da ontossemiologia ou teoria dos signos do Ser (leia-se: estética filosófica).

Rogier van der Weyden, *Retrato do atirador: o onividente*.

diante dele, à mesma distância. Observai-o, e cada um de vós, de qualquer lugar que o contemplar, constatará que a imagem olha, por assim dizer, apenas para ele. [...] Agora, o irmão que está a leste pode mover-se para oeste e descobrir que o olhar, aqui, está tão dirigido para ele como antes, quando estava a leste. E como sabe que o quadro está solidamente pendurado e imóvel, ele se admirará com a transformação [*mutatio*] do olhar imóvel [...] ele se admirará com a maneira como esse olhar moveu-se imovelmente [*immobilius movebatur*]. E menos ainda poderá sua imaginação compreender que ele se desloca do mesmo modo em relação a um outro que se move na direção oposta [...]. Constata que o olhar imóvel se movimenta tão bem para o oeste como para o leste, tão bem para o sul como para o norte, e olha da mesma maneira para um lugar e para todos os outros, para um movimento e para todos os outros. E enquanto observa que esse olhar não abandona ninguém, se aperceberá de que ele dedica tanto cuidado a cada indivíduo como se só se preocupasse com esse que percebe que está sendo observado, e com nenhum outro. E isso em tamanha medida que aquele que ele olha não é capaz de compreender que ele também dê atenção a um outro [*quod curam alteris agat*]. Assim, verá também que ele dedica a mais zelosa atenção à menor criatura [*minimae creaturae*], como se ela fosse a maior [*quasi maximae*], e a todo o universo.[27]

Vale notar, nessa parábola, que ela nos transporta a uma cena interfacial, mais exatamente, interocular. É admirável, nela, a ousadia artística com que Nicolau supera o abismo que se abriu entre as motivações universalista e individualista da teologia. Como poderia um Deus sumário e inespecífico para todos ser, simultaneamente, um Deus íntimo para cada indivíduo? Apenas se tiver sucesso em dar uma resposta lógica e existencialmente convincente para essa questão que uma religião estará teologicamente fundada para inspirar ao mesmo tempo

---

27. Nicolau de Cusa, *Die philosophisch-theologischen Schriften*, op. cit. (ver Nota 23 da Introd.), vol. 3, p. 97-99. [N.T.: No restante da nota, Sloterdijk informa que realizou modificações na tradução alemã, particularmente na última sentença, que dizia "que ele dedica a mesma zelosa atenção tanto à menor criatura quanto à maior", deixando de lado o "como se". As correções de Sloterdijk estão incorporadas na presente tradução da passagem para o português.]

imperiosidade e intimidade. O pitoresco retrato de olhos vivos e em movimento oferece uma brilhante metáfora para um Deus que, mesmo ao olhar para tudo com olhos de quem tudo governa, volta-se a cada vez apenas para o indivíduo. O que surge aqui é um Deus da intensidade, cujo fluxo de poder não está menos presente no mínimo que no máximo. Deus não pode amar a humanidade como um todo mais do que ama um ser humano individual (do mesmo modo que, em uma frase analogamente construída por Wittgenstein, todo o globo terrestre não pode experimentar maior infelicidade que *uma única* alma).[28] A alusão à presença do máximo no mínimo dá um perfil logicamente mais aguçado à familiar ideia de que Deus distingue a alma individual por seu estar-nela. É certo que a parábola do retrato de olhos ao mesmo tempo móveis e imóveis não pode conduzir para além do encontro no espaço exterior entre o sujeito e seu observador panorâmico. O quadro afixado à parede, por representar um objeto externo, mantém-se a uma distância insuperável diante do crente. O que importa a Nicolau de Cusa é assentar o olho de Deus no indivíduo, e isso num duplo sentido: como minha constante vigilância interiorizada através do grande *vis-à-vis*, e como a vigília interior titubeante de minha própria inteligência. O olho de Deus, dotado de visão absoluta, é implantado em meu próprio olho, de tal modo, é claro, que eu não seja cegado por sua visão total, mas permaneça capaz de continuar a ver, em minhas perspectivas locais e corporais, exatamente da maneira como me foi dado ver. Nicolau leva a lição da parábola do retrato — o constante acompanhamento de meus movimentos pelos olhos sobre a parede — para o interior da própria alma: esta deve agora se pensar como encerrada no campo visual e se considerar sob a vista de uma faculdade visiva absoluta que, tanto de dentro como de fora, chama todas as coisas à existência pela visão, rodeando e penetrando permanentemente aquilo que é percebido. Com isso, ele alcança uma surpreendente plausibilidade para a ideia de que eu, junto com minha vida interior, estou permanentemente visado e envolvido pelo olhar, que me acompanha sem se mover, de uma inteligência

---

28. Ludwig Wittgenstein, *Vermischte Bemerkungen*, org. de Georg Henrik von Wright, rev. de Alois Pitcher, Frankfurt, Suhrkamp, 1994, p. 93.

total. Posso correr o quanto quiser de leste a oeste em minhas reflexões e meus sentimentos, mas os olhos do grande Outro em mim seguem-me em cada passo de meus pensamentos e minhas paixões. Ao ver, sou sempre alguém que é visto — e a tal ponto, de fato, que posso acreditar que fui convidado a empregar para mim mesmo toda a força da visão divina. Essa vocação me permite perceber imediatamente a razão de minha semelhança com Deus. Pois fui efetivamente dotado de minha própria faculdade visual (em termos medievais, recebi-a em feudo, avassalei-me) e percebo um mundo aberto ao meu redor. Imito, portanto, a percepção ou visão do mundo de Deus em uma imanência absoluta do mundo. Trocando em termos psicológicos: a ideia do máximo-no-mínimo distingue-me como filho unigênito do absoluto.

Nicolau de Cusa é bastante reservado para defender que, em cada caso individual, inclusive e justamente no meu próprio caso, tudo se passe *como se* fôssemos um filho único, pois o Deus da intensidade, que está por inteiro mesmo no mínimo, está também consigo mesmo em outra parte e por toda parte, tanto em meu vizinho como no universo. Seu ser-em-mim não o fixa à minha perspectiva, porque sua intensidade infinitamente extensível, como deve ser necessariamente por sua própria natureza, tampouco pode sofrer qualquer diminuição por não estar em mim. Mesmo assim, minha própria visão sobre o mundo pertence-me a justo título, como se ela fosse a única — pressupondo-se que eu esteja consciente de que não existe propriedade privada da faculdade visual, e que minha vista é, em certa medida, uma filial da visão efetivamente infinita de Deus —, para mantermos a imagem: a visão de um privilegiado filho unigênito do céu. Essa relação de filiação é designada por Nicolau de Cusa por meio de um termo técnico, *contractio*, que expressa a ideia de uma condensação da faculdade visual total na minha visão. Se tenho olhos capazes de ver, se percebo um mundo, isso ocorre apenas pela contração da visão em geral à minha visão particular.

Dietlind e Wilhelm Dupré, que por ora, infelizmente, são os mais importantes tradutores alemães de Nicolau de Cusa, traduzem *contractio* por *Verschränkung* [cruzamento ou imbricação] — o que representa uma solução pouco feliz, embora ainda utilizável: pouco feliz porque o importante verbo *trahere* (puxar), que designa a atividade expansiva e concentradora de Deus, juntamente com suas derivações *abstractio*, *contractio*, etc., perde-se nessa expressão; utilizável porque, através da palavra *cruzamento*, pode se tornar perceptível, de forma até mais clara que no original latino, a colocação do olho infinito no finito. A expressão mais correta *Zusammenziehung* [contração] ofereceria a vantagem de permitir entender a entrada da visão absoluta em minha visão como um ato do próprio infinito, ao passo que falar de cruzamento daria destaque ao fato de que toda visão ocorre de forma bissubstancial e hiperóptica, e só se realiza pela habitação autolimitadora da visão absoluta *em* minha vista finita.

> Toda contração tem lugar, portanto, no absoluto, porque a visão absoluta é a contração das contrações [*contractio contractionum*] [...]. A contração mais simples coincide com o absoluto. Pois sem a visão absoluta não pode ocorrer visão contraída. [...] Assim, a vista absoluta está em toda visão, porque é através dela [*per ipsam*] que toda vista contraída existe, e não pode de nenhum modo existir sem ela.[29]

Consequentemente, Deus, aquele que de fato vê sem nenhum limite ou que possui a vista em grau máximo, contrai-se em mim, em um mínimo; nesse sentido específico, ele está e age *em mim*. Assim, a habitação de Deus em mim não pode em nenhuma circunstância ser concebida como a de São Jerônimo em sua cabana ou como a do gênio na garrafa; sua lógica equivale a da passagem de um cargo ou uma investidura, na qual as atribuições do cargo são transmitidas de seu possuidor ao detentor — com a diferença, é certo, que quem recebe o encargo é ao mesmo tempo uma criatura de seu possuidor. O interessante dessa investidura é que minha própria condição de ser eu mesmo assume o caráter de uma incumbência e, ainda, que minha subjetividade é concebida e aprovada como um posto previsto na administração divina. A extensão inextensa de Deus determina, pois, em qualquer perspectiva, o sentido da imanência ou do ser-em. Meu estar-contido na amplidão de Deus pode ser

---

29. Nicolau de Cusa, op. cit. (ver Nota 27 deste Cap. 8), p. 101.

representado como o de um ponto em um globo que abrange todas as coisas, o ponto que, à sua maneira, espelha e contém o globo.

Assim, em sua relação com os homens, Deus funciona como quem outorga ou confere a faculdade visual — ou, de forma mais geral, a subjetividade. A palavra "outorgar" [*verleihen*] pode assim ser compreendida em seu sentido medieval e em seu sentido financeiro ou capitalista, pois tanto o feudo [*Lehen*] como o crédito são modos autênticos da doação de ser ou da cessão de poderes; ou, para retomar os termos de Nicolau Cusa, da autocontração, uma expressão que recorda a condição de que o suserano ou credor não pode ser visto como nada menos que o efetivamente infinito. É nessas relações que a figura fundamental da modernidade — a substituição do Deus que tudo produz pelo capital que tudo transtorna — encontra sua causa última. As reflexões de Nicolau de Cusa permitem reconhecer de que maneira os espíritos mais excitados do início dos tempos modernos se abriram à ideia, ao mesmo tempo séria e aventureira, de que o sujeito, ao se engajar pelo conhecimento e pela ação, trabalha com o crédito do absoluto. Começa assim a mudança de sentido pela qual a culpa se torna dívida. Tocamos aqui no processo formativo da história recente da mentalidade europeia — o nascimento da subjetividade empreendedora, provinda do espírito do dever místico do reembolso.[30]

Que Nicolau de Cusa, ao articular o ser-em, não se apresente apenas como óptico (mais precisamente, como teo-óptico), mas também como erótico (mais precisamente, como teoerótico), isso é algo que se atesta pela sequência de seu tratado sobre a *Visio Dei*, no qual cada página exibe o espírito e o estilo de Agostinho como se fosse um livro complementar às *Confissões*. Se a óptica metafísica fala da visão contraída, o erotismo teológico fala do amor contraído. Se, na visão contraída, eu sou um olho filial de Deus, sou, no amor contraído, uma muda do amor divino. Também este se contrai em um raio que me penetra, transborda e privilegia, como se esse amor fosse uma fonte borbotoante que se exprime tão intensamente em cada raio como em

---

30. Sobre a modernização da culpa, cf. *Esferas II*, Cap. 8: "A última esfera. Para uma teoria filosófica da globalização terrestre".

seu fluxo global. Em incisivas locuções, Nicolau estende a ideia de que vejo porque a visão absoluta vê em mim, e através de mim, à ideia de que existo e gozo enquanto criatura amante porque sou mantido no mundo como vaso e passagem dos dons e transbordamentos de Deus.

> E o que é minha vida, Senhor, senão este abraço [*amplexus*] no qual a doce alegria de teu amor me encerra tão amavelmente? [...] tua visão é toda ela vivificante; ela não é senão deixar teu doce amor afluir constantemente para mim e, através desse influxo do amor, inflamar o amor por ti e nutri-lo por esse entusiasmo; acender, por essa nutrição, meu anseio, embeber-me, por esse ardor, do orvalho da alegria e assim deixar correr para dentro de mim a fonte da vida e, nesse influxo, torná-la maior e eterna.[31]

Pode-se ler essa passagem como um poema argumentado no espírito da relação forte; ele articula, sob as imagens de uma comunhão no elemento líquido, a situação existencial da participação em um círculo de abundância. Lida à luz das reflexões anteriores[32], essa passagem oferece uma das mais íntimas aproximações do discurso cristão a uma conversação com o acompanhante originário: lidamos aqui com um fragmento de literatura sanguínea, no sentido literal do termo — formulado com base na intuição na realidade do sangue dispensada pela comunhão primordial. Ser-em significa, agora, o mesmo que deixar-se abraçar, percorrer, nutrir e alegrar pelo *medium* do sangue divino, além de celebrar e contemplar com gratidão esse abraço-percurso-nutrição-alegria, como cena primitiva do tornar-se si mesmo. *Mutatis mutandis*, poderíamos dizer: faz parte da consciência de ser-em a percepção de que estou rodeado, carregado e atravessado por um poder prestativo e obsequioso em todos os aspectos. Essa concepção do ser-em continua integrada a uma base religiosa e feudal, na medida em que o sujeito se ajusta a essa obsequiosidade e a esse entrelaçamento sem se desviar para reações indignadas ou claustrofóbicas. O satanismo do asco e sua manifestação trivial, o desconforto, frustram aqui a compreensão da própria

---

31. Ibidem, p. 107.

32. Especialmente nos Capítulos 5 e 6.

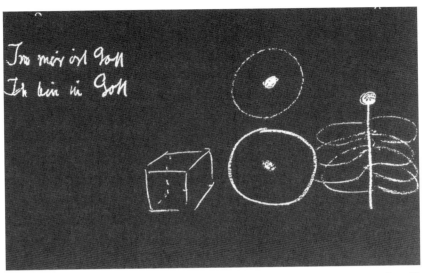

Rudolf Steiner, desenho no quadro negro, 1924 ["Em mim está Deus/ Eu estou em Deus"].

coisa. De fato, o sujeito chega à posição de revolta quando deixa de se conceber apenas como arrendatário do Ser; torna-se rebelde quem invoca seu próprio capital e se recusa a considerar sua ação como trabalho realizado com o crédito do absoluto. Mas não aspiram sempre os seres humanos, concebidos à maneira católica, a um determinado poder pessoal, não se sentem sempre importunados pela exigência de ter de agradecer por quase tudo? Não está a modernidade fundada sobre o axioma de que quem começa por si mesmo teria sacudido dos ombros para sempre o jugo da obrigação de agradecer? Como se poderia, afinal, pensar uma antropologia não revoltada sob os auspícios do monoteísmo, já que a linhagem de Adão existe *toto genere* sob o signo de Satã e é cúmplice de sua ingratidão inicial? Não é o homem, entendido na perspectiva cristã, desde sempre o ser que gostaria de pôr de reserva alguma coisa para si próprio? Pode o homem existir na não revolta?

A resposta a essa questão, na medida em que se apresenta como afirmativa, articula-se na ideia cristianizada de serviço. Ela afirma que a reintegração no Um e a capacidade de servir convergem. Nicolau, ao investigar sobre como o poder próprio do homem coloca-se *no* e sob o poder de Deus, avançou até uma política mística, ou doutrina da imbricação do poder, como aquilo que dá ao ser-em, ou à imanência incondicional, o sentido de uma autorização a exercer o poder pontual, concedida pelo próprio poder infinito. Em locuções de clareza surreal, no primeiro livro do diálogo *Sobre o jogo do globo* (*De ludo globi*, de 1462), o erudito Cardeal e o duque João da Baviera discutem um jogo inventado por Nicolau de Cusa, que consiste em dirigir uma bola irregular para o centro de um alvo pintado no solo.[33] Com isso, a conversa chega ao reino universal do ser humano.

> *Cardeal*: O homem é tão completamente o microcosmo que se torna também parte do macrocosmo [...].
> *João*: Se compreendo corretamente, então, assim como o todo, que é um grande reino, o homem também é um reino, mas um reino pequeno no interior de um grande, como a Boêmia dentro do extenso Império Romano.
> *Cardeal*: Exatamente. O homem é um reino similar ao reino total, fundado sobre uma parte do todo. Quando ele é um embrião no ventre da mãe, ainda não é um reino próprio. Mas quando a alma intelectual é criada e nele se instala, ele se torna um reino com seu próprio rei, e passa a se chamar homem. Quando a alma o abandona, porém, o ser humano e o reino cessam. O corpo, entretanto, retorna ao grande reino geral do mundo, como a ele pertencia antes da chegada da alma espiritual. Assim como a Boêmia pertencia ao Império antes que tivesse seu próprio rei, ela retornará a ele quando o rei não mais existir. O homem, portanto, está sujeito imediatamente [*immediate ... sub-est*] a seu próprio rei que nele governa, mas mediatamente [*mediate*] ao reino do mundo. Mas, enquanto ainda não possui um rei ou quando deixa de tê-lo, submete-se imediatamente ao reino do mundo. Por isso a natureza, ou alma do mundo, exerce no embrião a força vivificadora, como o faz com tudo que tenha uma vida vivificante [*vitam vegetativam*]. Ela mantém essa atuação mesmo entre alguns mortos cujos cabelos e unhas ainda crescem.[34]

---

33. Uma detalhada interpretação de *de ludo globi* encontra-se em *Esferas II*, Cap. 5: "*Deus sive sphaera*. Dos atos e sofrimentos do outro meio".

34. *Dialogus de ludo globi, Liber primus*, in: Nicolau de Cusa, *Die philosophisch-theologischen Schriften*, op. cit. (ver Nota 23 da Introd.), vol. III, p.263

Também o poder do mundo, enquanto exercício da faculdade de governar e de produzir, constitui-se, portanto, por imbricação ou contração. Qualquer homem dotado de espírito é rei pela contração do imperador (de Deus) em um domínio individual de poder. Como homem entre seus semelhantes, cada indivíduo se liga diretamente ao império e, ainda, tem poder em seu microcosmo em razão da relação de vassalagem ou de crédito com a mais alta instância outorgante de poder. No modo da contração ou imbricação, o máximo imperial (divino) está presente no mínimo régio (humano); mas, se o mínimo já é um reino, então cada indivíduo, como senhor em seu reino, só é socializável em uma congregação de reis — ou em uma assembleia de ordens livres que dependem diretamente do império. Esta é a forma primitiva de uma *democrazia christiana*. Com luminosos argumentos, o cardeal papista prepara o terreno para o igualitarismo dos reis-cidadãos. Não se passará um século até que os indivíduos e leigos burgueses venham a compreender como reivindicar a soberania terrena na qualidade de um mínimo régio submetido ao máximo divino. De Nicolau de Cusa a Rousseau, avança passo a passo esse pensamento que descobre, no serviço competente e na sujeição ativa em uma posição qualquer, a razão que permite aos homens se tornarem senhores e legisladores em seus respectivos domínios. Nicolau deu, inicialmente, uma forma precisa a essa reflexão, e Inácio de Loyola teve o talento para implantá-la na política das ordens e propagá-la mediante técnicas psicológicas: o serviço é o caminho régio para o poder. A sujeição ativa e o poder próprio são a mesma coisa: se queres reinar, deves servir. Servir significa desdobrar-se tão energicamente sob um senhor como se não houvesse nenhum senhor. Essa é a primeira filosofia do sujeito. A Idade Média tardia e os tempos modernos dão-se as mãos na ideia de que todos os tipos de exercício do poder seriam serviços subordinados em um império de Deus homogêneo e igualmente intenso em toda parte. Cada sujeito que estende seu alcance ao redor de sua posição no mundo pode desenvolver-se, portanto, como mínimo *sui generis* de poder diretamente submetido ao império e a Deus. Todo mínimo é um ministro, toda subjetividade competente está empregada a serviço do Absoluto. Abre-se, com isso, a via pela qual os empreendedores, servidores do Estado, pequenos burgueses e artistas poderão se conceber (como até então só as ordens religiosas e os príncipes podiam fazê-lo) como funcionários de Deus; esse é um caminho que desembocará na Reforma, no democratismo e na liberdade de empreendimento.

É verdade que, na democracia, os indivíduos não mais reivindicarão seu direito e sua obrigação de exercer o poder enquanto servidores de Deus, mas como detentores de direitos do homem: doravante, o homem se apresenta como animal a quem a natureza autorizou a ter pretensões. Os homens dos tempos modernos só podem apreender explicitamente a ideia de direitos do homem após se retirarem do mundo de Deus e se instalarem no reino da natureza, ao qual, para Nicolau, se submetem diretamente apenas na forma de embriões ou cadáveres. De resto, o argumento do embrião apresentado por Nicolau de Cusa mostra muito claramente onde os caminhos da modernidade se separam daqueles da Idade Média: enquanto para os modernos, na medida em que chegam a pensar tão longe, a estadia do embrião ou do feto no útero liga-se justamente à matriz de animação arcaica, Nicolau ensina que a criança tem ali apenas um estatuto vegetativo e não participa ainda do reino das almas espirituais. O estar-na-mãe embrionário seria, por conseguinte, um prelúdio passivo à vida animada pelo Espírito — e só após a outorga do Espírito, ou seja, após o batismo, o indivíduo estaria socializado, não apenas na natureza, mas também no reino de Deus. *Mutatis mutandis*, Hegel, no fundo, ainda ensinava a mesma coisa.

É fácil reconhecer como os efeitos secundários do dualismo platônico em doutrinas deste tipo rompem também o sentido de ser-em. Aquele que está apenas na natureza (animada pela alma do mundo) — ainda que seja o útero — ainda está longe do lugar em que o místico cristão ou idealista anseia por estar. Mas essa diferença é exatamente o que ficou sem objeto ao término de nossas reflexões microesferológicas. Após percorrer, nos sete capítulos precedentes deste livro, o meandro de sete voltas do sentido de ser-em, vimos como a oposição ser-em-Deus ou ser-na-natureza se dissolve em prol de uma lógica universal de estar-no-espaço-partilhado. Por meio das investigações sobre a ressonância bipolar e multipolar, as perspectivas próprias do idealismo teológico e do materialismo psicológico foram reconhecidas em sua eficácia propedêutica,

Guercino, *Santo Agostinho meditando sobre o mistério da Santíssima Trindade*.

sendo absorvidas e superadas em seus resultados. Assim, se a teologia mística capturou a proximidade entre Deus e a alma em expressões que mesmo o espírito livre não esquece, não há dúvida de que ela permaneceu tão cega de seu olho natural quanto uma criança ainda não nascida que não experimentou a diferença entre estar no interior e estar no exterior. Em contrapartida, a psicologia moderna, que há dois séculos se desenvolve à margem da metafísica, está prestes a devolver à natureza — sobretudo à natureza culturalmente intermediada — o que pertence à natureza em seus estados culturais, e isso é muito mais do que qualquer idealismo ou religião do espírito pressente. Mas a psicologia, por sua vez, não foi capaz de progredir até uma conceituação da relação forte, dado que, em razão de uma perspectiva naturalisticamente deformada de exterioridade, ela não mais compreende a diferença entre o exterior e o interior. Nossa microesferologia, que pode ser estimulada tanto de um lado como de outro, destaca-se suficientemente das pretensões de ambos os oponentes para alcançar uma perspectiva que é mais do que a composição de duas visões caolhas. Por sua independência no que diz respeito às profissões de fé teológicas e aos discursos psicológicos, a teoria das esferas proporciona um novo tipo de satisfação teórica às autoexperiências do ser vivo em suas atuais tensões entre as posições exteriores e as interiores.

Na passagem da interpretação microesférica do sentido do ser-em para a interpretação macroesférica, é inevitável fazer algumas observações, ainda que de passagem, sobre a teologia da *Trindade*. Pois esta, por sua estrutura lógica e extensão de sentido, concerne às duas dimensões: à microesferologia, na medida em que articula uma relação íntima de três elementos — Pai, Filho e Espírito Santo —; à macroesferologia, na medida em que reconhece, nos "personagens" dessa tríade, os atores de um teodrama que envolve e penetra o mundo. Por conseguinte, os discursos trinitários lidam ao mesmo tempo com a mais ínfima bolha e com o mais vasto globo; com o espaço interior mais estreito e com o mais amplo. Vamos fornecer algumas indicações para mostrar por que, desde o início, a teologia da Trindade só pôde avançar como teoria da relação forte e, por isso mesmo, como doutrina de um globo vivo.

Em um estágio inicial desse processo de problematização, os padres gregos, começando notadamente com os capadócios, inventaram uma nova maneira de pensar a interpessoalidade surreal. Sua intenção era, antes de tudo, reformular os enunciados do Novo Testamento, em particular os de São João, sobre a relação singular entre Jesus e Deus nos termos da ontoteologia grega. Essa tarefa se igualava à quadratura do círculo — ou melhor, à circularização da elipse, pois o aparato conceitual fundamental dos gregos não estava preparado para formular comunhões de múltiplos parceiros em igualdade de direitos no interior da substância única. Mas tendo chegado a esse ponto, o cristianismo dos primeiros tempos, que começara a consolidar-se teológica e missionariamente, não podia recuar um único passo. Quando se lê em João:

"Quem me vê, vê o Pai" (14:9) e "Crede-me: eu estou no Pai e o Pai em mim" (14:11) ou, ainda, "o Espírito Santo, que o Pai enviará em meu nome, vos ensinará tudo" (14:26) — anuncia-se com isso um programa que, para os teólogos gregos e seus herdeiros, transformava-se em uma missão intelectual tão inevitável quanto explosiva. Ela implicava a desmedida exigência de pensar, no plano unitário, relações fortes a três. Que se poderia chegar de algum modo a esse ponto sem regredir a um triteísmo, isso é algo que talvez parecesse plausível aos espíritos simples e ortodoxos do final da Antiguidade, desde que lhes fosse assegurado com suficiente frequência e autoridade que Um é Três, e Três são Um. Para os teólogos, contudo, que adentravam a arena da teoria para defender a honra intelectual de sua religião de olhos fitos nos filósofos pagãos mais avançados, era claro que aqui se abria um abismo para a ortodoxia, no qual ameaçava naufragar em seu todo o próprio entendimento do certo e do errado. Na interface entre os jogos de linguagem dos gregos e do Novo Testamento, formou-se um dos mais poderosos turbilhões conceituais da cultura da antiga Europa. Seu giro principiou no momento em que o discurso relacional bíblico chamou para dançar a ontologia essencialista grega. De forma bastante estranha, os eruditos patriarcas do mundo romano oriental faziam aqui o papel de mestres de dança; foram eles que ensinaram ao Um ensimesmado os passos pelos quais ele aprendeu a se diferenciar em tercinas eternas. A revolução rítmica precisou de mais de um milênio para desenvolver-se e tornar-se um conceito lúcido e eficaz, indo desde os teólogos da Capadócia até Tomás de Aquino, em quem, com a doutrina das "relações subsistentes", o impensável parece finalmente ter se tornado pensável. Com audácias bem ponderadas, a especulação trinitária avançou às apalpadelas no campo da lógica relacional — como se fosse sua missão desvendar um Deus que, do ponto de vista filosófico, só se deixava representar como um reator de luz e como uma eternidade petrificada e sem rugas, para mostrá-lo como um abismo de amabilidade e imitá-lo como ícone verdadeiro da relação amorosa. Nessa medida, Adolf von Harnack não está de todo correto em sua rígida tese de que a teologia cristã antiga foi a gradual helenização do Evangelho; ela foi também, e não apenas de forma acessória, a intersubjetivização do helenismo, judaicamente inspirada.

Juan Carreno de Miranda, *A fundação da Orden da Trindade*, óleo, 1666.

8. Mais perto de mim que eu mesmo: Propedêutica teológica para a teoria do interior comum

A quase-quaternidade clássica abrange a Trindade e o Universo, detalhe da figura anterior.

Como podem vários coexistir no Um de maneira não separada? Essa questão fundamental da teoria das esferas vitais anima de início as primeiras teologias não tanto pela dimensão numérica e quantitativa do problema, mas, sobretudo, por um outro aspecto: saber como se deve pensar na repartição topográfica dos Três no Um. Aqui, a teologia sai de si mesma, pela exigência de explicar-se no plano da topologia. De início, esse primeiro acesso à esfera intradivina ainda exibe, de maneira óbvia, ecos característicos da filosofia da natureza, mesmo que se trate, há muito tempo, da coabitação de entidades espirituais. Isto se mostra

529

de forma particularmente clara na famosa parábola da lâmpada, no tratado *Sobre os nomes divinos* do monge-filósofo sírio, o pseudo-Dionísio Areopagita, no final do século V. Suas explicações são instrutivas no que se refere ao ponto de partida dos desenvolvimentos posteriores, pois ainda interpretam a faculdade de coexistência das três pessoas divinas inteiramente no quadro do debate neoplatônico sobre o modo como o múltiplo pode estar enraizado e integrado no Um. O *páthos* da diferença dos diferentes no interior do Um já era conhecido do neoplatonismo, e o discurso da "justificação mútua dos princípios das pessoas da Trindade" ainda se beneficiará dele.

> Da mesma maneira — se ouso fazer uso aqui de imagens sensíveis e familiares —, as luzes de várias lâmpadas reunidas em um aposento, mesmo ao se sobreporem completamente, guardam cada qual, em si, suas próprias diferenças de uma forma inteiramente pura e sem mistura: unidas em suas diferenças, diferentes em sua unidade. Constatamos que, embora várias lâmpadas se juntem em um único aposento, todas as suas luzes se unem para formar uma única luz que brilha com único clarão indiferenciado, e parece-me que ninguém, no ar que rodeia essas lâmpadas, poderia distinguir das outras a luz que provém de uma lâmpada particular, e tampouco poderia ver essa luz sem ver também a luz das outras, porque todas se misturam com todas sem perder sua individualidade. Mas, ao se retirar uma dessas lâmpadas do aposento, sua luz desaparece inteiramente, sem levar parte das outras luzes e sem lhes deixar algo de si própria. E, de fato, sua união recíproca era inteira e perfeita, mas sem diminuir sua individualidade e sem produzir nenhum traço de mistura. [...]
> Na teologia do ser supraessencial, portanto, como se disse acima, a distinção não consiste apenas em que cada uma das pessoas [...] se encontra ela própria na unidade sem se fundir com as outras e sem nenhuma mistura, mas também em que as qualidades que se ligam à geração supraessencial no seio da divindade não são de modo algum intercambiáveis. Na divindade supraessencial, só o Pai é fonte, e o Filho não é Pai, o Pai não é Filho. A cada uma dessas pessoas divinas cabe o privilégio inviolável de seus próprios louvores.[35]

---

35. Pseudo-Dionísio Areopagita, *Sobre os nomes divinos*, II, 4, 5.

As imagens do pseudo-Dionísio oferecem obviamente uma versão intimista da metáfora solar platônica. De maneira singularmente tocante, o Sol de Platão brilha aqui em miniatura, como que ramificado em um lustre de três braços trazido do céu aberto para o interior da casa. Dado que o Sol — símbolo heroico da monarquia de princípios desde Akhenaton e Platão — não é adequado como imagem de uma comunhão interna e sequer de uma divisão de poderes no absoluto, o teólogo místico teve de se voltar para a parábola da lâmpada, que, em todo caso, ainda tem em comum com o modelo solar o fato de que representa a força central da luz — e assim marca a função originária, mas, além disso, pode tornar plausível a passagem para a ideia da diferenciação trinitária. É verdade que o grupo das lâmpadas do pseudo-Dionísio oferece apenas uma metáfora precária da comunicação intradivina, pois, embora ilustre como se deveria representar a interpenetração de uma luz irradiante com outra luz de mesmo tipo, ela não contribui em nada para a compreensão das interações entre os parceiros da luz. Sua capacidade de estar um no outro é ainda concebida segundo a linha das filosofias estoicas das misturas de corpos, mais do que em termos de conceitos interpessoais, o que se mostra também nas metáforas obrigatórias de proximidade e mistura dos padres gregos e latinos: o ser-em recíproco das pessoas divinas — assim como a união em Cristo das naturezas divina e humana — é incansavelmente descrito como uma mistura de vinho e água ou, então, comparado à difusão do aroma e do som pelo ar; a imagem do ferro incandescente, apresentada como a interpenetração recíproca da substância do metal e da substância do fogo, é onipresente. Volta-se também frequentemente, de formas variadas, às imagens do ouro incandescente ou do carvão em brasa. Com tudo isso, busca-se exprimir a imbricação não hierárquica e não exclusiva de substâncias na mesma região do espaço — o que se pode compreender sem esforço como uma abordagem primitiva da especulação teológica ao problema da constituição de espaço no recipiente autógeno da esfera íntima. As imagens fisiológicas de mistura encontram sua conclusão natural nas metáforas platonizantes da luz-na-luz, com as quais se produz como que por si mesma a transição para as representações metafísicas mais sutis do espaço espiritual. Essas figuras imagéticas

Missal, manuscrito 91, folha 121, à direita: a Trindade como triunvirato oval coroado.

não podem, certamente, ser mais que exercícios preliminares para uma aproximação à dimensão interpessoal da relação forte. Pode-se, em todo caso, prolongando a metáfora da lâmpada desenvolvida pelo pseudo--Dionísio, desenvolver a ideia de que o lustre triunitário não apenas irradia sua luz para o exterior, mas encerra também uma vida interna dos parceiros da luz. Isso está indicado no texto sobretudo pelas declarações negativas que pretendem fazer grande alarde do fato de que o Pai não é o Filho, e o Filho não é o Pai. Através desse Não em Deus, traz-se a vida ou a diferença pessoal para o cinza luzidio da unidade primordial. Os três (ou seis) nãos na Trindade (o Pai *não* é Filho, nem Espírito; o Filho *não* é Espírito, nem Pai; o Espírito *não* é Pai, nem Filho) acendem o fogo da relação no interior do espaço de Deus. Toda determinação é negação, dirá Espinosa; toda negação é relação, já deram a entender os antigos teólogos.

A tarefa consiste, portanto, em pensar uma diversidade que não deságue em uma separação ou em um tornar-se-exterior-um-ao-outro; pois, se há algo mais veemente entre os antigos teólogos que o *páthos* da não mistura ou infusibilidade das pessoas divinas, é o *páthos* da ligação *a priori* entre elas. Mas como ainda pensar a unidade se o modelo tripessoal mobiliza em seu próprio interior uma extrema dose de forças centrífugas? Para resolver esse problema, supõe-se que existe em Deus um processo de expressão ou de escoamento no qual genuínas diferenças aparecem sem produzir cortes ou falhas gritantes. Uma fissura perceptível seria, na verdade, um indício de que a exterioridade separadora teria levado a melhor sobre o contínuo da coesão.

Os padres gregos já haviam conseguido superar essa perplexidade atribuindo ao Pai dois gestos de sair-de-si que estabelecem a diversidade sem pôr em perigo a continuidade: a geração e a insuflação. Não consideramos aqui o terceiro ato expressivo de Deus, a criação, pois ela não conduz a entidades de mesmo estatuto divino, mas a criaturas subdivinas, ou seja, ao mundo sensível e seus habitantes. Gerar e insuflar valem como produções ou exteriorizações cujo produto permanece imanente ao produtor — uma relação para a qual a perspicácia dos teólogos canonizou no século IV a admirável expressão "saída de si", ou *processão* (*ekporeusis*, em grego; *processio*, em latim). O "próprio" Deus efetua uma processão para fora de si em direção ao Filho e ao Espírito, mas, ao entrar neles, não abandona o interior comum: aqui ainda não existe nenhuma dialética do eu e do despojamento impelida por processos de alienação, mas apenas o gozo contínuo, partilhado por todos, de uma plenitude comum. Os comuneiros intradivinos não sofrem, com as saídas de si, um choque de sofrimentos agônicos de despojamento e reassimilação — estes só entram em jogo na dimensão da História Sagrada, em que o Filho deve partilhar a agonia do mundo até`o fim.[36] Gerar e insuflar são, portanto, atos expressivos que não produzem um resultado separável: aquele que gera guarda em si o Filho que ele gerou, da mesma maneira que os insufladores, o Pai *e* o Filho, guardam em si e para si o Espírito que eles insuflaram; e se também a origem, de certa maneira, sai de si mesma, ela jamais chega a uma situação de exterioridade frente a si mesma.

---

36. "Cristo está em agonia até o fim do mundo", Blaise Pascal, *Pensées*, Paris, Lafuma, 1975, p. 919.

Fragmento de saltério, folha 9, verso: Trindade tricéfala.

1. Pai e Filho em um invólucro comum, tocando o Espírito.

Rotschild Canticus: a fita trançada da Trindade transforma-se progressivamente de imagens de proximidade pessoal em figuras de rotação geométricas e ontológicas; ponto alto da ontografia medieval. A série de imagens da Trindade do *Canticus* compreende, no original, 24 estações.

O espaço interior de Deus produz-se a si mesmo como uma oficina de relações ou como uma habitação no qual cada um é o aposento do outro. As exigências espaciais intradivinas transformam o globo luminoso platônico em uma esfera comunal. Para seus "habitantes", produz-se a situação lógica e topologicamente incomum de que seu estar-um-no-outro permite uma igualdade de extensão que não envolve uma competição pelo espaço e uma partilha de funções sem competição pela primazia — ainda que o furor patricêntrico dos antigos discursos sobre a Trindade, especialmente dos bizantinos, ocultem tendenciosamente esse traço "igualitário". É justamente essa partilha ininterrupta que é pensada de antemão pelas imagens de imbricação e mistura desenvolvidas pela antiga filosofia da natureza. Mas a Trindade significa mais do que uma emulsão perfeitamente misturada de três líquidos diferentes: ela não visa nada menos que uma vida amorosa *a priori* e uma interinteligência originária universalmente superior. O interior do globo vivo corresponde à fórmula: três vezes um fazem três vezes tudo.

Assim, na doutrina da triunidade, a ideia da relação forte articulou-se pela primeira vez de maneira logicamente coerente, emergindo desde seu primeiro aparecimento com uma radicalidade insuperável: se alguma vez a ideia de uma inter-"subjetividade" *a priori* recebeu atenção, foi exatamente no entrelaçamento das pessoas trinitárias. A ideia de um interior absoluto está agora estabelecida: através dela o espaço físico é elevado a um espaço relacional — e o surrealismo do estar-um-no-outro encontrou aqui seu modelo clássico. Nesse espaço, as pessoas não mais estão ao lado umas das outras numa proximidade autoiluminadora, como as lâmpadas no aposento do pseudo-Dionísio, mas elas constroem, na medida em que formam a protomorada comum, uma pura espacialidade relacional, dispondo em torno de si, como uma abóbada, uma primeira esfera de amor. Trata-se aqui, portanto, em primeiro lugar, do mundo amoroso interior e, a seguir, do mundo físico; primeiro, os Três unificados; em seguida, sua economia histórica: só nessa ordem é possível compreender a relação entre o trio absoluto e seu mundo exterior. É por isso que os teólogos atribuem tanto valor ao estar-um-no-outro dos Três-em-Um, sem pensar em nenhum intermediário que os separe.

2. Elipsoide trinitário circundado pela fita sobre fundo de luz incandescente.

Em sua *Exposição exata da fé ortodoxa* — que recebeu muita atenção e constituiu, desde o final do século XII, um texto de referência dos escolásticos latinos —, o erudito monge João Damasceno (*c.* 650-750) enfatizou alguns pontos decisivos da doutrina das relações em Deus, ao defender a absoluta simultaneidade ou a atemporalidade das hipóstases ou pessoas: "Assim, quanto à geração do Filho, é uma impiedade falar de um período intermediário, como se o Filho fosse criado depois do Pai."[37]

Qualquer intervalo temporal seria um indício da vitória do exterior sobre o estar-no-interior-de-si primário das pessoas divinas. Ao mesmo tempo, a interpenetração radicalmente relacional destas cria a possibilidade de tirar do caminho o inconveniente paradoxo numérico do Um que deve ser Três:

> Pois, se penso em uma das pessoas [*hypostasis*], sei que ela é o perfeito Deus, a perfeita essência [*ousia*]. Mas, se tomo e enumero os três em conjunto, sei que eles são *um* Deus perfeito. Pois a divindade não é composta, mas, em três Perfeitos, perfaz *um* Perfeito indiviso [...]".[38]

Esse argumento, que já havia sido ensaiado no século IV pelos padres capadócios, permanece atual até Nicolau de Cusa, retornando ainda em seu escrito *A douta ignorância*[39] na fórmula *maximum est unum*. O argumento de perfeição parece ter sido a primeira forma, ainda ingênua, de uma ligação entre a teologia e as matemáticas das grandezas infinitas. Pois três vezes um certamente não são um, e sim três; nessa medida, o dogma da Trindade seria matematicamente absurdo; mas três vezes infinito resulta em infinito, e desse modo o dogma faz sentido

---

37. João Damasceno, *Des Heiligen Johannes von Damaskus Genaue Darlegung des orthodoxen Glaubens* [*Exposição exata da fé ortodoxa, por São João Damasceno*], trad. do grego e apres. de Dionys Stiefenhofer, Bibliothek der Kirchenväter [Biblioteca Patrística], vol. 44, Munique/Kempten, Kösel & Pustet, 1923, p. 15.

38. Ibidem, p. 35.

39. [Ed. port.: Nicolau de Cusa, *A douta ignorância*, Lisboa, Fundação Calouste Gulbenkian/Serviço de Educação e Bolsas, 2003.]

3. Enlace das pessoas da Trindade por uma fita trançada à maneira de anéis de Borromeu.

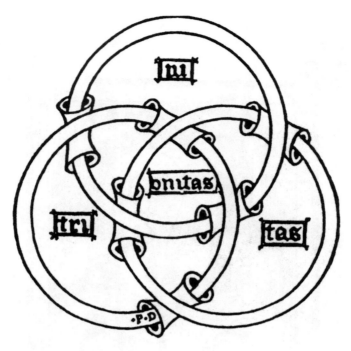

Unidade — Trindade.

matematicamente.[40] O infinito é representado na figura da esfera que engloba tudo, na qual simplesmente não pode surgir nenhuma exterioridade, um modelo que garante simultaneamente a intimidade absoluta e a imanência recíproca das pessoas divinas. Em carta a seu irmão Gregório de Nissa, Basílio de Cesareia (329-379) exprimiu classicamente a rejeição das diferenças exteriores para a esfera interior divina:

> E no mesmo processo de pensamento pelo qual se apreende [...] a majestade de uma dessas três pessoas, deve-se progredir imutavelmente [...] de modo que o percurso de pensamento do Pai ao Filho ou ao Espírito Santo não atravesse nenhum intervalo vazio, pois não há nada que possa ser interposto entre eles; não há, a par da natureza divina, nenhuma outra coisa subsistente que pudesse dividi-la interpondo-lhe um corpo estranho,

---

40. Cf. Albert Menne, "Mengelehre und Trinität" [Teoria dos Conjuntos e Trindade], *Münchener Theologischen Zeitschrift*, vol. 8, 1957, p. 180 ss.

nem existe o vazio de espaço imaterial que pudesse cindir a harmonia da entidade divina e romper-lhe a coesão pela interposição do vazio [...].[41]

O fato de que só tenha sido possível pensar a coerência interna da triunidade com o auxílio de modelos explícitos ou implícitos de círculos e esferas não deve surpreender. Gregório de Nissa sabe, sem dúvida, que a ausência de lacunas das relações intradivinas não se deixa representar sem o conceito de rotação:

> Vês o movimento circular da glorificação recíproca dos semelhantes? O Filho é glorificado através do Espírito, o Espírito é glorificado através do Filho. De sua parte, o Filho recebe a glorificação através do Pai, e a glorificação do Espírito é o filho unigênito.[42]

Com argumentos desse tipo, os antigos teólogos alcançaram algo que mesmo os sociólogos modernos, onde quer que o procurassem, não seriam capazes de reproduzir: um conceito de espaço pessoal inteiramente não físico. Com ele, o sentido do Em emancipa-se definitivamente de todo tipo de pensamento do recipiente.[43] Se o Pai, o Filho e o Espírito tivessem ainda de se localizar em alguma parte, seria apenas no abrigo que ofereciam uns aos outros. O surrealismo topológico da religião ingressa, assim, em sua fase erudita.

---

41. Carta 38, escrita por volta de 370, apud: Herbert Vorgrimler (Org.), *Texte zur Theologie, Gotteslehre* I, Graz, Styria, 1989, p. 113-114.

42. Adv. Maced. GNO, III/I, 109 (apud Gisbert Greshake, *Der dreieine Gott. Eine trinitarische Theologie* [*O Deus tri-único. Uma teologia trinitária*], Freiburg im Breisgau, Herder, 1997, p. 186).

43. Peter Fuchs, em *Das seltsame Problem der Weltgesellschaft. Eine Neubrandenburger Vorlesung* [*O estranho problema da sociedade mundial. Uma preleção neobrandenburguesa*], Opladen, Westd, 1997, propôs uma brilhante introdução à teoria sociológica dos sistemas, ao acentuar o caráter não espacial de "sociedade", de modo a dar a impressão de que se busca aqui uma aproximação a uma sociologia "pericorética", isto é, uma teoria da sociedade sem recurso a imagens de recipientes tridimensionais.

4. O hipernó incandescente mergulha no centro de um círculo que anuncia o mundo.

5. A estrutura tripessoal de Deus é sobreposta pela esfera neoplatônica da emanação. Do Pai e do Filho, veem-se ainda os pés em baixo; do Espírito Santo, as asas ao alto.

Para designar a estranha coexistência não local e autolocalizadora das pessoas divinas, João Damasceno empregou a palavra *perichoresis* — que em grego antigo poderia tanto significar algo como "dançar ao redor de alguma coisa" ou "estar preso em um turbilhão circular".[44] Ao elevar esse velho termo de movimento ao nível conceitual — com o que ele passa a significar tanto estar-um-no-outro como imbricação mútua e interpenetração, — o sábio de Damasco realizou uma das mais inspiradas criações conceituais da história das ideias ocidental. Nessa palavra se agita algo difícil de pensar, ou mesmo algo impensado — o que se revela em especial no fato de que mesmo os teólogos, para não mencionar os filósofos, só raramente conhecem a expressão e, quando a conhecem, com frequência a compreendem mal. Quem entende por pericorese o estar-um-no-outro de seres indissociavelmente ligados não está, por certo, pensando algo errado, mas ainda está ainda longe de apreender o essencial. Essa estranha expressão não significa nada menos que a ideia pretensiosa de que as pessoas não são localizáveis em espaços exteriores tomados de empréstimo à física, mas criam elas próprias, por sua relação recíproca, o lugar em que se encontram. Pela acolhida recíproca, as entidades relacionais divinas, as hipóstases ou pessoas, inauguram o espaço que habitam em comum e no qual se chamam umas às outras à vida, se interpenetram e se reconhecem. Em consequência, o privilégio de Deus consistiria em ser em um lugar que se instala originariamente apenas pelas relações dos habitantes com os co-habitantes em seu próprio interior. Isso é tão dificilmente concebível pelo pensamento trivial sobre o espaço que seria preciso ser um homem completamente enredado em histórias de amor — mas, por nada no mundo, um sujeito dos tempos modernos — para adivinhar qual poderia ser o significado disso.

> Elas [as pessoas, as hipóstases] estão unidas sem mistura e diferem sem separação, o que soa francamente inacreditável.

---

44. Cf. Anaxágoras, Fragmento 38: "É precisamente esse movimento de turbilhão (*perichoresis*) que fez que elas (as qualidades misturadas) se dissociassem. E do fino se dissocia o grosso, do frio o cálido, do claro o escuro, e do úmido o seco", in: Jaap Mansfeld (Org.), *Die Vorsokratiker*, Stuttgart, Reclam, 1987, p. 525.

6. A transformação cósmica de Deus em esfera no instante da perfeição. As pessoas são absorvidas na estrutura.

[...] elas se dispõem umas nas outras [*perichoresis*] sem nenhuma fusão ou mistura.[45]

Ante essa habitação comunal no absoluto, surge a questão sobre em que lugar ela se estabelece e como reparte as tarefas domésticas. Também para essa questão João Damasceno tem a resposta. No décimo terceiro capítulo da *Expositio fidei*, sob o título "Do lugar de Deus", ele escreve:

> O lugar [físico] é corporal, limite do circundante na medida em que circunda o circundado. O ar, por exemplo, circunda, mas o corpo é circundado. O ar circundante não é, porém, todo ele o lugar do corpo circundado, mas apenas o limite do ar circundante que toca o corpo circundado. Seja como for, contudo [no caso dos corpos], o circundante não está no circundado.
> Mas há também um lugar espiritual em que a natureza espiritual incorpórea é e está pensada, onde ela se apresenta e atua, onde está circundada, não corporalmente, mas espiritualmente; pois ela não tem nenhuma forma que pudesse ser circundada corporalmente. Por isso, Deus [...] não está em nenhum lugar, mas é ele próprio seu lugar, já que preenche tudo. Está acima de tudo e mantém, ele próprio, todas as coisas juntas. Mas diz-se também que ele está em um lugar: o lugar de Deus é o lugar onde sua atuação se revela [...]. Por isso o céu é seu trono [...]. Mas também se diz que a Igreja é o lugar de Deus, pois é esse lugar que [...] separamos para louvá-lo. Da mesma maneira, também os lugares em que sua ação se revela a nós, seja na carne, seja sem o corpo, são chamados lugares de Deus.[46]

Consequentemente, os lugares de Deus — ou, em linguagem não teológica, os lugares da cossubjetividade, da coexistência ou da solidariedade — não existem simplesmente no espaço exterior, mas só surgem como lugares da atuação de pessoas que vivem juntas *a priori* ou em *relação forte*. Assim, a resposta à questão "onde?" é: "Uns nos outros." A pericorese faz que o local das pessoas seja por inteiro a própria

---

45. João Damasceno, op. cit. (cf. Nota 37 deste Cap. 8), p. 14, 25.
46. Ibidem, p. 36-37.

7. Reacendimento da roseta trinitária.

relação. As pessoas contidas em comum umas nas outras determinam elas próprias seu lugar, e de tal sorte que elas se irradiam, interpenetram e circundam umas às outras, sem com isso prejudicarem a clareza de sua diferenciação. Elas são, em certa medida, o ar umas das outras — mas um ar em que se dispõem umas para as outras, cada uma inspira e expira o que as outras são, a perfeita conspiração; cada uma irrompe de si para entrar nas outras, a perfeita protuberância. Elas se oferecem reciprocamente a vizinhança: o perfeito estar-circundado. O Deus cristão seria assim — juntamente com o Cosmos platônico — o único ser que tem certamente um contorno, mas não um mundo ao redor, pois é ele que dá a si próprio o Ao-Redor no qual leva sua existência plena de relações, se autorreferenciando. Esse Deus seria, por conseguinte, senão sem mundo, ao menos sem mundo circundante.

Quem começasse a existir da mesma maneira que esse Deus não precisaria começar com o estar-no-mundo, pois as puras relações já seriam um mundo antes do mundo. Jamais os primeiros dados seriam os dados exteriores; ou melhor: mesmo o mundo enquanto todo não estaria dado antes da cumplicidade dos que originalmente se uniram; nenhuma coisa poderia estar dada por si, isoladamente; todo dom seria sempre e apenas um acréscimo à relação. O fato de que possa de algum modo existir "mundo" enquanto totalidade do que é dado não é senão uma consequência da dádiva originária do pertencimento mútuo. Os teólogos, tendo em vista a terceira pessoa que funciona *a priori* como *copula* ou espírito da comunidade, denominaram-no *donum Dei*. A dádiva ofertada pela relação denomina-se — para empregar uma expressão moderna e pouco feliz — imanência. Vive de forma imanente quem sabe se manter permanecendo (*manens*) no interior (*in*). Mas essa habitação e permanência de um no outro seria mal compreendida se pensada apenas como uma tranquila subsistência — tal como sugere a tradução latina tardia de *perichoresis* por *circuminsessio*, isto é, *grosso modo*, assentamento recíproco. A versão latina mais antiga desse neologismo, *circumincessio*, destaca o caráter dinâmico das relações interpessoais;[47] e foi também ocasionalmente equiparada a uma investida recíproca ou a um avanço

---

47. Pela oposição *secio*, ação de assentar(-se), e *cessio*, ação de ceder. [N.T.]

8. Apocalipse da esfera trinitária como símbolo do cosmopersonalismo.

precipitado de um para dentro do outro.[48] Com maior realismo psicológico — se é que a psicologia pode aplicar-se às pessoas divinas —, essa palavra realça o sentido invasivo das penetrações no outro.

A qualidade de viver juntos ou de viver um no outro, no sentido forte ou *a priori*, não pertence apenas às pessoas intradivinas, mas aparece, de certa maneira, também nas associações de pessoas humanas. Famílias e povos, em suas reproduções históricas, produzem e inauguram o lugar em que seus membros podem aprender a ser eles mesmos ao distinguir-se de seus ancestrais e descendentes. Por isso é significativo que a procedência do Filho diretamente do Pai, que em teologia se denomina geração, constitua o ponto sensível do jogo intradivino. Pois o que é a teologia da Trindade senão a forma mais sublime de uma teoria das gerações? Ricardo de São Vítor — que os medievalistas contam entre os pensadores mais sutis do século XII — estabeleceu isso explicitamente por analogia:

> Pois uma pessoa (humana) procede de uma outra pessoa em alguns casos apenas diretamente, em outros apenas indiretamente, e em outros direta e indiretamente ao mesmo tempo. Jacó procedeu, como Isaac, da substância de Abraão, mas a procedência do primeiro foi exclusivamente indireta; a do segundo, exclusivamente direta. Pois apenas por intermédio de Isaac Jacó saiu da virilha de Abraão [...]. Consequentemente, na natureza humana, a procedência das pessoas abrange três modos claramente distintos. — E mesmo se essa natureza parece muito afastada da natureza única e excelsa de Deus, existe mesmo assim uma certa semelhança [...].[49]

A coabitação do mais jovem com o mais antigo efetua a constante regeneração do lugar no qual se exercem o estar-um-no-outro e o sair-de-si-para-o-outro dos diferentes. Mas, dado que as tribos e os povos podem ser devastados pela magia traumatizante e a peste política — a

---

48. Cf. Cirilo de Alexandria, *In Johannis*, I, 5 Migne PG, 73, 81, apud *Theological Enciclopedia*, vol. C, p. 880.

49. Ricardo de São Vítor, *De trinitate*, V, 6.

8. Mais perto de mim que eu mesmo: Propedêutica teológica para a teoria do interior comum

tal ponto que mesmo descendentes distantes ainda fracassam em razão dos males dos antepassados —, o controle ou ajuste pelo Espírito da passagem do Pai ao Filho constitui igualmente uma indispensável teoria crítica do processo de geração. O Espírito, isto é, o saber que dispensa a vida e o amor recíproco entre o mais velho e o mais jovem, é a norma das transferências espirituais de uma geração à seguinte. De resto — da perspectiva dos teólogos —, o Espírito não pode ser simplesmente identificado como um neto do Pai, porque então o Filho seria promovido à posição do Pai, enquanto o neto, como filho de segundo grau, estaria como que de costas para seu avô. Apareceriam então também bisnetos, e assim por diante, com o que a tríade deixaria de ser estanque, irrompendo em engendramentos contínuos irrefreáveis. O Espírito deve completar, no interior da Trindade, a ligação entre o Pai e o Filho — e sua insuflação pelo Pai *e* o Filho sela a conclusão integral das processões internas. Seria impossível haver, na imanência, uma transição para uma quarta pessoa.[50] O número quatro daria início a uma reação em cadeia de processões para fora de Deus; com ele, o reator das gerações ficaria fora de controle e a primeira causa não poderia mais se repetir de forma idêntica ou suficientemente semelhante naquilo que ela produz nas potências mais distantes. Com isso, uma degeneração atingiria a história intradivina em ato e em potência; a exterioridade triunfaria sobre o interior vivo em curso de diferenciação; o processo de Deus se tornaria monstruoso e sua capacidade de comunicar-se consigo mesmo

---

50. Cf. Ricardo de São Vítor, *La Trinité* [*De trinitate*], texto latino, introd., trad. e notas de Gaston Salet, S. J., Paris, 1959, *Sources chrétiennes* 63, V, 15 e 20, p. 342, 351 ss: *"quarta in trinitate persona locum habere non possit"* [uma quarta pessoa não pode ter lugar na Trindade]. A indolente observação de Kant de que, para o aprendiz em matéria de fé, tanto faz saber se acredita que há três ou dez pessoas em Deus, pois essa diferença não tem consequências para seu modo de vida, mostra somente que Kant não tem nenhuma ideia da diferença entre uma ética do respeito à regra e uma ética da existência na comunhão. Uma divindade de dez pessoas seria sempre monstruosa, quer porque as pessoas quatro a dez, em caso de igualdade, seriam apenas anexadas em série, quer porque, em caso de diferença, poriam em marcha uma processão no não semelhante a Deus. Cf. "Der Streit der Fakultäten" ["O conflito das faculdades"], in: I. Kant, *Schriften zur Anthropologie, Geschichtsphilosophie, Politik und Pädagogik I, Werkausgabe*, vol. 9, org. de Wilhelm Weischedel, Frankfurt s/ Meno, Surhkamp, 1977, p. 304.

nas formas da relação forte não mais controlaria o movimento de processão no dessemelhante. Em consequência, no processo trinitário nuclear, a pessoa insuflada que garante a unidade e a semelhança entre
a Primeira, a Segunda e ela própria, deve constituir a peça final. O
Espírito, entendido como *amor, condilectio, copula* e *connexio*, garante
que a geração efetue uma boa diferença, permanecendo no contínuo e
não desembocando na alienação e na degenerescência.

No processo de geração dos povos, entretanto, essa medida é cronicamente prejudicada; pois neles a descendência significa muito frequentemente um prolongamento degenerativo da cadeia vital; a geração fracassada é a que conduz ao feio e disforme; através dela abrem-se
brechas fatais entre os grupos etários; os mais antigos e os mais novos
tornam-se, de fato, estranhos ou monstruosos aos olhos uns dos outros.
Em vista dessa reprodução real deformadora e desalmadora, a Igreja antiga agiu de pleno direito ao separar-se, por uma secessão pneumática,
dos povos e de sua união forçada no Império Romano, para instituir
um novo e restaurador processo de gerações no interior de um povo
pneumático ou batismático. As gerações do povo da Igreja são espirituais, distintas das gerações biológicas e culturais. Em termos ideais,
os filhos dos povos cristãos seriam descendentes de um fluxo de amor
espiritual que pretende servir de corretivo a um amor paterno empiricamente insuficiente. De resto, é esse também o sentido crítico da
castidade dos primeiros cristãos: é melhor não deixar descendentes no
mundo que produzir descendentes fracassados. Enquanto a história das
gerações reais nos últimos milênios é em grande parte a história de seres
que não foram bem-vindos, a história das gerações espirituais mantém-
-se no rumo correto, porque representa a força de dar as boas-vindas na
existência, em nome de uma instância sobre-humana, aos indivíduos
mal acolhidos pelos homens. O cristianismo jamais teria durado quarenta gerações, ou quase dois mil anos, se não tivesse de algum modo
assumido com sucesso sua função latente de ser um clarificador da ge-
ratividade. Mas essa função lhe escapou progressivamente das mãos
desde o surgimento das modernas sociedades civis, e a sociedade constituída em Estado-nação, com seu sistema educativo e suas subculturas

terapêuticas, emancipou-se amplamente dos serviços inspiracionais das igrejas cristãs.

Os processos gerativos nos sistemas sociais modernos tornaram-se demasiado complexos para que instâncias religiosas possam desempenhar neles mais que um papel participativo marginal. Nesse meio tempo, as igrejas institucionalizadas, tanto a reformada como a romana, assumiram antes o caráter de uma subcultura, tornando-se predominantemente dispositivos de filtragem para sua própria perpetuação e perdendo sua competência para moderar as processões do amor nas sociedades naturais. Seus votos de boas-vindas atuam, na maior parte dos contemporâneos, como um desincentivo; além disso, a crise geral da paternidade retirou aos *patres* a maior parte da autoridade ligada a suas funções; e as modernas agências políticas de maternização há muito já superam várias vezes a Igreja por seus meios materiais e comunicativos; o resto é autorreferência. Em um cenário subvencionado, uma pantomima da ausência de filhos e do desprezo das filhas mantém-se penosamente em cartaz. Também o naufrágio de Roma, pelo que parece, realizou-se em duas etapas; e aqui, como em outros casos, na primeira vez como tragédia e na segunda como farsa.[51]

Em seu apogeu medieval, a teologia da Trindade — como nossos resumos perspectivistas tentaram mostrar — havia levado à descoberta de uma linguagem para expressar a *relação forte*. Os parceiros da Trindade imanente se geram, se abrigam e se envolvem em uma reciprocidade tão densa que sua interpenetração excede todas as relações externas. Vê-se, então, em que consiste a recompensa do absurdo: pela primeira vez, pode-se abordar o estar-em-relação como um lugar absoluto. Quem vive em uma relação recíproca total, como o fazem, segundo a representação da lógica trinitária, o Pai, o Filho e o Espírito, está incondicionalmente no interior, no sentido há pouco explicado. Ser-em significa *existir*

---

51. "Hegel observou, em uma passagem, que todos os grandes fatos e personagens da história do mundo se produzem por assim dizer duas vezes. Esqueceu-se de acrescentar: a primeira como tragédia, a segunda como farsa." In: Karl Marx, *O 18 do Brumário de Luiz Bonaparte*, in: Marx e Engels, *Werke*, vol. 8, Berlim, Dietz, 1969, p. 115.

— ou, como dizem os autores medievais de forma curiosa, mas compreensível nessa perspectiva: *inexistir* — a saber, existir em uma esfera originalmente inaugurada por relações internas.[52] Do ponto de vista da esferologia, a especulação da Trindade é instrutiva especialmente porque elaborou até as últimas consequências a fantasia de que jamais se pode sair da posição interna. Ela é estimulada por um fanatismo da imanência, segundo o qual um exterior simplesmente não pode existir. Nessa perspectiva, a teoria da Trindade funciona como um formulário lógico com o qual se pode reivindicar — segundo o modelo dos Três arquetípicos — a filiação a um mundo interior absoluto: ao professar minha fé no *Deus unitrius*, pleiteio a admissão em uma comunidade baseada na imanência indestrutível. E, no entanto, mesmo essa comunidade íntima se constitui como um grupo que deve a maior parte do que é à coerção exterior. Talvez os enunciados magisteriais sobre a Trindade soem cada vez mais mecânicos porque, com o estabelecimento das grandes sumas teológicas, o tema da Trindade começou a perder seu estímulo intelectual, e também porque havia soado a hora dos diretores confessionais. No Concílio de Florença, em 1442, a bula sobre o acordo da Igreja Católica com os coptas e os etíopes, a propósito da interpenetração das pessoas divinas, só continha fórmulas vazias de pensamento:

> Por causa dessa unidade, o Pai está inteiramente no Filho, inteiramente no Espírito Santo; o Filho está inteiramente no Pai, inteiramente no Espírito Santo; o Espírito Santo está inteiramente no Pai, inteiramente no Filho. Nenhum precede o outro na eternidade, nem [o] ultrapassa em grandeza ou [o] supera em poder [...].[53]

Quem confessa isso filia-se a uma crença em cujo cerne opera uma fantasia comungatória de inseparabilidade. A formulação dessa fantasia ocorre ao preço de que todos os que não exprimem profissões de fé de

---

52. Cf. Peter Stemmer, "Perichorese. Zur Geschichte eines Begriffs" [Pericorese: contribuição à história de um conceito], *Archiv für Begriffsgeschichte*, vol. 27, 1983, p. 32-34.

53. Denzinger, 1331, apud Fulgêncio de Ruspe.

mesmo teor são excluídos da comunhão — e não é por acaso que a passagem citada seja seguida por páginas de enumeração de teorias errôneas, cujos proponentes e partidários são anatemizados e amaldiçoados.[54]

Pode-se perceber, aí, a razão pela qual todas as tentativas de transformar estruturas microesféricas íntimas — a Trindade cristã é talvez sua formulação mais sublime — em norma ou ícone diretivo de grandes comunidades trazem consigo um elevado risco psicopolítico: quando a inclusão fracassa, o não integrável enfrenta a ameaça de extinção. A fantasia primitiva eclesiogênica de expandir uma bolha íntima até a vastidão do mundo pode, é verdade, proporcionar aos crentes a esperança de que tudo que agora ainda se apresenta como um exterior hostil e autocentrado será um dia desarmado e integrado a seu próprio círculo de vida; também as experiências de solidariedade comunais e entusiasmadas têm uma tendência natural a transbordar, e a transmissão de vantagens espirituais e caritativas nem sempre deve desembocar em um mau expansionismo.

Apesar disso, a política cristã da comunidade de amor exibe um paradoxo que só a pesquisa fundamental em esferologia é capaz de esclarecer. A tentativa de introduzir inteiramente o mundo exterior dentro da bolha leva a erros de formatação, dos quais se falará à frente. O que Ernst Bloch denominou o espírito da utopia fornece um nome e uma classificação ao maior erro de formatação que pode existir, já que nada está tão distante do entendimento das leis próprias das microesferas quanto a pretensão de transformar, em seu todo e incondicionalmente, a sombria Terra superpovoada em uma pátria transparente e homogênea para todos.

O segundo volume deste livro tratará das grandes esferas. Nele se mostrará como o ser-em em pequena escala retorna, com auxílio de mecanismos específicos de transposição, na forma de relação política e cósmica. Se, dentre os motivos messiânicos de Bloch, algum puder nos acompanhar nessa passagem, será sobretudo a ideia de êxodo. Percebe-se, à sua luz, como os animais extáticos que vêm das microesferas se arranjam quando, graças a sua faculdade de transferir espaços, transpõem-se à grande e à máxima esfera.

---

54. Denzinger 1332-3, 1336, 1339-1346.

Digressão 10

Matris in gremio[1]
Um capricho mariológico

Gerar no disforme — esta expressão exige um comentário.[2] Não se pode pensar o sistema clerical e monacal da antiga Europa sem maciço sentimento de recusa da reprodução. Em seu grande manual difamatório do mundo, *De humanae conditionis miseria*, Lotário de Segni (1160-1216), conhecido a partir de 1198 como o papa Inocêncio III, chefe da cristandade católica, luta contra uma santa vontade de vomitar quando imagina o repasto da criança no útero:

> Observe de que alimento o feto se nutre no útero: certamente do sangue menstrual, que se interrompe após a concepção para que o feto se nutra dele, e do qual se conta que é tão repugnante e imundo que "em contato com ele os frutos não germinam, os arbustos secam, as plantas morrem, as árvores perdem as folhas e os cães que o comem tornam-se raivosos".[3]

Como imaginar, sob tais auspícios, o tornar-se homem de Deus? O fato de que Maria fosse virgem ao receber o homem-Deus cumpre apenas metade do mandamento de pureza da Encarnação; à vista do

---

1. No regaço da mãe. [N.T.]
2. Cf. p. 552.
3. Lotário de Segni, *De humanae conditionis miseria* [*Sed attende quo cibo conceptus nutriatur in utero: profecto sanguine menstruo, qui cessat ex femina post conceptum ut eo conceptus nutriatur in femina. Qui fertur esse tam detestabilis et immundus ut "ex eius contactu fruges non germinent, arescant arbusta, moriantur herbe, amittant arbores fetus; si canes inde commederint, in rabiem efferantur." Cf. Nota 13 da Digressão 2*].

menu infernal costumeiramente servido no interior da mãe, não há dúvida de que Jesus, mesmo *in gremio*, deve ter sido provido de um diferente plano alimentar. Na *Quaestio* 31 do terceiro livro da *Suma Teológica*, Tomás de Aquino examina se não teria sido preferível que o corpo de Cristo, como o de Eva, tivesse se formado miraculosamente do corpo do homem. Por que precisou ele aceitar esse macabro procedimento de formação pelo sangue materno? Ainda que ele tivesse de sair da mulher, por que de seu sangue, e não pela retirada de uma costela, segundo o bem conhecido modelo? Tomás pondera o fato de que o corpo de Cristo, em todos os detalhes, deveria ser exatamente do mesmo tipo que o corpo dos outros seres humanos: "O corpo de outros seres humanos, porém, não é feito do sangue mais puro, mas do sêmen e do sangue da purificação menstrual. Parece, portanto, que mesmo o corpo de Cristo não teria sido concebido a partir do sangue mais puro da virgem."[4]

Ora, sem um sangue que fosse diametralmente diferente das horripilantes menstruações ordinárias, simplesmente não se pode justificar a formação do corpo de Deus tornado homem. Tomás admite, é verdade, de maneira menos crua que Lotário, que os embriões, mesmo entre as mulheres ordinárias, são formados por um sangue um pouco melhor que o sangue menstrual, mas nem mesmo esse sangue melhor teria bastado para gerar o corpo de Cristo, porque, pela mistura com o sêmen humano, ele se torna geralmente impuro. A comunhão de Jesus com a mãe deveria realizar-se, ao contrário, por meio de um sangue que merecesse ser classificado como particularmente casto e puro:

> [...] pois, pela ação do Espírito Santo, esse sangue é recolhido no regaço da Virgem e conformado em feto [*adunatus est et formatus in prolem*]. E por isso se diz que o corpo de Cristo foi formado 'pelo sangue mais casto e mais puro da virgem' [*et castissimis et purissimis sanguinis*].[5]

---

4. Tomás de Aquino, *Suma Teológica*, III, 31, 5, 3. [Ed. bras.: São Paulo, Loyola, 2001-2002, 2 vol.]

5. Ibidem, 31, 5, *ad tertium*.

É difícil considerar um acaso que tenha sido justamente João Damasceno, o criador do conceito de pericorese, a se destacar na questão do sangue materno. De fato, o sangue de Maria, mesmo que não se recorra à psicologia pré-natal e à teoria do nobjeto, é "um suco muito particular" do ponto de vista da teoria dos meios. Na concepção medieval, as crianças se formam no útero como que pela coagulação ou concreção do sangue materno, de modo que o material do feto, ainda que não sua forma, constitui-se efetivamente de pura substância materna. Nessa medida, o corpo de Cristo, enquanto escultura composta de um sangue excepcionalmente puro, está intimamente ligado à substância materna por uma pericorese material. O sangue de Maria está no Filho, e o Filho, formado de sangue, está no sangue da Mãe. "Por isso denominamos a Santa Virgem, com justiça e verdade, a matriz de Deus. [...] Pois a própria matriz de Deus ofereceu miraculosamente ao escultor o material de sua escultura, e a Deus o material para tornar-se homem [...]."[6]

Em uma delirante passagem de seu tratado sobre *O adormecimento de Maria*, João Damasceno levou às mais extremas consequências a ideia da natureza pericorética da relação entre a Mãe e o Filho. Dado que a pericorese sempre implica a primazia da relação sobre o lugar exterior, ou justamente porque a própria relação funda o lugar em que se encontram os que se interpenetram, o corpo de Maria não pode ser sepultado após a morte de uma maneira usual. Nesse caso, se admitiria que a terra — ainda que provisoriamente, até a Ressurreição — intervenha como separadora entre os seres unidos. Para defender mesmo *in extremis* a pericorese mãe-filho, João concebe a morte de Maria como uma representação teatral do retorno à pátria, no qual ele faz a mãe agonizante dizer ao filho:

> [...] É a ti e não à terra que entrego meu corpo. Protege-o e guarda-o; quiseste habitar nele e o mantiveste virgem em teu nascimento. Leva-me para ti, a fim de que, lá onde te encontras, fruto de meu ventre, eu também esteja como tua

---

6. João Damasceno, *Exposição exata da fé ortodoxa*, op. cit. (Nota 37 do Cap. 8), III, 12, p. 142-143.

Virgem com abertura, final do século XIV, Museu de Cluny, Paris.

companheira de casa. Pois anseio por ti, que desceste a mim sem deixar nada entre nós [...].

Após sua morte, os apóstolos levam o corpo transfigurado da mãe de Deus para um túmulo "supraterreno", de onde foi elevado ao céu no terceiro dia.

> Pois essa habitação divina, a fonte a céu aberto da água da remissão dos pecados, o campo não cultivado do pão celestial, a cepa não irrigada da uva divina, a oliveira sempre em flor e carregada de frutos da misericórdia paterna, não poderia ser encerrada nos flancos da terra [...]. Aquela que abrigou Deus, o verbo, em seu seio deveria encontrar um abrigo nas tendas de seu filho, e assim como o Senhor disse que deveria permanece naquilo que é de seu Pai, também a Mãe deveria habitar o palácio do Filho [...].[7]

O que é próprio da teologia da imbricação não é, portanto, exibir ao indivíduo mortal uma vida eterna ou bons renascimentos, como muitas vezes fizeram as religiões não cristãs. A habitação recíproca dos amantes divinos tem, sobretudo, o propósito de proteger a relação forte contra sua supressão pela morte. Assim, os amantes, mesmo quando morrem um após o outro, morrem uns nos outros e, consequentemente, morrem sem tocar o duro solo de um exterior qualquer. Quando a primazia do interior está solidamente estabelecida, a esfera íntima mantém em seus devidos limites até mesmo a máxima violência da exteriorização, a morte. Com a recepção da mãe de Cristo na tenda do Filho transfigurado, parece aberto o caminho que pode ser seguido por todos os que alcançam, na fé, a união mística com o Deus tornado homem. Mas o que vale para a união pós-mortal vale, analogamente, também para as pericoreses durante a vida. Em certos limites, toda coexistência humana nos espaços de proximidade é pericorética, pois a lei fundamental do espaço psíquico e microssocial é a expansão de indivíduos para dentro de indivíduos.

---

7. João Damasceno, *Zur Entschlafung Marias* II, apud: Franz Courth (Org.), *Texte zur Theologie, Mariologie*, Graz/Viena/Colônia, Styria, 1991, p. 152-153.

Poder-se-ia interpretar os delírios assuncionistas sobre Maria como a forma primitiva da ideia psicanalítica de que os descendentes sempre se tornam as criptas de seus pais. O que há de errado em admitir que Maria encontrou o repouso eterno junto de seu grande filho como em um túmulo secreto? Talvez apenas o fato de que, pela experiência humana, no caso de crianças comuns, a vida não realizada dos pais e das mães encontra nelas sua eterna intranquilidade.

Transição

Da imanência extática

A teologia mística e o sistema da Trindade fornecem um modo de compreender a constituição da vida pessoal, posta sob o signo da imbricação densa. Nesses microuniversos da intimidade divina consigo mesma e da intimidade humana com Deus, tudo está disposto para a interatividade. Por seu caráter pericorético, essa teologia é concebida desde a raiz em termos mediais: ela vive em meio às relações fortes. Sua forma simbólica é a comunhão como modo de ser, como transação e como sacramento. Assim, nas teorias clássicas das relações fortes, não há lugar para a ideia de um indivíduo autodeterminado. Quem estuda os textos antigos pode se sentir como se estivesse lendo a crítica antecipatória dos tempos pré-modernos aos modernos, e a crítica retrospectiva da pós-modernidade à modernidade. Caso se quisesse projetar sociedades humanas com base no ícone da Trindade, seriam obtidas formas sociais vivamente pericoréticas cobrindo o espectro das comunas, dos comunitarismos, dos comunismos — da *communio sanctorum* à ideia do Estado Mundial homogêneo e sem exterior, considerado como última estrutura comunitária —, tal como sonhada ainda recentemente pelo teórico da mídia Marshall McLuhan em suas fantasias pentecostais da aldeia eletrônica global.

Heidegger, em contrapartida, defrontou em *Ser e tempo* as formas decaídas da pericorese existencial. Quando escreveu sobre o *Dasein* como ser-com: — "O ser-em é o *ser-com* em comum com outros"[1]

---

1. Heidegger, *Sein und Zeit*, op. cit. (ver Nota 1 da Digressão 4), p. 118.

—, poder-se-ia supor que ele tinha em mente uma teoria positiva da comunalidade original do *Dasein*; mas quando escreve pouco depois, na análise do impessoal Se [*Man*], "cada um é o outro, ninguém é ele mesmo"[2], torna-se manifesta a catástrofe das ideias de relações fortes. É tangível, aqui, como a teologia pode perecer. A esfera da Trindade baixou à Terra e ali se descobre como existência factual no mundo. Cada um é o outro, e ninguém é ele mesmo: por pouco essa frase seria ainda aplicável às pessoas da triunidade, contudo, ela só é válida para os seres humanos socializados que se desencaminham uns aos outros e se perdem por si mesmos.

Sartre mostrou até que ponto chegam as implicações dessa proposta em *Huis clos*, em que uma trindade de seres inautênticos partilha a eternidade em uma imbricação infernal. Aqui, cada um se torna o conhecedor sádico das mentiras existenciais do outro. Mas, então, só é verdade que o inferno são os outros quando todos se lançam reciprocamente frios olhares de desprezo.

Em sua análise do Se, Heidegger se afasta de tais exageros. Ele fala — não sem orgulhosa distinção — dos pântanos íntimos comunitários nos quais a vida em comum cotidiana se realiza como um modesto estar-fora-de-si. Se cada um e cada uma são o outro ou a outra, e ninguém é ele próprio ou ela própria, então surge à vista uma pericorese cinzenta que faz o otimismo comungatório — católico ou não católico — girar em falso. Viver em uma imanência extática uns nos outros não é o privilégio apenas dos Três sacrossantos. Basta ser um homem ou uma mulher modernos, inseridos nos meios de comunicação de massa, para nadar em comunhões cinzentas com outros. O Se de Heidegger mostra o outro verdadeiro ícone da imbricação íntima, que afigura a difusa vida em comum da multidão e o pacto universal da mediocridade. E, contudo, mesmo nessa existência decaída, confusa e corrompida pela tagarelice, permanece um resíduo sagrado e inextinguível. Pois mesmo na existência mais banal vigora uma coexistência com outros que é tão primordial e tão irrefletida quanto a imbricação recíproca do Pai, do Filho e do Espírito. A qualquer momento, alguém, de algum modo,

---

2. Ibidem, p. 128.

está próximo de alguém. Sempre se pode contar de antemão com alguns outros, mesmo se seu número, sua condição e seus sentimentos permanecem obscuros.

> Esses outros não são, por isso, outros *determinados*. Ao contrário, qualquer um pode tomar o lugar deles. O decisivo é apenas o pouco observado poderio dos outros, já assumido sub-repticiamente pela existência enquanto existir-com. Faz-se parte dos outros, reforça-se o seu poder.[3]

Assim, prolonga-se discretamente no Se o milagre da relação forte; caído dos altos céus, o Se continua fundado em um lugar que lhe é especificamente próprio. Se João Damasceno podia explicar que Deus é seu próprio lugar, não se pode dizer menos do Se em meio a seus iguais. No agrupamento mais vulgar, no coletivo colado a seu lugar, o interior incondicionado está tão efetivamente presente quanto entre as hipóstases divinas que se abrigam e se veneram reciprocamente. A luz do Em brilha mesmo para o Eu perdido em meio ao curso das coisas. A existência cotidiana, por estar no mundo, é sempre parte de uma interioridade extática, mesmo se ela própria é demasiado inerte para conceituar para si própria essa situação. Quem está no mundo habita um lugar em que, graças à estrutura do Em, a relação forte sempre afirma seu direito. O *Dasein* é seu próprio lugar, e este se abre pela habitação dos que coexistem confusamente imbricados. Ele está aberto desde sempre, ainda que só o insignificante, o medíocre, o vulgar iluminem o horizonte. Assim como o que importa ao místico é seu ser-em Deus, a existência à maneira do Se aspira abrir-se no que não chama a atenção, no que distrai, no não observável. Até mesmo a vida medíocre eleva-se a um céu inferior; no céu do Se encontra-se a proeminência. Se o místico abandonou sua vontade para que Deus queira nele, para ele e através dele, o Se encontra sempre um caminho para não ter sido; se alguma coisa *se* fez, então não havia ninguém lá. "Cada um é o outro e

---

3. Ibidem, p. 126.

ninguém é ele próprio. O Se [...] é o *ninguém* a quem todo *Dasein* que exista entre outros já se entregou alguma vez."[4]

À luz das exposições precedentes, pode-se elucidar melhor em que consiste a magia de *Ser e tempo*, que vai além de qualquer simples atração filosófica. Se o livro, com toda sua obscuridade, cativa o pensamento, é principalmente porque repete, em perfeito anonimato, as ideias mais profundas da gnose cristã. A pericorese do Evangelho de São João: "Eu estou no Pai e o Pai em mim", e a pericorese de Heidegger: "Ninguém é ele mesmo, e todos estão uns entre os outros", ainda que produzam resultados inteiramente diversos, articulam-se segundo o mesmo modelo. Se essas sentenças têm alcances diferentes, é porque João fala de uma intimidade que se proclama a si mesma como o modo de existir dos seres celestiais, ao passo que a análise de Heidegger descreve uma existência que se dissolveu na publicidade midiática vulgar. A sentença de João comunica uma mensagem microesférica que estabelece uma imensa clivagem entre o exterior e o interior; ela convida a fazer a travessia do exterior mortífero para o interior vivo. A sentença de Heidegger, ao contrário, tem um sentido macroesférico, pois parodia o resultado da socialização mediocrizante nas sociedades de massa midiatizadas: o Se é o habitante do grande mundo que paga o preço do conforto simbólico e material de sua forma de vida ao deixar-se tombar no sorvedouro que leva ao esvaziamento geral do mundo interior. Seu interior passou totalmente para o exterior; sua alma são as próprias exterioridades. Como se pensaria aí uma transição do ser-Se [*Man-Sein*] para o genuíno ser-Si [*Selbst-Sein*]?

João Damasceno havia ensinado que se denominam lugares de Deus aqueles nos quais experimentamos física ou espiritualmente sua ação; ao contrário, um lugar do genuíno Si pode ser qualquer ponto arbitrário e abandonado do exterior, ao qual se entregue totalmente o Se em seu abandono. Embora criados para uma vida interior, devemos, por falta de complemento adequado, abraçar o vazio e o exterior; os últimos homens se tornaram o exterior para si próprios. Até mesmo sua inteligência é

---

4. Ibidem, p. 171.

agora investigada no exterior neurológico, em um aparelho biológico, o cérebro, que escapa por todos os lados de seu proprietário.

Também Heidegger, se lido corretamente, não mais convida, a despeito de suas assonâncias agostinianas, a buscar a verdade no homem interior, mas exige abrir-se para a monstruosidade do exterior. Sua aldeia é um posto do monstruoso. Como todos os porta-vozes da verdade, ele conclama os que o rodeiam: "Venham para cá!" Mas "vir", neste caso, não significa mais o ingresso em uma esfera íntima divina, e sim a saída para uma provisoriedade extática.

Com isso, o sentido do Em transforma-se mais uma vez. Em vista das guerras da globalização e das rupturas técnicas que deram seu caráter ao nosso século, ser-em significa: habitar o monstruoso. Kant havia ensinado que a questão pela qual o ser humano se assegura de sua posição no mundo deveria ser: "Que podemos esperar?" Após a desfundação do século XX, sabemos que a questão agora é: "Onde estamos quando estamos no monstruoso?"

Créditos das imagens

p. 69   © Bildarchiv Foto-Marburg

p. 146 © Joel-Peter Witkin

p. 176 © The Estate of Francis Bacon. Todos os direitos reservados. DACS, Londres/AUTVIS, Brasil, 2016

p. 177 © Andy Warhol Foundation for the Visual Arts/AUTVIS, Brasil, 2016

p. 178 © Metro Pictures, Nova York

p. 182 © Schlemmer-Nachlaß Badenweiler

p. 193 © Salvador Dalí, Fundación Gala-Salvador Dalí/AUTVIS, Brasil, 2016

p. 260 © Age Fotostock/Easypix Brasil

p. 266 © Städtisches Museum Schloß Rheydt, Mönchengladbach

p. 315 © Stedelijk Museum Amsterdam

p. 334, 336 e 337 © Photothèque R. Magritte, Magritte, René/AUTVIS, Brasil, 2016

p. 404-405 © Beuys, Joseph/AUTVIS, Brasil, 2016

p. 467 © Universal Edition A.G., Viena 1978

p. 477 © dpa

Sobre o tradutor

José Oscar de Almeida Marques é mestre em lógica e filosofia da ciência pela Unicamp (Universidade Estadual de Campinas), e doutor em filosofia pela mesma instituição. Para a Estação Liberdade, traduziu outros dois títulos de Peter Sloterdijk: *Regras para o parque humano* (2000) e *Se a Europa despertar* (2002).

Também são dele as traduções de *Prolegômenos a qualquer metafísica futura que possa apresentar-se como ciência*, de Immanuel Kant, *Carta a Christophe de Beaumont e outros escritos sobre a religião e a moral* (2005, com outros tradutores), e de três volumes da coleção Figuras do Saber: *Darwin* (2004), de Charles Lenay; *Wittgenstein* (2004), de François Schmitz; e *Locke* (2005), de Alexis Tadié — todos publicados por esta casa. Professor aposentado do Departamento de Filosofia da Unicamp, José Oscar vive atualmente em Curitiba, Paraná.

Outras obras de Peter Sloterdijk na Editora Estação Liberdade

CRÍTICA DA RAZÃO CÍNICA

Tradução: Marco Casanova e outros
ISBN: 978-85-7448-209-5

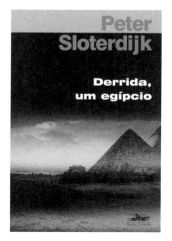

DERRIDA, UM EGÍPCIO – O PROBLEMA DA PIRÂMIDE JUDIA

Tradução: Evando Nascimento
ISBN: 978-85-7448-163-0

IRA E TEMPO – ENSAIO POLÍTICO-PSICOLÓGICO

Tradução: Marco Casanova
ISBN: 978-85-7448-195-1

NO MESMO BARCO – ENSAIO SOBRE A HIPERPOLÍTICA

Tradução: Claudia Cavalcanti
ISBN: 978-85-7448-001-5

O DESPREZO DAS MASSAS – ENSAIO SOBRE LUTAS CULTURAIS NA SOCIEDADE MODERNA

Tradução: Claudia Cavalcanti
ISBN: 978-85-7448-055-8

REGRAS PARA O PARQUE HUMANO – UMA RESPOSTA À CARTA DE HEIDEGGER SOBRE O HUMANISMO

Tradução: José Oscar de Almeida Marques
ISBN: 978-85-7448-021-3

SE A EUROPA DESPERTAR – REFLEXÕES SOBRE O PROGRAMA DE UMA POTÊNCIA MUNDIAL AO FINAL DE SUA ERA DE LETARGIA POLÍTICA

Tradução: José Oscar de Almeida Marques
ISBN: 978-85-7448-025-1

ESTE LIVRO FOI COMPOSTO EM GARAMOND PRO CORPO 11,5 POR 15,5
E IMPRESSO SOBRE PAPEL OFF-SET 75 g/m² NAS OFICINAS DA ASSAHI
GRÁFICA, SÃO BERNARDO DO CAMPO — SP, EM SETEMBRO DE 2016